Josef Thaller

Die Berliner und die brandenburgische Meisterküche

Josef Thaller

Die Berliner und die Brandenburgische MeisterKüche

407 Rezepte von 63 der besten Berliner und brandenburgischen Köche
46 Farbaufnahmen von Harry Bischof

HUGO MATTHAES DRUCKEREI UND VERLAG
GMBH & CO. KG

ISBN 3-87516-675-2

Umschlagbild: ILLUSTRATION Thomas Thiemeyer, Stuttgart
Fotos: L'Eveque Fotografie, Harry Bischof, München
Foodstyling: Tim Landsberg, Isabel Rohlfing, München

Printed in Germany
Gesamtherstellung: Hugo Matthaes Druckerei und Verlag GmbH & Co. KG, Stuttgart

INHALTSVERZEICHNIS

Alle Rezepte sind, soweit nicht anders angegeben, für vier Personen berechnet.

Dieses gemeinsame Werk
von 63 der besten Köche
Berlins und der
Mark Brandenburg
ist dem Andenken von
Werner Fischer
und
Richard Boelke
gewidmet.

Allen beteiligten Köchen sei an dieser Stelle
sehr herzlich gedankt.

Ein besonderer Dank geht an
Oskar Richter
und seine Mitarbeiter
vom „Hotel Müggelsee Berlin“
und Restaurant „Rübezahl“
am Großen Müggelsee
in Berlin-Köpenick,
wo die Aufnahmen
für dieses Buch
entstanden sind,
sowie an Johannes King,
Markus Semmler
und Rolf Schmidt
für ihre Hilfe und Unterstützung.

Autor und Verlag
im August 1996

In Berlin gibt es keineswegs nur Bockwurst und Bulette. Die Berliner Küchen sind vielfältig, ihre Köche weltberühmt. 76 Hotels und 2530 Restaurants locken Berliner und Besucher zu kulinarischem Genuß, vom einfachen Schnellgericht bis hin zum mehrgängigen Menü.

Nicht zu Unrecht bezeichnen wir die aus Ost und West zusammenwachsende deutsche Hauptstadt als die Werkstatt der Einheit. Hier können die Chancen und Herausforderungen der Wiedervereinigung Deutschlands hautnah erlebt und mitgestaltet werden. Auf engstem Raume finden sich also Küchen und Rezepte aus Ost und West, aus dem In- und Ausland.

Ich kann alle Gourmets nur ermuntern, sich auf einen Streifzug der Gaumenfreuden durch Berlin zu begeben. Wir haben hier mehr für Sie reserviert als die berühmte Butterstulle von Bolle, als er jüngst zu Pfingsten nach Pankow reiste, wie es in einem beliebten Berliner Volkslied heißt.

Eberhard Diepgen
Regierender Bürgermeister von Berlin

Als Theodor Fontane nach mehr als zwei Jahrzehnten schriftstellerischer Arbeit und ungezählten Streifzügen durch die verschiedenen Regionen der einstigen Streusandbüchse des Heiligen Römischen Reiches seine „Wanderungen durch die Mark Brandenburg“ beendete, konnte er seinem Publikum ein aus vier gewichtigen Bänden bestehendes Kompendium vorlegen, das heute als das wohl populärste Werk der deutschsprachigen Reiseliteratur bezeichnet werden darf.

Ich bin sicher, Fontanes „Wanderungen“ wären um ein gutes Stück umfangreicher geworden, hätte der Romancier nur ein Quentchen Dichtkunst auch auf die kulinarischen Spezialitäten der Mark verwandt. Damals wie heute hat Brandenburg in dieser Hinsicht einiges zu bieten. Die vom milden Klima begünstigten Plantagen und Felder des Havellandes, die saftigen Wiesen und Weiden im Ruppiner Land, die fruchtbaren Äcker des Oderbruchs, die Feuchtgebiete des Spreewalds, die ausgedehnten Wälder und die klaren Bäche, Flüsse und Seen des Landes sind Garanten erstklassiger Zutaten in den Küchen Brandenburgs.

Feld- und fangfrische Produkte, delikates Wildbret von nebenan, schmackhafte Steaks und Filets aus eigener Aufzucht oder nachbarlicher Schlachtung werden von ebenso traditionsbewußten wie experimentierfreudigen Köchinnen und Köchen zu regionaltypischen Menüs verzaubert. Für reichlich Abwechslung ist in jedem Fall gesorgt. Ob süß-sauer-salzig, Senfbirnen, Dillgurken, Essigpflaumen, Meerrettichsahne und Kürbiskompott, oder ob kräftig-deftig, Hirschkeule, Hasenpfeffer und Rehragout, ob Hecht in Spreewaldsauce oder ganz schlicht Quark mit Lausitzer Leinöl und Salzkartoffeln, in der Mark können Feinschmecker jedweder Fasson selig werden.

In diesem Buch spiegelt sich die kulinarische Vielfalt des Landes, zu der selbstverständlich auch die Berliner Küche ihren ganz besonderen Beitrag leistet, in den Rezepten der besten Köche der Region wider. Ich wünsche Ihnen viel Freude beim Entdecken der märkischen Leckerbissen. Vielleicht aber wollen Sie nicht nur Lukullus die Ehre erweisen und lassen sich, verführt von Zunge und Magen, zu einer Reise auf den Wegen Fontanes inspirieren. Ich heiße Sie dazu herzlich willkommen!

Manfred Stolpe

Manfred Stolpe
Ministerpräsident des Landes Brandenburg

Vorwort

Es gibt nur ein Vergnügen,
das größer ist als die Freude,
gut zu essen,
das Vergnügen, gut zu kochen.
Günter Grass

Wenn im 18. Jahrhundert Fürsten oder Bischöfe auf Reisen gingen, dann hatten sie, außer ihrem üblichen Hofstaat, im Gefolge auch eine ansehnliche Küchenmannschaft. Dazu gehörten in der Regel ein Küchenmeister, ein Küchenschreiber, etliche Mundköche, ein Backmeister, zwei Bratenmeister, jeweils mehrere Kavaliers- und Ritterköche und mindestens je ein Dutzend Küchenjungen, Bratenwender und Küchenweiber.

Als in der 1. Hälfte des 19. Jahrhunderts, genauer gesagt am 11. Januar 1841, die offizielle Gründungsversammlung des Vereins der deutschen Köche zu Berlin stattfand, der als Gegengewicht zum „Verein der französischen Köche zu Berlin" ins Leben gerufen worden war, fanden sich unter den Mitgliedern zwar keine Kavaliers- und Ritterköche mehr, aber immerhin noch „königliche" und „prinzliche Köche".
Bemerkenswert ist bei der Gruppierung der Mitglieder die Rangordnung. An erster Stelle standen „Köche, welche ein eigenes Geschäft haben", gefolgt von königlichen und prinzlichen Köchen sowie Restaurationsköchen. Den Schluß bildeten die herrschaftlichen Köche. Berlin hatte zu dieser Zeit etwa ein Fünftel seiner heutigen Einwohner. Am Bahnhof Zoo wogten Roggenfelder, und in der Gegend der Gneisenauer Straße grasten noch Kühe.

Die Berliner Küche war damals zwar durch die zugewanderten Hugenotten wie auch durch Neubürger aus Schlesien, der Pfalz, der Schweiz und den Niederlanden um einiges bereichert worden, sie war aber immer noch eine Küche der Einfachheit und Derbheit. Bei den Fleischgerichten dominierte das Gepökelte, welches unter der Bezeichnung „à la Berlinoise" auch Einzug in die Küchensprache nahm, und beim Gemüse waren es immer noch die bäuerlichen Sorten wie Kohl und Rüben, die bei der einfachen Bevölkerung den Speisezettel diktierten. In den besseren bürgerlichen Kreisen hatten sich allerdings Blumenkohl, Erbsen, Spargel und Gurken, die von den Hugenotten ins Land gebracht und in eigenen Gartenanlagen herangezogen wurden, bereits durchgesetzt, und man orientierte sich an Kochbüchern wie dem „Berliner Kochbuch für Haushaltungen aller Stände", bei deren Rezepturen überwiegend teure Zutaten und geschulte Köchinnen vonnöten waren.

In der 2. Hälfte des Jahrhunderts erfolgte dann, besonders während der Gründerjahre, durch den enormen wirtschaftlichen Aufschwung eine Küchenentwicklung, an der auch die einfacheren Stände teilhaben sollten. Die Küche wurde reicher und vielfältiger, wenn auch nicht gerade raffinierter. Was nicht zuletzt daran lag, daß der Berliner von jeher solide Hausmannskost am höchsten einschätzte. Zeugnis hierfür ist die nach wie vor ungebrochene Beliebtheit von Gerichten wie Eisbein mit Erbspüree und Sauerkraut, Kasseler Rippenspeer, Löffelerbsen, Aal grün und dergleichen mehr. Nicht zu vergessen das, was der Engländer „pub grub" und der Berliner Kneipenkost nennt. Also Buletten, Hackepeter, Bockwurst, Soleier und ähnliches.

Natürlich wurde auch große Küche zelebriert. Berühmt waren die luxuriösen Frühstücke bei Borchardt, nicht minder die „Souper à deux" im Kempinski, wo es feine Küche für jedermann gab. Dazu die große Soireen und Bälle der Berliner Gesellschaft, bei denen der Champagner in Strömen floß und weder an Kaviar noch an Hummer gespart wurde.

Eine verfeinerte Berliner und Brandenburger Küche „für jedermann", mit vorwiegend regionalen Produkten, ist Thema dieses Buches. 63 der besten Köche aus Berlin und Brandenburg haben sich seiner angenommen. Entstanden sind dabei 407 Rezepte einer verfeinerten Regionalküche, die im Konzert der neuen deutschen Küche nicht fehlen darf.

Nebenstehendes Bild: „Der Kochbuchlesende Hamlet" von Ulrich Hinkfuss, in Wenningstedt/Sylt lebender Berliner Koch und Maler. Öl auf Leinwand, Format: 120 × 100 cm.

Vorspeisen

Ich gestehe, daß mein Magen
sich an die Nouvelle cuisine nicht gewöhnen kann.
Kalbsbries, das in einer salzigen Sauce schwimmt,
ist mir zuwider . . .

Voltaire 1765

Voltaire, der sich dabei auf eine Vorrede zu dem Anfang des 18. Jahrhunderts erschienenen Kochbuch „Les dons de Comus" bezieht, in dem die Überlegenheit der damaligen „Nouvelle cuisine" gegenüber der alten Kochkunst gepriesen wird, schreibt dazu weiter: „Ein Ragout aus Truthahn, Hase und Kaninchen, das ich als Fleischgericht essen soll, bringe ich nicht herunter. Weder mag ich Taube, auf dem Rost gebraten, noch Brot ohne Kruste. Was nun die Köche betrifft, so widerstrebt mir der Extrakt von Schinken ebenso wie der Exzeß von Morellen (Morcheln), Pilzen, Pfeffer und Muskat, mit dem sie an sich sehr gesunde Gerichte zubereiten . . ."

Voltaire, Brieffreund und häufiger Gast von Friedrich II. - der es übrigens mit dem Pfeffer nicht so genau nahm wie Voltaire, er pflegte sogar seinen Kaffee, von dem er täglich 12 bis 14 Tassen trank, zu pfeffern -, nahm damals voraus, was auch Kritiker der Nouvelle cuisine der Neuzeit des öfteren ins Felde führen: die Unterordnung des Natürlichen unter das Phantasievolle.

Nirgendwo ist die Neigung, der Phantasie und Kreativität freien Raum zu lassen, größer als bei den Vorspeisen. Nirgendwo sind Disziplin und Beschränkung auf das Wesentliche aber auch wichtiger. Die neue deutsche Küche hat sich einem allzu exaltierten Höhenflug bei den Vorspeisen dadurch entzogen, daß sie sich vorwiegend auf regionale Produkte beschränkt. Eine weise Beschränkung, die, wie einige der Vorspeisenkreationen auf den nachfolgenden Seiten zeigen, sich durchaus sehr vorteilhaft auswirken kann.

In der Altberliner Küche hatten Vorspeisen keine Bedeutung. Es gab zwar Sülzen und andere kleine Gerichte, die durchaus den Platz von Vorspeisen hätten einnehmen können, wie es auch an Produkten aus der Mark Brandenburg und der näheren Umgebung nicht mangelte, die in diesem Bereich der Küche Verwendung finden konnten; so etwa die Havelkrebse, aber der Berliner zog und zieht es heute noch vor, seine Krebse auf die einfachste und auch naheliegendste Weise zu verzehren – aus dem Sud, in einem suppigen eintopfartigen Gericht.

Krebse, die heutzutage hauptsächlich aus der Türkei und Amerika eingeführt werden, gibt es wieder, wenn auch nicht in Massen, aus der Havel. Allerdings sind sie inzwischen um einiges teurer, als sie es noch in den 30er Jahren waren, wo man sie schockweise (1 Schock = 60 Stück) kaufte und nur ein paar Mark dafür zahlte. Ein anderer Flußbewohner, der Aal, der von der Berliner Küche so wenig wegzudenken ist wie das Eisbein und am liebsten „grün", gelegentlich auch „in Gelee" gegessen wurde, ist heute ebenso auf der Vorspeisenseite der Menükarten besserer Restaurants zu finden wie der Matjeshering oder die Blutwurst. Einfache Produkte, die durch die Kunst des Kochs, seinen Einfallsreichtum und seine Kreativität bei den Vorspeisen zu kulinarischen Ehren gekommen sind.

Die „Horsd'œuvres" vergangener Tage, wie etwa des königlichen Hof-Traiteurs Jagor unter den Linden, eines Vorläufers so berühmter späterer Diplomatenrestaurants wie Borchardt und Hiller, orientierten sich an der französischen Küche. Neben solch Standardposten, wie Kaviar, Austern und Räucherlachs oder Lachs in Vinaigrette, waren es hauptsächlich Pasteten, die sich auf seiner Karte fanden. Regionales gab es, sieht man einmal von den Kiebitz-Eiern ab, die allerdings auch nicht aus Brandenburg, sondern aus Schleswig-Holstein oder Mecklenburg kamen, kaum.

Rezept Seite 13: Getrüffelte Kartoffelterrine mit Taubenbrust und Trüffelvinaigrette
Markus Semmler, Schloßhotel Cecilienhof, Potsdam

Hasenterrine an warmem Pilzsalat

Antje Ljunggren
Alte Försterei
Kloster Zinna

Hasenterrine:
1 Hase von 2,5 kg, 400 g Schweinerücken, je ½ TL Salz, Pimentpulver, grüne und weiße Pfefferkörner, 500 g Kalbsknochen, 3 EL Öl, Röstgemüse (1 Zwiebel, je 100 g Möhren und Sellerie), 1 Hasenleber, 30 g Butter, 20 ml Cognac, 1 Knoblauchzehe, 2 gewürfelte Schalotten, 400 g fetter Speck, 2 Eier, 200 g gekochter Schinken, 100 g Champignons, 450 g Speckscheiben.

Die Rückenfilets vom Hasen auslösen, 400 g Hasenfleisch- und Schweinefleischstreifen mit den Gewürzen mischen und 12 Std. marinieren. Aus den Knochen, dem restlichen Hasenfleisch, dem Öl, Röstgemüse und den Pfefferkörnern ¼ l Fond kochen. Leber und Filet in Butter anbraten und mit Cognac ablöschen. Den Fond mit den restlichen Gewürzen auf ⅛ l einkochen und anschließend durchpassieren.
Die marinierten Fleischstreifen und den Speck fein wolfen. Die Masse mit den Eiern, dem Fond, der Leber und den Champignons, alles gewürfelt, mischen. Die mit dünnen Speckscheiben ausgelegte Terrine mit der Farce und den Filets füllen und mit Speck bedekken. Die Terrine etwa 1 Std. im Wasserbad garen.

Pilzsalat:
100 g Speck, 1 Zwiebel, 500 g Mischpilze, je ½ rote und grüne Paprikaschote, 250 g Tomaten, 4 hartgekochte Eier, 6 EL Essig, 1 TL Senf, Salz, Paprika (edelsüß), Zucker und 6 EL Öl.

Den Speck und die kleingewürfelten Zwiebeln glasig anschwitzen. Die Mischpilze und die Paprikawürfel zufügen und durchschmoren lassen. Aus Essig, Senf, Salz, Paprika, Zucker und Öl eine Marinade herstellen. Die Marinade über die warmen Mischpilze geben. Die Tomatenwürfel und die in Achtel geschnittenen Eier dem Salat beimengen.

Anrichten:
Die Hasenterrinenscheiben neben dem warmen Pilzsalat anrichten.

Kalbsbriesterrine auf Schnittlauchcreme mit Pfifferlingsalat

Bernd Gemmrig
Alter Krug Dahlem
Berlin

Terrine:
250 g Kalbsbries, Salz, Pfeffer, Muskat, 15 g Butter, 50 g Schalotten, 2 cl Cognac, 0,1 l Kalbsfond, 1 Msp. Nelken, Pimentkerne, Thymian, Lorbeerblatt (fein gemahlen), 100 g Kalbsfilet, 100 g Schweinefilet und 100 g frischer Rückenspeck, 0,1 l flüssige Sahne, 30 g Pistazien.

Zum Auslegen der Form:
200 g frischer Rückenspeck, Größe der Form: zirka 0,6 l.

Das Bries wässern (etwa 2 Std.), danach blanchieren. Schalotten in Butter andünsten, mit Cognac und Kalbsfond ablöschen und reduzieren. Das Bries in Stücke schneiden und mit Salz, gemahlenem weißem Pfeffer, Muskat und dem reduziertem Kalbsfond marinieren und gut kühlen. Aus dem Kalbfleisch, Schweinefleisch und Rückenspeck eine feine Farce herstellen (2mal durch eine feine Scheibe vom Fleischwolf drehen, dazwischen gut kühlen und durch ein feines Sieb streichen).
Wieder gut kühlen und langsam zuerst das Eiweiß, danach die Sahne darunterarbeiten und zuletzt das Bries mit Fond und Pistazien unterheben.
Die Form mit Speck auslegen, die Farce einfüllen, mit Speck abdekken und bei 80 °C im Wasserbad 40 Min. garen, leicht beschweren und gut abkühlen lassen.

Schnittlauchcreme:
¼ l Crème double und 2 EL Mayonnaise, 30 g frischer Schnittlauch, 0,1 l geschlagene Sahne, frisch gemahlener Pfeffer, Salz.

Die Crème double mit der Mayonnaise glattrühren, mit Salz und Pfeffer abschmecken, den Schnittlauch und die geschlagene Sahne unterheben.

Pfifferlingsalat:
300 g Pfifferlinge und 50 g Bacon (durchwachsener Speck), 2 Scheiben Weißbrot, 50 g gemahlene Kräuter (Dill, Schnittlauch, Petersilie) sowie 2 EL Haselnußöl, 1 EL Balsamico-Essig, Salz und Pfeffer (weiß) aus der Mühle, Zucker.

Die Pfifferlinge putzen, waschen und auf Küchenkrepp trockenlegen. Eine Vinaigrette aus Kräutern, Haselnußöl, Essig, Salz, Zucker und frisch gemahlenem weißem Pfeffer herstellen. Aus Bacon und gewürfeltem Weißbrot Croûtons herstellen. Die Pfifferlinge mit etwas Butter in der Pfanne blanchieren; auf einem Sieb einen Pilzfond abgießen, dann warm in die Vinaigrette geben und noch ½ Std. ziehen lassen.

Anrichten:
Zum Anrichten Salatteller mit einigen Salatblättern (Chicorée, Radicchio) garnieren, Pfifferlingsalat darauf legen, mit Speck und Brotcroûtons garnieren. Schnittlauchcreme auf dem Hauptteller als Saucenspiegel angießen und die in Scheiben geschnittene Kalbsbriesterrine darauf anrichten.

Lauchterrine mit Flußkrebsen

Karl Wannemacher
Alt Luxemburg
Berlin

Halbrunde Terrinenform (18 mal 7,5 mal 7 cm).
1,5 kg Lauch (9 Stangen), Tomatenwürfel und Schnittlauchstäbchen.

Gelee:
100 g Fischessenz, 3 Blatt Gelatine.

Vinaigrette:
20 bis 30 ml Balsamico-Essig, 160 g Olivenöl, Salz, Pfeffer, 2 kg Flußkrebse (6 Stck./Pers.), Suppengrün, 1 EL Kümmel.

Vom Lauch das Grüne abschneiden, halbieren und waschen. In kochendem Salzwasser nicht zu weich abkochen und sofort in kaltem Wasser abschrecken. Auf ein Handtuch legen und gut trocknen lassen.
Eine Terrinenform mit Klarsichtfolie auslegen und den Lauch darin schichten. Jede Schicht mit Gelee bepinseln und dezent mit Salz und Pfeffer würzen. Ist die Terrine gefüllt, wird ein Brett darauf gelegt und dieses mit einem schweren Gegenstand beschwert. Anschließend noch etwa 3 Std. kalt stellen.
Wasser, Suppengrün und Kümmel zum Kochen bringen, mit Salz abschmecken. Die Krebse in das kochende Wasser geben, einmal aufkochen. Die Krebse aus dem Wasser nehmen, auskühlen lassen und ausbrechen. 6 Nasen zur Dekoration aufheben.

Vinaigrette:
Den Balsamico-Essig mit Salz und Pfeffer verrühren, das Olivenöl zufügen, nochmals abschmecken.
Die Terrinenform stürzen und mit der Folie mit einem Elektromesser in 2 cm dicke Scheiben schneiden. Die Scheiben auf die Teller legen und dann erst die Folie abziehen.
Je 6 Krebsschwänze um die Scheibe legen, 1 der Krebsnasen zur Dekoration dazulegen. Schnittlauchstäbchen und Tomatenwürfel ebenfalls. Alles mit der Balsamico-Essig-Vinaigrette beträufeln.

Getrüffelte Kartoffelterrine mit Taubenbrust und Trüffelvinaigrette

Bild Seite 10

Markus Semmler
Schloßhotel Cecilienhof
Potsdam

Kartoffelterrine:
500 g gekochte Kartoffeln, 400 g Butter, 200 g Sahne, 20 g Trüffel, Salz, Trüffelöl.

Trüffelvinaigrette:
4 EL Consommé, 4 EL Olivenöl, 4 EL Distelöl, 1 EL Portwein sowie 1 EL Madeira, 2 EL Trüffelfond, 2 EL Balsamico-Essig (16 Jahre) und 2 EL Balsamico-Essig (2 Jahre).

Taubenbrust:
4 Taubenbrüstchen, Bratfett.

Garnitur:
Rucolasalat.

Die Kartoffeln ausdämpfen. Die Butter und Sahne lauwarm über die durchgepreßten Kartoffeln geben und glattrühren. Mit Trüffeln, Trüffelöl und Salz abschmekken, in eine Terrinenform geben und abkühlen lassen.
Die Taubenbrüstchen rosa braten, lauwarm in dünne Scheiben schneiden, mit 3 Tranchen Kartoffelterrine dekorativ auf Rucolasalat anrichten und mit der Trüffelvinaigrette beträufeln.

Matjesterrine

Carmen Krüger
C + W Gourmet
Eichwalde

400 g festkochende Kartoffeln, 100 g Spreewälder Gewürzgurken, 8 Matjesfilets, 250 g Crème fraîche, 100 g helles Bier, Salz, Zucker, Zitrone, 2 Blatt Gelatine, Blattsalate und Vinaigrette für die Garnitur.

Die Kartoffeln kochen, pellen, kalt werden lassen und in Würfel schneiden. Die Gewürzgurken würfeln und die Matjesfilets zurechtschneiden. Nun die Crème fraîche und das Bier verrühren, mit Salz, Zucker und Zitrone abschmecken. Die in etwas Bier aufgelöste Gelatine unterrühren. Eine Terrinenform mit Klarsichtfolie auslegen und einen Spiegel aus Crème fraîche angießen. Wenn die Crème fraîche fest geworden ist, schichtweise Matjesstücke, Kartoffel- und Gurkenwürfel in die Form legen und mit der restlichen Crème fraîche übergießen.
12 Std. kühlen lassen, stürzen und mit dem Elektromesser aufschneiden. Die Scheiben mit bunten Blattsalaten anrichten, den Salat mit etwas Vinaigrette beträufeln.

Pilzterrine mit Rehfilets

Franz Raneburger
Bamberger Reiter
Berlin

300 g Trompetenpilze, 400 g Pie de Mouton oder heimische Waldpilze, 400 g Steinpilze, 2 EL Olivenöl, 9 Rehfilets, 12 Blatt Gelatine, Salz, Pfeffer, Wacholder, Rosmarin und Latschenkiefer.

Terrinenform mit 1 l Volumen im Tiefkühlfach vorkühlen. Die Rehfilets leicht anbraten, auf einem

Gitter bei 120 °C im Ofen mit Wacholder rosa braten und danach im Kühlschrank abkühlen lassen. Die Pilze putzen, waschen und gut trocknen. Einen flachen Topf mit Deckel leicht erhitzen, die Pilze mit den Gewürzen und Kräutern in den Topf geben und ⅙ l Wasser aufgießen. Den Deckel darauf setzen und 5 Min. ziehen lassen. Die Gelatine einweichen, zu den Pilzen geben, nochmals abschmecken und den Fond abpassieren. Den Boden der Terrine mit Pilzen auslegen, 3 Filets in die Mitte einlegen und wieder mit Pilzen bestreuen, oben 2 weitere Reihen mit je 3 Filets einsetzen, die restlichen Pilze darüberstreuen und das abgeschmeckte Gelee darauf gießen.
Nun die Sülze für etwa 2 bis 3 Std. kalt stellen, den Terrinenboden mit lauwarmem Wasser übergießen und auf ein Brett stürzen.
Mit einem scharfen Messer in fingerdicke Tranchen schneiden und mit einem kleinen Salatbukett anrichten.

Ziegenkäse-Terrine mit Flußkrebsen

Carmen Krüger
C + W Gourmet
Eichwalde

30 Flußkrebse, 1 EL Kümmel, 250 g Lauch, 300 g Ziegenfrischkäse oder Ziegenquark, 1 EL Olivenöl, 1 EL Crème fraîche, Salz, Pfeffer, 3 Blatt Gelatine, 4 EL Sahne, Rauke und Olivenöl für die Garnitur.

Die Krebse in Salzwasser mit Kümmel 3 Min. kochen, ausbrechen und die Därme ziehen. Die Krebse unter fließendem Wasser abspülen und zur Seite stellen. Den Lauch in Salzwasser blanchieren, anschließend in Eiswasser abschrecken, gut abtropfen lassen und halbieren.
Ziegenkäse, Olivenöl und Crème fraîche verrühren und mit Salz und Pfeffer abschmecken. Die eingeweichte, gut ausgedrückte Gelatine in der erwärmten Sahne auflösen und zum Käse geben.
Eine Terrinenform mit Klarsichtfolie auslegen und eine Schicht Ziegenkäse einfüllen. Mit Lauchblättern bedecken, darauf die Krebsschwänze legen und mit einer zweiten Käseschicht bedekken. Mit Lauchblättern belegen und dann die Terrine mit einer Käseschicht abschließen.
12 Std. kühlen lassen und mit einem Elektromesser aufschneiden. Die Scheiben mit Rauke und ein paar Tropfen Olivenöl anrichten.

Sülze von Havelländer Räucheraal mit Kräuter-Schmant

Herbert Beltle
Altes Zollhaus
Berlin

6 Tomaten, 1 Räucheraal von etwa 500 g, 0,6 l Fischfond, 0,3 l Weißwein, ½ Bd. Basilikum, 2 Eiweiß, Zitronensaft, 9 Blatt Gelatine, Salz, Pfeffer, Zucker, 5 EL Weißweinessig, 100 g kleine Würfel von Karotten, Sellerie und Lauch sowie 1 Pastetenform.

Kräuterschmant:
100 g Schmant, 30 g flüssige Sahne, gehackte Kräuter wie Blattpetersilie, Dill, Estragon und Kerbel.

Von den Tomaten den Strunk entfernen und etwa 10 Sek. in kochendes Wasser geben. Danach kalt abschrecken, enthäuten, vierteln und die Kerne herausschneiden. Das Fruchtfleisch in Würfel schneiden. Den Räucheraal von Haut und Gräten befreien und das Filet in die Länge der Pastetenform schneiden. Dem Fischfond die Schale und Kerne der Tomaten, die Aalgräte, den Zitronensaft, die Basilikumstengel und die 2 angeschlagenen Eiweiße zugeben und 15 Min. leicht köcheln lassen.
Durch ein Tuch passieren und mit Salz, Pfeffer, Zucker und Weißweinessig abschmecken. In dem noch warmen Fischfond die vorher in kaltem Wasser eingeweichte Gelatine auflösen. Die Gemüsewürfel in kochendem Salzwasser blanchieren und kalt abschrecken. Das Basilikum in feine Streifen schneiden und mit den Tomaten und Gemüsewürfeln in den gerade noch flüssigen Fond geben. Eine etwa 3 cm hohe Schicht in die Pastetenform gießen und im Kühlschrank fest werden lassen. Darauf die Aalfilets legen und mit dem restlichen Fond aufgießen und etwa 5 bis 6 Stunden im Kühlschrank fest werden lassen. Für den Kräuterschmant alle Zutaten vermengen und abschmecken.
Die Sülze stürzen, in etwa 2 cm dicke Scheiben schneiden und mit dem Schmant und einem buntem Salatbukett anrichten.

Altberliner Flußkrebssülze mit Salat von grünem Spargel

Reinold Kegel
Restaurant Grand Cru
Berlin

Zutaten:
8 Flußkrebse und 1 Gemüsebukett (1 Karotte, etwas Sellerie, ½ Stange

Rezept Seite 16: Gelee von der Brandenburger Bauernente, Rolf Schmidt, Restaurant First Floor, Berlin

Lauch), 1 Lorbeerblatt, 1 Bd. Dill, ½ TL Kümmel, ¾ l Geflügelbrühe, ¼ l Sahne und 1 EL Crème fraîche, 1 Stange Lauch, 1 große Karotte, 1 Spritzer Weißweinessig, 7 Blatt Gelatine.

Krebsfüllung:
50 g Butter, 1 bis 2 Scheiben Weißbrot (Toast) und 1 Spritzer Cognac, 1 TL gehackter Kerbel sowie 1 Eigelb und Salz.

Spargelsalat:
16 Stangen grüner Spargel, 30 g Butter, ½ Zitrone, Zucker, Salz, 1 dl Distelöl und 3 cl Sherry-Essig, 2 Schalotten, 1 EL gehackte Petersilie, 1 Karotte, 30 g Knollensellerie.

Flußkrebssülze:
Die Geflügelbrühe mit dem Gemüsebukett, dem Lorbeerblatt, dem Kümmel und nur mit den Stielen des Dills aufkochen. Die Flußkrebse hineingeben und auf kleiner Flamme 7 bis 8 Min. ziehen lassen.
Danach den Sud passieren und die Flußkrebse ausbrechen (Schwanz und Scheren), so daß die Nase heil bleibt. Die Sahne und die Crème fraîche in den Sud einrühren und zu ¾ reduzieren. Währenddessen die Gelatine einweichen. Einen Spritzer Weißweinessig zu dem entstandenen hellen Fond geben. Alles kurz aufmixen und die Gelatine darin auflösen. Mit Salz abschmecken und kühl stellen. Zwischendurch die Karotte schälen und den Lauch putzen (nur das Mittelstück verwenden). Die Karotte in Stifte schneiden. Den Lauch der Länge nach halbieren. Nun beides im Salzwasser bißfest kochen und mit Eiswasser abschrecken.
Die Flußkrebsschwänze mit dem Lauch und den Karotten in eine Rinnen- oder Kastenform einschichten. Die restlichen Dillspitzen kleinhacken und kurz vor dem Gelieren in den hellen Fond einrühren, die Form damit ausgießen und wieder kühl stellen.

Krebsnasen:
Das Weißbrot (Toast) entkrusten und in kleine Würfel schneiden. Butter in einer Pfanne zergehen lassen und die Weißbrotwürfel darin hellbraun anrösten. Mit einem Spritzer Cognac ablöschen und in eine Schüssel geben. Die Krebsscheren kleinschneiden und mit dem Kerbel, dem Eigelb und etwas Salz vorsichtig unter die Brotwürfel mengen. Die Krebsnasen auswaschen und damit füllen.

Spargelsalat:
Den grünen Spargel putzen und in etwa ¾ l Wasser mit der Butter, der Zitrone, dem Zucker und etwas Salz bißfest kochen. Mit Eiswasser abschrecken. Den Fond aufbewahren. Den Sellerie und die Karotte schälen und in sehr feine Würfel schneiden (Brunoise). Diese im Spargelfond kurz blanchieren und ebenfalls rasch wieder abkühlen lassen.
Die Schalotten sehr fein schneiden und mit der Petersilie und den Gemüsewürfelchen in eine Schüssel geben. In diese nun nacheinander das Distelöl, Sherry-Essig und etwa 3 cl lauwarmen Spargelfond einrühren. Dann den Spargel halbieren und die unteren Stücke in Scheiben schneiden. Alles zusammen in das Dressing geben und kurz durchziehen lassen.

Anrichten:
Die Spargelspitzen sternförmig verteilen und das Spargelragout in die Mitte geben; darauf 1 Scheibe Krebssülze setzen. Die Krebsnasen etwa 3 bis 4 Min. bei 160 °C im Ofen ausbacken und anschließend seitlich anlegen.
Zum Schluß noch mit einem Dillzweig garnieren.
Als Zugabe kann eine Hummermayonnaise dienen, welche mit Crème fraîche verfeinert wird.

Gelee von der Brandenburger Bauernente

Bild Seite 14

Rolf Schmidt
Restaurant First Floor
Berlin

2 Enten (je 1,8 bis 2 kg), Liebstöckel, Beifuß, Koriander, Rosmarin, Majoran, Pfefferkörner, Wacholderbeeren, Lorbeerblatt, Senfsaat, etwas Sternanis, 300 g Wurzelgemüse (Petersilienwurzel, Möhren, Porree, Sellerie), 4 Eiweiß, etwas Crash-Eis, ½ l Weißwein (Gewürztraminer), 0,2 l Champagner, Fingermöhren, Frühlingslauch, Zucchini, je nach Jahreszeit Spargel (grün und weiß oder wilder Spargel), rote Bete.

Die Entenbrüste sowie die Karkassen auslösen und zur weiteren Bearbeitung zur Seite legen. Von den Entenknochen einen Fond ziehen, der zum Einlegen der Entenbrüste gebraucht wird. Die Karkassen waschen und in kaltem Wasser mit 150 g Wurzelgemüse, Pfefferkörnern, Wacholderbeeren, Lorbeerblatt, Senfsaat und Sternanis aufsetzen. Etwa 50 Min. ziehen lassen. Anschließend den Fond passieren und klären, d. h., das Fleisch von den Entenkeulen wird kleingehackt, mit den Eiweißen und dem Eis vermischt und in die Entenbrühe eingerührt.
Das Ganze langsam zum Kochen bringen und darauf achten, daß es nicht anbrennt. Die Entenbrüste in dem Weißwein mit Liebstökkel, Beifuß, Koriander, Rosmarin, Majoran und dem restlichen Wurzelgemüse 24 Std. marinieren.
Am nächsten Tag den Entenfond in einem Topf aufsetzen, die Entenbrust dazugeben und mit den Kräutern und Gemüsen zusammen garen. Der Fond sollte gelieren. (Wenn dies nicht geschieht,

Rezept Seite 20: Gebratener Aal mit Rhabarber-Kompott, Carmen Krüger, C+ W Gourmet, Eichwalde

pro Liter ungefähr 8 Blatt eingeweichte und ausgedrückte Gelatine zugeben.) Kurz vor dem Gelieren den Champagner dazugeben, damit er perlt. Die Fingermöhren, der Frühlingslauch, die Zucchini, der Spargel und alles weitere Gemüse wird in Salzwasser blanchiert und weich gekocht.
Danach die Entenbrust und das Gemüse in eine Terrinenform schichten und mit dem Gelee übergießen. Über Nacht die Form zum Durchkühlen in den Kühlschrank stellen.
Als Beilage empfiehlt sich ein Koriander-Apfel, der folgendermaßen zubereitet wird:
2 Äpfel schälen, das Kerngehäuse entfernen, in 1/8 Stücke schneiden und zu Schnitzel tournieren. Mit etwas Weißwein, Korianderkörnern, Ingwer, Zucker und den Apfelschalen einen Sud kochen, in dem die Äpfel gar gezogen werden. Zum Schluß mit etwas Speisestärke abbinden.

Sülze von Frühlingsgemüsen und geschmortem Brandenburger Kaninchen mit Trompetenpilz-Vinaigrette

Detlev Hohl

1 Kaninchen von 1,4 bis 1,5 kg (mit Kopf, Leber, Nieren).

Marinade:
2 dl Traubenkernöl, 3 Knoblauchzehen, 1 Karotte, 50 g Knollensellerie, 2 Schalotten, 3 Champignons und 10 Pfefferkörner, 3 Wacholderbeeren, 1 Lorbeerblatt, 10 Pimentkörner, je 1 Rosmarin- und Thymianzweig.

Gelee:
500 g Kalbsparüren und -flechsen, 1/2 Kalbsfuß, 5 cl Weißwein und 2 l Wasser, 1/2 Röstzwiebel, 2 Knoblauchzehen, 1 Karotte, 50 g Lauch, 50 g Knollensellerie und 3 Champignons, 5 Pfefferkörner, 1 Wacholderbeere, 1 Lorbeerblatt, 5 Pimentkörner, je 1 Rosmarin- und Thymianzweig.

Einlage:
2 Lauchstangen, 2 Karotten, 1 Staudenselleriestange, 1/4 Steckrübe und 2 Spargelstangen (weiß), 20 Zuckerschoten, 100 g grüne Bohnen, 500 g dicke Bohnen und 15 g getrocknete Trompetenpilze.

Vinaigrette:
30 g getrocknete Trompetenpilze, 2 Schalotten, 1,5 dl Traubenkernöl, 4 cl Walnußöl, 1 cl Kürbiskernöl, 3 cl Champagneressig, 1 EL gehackte Petersilie, Kerbel, Estragon.

Garnitur:
20 Perlzwiebeln, 10 Fingermöhren, 10 Blumenkohlröschen, 10 Navetten, 10 Romanescoröschen, 40 g Butter, 40 g Zucker, 3 cl Champagneressig, 1 TL Sherry-Essig, 1 EL gehackter Estragon, Kerbel sowie Petersilie.

Das Kaninchen zerlegen und ausbeinen, Fett und Sehnen entfernen. Das Gemüse für die Marinade in 1 cm große Würfel schneiden. Alle Zutaten der Marinade in wenig Traubenkernöl kurz anschwenken. Lauwarm über alle Fleischteile (Schultern, Keulen, Rückenfilets, Filets) und Leber und Nieren geben. Restliches Traubenkernöl dazugießen, dann 48 Std. gekühlt marinieren.
Alle Kaninchenknochen, ebenso den Kopf, zerkleinern und im Ofen bei 200 °C rösten. Die Knochen mit den Kalbsparüren und dem zerkleinerten Kalbsfuß in einen Topf füllen, kaltes Wasser und eine Prise Salz sowie den Weißwein zugeben, einmal aufkochen lassen und das geronnene Eiweiß und Fett abschöpfen. Alle restlichen Zutaten für das Gelee beigeben und 4 Std. ziehen lassen.
Schultern und Keulen aus der Marinade nehmen, abtupfen, würzen, von beiden Seiten kräftig anbraten. Wieder abtupfen, in den Kaninchenfond geben und darin gar ziehen lassen (60 bis 75 Min.).
Für die Einlage von den Lauchstangen den Wurzelansatz abschneiden, die Blattschichten der Länge nach einzeln aufritzen und herausklappen (insgesamt 8 bis 10 Stück), abwaschen. Karotten auf Zeigefingerdicke herunterschälen. Spargel und Staudensellerie schälen. Steckrübe in fingerdicke Stücke schneiden. Grüne Bohnen und Zuckerschoten zupfen. Dicke Bohnen aus der Hülle brechen und von der Kapselschale befreien.
Alle diese Zutaten einzeln in gesalzenem kochendem Wasser auf den Punkt kochen, in Eiswasser abschrecken, dann auf Tüchern trockenlegen.
Die Trompetenpilze 30 Min. in kaltem Wasser einweichen, sehr gut reinigen, 1 Min. in Wasser kochen, abschrecken und in kleinste Segmente zerhacken.

Sülze zusammensetzen:
Den Kaninchenfond durch ein Passiertuch (vorsichtig) gießen. Es muß 0,5 l klarer Fond bzw. Gelee übrigbleiben. Kurz aufkochen, mit Salz und Pfeffer abschmekken, abkühlen. Wenn der Fond nur noch lauwarm ist, den 1 TL Sherry-Essig und den 1 EL gehackten Estragon beigeben. Merke: Gelee nicht zu stark abkühlen, da es sonst stockt!
Leber und Nieren in etwas Butter rosa braten, würzen, abkühlen.

Terrinenform (max. 20 mal 7 mal 8 cm) mit Klarsichtfolie auslegen. Die Lauchblätter als Ummantelung einsetzen, leicht übereinanderlappend, so daß keine Löcher entstehen. Ebenfalls müssen diese auf beiden Seiten jeweils 5 cm über den Rand lappen.
Nun möglichst große Stücke von den geschmorten Fleischteilen, die Innereien und alle Gemüse sowie die gehackten Trompetenpilze gefällig und bunt aneinander und übereinander schichten.
Nach jeder Schicht mit dem Gelee aufgießen. Ist die Form bis zum Rand mit allen Materialien gefüllt, die überlappenden Lauchblätter als Abschluß darüberschlagen. Mit Klarsichtfolie abdecken. Die Terrine (Sülze) muß leicht (1 kg) beschwert werden, damit überschüssiges Gelee herausgepreßt werden kann.
24 Std. kalt stellen.
Für die Garnitur Butter erhitzen, die geschälten und geputzten Gemüse darin schwenken, Zucker hinzugeben, leicht karamelisieren und mit dem Champagneressig ablöschen. Mit 1,5 dl übriggebliebenem Kaninchenfond auffüllen und einkochen, so daß das Gemüse noch leichten Biß hat.
Für die Vinaigrette die Trompetenpilze, so wie schon mal oben beschrieben, vorbereiten. Schalotten ebenfalls sehr fein hacken. Alle Zutaten nun mischen und mit Salz und Pfeffer abschmecken.
Die Kaninchenrückenfilets aus der Marinade nehmen, abtupfen, würzen und rosa braten. Warm halten.
Die Sülze vorsichtig stürzen, die Folie entfernen, in 3 cm dicke Scheiben schneiden und mit etwas Traubenkernöl bepinseln. In der Mitte der Teller anrichten. Rechts daneben das lauwarme Gemüse, links 3 Scheiben Kaninchenrükken anlegen und die Vinaigrette sparsam angießen.

Mosaik von Wintergemüsen an Tomatencoulis

Andreas Fischer
Hotel Mondial
Berlin

0,5 kg geschälte Sellerieknolle, 100 g Karottenwürfel, 100 g Zucchiniwürfel und 100 g Brokkoliröschen, 100 g Prinzeßböhnchen, 100 g Blumenkohlröschen und 1 Bd. gehackte Glattpetersilie, ½ l Sahne, 8 Blatt Gelatine, Salz, Pfeffer, 100 g Friséesalat.

Tomatencoulis:
6 Fleischtomaten, 1 Msp. Senf, ½ dl Essig, 3 dl Olivenöl, 1 Bd. Basilikum, Salz und Pfeffer.

Alle Gemüse außer dem Sellerie bißfest kochen und abtropfen lassen. Die Sellerieknolle in Stücke schneiden und mit ⅛ l Sahne und etwas vom Gemüsefond weich kochen. In der Zwischenzeit die Gelatine einweichen und die Bohnen in Ringe schneiden. Den gekochten Sellerie pürieren, durch ein Sieb streichen und mit Salz und Pfeffer abschmecken.
Die Gelatine in wenig Flüssigkeit auflösen und in die Selleriemasse rühren. Die gegarten Gemüse und die Petersilie hinzugeben und alles gut vermengen. Die restliche Sahne aufschlagen und kurz vor dem Anziehen der Gelatine unter die Masse heben. In Formen füllen, auf einem Tuch 2- bis 3mal kräftig aufstoßen (um evtl. vorhandene Luftblasen entweichen zu lassen), abdecken und 12 Std. kühl aufbewahren.

Tomatencoulis:
Die Fleischtomaten abziehen und entkernen. Das Fruchtfleisch von 1 Tomate fein würfeln und beiseite legen. Den Rest mit Senf, Essig, Salz und Pfeffer in einen Mixer geben und pürieren. Nach und nach mit dem Olivenöl aufmontieren. Die schönsten Basilikumblätter zum Ausgarnieren beiseite legen und den Rest in feine Streifen schneiden. Die Coulis, Basilikumstreifen und Tomatenwürfel vermischen.

Anrichten:
Einen Spiegel Tomatencoulis gießen, darauf das Mosaik in Scheiben anrichten und mit Friséesalat und Basilikumblättern vollenden.

Räucheraalparfait mit Tomatencreme

Zutaten für 4 bis 6 Personen

Alexander Bulla
Restaurant Rockendorf
im Grunewald
Berlin

1 Aal (500 bis 600 g, geräuchert), 2 Fenchel, 1 Lauch, 10 Champignons, 1 Dillzweig, 2 Schalotten, 2 cl Pernod, 100 g Spinat, ¼ l geschlagene Sahne, 3 Strauchtomaten, 20 g frischer Kren (Meerrettich), Essig, Öl, Salz und Pfeffer, Zucker, etwas Schnittlauch, 9 Blatt Gelatine (auf ein 1 l Flüssigkeit).

Den Räucheraal filetieren. Die Gräten, Haut und Endstücke im Topf anschwitzen, Gemüse, Dill, Schalotten und Champignons zu den Fischabschnitten geben und mitschwitzen. Mit etwas Pernod ablöschen und mit ungesalzener Brühe auffüllen, auf 1,4 l und auf 1 l reduzieren, so daß der Fond klar bleibt.
Die Aalfilets in kleine Würfel schneiden, den Spinat blanchieren, würzen, trockenpressen und kleinhacken. Den Fischfond passieren und die eingeweichte Gelatine auf 1 l Fischfond geben. Den Fischfond mit Salz, Pfeffer und ei-

nem Spritzer Pernod abschmekken. Erkalten lassen, die Aalstückchen und den gehackten Spinat dazugeben.
Die Sahne steif schlagen und unter die erkaltete Masse geben. Das Ganze in Terrinen- oder Timbaleförmchen gießen und 3 bis 4 Std. erkalten lassen.
Die Tomaten abziehen, entkernen und in kleine Würfel schneiden. Frischen Kren und Schnittlauch dazugeben und dann mit Essig und Öl, Salz, Pfeffer sowie Zukker abschmecken.
Das Parfait stürzen, auf Tellern anrichten und mit der Tomaten-Kren-Marinade beträufeln.

Bayerische Creme vom Räucheraal

Karl Wannemacher
Alt Luxemburg
Berlin

4 ovale Ringe, 200 g Räucheraal (mit Gräten und Haut), 100 ml Sahne, 50 ml Fischfond, 1 Blatt Gelatine, 2 Eigelb, Salz und Pfeffer sowie 120 g Forellenkaviar.

Den Aal enthäuten und von den Gräten lösen. Die Aalhälften in kleine Würfel schneiden. Die abgezogene Haut und die Gräten mit Fischfond und Wasser bedekken und auskochen. Durch ein Haarsieb geben und die Flüssigkeit auf 100 ml einkochen lassen.
Die Gelatine in kaltem Wasser einweichen, die Eigelbe schaumig schlagen, etwas Aalfond zufügen und im Topf auf dem Herd zur Rose abziehen. Sofort durch ein Sieb passieren, die ausgedrückte Gelatine dazugeben und mit Salz und Pfeffer abschmecken.
Die Sahne steif schlagen und kurz vor dem Festwerden des Aalfonds die Aalwürfel und die Sahne unterziehen und in die Ringe füllen. Vor dem Servieren mit Forellenkaviar verzieren und dann die Ringe abziehen.

Hechtwürstchen mit Forellenkaviar

Rene Tümmel
Hotel Residenz
am Motzener See
Motzen

500 g Hechtfilet, 400 ml Sahne und 50 g Forellenkaviar, 2 m Naturdarm (Wiener Darm), ½ TL Salz.

Es ist darauf zu achten, daß sämtliche Zutaten gut gekühlt sind, da sonst keine Bindung entsteht. Das Hechtfilet grob zerkleinern und zusammen mit dem Salz in einer Küchenmaschine fein pürieren. Nach und nach die Sahne mit dazugeben, bis eine glatte Masse entsteht. Diese Masse mit Hilfe eines Teigschabers durch ein Haarsieb streichen, um Gräten und ähnliches zu entfernen.
Anschließend vorsichtig den Kaviar unter die Masse heben. Diese dann in einen Spritzbeutel mit einer Lochtülle von etwa 10 mm ∅ füllen und in die vorher 30 Min. gewässerten Därme spritzen.
Den gefüllten Darm alle 10 cm mit Küchengarn in Würste teilen. Die ganze Kette in einem möglichst großen, flachen Topf bei etwa 70 °C 10 Min. gar ziehen lassen.
Eine höhere Temperatur könnte das Platzen der Würste zur Folge haben. Anschließend die Würste trennen und mit den Spinatnudeln und der Roten-Bete-Sauce (Rezept siehe Seite 161) servieren.

Gebratener Aal mit Rhabarber-Kompott

Bild Seite 17

Carmen Krüger
C + W Gourmet
Eichwalde

400 g Aal (filetiert), Salz, Pfeffer, 35 g Butterschmalz, 25 g magerer Speck (in dünnen Scheiben), 20 g gehackte Petersilie.

Kompott:
0,1 l Apfelessig, 1 Zimtstange, 60 g brauner Zucker, 10 g frischer Ingwer (gerieben), 1 Knoblauchzehe, 3 Nelken, 5 Senfkörner, 2 g rote Peperoni, 10 g Sonnenblumenkernöl, 100 g Rhabarberwürfel sowie 100 g Apfelwürfel, Salz und Pfeffer.

Die Aalfilets in etwa 6 cm lange Stücke schneiden, salzen und pfeffern. In Butterschmalz braten, die Speckscheiben und die Petersilie zugeben und noch 2 Min. in der Pfanne schwenken.
Für das Kompott den Essig mit der Zimtstange aufkochen, die übrigen Zutaten zugeben und köcheln, bis eine breiähnliche Masse entsteht. Die Zimtstange herausnehmen, das Kompott abschmekken und auskühlen lassen.
Den gebratenen Aal mit einem Löffel Rhabarber-Chutney anrichten.

Gebratener Havelaal, sauer eingelegt

Arno Schmädicke
Ratskeller Zehlendorf
Berlin

500 g küchenfertiger frischer Aal (abgezogen), 100 ml Öl, 2 EL Mehl, Salz und Pfeffer.

Rezept Seite 24: Salat von Goldrauke und Kürbis mit Scheiben vom gefüllten Eisbein in Kerbel-Dijon-Senf-Vinaigrette, Stephan Niggemann, Forsthaus Paulsborn, Berlin

Marinade:
2 EL Öl, 150 g Zwiebeln, 150 g mit Dill aromatisierte Salzgurke und 2 Lorbeerblätter, 5 Wacholderbeeren, 10 Pfefferkörner, Salz, Pfeffer, 30 g Zucker und 3 EL Essig sowie 500 g Wasser.

Den küchenfertigen, abgezogenen Aal in Portionsstücke zerschneiden. Das Öl in einer Pfanne erhitzen und den mit Salz und Pfeffer gewürzten Aal mehlieren und im heißen Öl von allen Seiten braten, danach aus der Pfanne nehmen und beiseite stellen. Inzwischen die in Streifen geschnittenen Zwiebeln in Öl anschwitzen, ohne daß sie braun werden. Das Wasser und die restlichen Gewürze zugeben, aufkochen lassen und abschmecken. Die Salzgurke in Scheiben schneiden und zusammen mit der Marinade über die gebratenen Aalstücke gießen. Nun 24 Std. marinieren lassen.
Als Vorspeise mit frischem kräftigem Landbrot servieren.

Millefeuille von Entenbrust und Kohlrüben mit Orangenvinaigrette

Karl Wannemacher
Alt Luxemburg
Berlin

Trapezterrine (25 mal 6 mal 6 cm), 2 Entenbrüste von der Barbarie-Ente, 400 g Kohlrüben und 500 ml Kohlrübenessenz (Rezept siehe Kohlrübenessenz), 7 Blatt Gelatine (in kaltem Wasser eingeweicht), 1 geräucherte Entenbrust.

Vinaigrette:
Saft von 2 Orangen und Orangenstreifen, 2 bis 3 EL Sherry-Essig, 60 ml Olivenöl, 60 ml Pinienkernöl, Salz und Pfeffer, verschiedene Salate zur Dekoration.

Die Entenbrüste mit Haut rosa braten und dann gut auskühlen lassen.
Die Kohlrüben in 3 mm dicke Scheiben schneiden. In Salzwasser nicht zu weich kochen, in kaltem Wasser abschrecken und dann zum Abtropfen auf einen Küchenkrepp legen.
Die Kohlrübenessenz erhitzen, die ausgedrückte Gelatine dazugeben und kräftig abschmecken. Mit der Flüssigkeit einen Spiegel in die Terrinenform gießen und erkalten lassen.
Anschließend die gebratene und enthäutete Entenbrust in dünne Längsscheiben schneiden. Nun in die Terrine abwechselnd Kohlrüben, Entenbrust usw. schichten und jede Lage mit Gelee bepinseln. Zum Abschluß die Terrine mit Gelee bedecken und etwa 3 Std. kalt stellen.

Orangenvinaigrette:
Kleine Streifen (Julienne) von der Orangenschale ziehen und kurz in kochendem Wasser abkochen. Den Orangensaft einkochen, erkalten lassen. Zum reduzierten Orangensaft Sherry-Essig, Salz, Pfeffer, Olivenöl und Pinienkernöl zugeben und abschmecken. Abschließend die Orangenstreifen dazugeben.
Wenn die Terrine erkaltet ist, wird sie gestürzt. Dicke Scheiben können dann am besten mit dem Elektromesser abgeschnitten werden. Die geräucherte Entenbrust in dünne Scheiben schneiden.

Anrichten:
Zum Anrichten je 1 dicke Scheibe Millefeuille in die Mitte der Teller stellen, die geräucherte Entenbrust außen herum verteilen, mit Salat dekorieren und mit der Orangenvinaigrette begießen.

Kartoffelpizza mit Hirschsalami aus der Schorfheide

Helfried Reichel
Parkhotel Dallgow
Dallgow-Döberitz

300 g Kartoffeln, 0,125 l Milch, 20 g Hefe, 1 Prise Zucker, 250 g Mehl, 500 g vollreife Tomaten, 3 EL Olivenöl, 1 Zwiebel, 1 Knoblauchzehe. 2 EL Öl zum Bestreichen, 100 g Hirschsalami und 120 g Kartoffeln (geschält), 180 g Mozzarella, Salz, weißer Pfeffer.

Die Kartoffeln waschen und in Salzwasser garen. Noch heiß pellen und durch eine Kartoffelpresse drücken. Auf die Arbeitsfläche geben, das Mehl und die Milch einarbeiten, in eine Schüssel legen und eine Mulde in die Mitte drükken. Die Hefe und eine Prise Zukker in 2 EL lauwarmer Milch auflösen. In die Kartoffelteigmulde geben, mit Mehl bestäuben, mit einem Tuch abdecken und an einem warmen Ort 40 Min. gehen lassen. Danach mit 1/2 TL Salz, etwas Milch sowie Mehl zu einem glatten Teig kneten und nochmals 30 Min. gehen lassen.
Die Tomaten zuerst in kochendes Wasser geben, bis sich die Haut leicht löst. Danach in Eiswasser abschrecken. Die Haut entfernen, halbieren und das Kerngehäuse entfernen.
Nun die Zwiebel und den Knoblauch fein hacken. In einem Topf 3 EL Olivenöl erhitzen. Zwiebel und Knoblauch dünsten, Tomatenfleisch einrühren, salzen und pfeffern. Bei mäßiger Hitze zu einer sämigen Sauce kochen. Den Backofen auf 200 °C (Gas: Stufe 3, Umluft: 180 °C) vorheizen. Ein Backblech mit 2 EL Öl bestreichen und dünn mit Mehl bestäuben. Den Teig mit den Händen auf dem Blech gleichmäßig vertei-

len und die Tomatensauce darauf auftragen. Nun die in dünne Scheiben geschnittene Hirschsalami sowie die rohen Kartoffelscheiben abwechselnd auflegen.
Zum Schluß den in Würfel geschnittenen Mozzarella darüberstreuen, mit Pfeffer aus der Mühle würzen und im Ofen 30 Min. backen.

Anrichten:
Mit einer abwechslungsreichen Salatkomposition auf den Tellern anrichten.

Ölraukensalat mit lauwarmem Rochenflügel und Limonendressing

Andreas Fischer
Hotel Mondial
Berlin

4 Bd. Ölraukensalat (Rucola), 400 g (netto) Rochenflügel, 4 TL rosa Pfefferkörner (gefriergetrocknet) sowie 8 Kirschtomaten und 20 g Glattpetersilie.

Zum Garziehen:
1 dl trockener Weißwein, ½ Lorbeerblatt, 3 dl Wasser, 2 weiße Pfefferkörner, 1 Msp. Salz, 1 Spritzer Limonensaft.

Dressing:
1 Eigelb, 1 dl Limonensaft, 1 TL mittelscharfer Senf, 1 dl Olivenöl, 2 dl Sonnenblumenkernöl sowie Salz und Pfeffer.

Die Ölrauke gut waschen und auf Küchenkrepp abtropfen lassen. Die Zutaten zum Garziehen gemeinsam zum Kochen bringen und den Rochen darin gar ziehen (nicht kochen) lassen. In der Zwischenzeit die Petersilie waschen, abtropfen lassen und die Kirschtomaten vierteln.
Danach das Dressing herstellen, indem man das Eigelb, Limonensaft, Senf, Salz und Pfeffer glattrührt und mit dem Öl aufmontiert. (Einfacher ist, alle Zutaten in ein sauberes Marmeladenglas geben und kräftig schütteln.) Die rosa Pfefferkörner hinzugeben. Den Rochen aus dem Sud nehmen und auf eine Platte geben; mit zwei Gabeln die Fasern auseinanderzupfen und mit der Hälfte des Dressings begießen.

Anrichten:
Die Ölrauke auf 4 Teller verteilen und mit dem warmen Rochenflügel umlegen. Den Salat mit dem Dressing würzen und mit Petersilienblättern und Kirschtomaten ausgarnieren und sofort servieren.

Warmer Salat von rosa gebratenem Schweinefilet mit Winterendivien in Kartoffelmarinade

Reinmar Rach
Parkhotel Trebbin
Trebbin

200 g Pellkartoffeln (mehlig kochende Sorte), 20 g Distelöl, 1,4 dl warme Fleischbrühe, 4 cl Weißweinessig, Salz, Pfeffer aus der Mühle, frische Majoranblätter und 8 Stengel Schnittlauch- oder Knoblauchkraut, 1 mittelgroßer Kopf Endiviensalat, 320 g pariertes Schweinefilet, Salz, Pfeffer, je 5 g Distelöl und Butter, 60 g würfelig geschnittenes Weißbrot, 20 g Butter und 1 zerdrückte Knoblauchzehe.

Die frisch gekochten Kartoffeln pellen, heiß durch die Kartoffelpresse drücken, mit Distelöl, der warmen Fleischbrühe und Weißweinessig zu einer Salatmarinade verrühren. Die Marinade sollte die Konsistenz einer Kartoffelsuppe besitzen. Mit Salz, Pfeffer, den gezupften Majoranblättern und dem Schnittlauch- oder Knoblauchkraut abschmecken. Die Marinade bis zum Anmachen des Endiviensalates am Herdrand warm stellen.
Die äußeren lederartigen Blätter des Salates entfernen, putzen und gründlich waschen. Danach in 1 cm breite Streifen schneiden und in der Salatschleuder trocknen. Den Endiviensalat bei Zimmertemperatur aufbewahren, bis er angerichtet wird.
Das Schweinefilet salzen, pfeffern und in der heißen Pfanne mit Butter und Öl von allen Seiten braun anbraten und für 3 Min. in den auf 200 °C vorgeheizten Ofen auf die unterste Schiene stellen. Das Schweinefilet jetzt mit Majoranblättern in Aluminiumfolie wikkeln und 15 Min. an einen etwa 40 °C heißen Ort, z. B. auf die geöffnete Backofentür, stellen und dort ruhenlassen. Den sich bildenden Saft in die Salatmarinade gießen. Den Endiviensalat jetzt in der großen Salatschüssel mit der warmen Kartoffelmarinade anmachen, etwas abschmecken, auf Tellern anrichten, das Schweinefilet in dünne Scheiben schneiden und den Salat damit dekorativ belegen.
In der Pfanne, in der das Schweinefilet gebraten wurde, dann die Butter schmelzen lassen, die zerdrückte Knoblauchzehe und die Weißbrotwürfel unter ständigem Schwenken knusprig braun rösten und noch heiß über den Salat streuen.
Der Salat sollte beim Servieren eine Temperatur von etwa 35 °C haben.

Salat von Goldrauke und Kürbis mit Scheiben vom gefüllten Eisbein in Kerbel-Dijon-Senf-Vinaigrette

Bild Seite 21

Stephan Niggemann
Forsthaus Paulsborn
Berlin

1 Eisbein (etwa 900 g mit Knochen), 1 gespickte Zwiebel, 30 g Steinpilze (gewürfelt, blanchiert), 30 g Zucchini (fein gewürfelt, blanchiert), 30 g Karotten (fein gewürfelt, blanchiert), 30 g Paprika (fein gewürfelt, blanchiert), 20 g Gartenkräuter (gehackt), 100 g Schweinefilet, 0,15 l Sahne, 1 cl Cognac, 100 g Schweinenetz, 400 g Kürbis, 200 g Goldrauke (geputzt), 1 Tomate, 2 EL Kerbelessig, 1 Bd. Kerbel, 1 EL Dijon-Senf und 20 g Schalotten (gewürfelt), 5 EL Olivenöl sowie Salz, Pfeffer und Zucker.

Das Eisbein zusammen mit der gespickten Zwiebel in siedendem Wasser garen.
Aus dem Schweinefilet, der Sahne und dem Cognac in der Küchenmaschine eine Farce erstellen, die gewürfelten und blanchierten Gemüse und die gehackten Gartenkräuter unterziehen und mit Salz und Pfeffer würzen. Aus dem gegarten, abgekühlten Eisbein vorsichtig den Knochen herauslösen und in die entstandene Öffnung die Gemüsefarce füllen. Das gefüllte Eisbein in ein Schweinenetz einschlagen (falls nicht vorhanden, tut auch eine Klarsichtfolie gute Dienste).
Das eingeschlagene Eisbein mit der Farce dann im Garsud nochmals etwa 20 Min. ziehen lassen.
Den Kürbis in feine Streifen schneiden und blanchieren. Eine Tomatenconcassé herstellen, beides vermengen, und auch die geputzte Goldrauke zugeben.
Aus dem Essig, Senf, den Schalottenwürfeln, dem Olivenöl und gehacktem Kerbel eine Vinaigrette herstellen und mit Salz, Pfeffer und einer Prise Zucker abschmekken. Mit einem Teil der Vinaigrette den Salat marinieren und diesen auf den Tellern anrichten, das warme Eisbein nun in dünne Scheiben schneiden und jeweils 2 bis 3 Scheiben an den Salat setzen. Die Eisbeinscheiben dann mit der restlichen Vinaigrette marinieren. Hierzu passen sehr gut Berliner Schusterjungs.

Gänseleber in Thymianschmalz mit Salat von Spreewälder Gewürzgurken und Leinöl-Dressing

Torsten Wisniewski
Hotel Sophienhof
Hoenckes Altes Wirtshaus
Königs Wusterhausen

Salat von Spreewälder Gewürzgurken:
100 g Kürbis, 20 g Radieschensprossen, 80 g Rettich, 8 kleinere Spreewälder Gewürzgurken, 4 Schluppen (Lauchzwiebeln) und Feldsalat.

Gänseleber in Thymianschmalz:
200 g Gänseleber, 150 g Schweineschmalz, 80 g Gänseschmalz, 1 kleine Zwiebel, 1 Apfel, 4 Backpflaumen, 5 Thymianzweige, 2 cl Weinbrand, Rosmarin, etwas Thymian, Salz und Pfeffer.

Leinöl-Dressing:
4 cl Leinöl, 2 cl Kräuteressig, Spreewälder Gewürzgurkenfond, Salz, Pfeffer, 20 g Senf.

Salat von Spreewälder Gewürzgurken:
Die Spreewälder Gewürzgurken längs so schneiden, daß das weiche Kerngehäuse übrigbleibt. Die Gurkenstückchen jetzt schräg schneiden, so daß eine Rautenform entsteht. Den Kürbis schälen, in 2 mm dünne Scheiben und 1 cm breite Streifen schneiden und durch schräges Schneiden auch eine Rautenform erreichen.
Die Kürbisrauten blanchieren, Lauchzwiebeln vierteln und am Lauchansatz mehrmals einschneiden, in Eiswasser legen. Rettich schälen, in 2 mm dünne Scheiben und 1 cm breite Streifen schneiden und ebenfalls in Rauten schneiden. Die Gurkenrauten, Kürbisrauten, Radieschensprossen und Rettichrauten mit Feldsalat und Lauchzwiebeln anrichten, mit etwas Leinöl-Dressing übergießen.

Gänseleber in Thymianschmalz:
Gänseleber parieren, in kleine Würfel schneiden, mit Weinbrand, 1 Thymianzweig und etwas Rosmarin etwa 12 Std. marinieren. Den Apfel schälen, in kleine Würfel schneiden. Die Backpflaumen mit Rotwein und Korianderkörnern kurz aufkochen. Die ausgekühlten Backpflaumen ebenfalls in kleine Würfel schneiden. Die marinierten Gänseleberwürfel und die kleingewürfelte Zwiebeln in heißem Schweineschmalz schnell anbraten, die Apfel- und Backpflaumenwürfel zugeben und mit dem Rest Schweine- und Gänseschmalz auffüllen, mit Thymian, Salz und Pfeffer abschmecken und in Näpfe abfüllen. Jeweils 1 frischen Thymianzweig einsetzen.

Leinöl-Dressing:
Leinöl mit Spreewälder Gewürzgurkenfond, Senf und Kräuteressig vermischen. Mit Salz und Pfeffer abschmecken.

Rezept Seite 30: Marinierter Stör auf Rucola mit Kaviar, Maximilian Dreier, Restaurant Villa Kellermann, Potsdam

Gänsemastleber nach Berliner Art mit Kartoffelpüree, kandierten Apfelspalten und Trüffelsauce

Rolf Schmidt
Restaurant First Floor
Berlin

500 g geschälte Kartoffeln (mehlig kochend), 4 Äpfel (Golden Delicious), 0,3 l Milch und Sahne, 100 g Butter, etwas Olivenöl, Zucker, 200 g Gänsestopfleber, Salz, Pfeffer, Muskat.

Trüffelsauce:
12 Trüffelscheiben vom Perigord-Trüffel, 50 g Butter, 0,2 l Geflügelfond, 0,2 l Kalbsjus, 6 cl Madeira, 6 EL Trüffelfond, 5 Schalotten (in feine Würfel geschnitten), ½ l Apfelsaft.

Kartoffeln in Salzwasser weich kochen. In der Zwischenzeit die Äpfel schälen und das Kerngehäuse herausnehmen. Die Äpfel in sehr dünne Spalten schneiden, es dürfen keine Spelzen mehr dabei sein (am besten mit der Aufschnittmaschine). In eine Pfanne etwas Butter und Zucker geben, die Apfelspalten fächerförmig reinlegen und leicht karamelisieren. Die weichgekochten Kartoffeln durch die Püreepresse drükken, das Milch-Sahne-Gemisch unterrühren und Butterflocken dazugeben. Mit Salz, Pfeffer und Muskat abschmecken. Das Ganze sehr schaumig schlagen und zum Schluß das Olivenöl untermischen. Die Schalotten im Apfelsaft weich kochen und ebenfalls karamelisieren, d. h. so lange kochen, bis die Schalotten hellbraun sind und der Apfelsaft in die Schalotten eingedrungen ist.

Für die Trüffelsauce Butter in eine Sauteuse geben, die Trüffelscheiben hinzufügen, mit Madeira und Trüffelfond ablöschen. Danach das Ganze mit dem Geflügelfond und dem Kalbsjus auffüllen und um die Hälfte reduzieren. Zum Schluß etwas Butter untermontieren, damit die Sauce sämig wird. In einer anderen Pfanne die Gänsestopfleber, die vorher mit Salz und Pfeffer aus der Mühle gewürzt wurde, von beiden Seiten leicht braun anbraten.

Anrichten:
Das Kartoffelpüree auf 4 Tellern mittig verteilen. Die Gänseleber darauf legen und mit den Apfelspalten rosettenförmig garnieren. Das Ganze mit der Trüffelsauce umgießen und die karamelisierten Schalotten auf die Gänseleber geben. Mit Kerbel ausgarnieren.

Leberparfait von der Seddiner Ente mit Feldsalat in Kartoffeldressing und Madeiragelee

Thomas Hildebrandt
Seidler art'otel
Potsdam

Leberparfait:
1 mittelgroße Zwiebel und 2 kleine Knoblauchzehen sowie 300 g Butter, 0,25 l Madeira, 3 bis 4 EL Weinbrand, 300 g Entenleber, je 1 TL Thymian- und Majoranblättchen, 3 Eier, Salz, Pfeffer, 100 g bis 200 g grüner Speck (in dünnen Scheiben).

Madeiragelee:
3 Blatt weiße Gelatine, 0,5 l Madeira.

Salat:
300 g Feldsalat (gewaschen und geputzt).

Kartoffeldressing:
100 g geschälte und zerkleinerte Kartoffeln, 150 ml Geflügelbrühe, etwas Knoblauch, 2 EL weißer Essig, Salz und 3 Zweige gezupfter Thymian.

Leberparfait:
Zwiebel und Knoblauch abziehen, kleinschneiden und in 50 g Butter andünsten. Mit Madeira und Weinbrand ablöschen und auf ⅓ einkochen lassen. Restliche Butter bräunen und etwas abkühlen lassen. Leber, Thymian- und Majoranblättchen und die Zwiebelreduktion pürieren. Nach und nach die noch warme Butter und Eier unterrühren. Salzen, pfeffern und durch ein Haarsieb streichen. Eine Parfaitform mit Speckscheiben auslegen, die Masse einfüllen. Im vorgeheizten Backofen bei 140 °C im Wasserbad 1 Std. pochieren. Das Parfait in der Form erkalten lassen.

Madeiragelee:
Die Gelatine in kaltem Wasser einweichen, gut ausdrücken und in etwas warmem Madeira auflösen, nun den kalten Madeira hinzufügen und auf etwas schräg gestellte Teller in den Kühlschrank geben, so daß nur eine Hälfte der Teller mit dem Gelee bedeckt ist. Darauf 1 Scheibe Parfait anrichten und zum Schluß mit Kräutern lecker garnieren.

Kartoffeldressing:
Die Kartoffeln in der Brühe gar kochen und durch ein feines Sieb streichen, nun den Essig und die restlichen Zutaten hinzugeben.

Anrichten:
Den Feldsalat auf die noch freie Tellerhälften geben und mit dem Dressing beträufeln.

Krebse in Tomatengelee auf Sauerrahm

Rolf Schmidt
Restaurant First Floor
Berlin

Tomatengelee:
1 kg Tomaten, 10 g Salz, 3 Eiweiß, 2 Sternanis, 4 Blatt Gelatine und 1/4 l Noilly Prat (auf die Hälfte reduziert).

Einlage:
30 Krebse aus der Havel und Salz zum Abkochen.

Garnitur:
8 Wachteleier, etwas Essig zum Kochen, 100 g Crème fraîche, 100 g Sauerrahm, etwas Zitronensaft, Salz, 12 bis 16 Blätter vom Rucolasalat oder junge Spinatblätter, etwas Kaviar.

Tomaten waschen, die Strünke herausschneiden, vierteln und mit Salz im Mixer pürieren. Das Tomatenpüree zusammen mit den ungeschlagenen Eiweißen in einem Topf zum Kochen bringen, bis sich das Fruchtfleisch vom Saft trennt. Danach die Masse durch ein Tuch passieren, den Sternanis, Noilly Prat und die eingeweichte Gelatine zugeben und 10 Min. ziehen lassen. Es darf nicht kochen.
Jetzt den Sternanis herausnehmen und anschließend das Gelee auf gestoßenem Eis kaltrühren. Das ist wichtig, damit die Masse gleichmäßig dickflüssig wird, ohne zu gelieren.
Die Krebse im Salzwasser 3 Min. kochen, herausnehmen und aus den Schalen brechen. Nun die Wachteleier im leichten Salzwasser etwa 1 1/2 Min. kochen, herausheben und auf einem Küchenkrepp abtropfen lassen. Die Timbaleform auf Eis stellen und gut kühlen. Dann mit dem Tomatengelee auskleiden. Das Krebsfleisch und die Wachteleier nach Belieben einlegen.
Das restliche Gelee zugießen und etwa 30 Min. in den Kühlschrank stellen. Crème fraîche und Sauerrahm miteinander vermischen, mit Salz und Zitronensaft abschmecken und auf vorgekühlten Tellern davon einen Spiegel gießen. Die Tomatentimbale mit den Krebsen aus der Form stürzen und auf der Sahne anrichten.
Mit Salatblättern, etwas Kerbel und Kaviar ausgarnieren.

Mousse von der Ente mit eingemachtem Kürbis

Johannes King
Restaurant Grand Slam
Berlin

Mousse:
45 g grüner Speck, 45 g Entenleber (frische), 50 g Entenstopfleber, 1 Ei, 75 g Sahne, 1 cl Madeira, 1 cl Armagnac, Salz, Pfeffer, Muskat und Piment.

Eingemachter Kürbis:
150 g Wasser, 30 g Weißweinessig, 40 g Zucker, 10 g Salz, Pfeffer und 10 Senfkörner, 10 Korianderkörner, 1/2 Nelke, 1 Sternanis, 500 g Kürbis.

Für die Entenmousse den Speck, die Entenleber und Stopfleber vorsichtig entsehnen und zu einer feinen Mousse pürieren. Ei, Sahne, Armagnac, Madeira und Gewürze dazugeben, zu einer feinen Emulsion aufmixen, passieren und in einem kleinen Porzellantopf abgedeckt im Wasserbad bei 160 °C 15 bis 20 Min. pochieren. Über Nacht kalt stellen.
Für den eingemachten Kürbis aus Wasser, Essig und Gewürzen einen kräftigen Fond kochen und passieren, den Kürbis schälen und entkernen. In gleichmäßige Würfel schneiden, im Fond 1mal aufkochen lassen, in Einmachgläser abfüllen und 1 Woche durchziehen lassen.
Zum Anrichten den Kürbis auf die Teller geben und darauf 1 schöne Nocke Entenmousse legen. Dazu Feldsalat mit Speck und Croûtons sowie geröstete Kürbiskerne geben und zum Schluß das Ganze mit 1 TL Kürbiskernöl beträufeln.

Göllnitzer Frischlingssülze mit Preiselbeeren

Thomas Brunk
Restaurant Goldener Hahn
Finsterwalde

2 kg Frischlingskopf oder Frischlingsfüße, 200 g Karotten, 200 g Lauch, 100 g Zwiebeln, 5 Eiweiß, 20 g Gelatine, 2 l Brühe, 1 Thymianzweig, 50 ml Weinessig, 50 ml Weißwein, Zucker, Salz, Pfeffer.

Frischlingskopf mit Brühe, Karotten, Lauch und Zwiebeln zum Kochen bringen und etwa 2 Std. ziehen lassen. Den Kopf herausnehmen und alles abkühlen lassen.
Die erkaltete Brühe mit aufgelöster Gelatine verrühren, zum Kochen bringen und mit den aufgeschlagenen Eiweißen verrühren.
Anschließend salzen, den Essig und den Weißwein zugeben und nochmals aufkochen. Den Fond durch zwei Tücher passieren. Das Fleisch vom Frischlingskopf, die Karotten und den Lauch in Würfel schneiden und in den Fond geben. Mit Essig, Zucker, Pfeffer und Thymian würzen.
Die Sülze in eine beliebige Form geben, kalt stellen und bis zum Erstarren öfter durchrühren, damit sich die Einlage nicht nach unten absetzt.
Mit Bauernbrot und Preiselbeeren servieren.

Sülze von Aal und Flußkrebsen

Thomas Brunk
Restaurant Goldener Hahn
Finsterwalde

300 g Fischgelee (hergestellt aus 300 ml Fischfond und 30 g Gelatine), 1 l Fleischbrühe, 300 g Paprika (grün), 1 Bd. Dill, 1 dl Weißwein, 300 g Krebsschwänze, 200 g Aal (geräuchert), Kümmel, Salz, Pfeffer.

Die Flußkrebse mit Kümmel in Fleischbrühe kochen, anschließend in Eiswasser abschrecken und die Schwänze ausbrechen. Den Aal enthäuten und entgräten, Dill hacken, Paprika blanchieren und abziehen, danach in kleine Würfelchen schneiden.
Die Terrinenform mit Fischgelee chemisieren, schichtweise Paprikawürfel, Räucheraal und Krebsschwänze einlegen. Anschließend mit dem Fischgelee auffüllen und mit Dill bestreuen. Kühlen (etwa 2 bis 3 Std.), Terrine stürzen und in 1 cm dicke Scheiben schneiden. Als Vorspeise mit Blattsalaten servieren.

Matjes-Pumpernickel-Törtchen auf Apfelragout

Harald Höllrigl
Restaurant Borchardt
Berlin

500 g Pumpernickel, 200 g Weißweingelee (hergestellt aus 200 ml Weißwein und 2 Blatt Gelatine).

Matjesfüllung:
6 Matjesfilets, 150 g Kartoffeln (gekocht), 1 Apfel, 200 g Crème fraîche, Dill, Zitronensaft, Salz und Pfeffer.

Apfelragout:
2 Äpfel (Granny Smith), 3 EL Sauerrahm und Zitronensaft.

Pumpernickelmatte:
Aus den Pumpernickelscheiben Brösel herstellen und diese im Ofen bei 50 °C trocknen lassen. Die Brösel ganz dünn auf ein mit Klarsichtfolie ausgelegtes Blech streuen und mit 100 g Weißweingelee beträufeln, bis eine feste Matte entsteht.

Matjesfüllung:
In der Zwischenzeit die Zutaten für die Matjesfüllung würfeln und mit der Crème fraîche und den Gewürzen vermengen, zur Bindung noch das restliche Weißweingelee zugeben.
Die Matjesfüllung auf die Pumpernickelmatte geben. Glattstreichen und nach etwa 5 Min. mit Pumpernickel und dem restlichen Gelee den Vorgang wiederholen. Im Kühlschrank etwa 3 Std. stehenlassen. Mit einem Elektromesser kleine Törtchen schneiden. Auf Apfelragout anrichten.

Apfelragout:
Die Äpfel ohne Kerne würfeln und mit dem Sauerraum und dem Zitronensaft vermengen.

Langusten-Carpaccio mit Kaviarcreme

Rolf Schmidt
Restaurant First Floor
Berlin

8 große Langusten.

Sauce:
100 g Mayonnaise, 80 ml Gewürzbouillon (1 Karotte, 1 Stengel Staudensellerie, 1 Schalotte, 1 Knoblauchzehe, 1/4 bis zum Fleisch geschälte Zitrone, Petersilienstengel, Thymian und Lorbeerblatt in 1/2 l Wasser und 40 ml Weißwein zum Kochen bringen und 3 Std. ziehenlassen, durch ein Haarsieb passieren), 1 TL gehackter Meerrettich, 60 g Kaviar (Iran), Salz, Pfeffer, 1 Stengel Dill.

Die Schalen der Langusten entfernen und nur die Schwänze behalten, die Därme entfernen und der Länge nach in dünne Scheiben schneiden. Den Tellerboden in runder Form auslegen und mit Salz und Pfeffer aus der Mühle würzen.
Die traditionell hergestellte Mayonnaise mit der Gewürzbouillon verdünnen, den gehackten Meerrettich und 40 g Kaviar hinzufügen und nachwürzen. Die Sauce zu einer Krone um das Langusten-Carpaccio gießen und den restlichen Kaviar, 5 g pro Teller, jeweils in die Mitte geben und mit Dill garnieren.

Lachstatar auf Rösti mit Sauerrahm

Alexander Bulla
Restaurant Rockendorf
im Grunewald
Berlin

4 dicke Kartoffeln, Salz und Pfeffer, Muskat, 250 ml Sauerrahm, Zitrone, 240 g Lachs, 6 Blatt Basilikum, 80 g Kaviar, Olivenöl, Zitrone.

Kartoffeln in Streifen reiben, Stärke auspressen, mit Salz, Pfeffer und Muskat würzen. In der heißen Pfanne 4 Rösti knusprig braten. Den Sauerrahm mit Zitrone, Salz und Pfeffer abschmecken.
Den Lachs schneiden (hacken wie Tatar), das Basilikum hacken, dazugeben, mit Zitrone, Salz, Pfeffer und einem Schuß Olivenöl abschmecken.
Einen Sauerrahmspiegel auf die Teller gießen, den Lachstatar auf das krosse Rösti geben und mit Kaviar ausgarnieren.

Rezept Seite 30: Marinierter Tafelspitz mit Kürbiskernöl, Michael Mödig, Restaurant Merz, Berlin

Peitzer Fischerschinken mit Meerrettich und Salat

Peter Friedrich
ARGE der Köche Berlin
und Brandenburg im VKD
Berlin

300 g Fischerschinken (kalt geräuchertes Karpfenfilet), 120 g Sahnemeerrettich, 2 Köpfe Mix-Salat, 40 g Traubenkernöl, 1/4 Bd. Schnittlauch, 1/4 Bd. Dill, 60 g abgezogene Tomatenwürfel, Weißweinessig, Salz und Pfeffer, Zucker.

Aus den Zutaten eine Marinade herstellen. Den Salat waschen, trocken ausschleudern. Den leicht angefrorenen Fischerschinken in dünne Scheiben schneiden. Dann fächerartig auf die Teller legen, den Sahnemeerrettich zugeben. Den Salat dazulegen und mit der Marinade begießen.
Dazu reicht man Zwiebel- oder Nußbrot.

Marinierter Tafelspitz mit Kürbiskernöl

Bild Seite 29

Für 6 Personen

Michael Mödig
Restaurant Merz
Berlin

(Tafelspitz am Vortag zubereiten), 1,5 kg Tafelspitz (gut abgehangen, mit etwas Fett), 2 geschälte Möhren, 2 halbierte Zwiebeln (mit Schale), 1 geputzte Stange Lauch, 1/2 Knolle Sellerie sowie 1 geschälte Petersilienwurzel, einige Petersilienstiele, 1 Thymianzweig, 1 Lorbeerblatt, 2 Knoblauchzehen und 5 zerdrückte Pfefferkörner, 5 Pimentkörner sowie 2 Gewürznelken.

Für die Marinade:
6 EL Kürbiskernöl, 1/8 l Olivenöl, 1/8 l Rotweinessig oder Balsamico-Essig, 10 EL warme Rinderbrühe (Kochbrühe), Salz, Pfeffer aus der Mühle, Zucker, Petersilie, Schnittlauch (fein geschnitten), 1/2 Paprikaschote, 1 Karotte, 1/2 Stange Lauch, 50 g geröstete Kürbiskerne.

Wildkräuter:
Löwenzahn, wilder Schnittlauch, wilder Raps, Sauerampfer und Bärlauch.

Den Tafelspitz in reichlich kochendes Wasser geben, einmal kurz aufkochen, das Fleisch herausnehmen, mit kaltem Wasser bedecken und nochmals langsam zum Kochen bringen. Das geputzte Gemüse und die Kräuter zugeben. Das Fleisch zunächst 45 Min. köcheln lassen. Zwischendurch immer wieder abschäumen, die Gewürze zugeben und etwa 1 1/2 bis 2 Std. weiterköcheln lassen. (Die Kochzeit richtet sich nach der Größe und Qualität der Fleischstücke.) Dann den Tafelspitz abkühlen.
Die Zutaten für die Marinade verrühren und abschmecken. Den Tafelspitz in dünne Scheiben schneiden (gegen die Faser), in eine Auflaufform schichten und zwischen jede Schicht etwas von der Marinade geben. Zum Schluß mit dem Rest der Marinade übergießen und mindestens 2 Std. gut durchkühlen.
Die Paprika, Karotte und den Lauch in feine Würfel schneiden und blanchieren. Die Kräuter waschen, trocknen und auf Tellern mit Tafelspitzscheiben dekorativ anrichten, mit der Marinade beträufeln und zum Schluß mit den Gemüsewürfeln sowie den Kürbiskernen bestreuen.

Marinierter Stör auf Rucola mit Kaviar

Bild Seite 25

Maximilian Dreier
Restaurant Villa Kellermann
Potsdam

600 g frisches Störfilet, 500 g Rucolasalat, 1/2 l Olivenöl, extra vergine, 1/2 l Zitronensaft, Lorbeerblatt, Dill, Peperoncino, Porree, 10 g Beluga-Kaviar.

Das Störfilet in dünne Scheiben schneiden und in Zitronensaft legen. Nach 5 Std. herausnehmen und im Küchentuch abtrocknen. Danach in Olivenöl legen, mit Dill, Lorbeerblatt, 5 Scheiben von frischem rotem Peperoncino und Porree. Eine Nacht ziehen lassen. Den Rucolasalat putzen und als Fächer auf einen großen Teller legen. 4 Störscheiben rollen und in der Mitte zusammensetzen. Eine 5. Scheibe rollen und obendrauf setzen. Auf die letzte Rolle eine Spitze Kaviar setzen.
Mit dünngeschnittenen Tomatenfilets dekorieren.

Carpaccio von Kalbstafelspitz und Zunge in Spargel-Ingwer-Vinaigrette

Markus Semmler
Schloßhotel Cecilienhof
Potsdam

150 g Kalbstafelspitz, 150 g Kalbszunge, 2 EL Pökelsalz, 10 Pfefferkörner, 4 Wacholderkörner, 4 Lorbeerblätter, 2 Nelken, Wasser, 1 Gemüsezwiebel, 50 g Karotten sowie 50 g Lauch, 50 g Stangensellerie.

Vinaigrette:
200 g Spargel, 1 Schalotte, 50 g Ingwer, 5 EL Olivenöl, 1 TL Akazienhonig, 5 Thymianblätter, Salz und Pfeffer.

Den Kalbstafelspitz und die Zunge mit feingeschnittenem Gemüse und angerösteten Zwiebeln und Gewürzen bedecken, mit kaltem Wasser und Pökelsalz 2 Tage im Kühlhaus marinieren, mit der Marinade aufsetzen, aufkochen und bei etwa 80 °C gar ziehen lassen. Das Fleisch aus dem Fond nehmen und unter einem feuchten Tuch erkalten lassen.

Vinaigrette:
Den Spargel, die Schalotte und den Ingwer in feine Würfel schneiden, in Olivenöl anrösten, erkalten lassen, mit Honig, Olivenöl, Thymian, Salz und Pfeffer abschmecken.
Den Tafelspitz und die Zunge in dünne Scheiben schneiden, rosettenförmig auf die Teller legen, mit Spargelvinaigrette bedecken. Ein kleines Salatbukett in die Mitte des Carpaccios setzen.

Heringshäckerle auf Heidepfannkuchen mit Mostrich-Honig-Sauce

Torsten Wisniewski
Hotel Sophienhof
Hoenckes Altes Wirtshaus
Königs Wusterhausen

Heringshäckerle:
250 g Bismarckhering und 1/2 Bd. Schluppen (Lauchzwiebeln), 1 kleine Zwiebel, 1 mittelgroße Spreewälder Gewürzgurke, 1 Apfel, etwas Leinöl, 1 cl Weizenkornbrand.

Heidepfannkuchen:
150 g Mehl, 80 g magerer Speck, 1/4 l Vollmilch, 2 Eier, 2 Schluppen (ohne Lauch), geröstete Sonnenblumenkerne, Salz sowie Pfeffer aus der Mühle.

Mostrich-Honig-Sauce:
120 g Mostrich (Senf), 80 g Honig, 24 ml Leinöl, Dill.

Garnierung:
Feldsalat, Radieschensprossen.

Heringshäckerle:
Vom Bismarckhering die Gräten und Schwanz entfernen, in kleine Würfel schneiden. Die Schluppen, Zwiebel, die Spreewälder Gewürzgurke und den geschälten Apfel ebenfalls in kleine Würfel schneiden. Alles mit etwas Leinöl und Korn vermengen.

Heidepfannkuchen:
Einen Eierkuchenteig herstellen. Den Speck in Scheiben kroß ausbacken und beiseite stellen. Eierkuchen backen, die gerösteten Sonnenblumenkerne, den Speck und die längs geviertelten Lauchzwiebeln über Kreuz einsetzen und mit einbacken.

Mostrich-Honig-Sauce:
Mostrich, Honig und Leinöl im Mixer aufmontieren und etwas gehackten Dill zugeben.

Anrichten:
Auf den warmen Heidepfannkuchen das Heringshäckerle abstechen, die Mostrich-Honig-Sauce halb über das Heringshäckerle geben. Zum Schluß mit einigen Blättern Feldsalat und Radieschensprossen garnieren.

Heringssalat mit Kalbfleisch und roter Bete mit Berliner Schusterjungen

Michael Häberer
Hotel Mercure
Potsdam

200 g Matjeshering, 200 g abgekochtes Kalbfleisch, 100 g abgekochte Pellkartoffeln, 1 Apfel, 50 g gegarte Knollensellerie, 50 g Spreewälder saure Gurken, 50 g rote Bete (mariniert), Weinessig, Zucker, Salz, weißer Pfeffer, 0,2 l Sauerrahm, 1 TL Spreewälder Senf, 1 TL Sonnenblumenöl, 2 hartgekochte Eier, 1 Kopfsalat, 1 Bd. Radieschen, 200 g Griebenschmalz sowie 8 Berliner Schusterjungen.

Matjeshering, Kalbfleisch, Pellkartoffeln, Apfel, Sellerie und saure Gurken in Würfel schneiden und mit Zucker, Essig, Salz und weißem Pfeffer marinieren. Aus dem Sauerrahm, dem Senf und dem Öl eine Salatmarinade herstellen und ebenfalls mit Zucker, Salz und weißem Pfeffer abschmecken.
Zuletzt die gewürfelte rote Bete unter den Salat heben. Den Heringssalat auf Kopfsalatblättern anrichten, mit der Salatmarinade übergießen und zum Schluß mit den Radieschen und gekochten Eiern ausgarnieren.
Das Griebenschmalz und die Berliner Schusterjungen werden extra gereicht.

Suppen

Ich wollte meine Lieder
Die wären Erbsen klein
Ich kochte eine Erbsensuppe
Die sollte köstlich sein.

Heinrich Heine
(zu den Liedern)

Die besten Suppen gab es früher in Berlin – wie dies in allen Weltstädten der Fall ist – in der Nähe der Markthallen in den einfachen Wirtschaften der südlichen Friedrichstraße, wo die feine Gesellschaft nach einer durchbummelten Nacht einträchtig mit Marktbeschickern und Tagelöhnern sich an blanken Holztischen einfand.

Zum Entstehen einer der berühmtesten Berliner Suppen, den Löffelerbsen mit Schweinsohren, gibt es eine hübsche Geschichte, die, wenn ihr Wahrheitsgehalt vermutlich einer Überprüfung auch nicht standhalten mag, so doch berichtenswert ist. Einer Erzählung des Brandenburger Dichters Willibald Alexis zufolge soll die Suppe im Kloster Lehnin entstanden sein, als dort Kaiser Karl IV., müde und hungrig von der Jagd, mit seinem Gefolge erschien und ein Abendessen begehrte. Da in der Klosterküche auch nicht das kleinste Stück Fleisch zu finden war und der Abt sich weigerte, die Schweine im Stall, die als Wintervorrat gedacht waren, schlachten zu lassen, soll der Bruder Küchenmeister in seiner Not eben diesen Schweinen die Ohren abgeschnitten haben, um sie zusammen mit einem Rest gelber, getrockneter Erbsen, die er gerade für das abendliche Mahl der Klosterbrüder eingeweicht hatte, aufzutragen. Der Kaiser soll zufrieden gewesen sein, und die Schweine sollen ihre Ohren nicht vermißt haben.

Aber nicht nur Schweinsohren waren eine beliebte Einlage. Die Berliner Variante der deutschen Kartoffelsuppe, die mit Querrippe vom Rind gekocht wird, hatte, so wie sie Kaiser Wilhelm besonders schätzte, eine Einlage von der in Streifen geschnittenen Querrippe. Beliebt waren auch Biersuppen, die heute fast gänzlich entschwunden sind. Die Biersuppen wurden sowohl warm wie auch kalt gegessen, und es gab sie ebenso von Weißbier wie von Braunbier und auch gemischt. Es gibt eine hübsche Anekdote, derzufolge Friedrich II., als er die Kaffeesucht seiner Landeskinder eindämmen wollte, den Magistrat von Halberstadt wissen ließ: „Übrigens sind Se. Maj. höchstselbst in dero Jugend mit Biersuppe erzogen, mithin können die Leute dort ebensogut mit Biersuppe erzogen werden. Das ist weit gesunder wie der Caffee."

Eine andere Berliner Suppenbesonderheit ist die Graupensuppe mit Pflaumen, zu der in bürgerlichen Haushalten hinterher kaltes Rauchfleisch oder übriggebliebener kalter Braten gegessen wurde. Wie in jeder Landesküche hatten die Suppen in der Berliner und Brandenburger Küche früher nichts Feinschmeckerisches und Elegantes. Suppen dienten primär der Sättigung. Man aß sie oft auch als Hauptgericht. Die Suppe als Extrakt, als Essenz anzusehen und das ausgelaugte Kochgut, wie dies etwa am französischen Hof mit dem Rindfleisch geschah, wegzuwerfen oder an die Armen zu verteilen, wäre am sparsamen preußischen Hof undenkbar gewesen. Allerdings gab es in Berlin bereits Anfang des 18. Jahrhunderts Traiteure wie Jagor oder Horcher, die ähnlich den Pariser Restaurateuren (nach der Definition im Almanach „Dauphin" aus dem Jahr 1777 „diejenigen unter den Gastwirten, die die Kunst kennen, echte Kraftbrühe, sogenannte ‚Restaurants' oder Prinzenbouillon, zu bereiten . . .") Consommés auftischten.

In der neuen deutschen Küche sind die Suppen eleganter, vor allem auch leichter geworden. Die Suppe hat nicht mehr die Funktion, den Hunger zu stillen. Sie soll wie eine Vorspeise, oft auch an ihrer Stelle, einen Einstieg in die nachfolgenden Gaumengenüsse bilden. Den Suppentraditionalisten zum Wohlgefallen sei festgestellt: Auch die modernen leichten Suppen der neuen deutschen Küche haben ihre Heimat nicht verloren.

Rezept Seite 34: Massener Gänsesüppchen mit Gänseleberstrudel und Gemüsestreifen
Hausspezialität, Restaurant Goldener Hahn, Finsterwalde

Kalbfleischsuppe mit Perlgraupen und Klößchen

Reinold Kegel
Restaurant Grand Cru
Berlin

100 g Perlgraupen (mittelfein), 0,6 l heller Kalbsfond, 0,1 l Weißburgunder (nicht zu trocken), 0,1 l Sauerrahm, 50 g magerer Speck, 1 gespickte Zwiebel (mittelgroß, 4 Nelken, 1 Lorbeerblatt), Salz und Muskat zum Abschmecken.

Klößchen:
250 g mageres Kalbfleisch (ohne Sehnen), 0,1 l kalte Sahne, 1 Eigelb, 1 Bd. gehackter Kerbel.

Die Perlgraupen mit ½ l Salzwasser kurz überbrühen, abseihen und mit lauwarmem Wasser abspülen. Den Kalbsfond mit dem Weißwein, der gespickten Zwiebel und dem Speck kalt aufsetzen. Die Perlgraupen hinzugeben und etwa 30 bis 40 Min. leicht köcheln lassen (evtl. etwas Flüssigkeit nachfüllen).
Währenddessen das Kalbfleisch kleinschneiden (Fleischwolf) und anfrieren. Danach mit der kalten Sahne, dem Eigelb und etwas Salz kuttern, bis eine homogene Masse entsteht. Diese durch ein Sieb streichen und mit dem gehackten Kerbel vermischen. Mit einem Teelöffel und der feuchten Handfläche kleine Klößchen formen und in Salzwasser gar ziehen lassen. Die gespickte Zwiebel, den Speck und etwa ⅔ der Graupen aus dem Kalbsfond entfernen, dann den Sauerrahm hinzugeben, mit Salz und Muskat abschmekken und aufmixen. Zum Schluß die geschlagene Sahne unterziehen (danach jedoch nicht mehr kochen lassen).
Zum Anrichten die Kerbelklößchen in tiefe Teller legen und die Kalbfleischsuppe darübergeben. Als weitere Einlage eignen sich kleine Karottenwürfel und ein Kerbelsträußchen als Garnitur.

Massener Gänsesüppchen mit Gänseleberstrudel und Gemüsestreifen

Bild Seite 32

Hausspezialität
Restaurant Goldener Hahn
Finsterwalde

500 g Gänseklein, 1 l Gänsebrühe, 100 g Karotten, 100 g Sellerie, 100 g Lauch, 1 Bd. Petersilie, 200 g Mehl, 50 g Butter, 2 Eier, Salz und Pfeffer.

Das Gänseklein mit der Gänsebrühe ansetzen, die Karotten, den Sellerie und den Lauch ½ Std. vor dem Fertiggaren dazugeben und mitkochen. Karotten, Sellerie und Lauch in Würfelchen schneiden.
Das Gänseklein ebenfalls in Würfel schneiden. Aus Mehl, Butter, Eiern und etwas Salz einen Nudelteig herstellen (etwa 2 Std. ruhenlassen). Nudelteig ausrollen und mit Gänsekleinwürfelchen füllen, kleine Ravioli herstellen. Die Gänsebrühe mit Salz, Pfeffer und gehackter Petersilie würzen, als Einlage die Ravioli, die Gemüsewürfel und das Gänseklein verwenden.

Wildconsommé mit Stockschwämmchenmaultaschen

Steffen Hau
Restaurant Goldener Hahn
Finsterwalde

600 g grob gewolftes Wildfleisch, 4 Eiweiß und 1 mittelgroße Möhre, ½ Stange Lauch, 1 Zwiebel sowie 1½ l Wildfond (im Handel erhältlich), 4 cl Sherry.

Maultaschen:
5 Eigelb, 300 g Mehl, 50 ml Wasser, 200 g frische Stockschwämmchen, 70 g Butter, Salz und Pfeffer.

Fleisch, Eiweiße, Möhrenstifte und Lauchstreifen vermengen, in kalten Wildfond geben und kräftig durchrühren. Langsam erhitzen, mit Salz und Pfeffer würzen. Auf sauberer Herdplatte die angeröstete Zwiebelhälfte hinzufügen und etwa 3 Std. leise köcheln lassen. Aus Mehl, 4 Eigelben, Wasser, 50 g Butter und einer Prise Salz einen Teig kneten. Stockschwämmchen grob würfeln, mit Zwiebelwürfeln und der restlichen Butter in der Pfanne anschwitzen. Mit Salz und Pfeffer würzen. Den Teig auf gemehlter Unterlage auf 2 mm Stärke ausrollen und halbieren, ½ TL große Häufchen in Abständen von 5 cm darauf anordnen, mit verbliebenem verrührtem Eigelb Zwischenräume bestreichen, die andere Teighälfte vorsichtig darauf legen und andrücken. Mit Teigrädchen oder scharfem Messer in Plätzchenform ausstechen, in Salzwasser kochen.
Wildconsommé durch ein sauberes, leicht angefeuchtetes Leinentuch passieren. Mit Salz, Pfeffer und Sherry abschmecken.
Die Maultaschen in die Consommé geben und servieren.

Tomatenconsommé mit Ratatouille

Für 6 Personen

Michael Mödig
Restaurant Merz
Berlin

2 kg frische Tomaten (evtl. 2 Sorten), 2 Schalotten, 1 Knoblauchzehe,

Rezept Seite 41: Safran-parfümierte Zanderconsommé mit Flußkrebs-Kaviar-Wan-Tans
Markus Semmler, Schloßhotel Cecilienhof, Potsdam

1 Thymianzweig, 1 Lorbeerblatt, 10 weiße Pfefferkörner, ½ l heller Kalbsfond, Geflügelfond oder Wasser, 4 cl Gin, 1 Prise Zucker, Salz und Pfeffer.

Ratatouille:
60 g Schalottenwürfel, 60 g gelbe Paprikawürfel, 60 g rote Paprikawürfel, 60 g Zucchiniwürfel, 60 g Auberginenwürfel, 60 g Tomatenwürfel, Salz, Pfeffer, Thymian, ½ Knoblauchzehe, 1 EL Olivenöl, Basilikumblätter.

Die Tomaten säubern und den Stielansatz keilförmig herausschneiden, die Tomaten vierteln und mit den Schalotten, der Knoblauchzehe, dem Kalbsfond sowie dem Gin im Mixer fein pürieren. Die Tomatensuppe mit den Gewürzen in einen Topf geben und auf kleiner Flamme erhitzen. Zu Anfang gut am Boden rühren, damit sie nicht ansetzt. ½ bis ¾ Std. köcheln lassen und durch ein Passiertuch abgießen. Zum Schluß das übriggebliebene Fruchtfleisch vorsichtig auspressen, mit Salz und Zucker abschmecken.

Ratatouille:
Die Schalottenwürfel in Olivenöl andünsten, die Paprika-, Zucchini- und Auberginenwürfel mitrösten. Mit Salz, Pfeffer und Thymian abschmecken und zuletzt die Tomatenwürfel zugeben. In die heiße Suppe geben und mit Basilikum dekorieren.

Klare Tomatensuppe mit Pfirsichwürfeln

Antje Ljunggren
Alte Försterei
Kloster Zinna

Klare Tomatensuppe:
1 l Rindergrundbrühe, 200 g Rinderhesse, 1 Eiweiß, 30 g Möhrenscheiben, 30 g Lauchscheiben, 1 TL Petersilie, 1 TL Kerbel, 20 g Tomatenpüree, ½ Pfirsich.

Die Rinderhesse im Wolf zu Klärfleisch grob zerkleinern, mit dem Eiweiß, dem Gemüse und dem Tomatenpüree kräftig mischen und dann kalt stellen (10 Min.). Die kalte entfettete Rinderbrühe aufgießen und alles unter ständigem Rühren zum Kochen bringen. Ist der Siedepunkt erreicht, steigt das geronnene Eiweiß zusammen mit den anderen Zutaten als dicke Schicht an die Oberfläche. Die Brühe ist geklärt. Um jedoch eine volle Auswertung der Naturalien zu erreichen, muß die Kraftbrühe 1½ Std. leicht kochen (zwischendurch öfter entfetten). Die Brühe vorsichtig durch ein mit Petersilie und Kerbel ausgelegtes Passiertuch schöpfen.
Den mit kochendem Wasser überbrühten ½ Pfirsich häuten und als Einlage für die Brühe in Würfel schneiden.

Gelierte Lammkraftbrühe mit Tomatenfilets und gepökelten Lammfiletscheiben

Torsten Wisniewski
Hotel Sophienhof
Hoenckes Altes Wirtshaus
Königs Wusterhausen

Lammkraftbrühe:
800 g Lammknochen, Öl zum Anbraten, ½ Zwiebel, 1 kleine Stange Lauch, 50 g Sellerie, 50 g Möhren, 1 Petersilienwurzel, 1 Gewürzbeutel (2 Knoblauchzehen, 1 Thymianzweig, 3 Wacholderbeeren, 8 Pfefferkörner, etwas Rosmarin, 1 Lorbeerblatt, 5 Korianderkörner).

Zum Klären:
200 g mageres Rindfleisch, 300 g mageres Lammfleisch, je 30 g Möhren, Sellerie, Lauch, 2 Eiklar, Salz, 3 Blatt Gelatine.

Einlage:
1 Lammfilet, 1 Tomate, 80 g Pökelsalz, 4 Kerbelzweige.

Lammknochen kurz in Öl anrösten, mit kaltem Wasser auffüllen, etwas Salz zugeben. Inzwischen die Sellerie, Möhren und Petersilienwurzel waschen, schälen und in Würfel schneiden. Den Lauch waschen und ebenfalls in gleich große Stücke schneiden. Den Lammfond öfters abschäumen und nach 2 bis 3 Std. Kochzeit das Gemüse und den Gewürzbeutel zugeben. Nun die ½ Zwiebel in einer Pfanne anrösten und ebenfalls zugeben. Jetzt nur noch etwa ½ Std. köcheln lassen und durch ein Tuch passieren.

Zum Klären:
Das Rind- und Lammfleisch mit dem Gemüse wolfen. Das Eiweiß schaumig schlagen, etwas Salz zugeben und alles miteinander vermengen, mit dem völlig erkalteten Lammfond auffüllen und etwa ½ Std. kühl stellen. Anschließend bei geringer Hitze unter vorsichtigem Rühren aufkochen lassen, jetzt nicht mehr rühren, vom Herd nehmen und etwa 30 Min. ziehen lassen. Alles vorsichtig durch ein Passiertuch geben, abfetten und abschmecken. Die Blattgelatine in kaltem Wasser einweichen, gut ausdrücken und in der noch warmen Brühe auflösen lassen.

Einlage:
Das sauber parierte Lammfilet etwa 3 Tage in Pökellake einlegen, danach kochen und auskühlen lassen. Zum Anrichten in dünne Tranchen schneiden. Die Tomaten waschen, den Blütenansatz abschneiden, über Kreuz einschneiden und noch kurz in kochendes Wasser geben.

Anschließend in Eiswasser abschrecken, dann die Haut abziehen, die Tomate vierteln, das Kerngehäuse entfernen und das Tomatenfleisch zum Anrichten noch einmal halbieren.

Anrichten:
Die gut gekühlte Lammkraftbrühe in kalte tiefe Teller geben, die gepökelten Lammfiletscheiben, die Tomatenfilets und die Kerbelzweige einsetzen.

Perlhuhnessenz mit Perlhuhnklößchen und pochiertem Perlhuhnei

Michael Häberer
Hotel Mercure
Potsdam

1 Perlhuhn von etwa 1,5 kg, 1 Bd. Suppengrün, 1 gehackte Zwiebel, Lorbeer, Piment, Muskat, Salz, 1 TL weißer Pfeffer, 4 Wacholderbeeren, 100 g Petersilienstengel, 1 Perlhuhnbrust, 75 ml Sahne, 1 Eigelb, 4 Perlhuhneier, 50 ml Weinessig.

Das Perlhuhn waschen und trokkentupfen, die Keulen und Brüste vom Rumpf abtrennen und für ein anderes Gericht verwenden.
Die Perlhuhnkarkasse dann mit kaltem Wasser bedeckt zum Kochen bringen und gut abschäumen. Das Suppengemüse, die gebräunten Zwiebeln und die Gewürze hinzugeben und so lange kochen, bis die Flüssigkeit um 2/3, auf etwa 1 l, reduziert ist. Nun die Brühe über die Petersilienstengel durch ein Leinentuch passieren.
Die Perlhuhnbrust in feine Würfel schneiden und 15 Min. im Gefrierfach kühlen. Das Geflügelfleisch mit der Sahne und dem Eigelb zu einer feinen Farce kuttern.
Die Masse mit Salz, weißem Pfeffer und Muskat würzen. Mit einem Mokkalöffel kleine Klößchen formen und in kräftiger Brühe gar ziehen lassen. Die gegarten Perlhuhnklößchen als Einlage für die Brühe verwenden.
Den Pochierfond mit Essig, Lorbeer und Piment würzen, die Perlhuhneier darin pochieren und mit den Klößchen in die Suppe geben.

Entenessenz mit Maultaschen und Wurzelgemüsen

Andreas Fischer
Hotel Mondial
Berlin

1 Ente, 2 Entenkeulen, 150 g Rinderhesse (ohne Knochen), 300 g Karotten, 300 g Sellerie, 2 Lauchstangen, 6 Eiweiß, 50 g grüner Speck, 2 l Brühe und 100 g Zwiebeln sowie 1 dl Portwein.

Teig:
1 Eigelb, 1 Ei, 1 EL Öl, 1 dl Wasser, Salz, 250 g Mehl, Pfeffer.

Die Ente und Entenkeulen auslösen und von Haut und Fett befreien. Die Knochen zerkleinern und mit der Brühe zum Kochen bringen (etwa 30 Min. leicht kochen lassen). Passieren und kühl stellen.
Nun das Fleisch der Keulen mit der Rinderhesse, 100 g Karotten, 100 g Sellerie, 1 Lauchstange und 100 g Zwiebeln durch den Wolf lassen und mit 6 Eiklar gut vermengen und ebenfalls kühl stellen (zum Klären).
Für den Maultaschenteig 1 Eigelb, 1 Ei, das Mehl, Öl, Wasser und 1 Msp. Salz zu einem Nudelteig verarbeiten, davon 2 Kugeln formen und abgedeckt kühl stellen. In der Zwischenzeit die Entenbrüste würfeln und mit ebenfalls gewürfelten 100 g Karotten, 100 g Sellerie und 1/2 Stange Lauch anschwitzen. Mit Portwein ablöschen und abkühlen lassen. Die Masse mit dem grünen Speck durch den Fleischwolf lassen und abschmekken. Aus dem Teig und dieser Füllung Maultaschen herstellen.
Die kalte Brühe mit der kalten Klärmasse gut verrühren, langsam aufkochen lassen und die Brühe klären. Von den restlichen Gemüsen feine Streifen schneiden und auf 4 tiefe Teller verteilen.
Die Maultaschen in etwas Brühe garen (etwa 5 bis 8 Min.) und auf die Gemüsestreifen verteilen. Die geklärte Brühe abschmecken und darübergießen. Sofort servieren.

Essenz vom Hauskaninchen

Thomas Brunk
Restaurant Goldener Hahn
Finsterwalde

1,2 kg Kaninchenkarkasse, 2 l Brühe, 300 g Kaninchenfleisch, 3 Eier, 100 g Karotten (in Würfel geschnitten), 100 g Lauch, 0,1 l Weißwein, Salz und Pfeffer.

Die Kaninchenkarkasse mit Brühe ansetzen und 2 Std. kochen lassen, anschließend passieren. Kaninchenfond kühlen, aus Kaninchenfleisch, Eiweiß, Karottenwürfeln und Lauchstreifen eine Klärmasse herstellen und in den Fond geben. Den Kaninchenfond langsam zum Kochen bringen, mit Weißwein würzen und etwa 1 Std. ziehen lassen. Den geklärten Fond passieren und nochmals abschmecken.
Als Einlage Kaninchenfleisch, Nudeln oder Gemüse zufügen.

Kohlrübenessenz mit Kaninchenravioli

Karl Wannemacher
Alt Luxemburg
Berlin

2 l kräftige Rinderbrühe, 1 Kohlrübe von etwa 600 g, 5 Eiweiß und 300 g Rinderhesse, 1 EL Tomatenmark, 30 g Butter.

Nudelteig:
240 g Mehl, 2 Eier, etwas Öl, 1 Prise Salz sowie 1 Ei zum Bepinseln der Ravioli.

Alles, außer dem Ei zum Bepinseln, verkneten und 30 Min. im Kühlschrank ruhenlassen.

Füllung:
2 Kaninchenkeulen, 40 g kleine Würfel von Karotte, Lauch, Sellerie, 400 ml Kaninchenfond, 40 ml trockener Weißwein, 1 TL Tomatenmark, 20 g Öl und 20 g Butter, Mehl, Lorbeerblatt, Thymianzweig.

Einlage für die Essenz:
40 g Gemüserauten, 1 Bd. Schnittlauch in Stäbchen.

Kohlrübe waschen und die Schale dick abschneiden. Die Hälfte davon kleinschneiden. Die Butter im Topf zergehen lassen, die kleingeschnittene Kohlrübe und die Schale darin anschwitzen, mit der Rinderbrühe auffüllen und 1 Std. köcheln lassen. Durch ein Sieb schütten und kalt werden lassen.
Die Rinderhesse und die andere Hälfte der Kohlrübe durch den Fleischwolf drehen. Tomatenmark und Eiweiße dazugeben und alles verrühren. Dieses Gemisch der Kohlrübenbrühe zum Klären beifügen und langsam zum Kochen bringen. Zum Schluß durch ein Tuch passieren, damit die Trübteile der Brühe entfernt werden. Die klare Brühe einkochen und mit Salz und Pfeffer abschmecken.

Raviolifüllung:
Kaninchenkeulen auslösen und die Sehnen entfernen, in kleine Würfel schneiden und leicht salzen, pfeffern und mehlieren. Das Fleisch in Butter und Öl anbraten, die Gemüsewürfel dazugeben, mit Tomatenmark tomatisieren, mit Weißwein ablöschen und mit dem Kaninchenfond auffüllen. Lorbeerblatt, Thymianzweig dazugeben und im Ofen 30 Min. schmoren lassen. Nun durch ein Sieb geben und die Flüssigkeit stark einkochen. Das Fleisch aus dem Sieb zum Schluß dazugeben, abschmecken und erkalten lassen.

Ravioli:
Nudelteig in der Nudelmaschine dünn ausrollen und runde, im Durchmesser 5 cm große Scheiben ausstechen. Mit Ei bepinseln, 1 KL von der Füllung in die Mitte geben, zusammenschlagen und die offenen Ränder mit einer Gabel festdrücken.
Die Ravioli in kochendem Salzwasser abkochen und in kaltem Wasser abschrecken. Zum Anrichten in die Suppenteller die Gemüserauten, Schnittlauchstäbchen und Ravioli geben und mit der Essenz auffüllen.

Beelitzer Spargelessenz mit pochiertem Wachtelei und Kerbel-Tomaten-Klößchen

Stephan Niggemann/
Alfred Wolczik
Forsthaus Paulsborn
Berlin

500 g Beelitzer Spargel (geschält), 1 l Kalbsbrühe, 8 Wachteleier, Salz, Pfeffer, Zucker, Zitronensaft.

Für die Klößchen:
100 g Kalbsfilet, 0,15 l Sahne, 1 TL Tomatenpüree, Concassé von 1 Tomate, 1 Bd. Kerbel.

Die Kalbsbrühe erhitzen, den geschälten Spargel in der Brühe mit einigen Spritzern Zitronensaft und einer Prise Zucker weich kochen. Den Spargel aus dem Fond nehmen, die Spargelköpfe für die Suppeneinlage beiseite stellen und den restlichen Spargel wieder in den Fond geben.
In der Zwischenzeit aus dem Kalbfleisch, der Sahne und dem Tomatenpüree in einer Küchenmaschine eine Farce herstellen, diese dann mit dem gehackten Kerbel, dem Tomatenconcassé sowie Salz und Pfeffer fertigstellen.
Nun aus der Farce kleine Nocken abstechen und diese in der Kalbsbrühe pochieren.
Die Wachteleier ebenfalls in der Kalbsbrühe pochieren. Die Spargelessenz durch ein Tuch passieren und die Spargelessenz mit den Spargelköpfen, den pochierten Wachteleiern, den Klößchen und einigen Kerbelblättern anrichten.

Borschtsch vom Hummer

Detlev Hohl

2 kanadische Hummer (je 500 g), 3 dl klarer, kräftiger Hummerfond (Feinkostladen), 1 Schalotte, je 50 g Karotten, Lauch und Knollensellerie, ½ Knoblauchzehe, 150 g rote Bete (gekocht und geschält), 1 Tomate, 20 g Schwarzbrot, 150 g Butter, 1 cl Cognac sowie 5 cl Champagner, 1 Dillzweig, 2 EL Crème fraîche, 2 Strudelteigblätter (Fachgeschäft), 200 g Zanderfilet, 50 g Sahne, ½ Eiweiß, 1 Msp. gehackter Estragon, Salz, Pfeffer, 1 Eigelb.

Rezept Seite 43: Brandenburger Aalsuppe, Jürgen Eschenbach, Hotel Hamburg, Berlin

Die lebenden Hummer ins kochende Wasser geben, 30 Sek. kochen lassen, von einem Hummer die Scheren abtrennen, die restlichen Hummer 4 Min. ziehen lassen. Herausnehmen und kalt abschrecken.
Die beiden abgetrennten Scheren ausbrechen, das Fleisch mit dem Zanderfilet, dem Eiweiß und der Sahne 1 Std. in den Tiefkühler geben. In einer Küchenmaschine zu einer glatten Farce aufmontieren. Mit Salz, Pfeffer, einem Spritzer Cognac und dem Estragon abschmecken, kalt stellen. Die restlichen Hummer dann vollständig ausbrechen.
Schalotte fein würfeln, Karotte, Sellerie, Lauch, Weißkohl und 80 g rote Bete in 1,5 cm große Rauten schneiden. Die Tomate abziehen, entkernen, das Fleisch in feine Würfel schneiden. Die restliche rote Bete fein mixen, ebenso das Schwarzbrot.
Schalotte und die Gemüserauten sowie Knoblauch in 40 g Butter anschwitzen, leicht salzen, mit Hummerfond aufgießen, 5 Min. leicht köcheln lassen. Dann mit 110 g Butter sämig binden, Tomatenwürfel, Cognac, Champagner und den gehackten Dill hinzugeben, die Knoblauchzehe herausnehmen. Mit Salz und Pfeffer abschmecken.
Bei den ausgebrochenen Hummerschwänzen die Därme entfernen. Schwanzansatz und -ende abschneiden und mit den verbleibenden Scheren in 1 cm große Würfel schneiden. Mit der Farce mischen. Dann den Strudelteig in 10 mal 10 cm große Rechtecke schneiden (4 Stück), mit der Hummerfarce füllen, außenherum mit Eigelb bepinseln, fest schließen, in der Friteuse bei 180 °C 3 Min. backen. Die Hummerschwänze in dünne Scheiben schneiden, in etwas Hummerfond warm legen, nicht mehr kochen!
Suppe samt Einlage in vorgewärmte Suppenteller geben. Mit Crème-fraîche-Fäden dekorieren. Das Hummersäckchen in die Mitte setzen. Die warmen Hummerscheiben außenrum anlegen.
Rote-Bete-Püree und Schwarzbrot separat dazu reichen.

Kaninchenborschtsch mit Bohnen

Bild Seite 42

Thomas Brunk
Restaurant Goldener Hahn
Finsterwalde

1 l Kaninchenfond, 50 g Wachtelbohnen, 50 g weiße Bohnen, 500 g rote Bete, 100 g Kaninchenrücken, 100 g Karotten, 100 g Lauch, 1 Bd. Petersilie, Salz, Pfeffer, Weißwein und Chili.

Die Bohnen in Salzwasser einweichen (etwa 2 Std.) und anschließend bißfest kochen. Die rote Bete schälen, im Kaninchenfond garen und in kleine Würfel schneiden. Kaninchenrücken, Karotten und Lauch ebenfalls in Würfel schneiden und im Kaninchenfond kochen.
Den Kaninchenfond mit Salz, Pfeffer, Weißwein und Chili würzen. Petersilie dazugeben. Als Einlage die Bohnen, Gemüsewürfel und den in Scheiben geschnittenen Kaninchenrücken zugeben.

Soljanka vom Havelfisch

Thomas Hildebrandt
Seidler art'otel
Potsdam

400 ml geklärte Fischbrühe, 4 Havelkrebse, 70 g frisches Zanderfilet, 70 g frisches Karpfenfilet, 70 g frisches Welsfilet, 20 g Karottenstreifen, 20 g Lauchstreifen, 20 g Rote-Bete-Streifen sowie 1 Bd. frischer Schnittlauch.

Die Krebse etwa 5 Min. in Salzwasser kochen und ausbrechen, die Krebsköpfe auswaschen und aufheben.
Die Fischfilets in Streifen schneiden und in Salzwasser kurz angaren und wieder herausnehmen. Nun die Fischbrühe zum Kochen bringen und die Fischstreifen zusammen mit den Karotten- und Lauchstreifen einmal aufkochen lassen. Die Rote-Bete-Streifen und das Krebsfleisch hinzugeben, einmal aufkochen lassen und sofort in Tellern anrichten und mit dem geschnittenen Schnittlauch bestreuen.
Die Krebsköpfe als Garnitur an die Tellerränder legen.

Lindower Soljanka vom Wildschwein mit Sauerrahm und frisch gezupftem Majoran

Carsten Pfefferlein
Hotel am Wutzsee
Lindow

1 l Wildkraftbrühe, 40 g geräucherter Wildschweinschinken und 40 g magerer Bauchspeck, 40 g Wildschweinbraten, 40 g Gewürzgurke, 60 g Zwiebeln, 60 g Tomatenmark, 3/4 l saure Sahne, 40 ml Zitronensaft, Salz, Pfeffer, Knoblauch, Majoran und 1 Zitrone.

Den Wildschweinschinken, mageren Bauchspeck und den Wildschweinbraten in feine Streifen schneiden, Zwiebeln würfeln. Zwiebeln und Bauchspeck glasig

schwitzen. Die Streifen vom Wildschweinschinken und -braten hinzugeben und mit anrösten. Mit Tomatenmark ablöschen und mit der Kraftbrühe auffüllen. Gurke hinzugeben und leicht kochen lassen. Mit Salz, Pfeffer, Knoblauch, Majoran und Zitronensaft abschmecken und mit saurer Sahne leicht binden.
Die Suppe in die Teller geben und mit 1 Zitronenscheibe, etwas saurer Sahne und frisch gezupftem Majoran garnieren.

Rote-Bete-Suppe mit Kartoffeln und Kerbel

Gerhard Braun
Französischer Hof
Berlin

1 kg Kalbsknochen, 1 Bd. Suppengrün, 2 Lorbeerblätter, 1 Bd. Kerbel und 600 g Kartoffeln, 100 ml Sahne, 250 g rote Bete.

Die Kalbsknochen abspülen und mit 2 l kaltem Wasser aufsetzen. Nach dem ersten Aufkochen den Schaum abschöpfen und ohne Deckel auf die Hälfte einkochen lassen. Das Suppengrün, die Lorbeerblätter und die Kerbelstiele zugeben und etwa ½ Std. ziehen lassen. Alles durch ein feines Sieb gießen und die in Würfel geschnittenen Kartoffeln zugeben.
Wenn die Kartoffeln gar sind, einen Teil davon herausnehmen (für Einlage) und den Rest mit dem Passierstab fein zerkleinern. Die gekochten rote Bete schälen und in feine Streifen schneiden. Die Sahne und Kartoffeleinlage in die Suppe geben und aufkochen lassen. Kurz vor dem Servieren die roten Bete zugeben.
In die vorgewärmten Teller geben und mit dem gezupften Kerbel garnieren.

Rotkohlsuppe mit Steinpilzklößchen

Ewald Weiss
Restaurant Am Fasanenplatz
Berlin

½ Kopf Rotkohl, 1 Zwiebel, 50 g Gänseschmalz, 2 EL Rotweinessig, 1 l Geflügelbrühe, 0,2 l geschlagene Sahne, ¼ l Rotwein, 1 TL Zucker, Gewürzbeutel (2 Pimentkörner, 1 Lorbeerblatt, ½ Zimtstange, Schale von 1 Orange, 5 Pfefferkörner und 3 Wacholderbeeren, 1 Nelke).

Steinpilzklößchen:
100 g schieres Entenfleisch, 70 g kalte Sahne, Salz, Pfeffer, 80 g Steinpilze, 1 Schalotte, 1 EL gehackter Majoran, 1 Knoblauchzehe.

Rotkohl und Zwiebel in Streifen schneiden, Zwiebeln in Schmalz andünsten und Rotkohl dazugeben, mit dem Rotweinessig ablöschen, Geflügelbrühe und Rotwein auffüllen, Gewürzbeutel dazugeben und mit Salz, Pfeffer und Zucker abschmecken. Im zugedeckten Topf weich kochen. Den Gewürzbeutel nun herausnehmen. Die Suppe im Mixer pürieren und durch ein Sieb streichen.

Steinpilzklößchen:
Entenfleisch mit kalter Sahne, Salz und Pfeffer in der Küchenmaschine mixen. Steinpilze, Schalotte und Knoblauchzehe kleinwürfeln und anschwitzen, salzen und pfeffern und erkalten lassen.
Die Masse mit der Hälfte des Majorans mischen. Mit Löffeln ausstechen und in leicht siedendem Salzwasser 5 Min. ziehen lassen.
Die Suppe erhitzen, die geschlagene Sahne unterheben.

Anrichten:
In tiefen Tellern anrichten, die Klößchen dazugeben und noch mit dem restlichen Majoran bestreuen.

Soljanka nach russischem Rezept

Bernhard Mummert
Imperator Strandhotel
Klausdorf

100 g Kochschinken, 100 g Kochsalami, 100 g Jagdwurst, 1 große Zwiebel, 2 Gewürzgurken, 80 g Tomatenmark, 1 Paprikaschote, Zitronensaft, Salz, Pfeffer, 1 TL Zucker, 50 g Fett, 1 l Fleischbrühe.

Kochschinken, Kochsalami und Jagdwurst in Streifen schneiden, Zwiebel und Paprika putzen und mit den Gewürzgurken in Streifen schneiden.
Fett schmelzen lassen, die Zwiebel dazugeben und glasig anschwitzen. Den in Streifen geschnittenen Kochschinken, die Kochsalami und Jagdwurst dazugeben und ebenfalls anschwitzen. Mit Brühe und Tomatenmark ablöschen. Die Paprikaschote und die Gewürzgurken dazugeben. Aufkochen, mit Salz, Pfeffer würzen und mit Zitrone und Zucker kräftig abschmecken.
Mit der ½ Zitronenscheibe und saurer Sahne anrichten.

Safran-parfümierte Zanderconsommé mit Flußkrebs-Kaviar-Wan-Tans

Bild Seite 35

Markus Semmler
Schloßhotel Cecilienhof
Potsdam

1 l Seezungenfond (oder Fischfond), 300 g Zanderfilet, 100 g Rinderhesse, 30 g Möhren, 30 g Schalotten, 30 g Lauch, 1 Tomate, 30 g Sellerie, 1 Thymianzweig, Salz, 1 g Safranfä-

den, 6 Eiweiß, 8 Flußkrebse, 60 g Kaviar, 8 Blätter Wan Tan sowie 2 Eigelb.

Das Zanderfilet, Rindfleisch und die Gemüse zerkleinern, mit den Eiweißen und Fischfond langsam aufstoßen und 20 Min. ziehen lassen. Durch ein feines Tuch passieren, aufkochen, Safran zugeben und mit Salz abschmecken.
Die Flußkrebsschwänze abpulen, Wan Tan mit den Eigelben bestreichen, den Kaviar hinzugeben und die Krebsschwänze einwickeln. Im Ofen bei 200 °C 3 Min. backen. Evtl. noch mit einer abgestochenen Kaviarnocke servieren.

Klare Karpfensuppe mit Meerrettichnocken

Steffen Hau
Restaurant Goldener Hahn
Finsterwalde

1 mittelgroßer Karpfen von etwa 1 kg, 1 Möhre, ½ Stange Lauch, 100 ml Sahne, 200 ml Weißwein, 5 Eiweiß, 50 g Meerrettich, ½ Zitrone, Dill, Salz und Pfeffer.

Den Karpfen filetieren und die Haut von den Filets ziehen. Den Kopf, die Flossen und die Häute in etwa 3 l Salzwasser aufkochen und 1 Std. ziehen lassen, den Fond passieren und abkühlen lassen.
In den kalten Fond Möhrenstifte, Lauchstreifen und 3 Eiweiße rühren. Langsam erhitzen, bis es leise siedet und die mit Eiweiß gebundenen Trübstoffe oben schwimmen. Vorsichtig durch ein sauberes, leicht angefeuchtetes Tuch passieren. Mit Salz, Pfeffer und Weißwein abschmecken. Nur das Fischfleisch fein blitzen und wegen der Gräten durch ein feines Sieb streichen. Mit Sahne, Meerrettich und 2 Eiweißen glattrühren, mit Salz, Pfeffer und Zitrone abschmecken.
In einem anderen Topf gesalzenes Wasser zum Kochen bringen. Mit Teelöffeln kleine Nocken formen, in das leicht siedende Wasser geben und gar ziehen lassen.
Die gegarten Nocken in die Karpfensuppe geben, mit 1 Dillzweig garnieren und servieren.

Märkische Fischsuppe

Carmen Krüger
C + W Gourmet
Eichwalde

1 kg fangfrische Fische aus märkischen Seen (zum Beispiel Zander, Hecht, Barsch, Aal, Wels), 1 Zwiebel, 1 Lorbeerblatt, 2 Pimentkörner, Wasser, ¼ l trockener Weißwein (Riesling), Salz, Zucker und 1 Möhre (in feine Streifen geschnitten), 2 Stangen Lauch (nur das Weiße, in feine Streifen geschnitten), je 1 Bd. glatte Petersilie und Dill (fein gehackt.)

Die Fische putzen und filetieren, die Filets in mundgerechte Stücke schneiden. Die Fischkarkassen in einen Topf geben, mit so viel Wasser und Weißwein (im Verhältnis ¾ Wasser, ¼ Wein) auffüllen, bis alles bedeckt ist. Nun die grobgeschnittene Zwiebel, Lorbeerblatt und Pimentkörner zugeben und etwa 30 Min. köcheln lassen. Durch ein feines Tuch passieren, den Fischfond salzen und wieder aufkochen. Die Fischfiletstücke hineinlegen und vorsichtig gar ziehen lassen. Die Suppe mit einem Schuß Riesling und einer Prise Zucker abschmecken.
Kurz vor dem Anrichten die hauchdünnen Gemüsestreifen (Möhre, Lauch) hineingeben. Die Suppe auf heißen Tellern anrichten und mit reichlich Petersilie und Dill bestreuen.

Brandenburger Aalsuppe

Bild Seite 39

Jürgen Eschenbach
Hotel Hamburg
Berlin

500 g Aal (küchenfertig), 2 Zwiebeln, 3 Petersilienstengel, 1 Bd. Dill, 1 Salbeizweig, 10 Pfefferkörner, 5 Wacholderbeeren, 3 Lorbeerblätter, 0,2 l Sahne, Salz, Pfeffer, 40 g Butter und 60 g Mehl, 2 EL Weißwein, 80 g Speck.

Den küchenfertigen abgezogenen Aal waschen und in etwa 3 bis 4 cm lange Stücke schneiden.
2 l Wasser mit Zwiebeln, Petersilie, 2 Dillstengeln, Salbei, Pfefferkörnern, Wacholderbeeren und den Lorbeerblättern zum Kochen bringen und etwa 20 Min. leicht köcheln lassen. Die Aalstücke in den Sud geben und etwa 20 Min. ziehen lassen. Die Aalstücke aus dem Sud nehmen, das Aalfleisch von den Gräten lösen und anschließend in gleichmäßige Streifen schneiden.
Aus Butter und Mehl eine helle Mehlschwitze herstellen. Nun mit 1 l Sud aufgießen, die Sahne hinzugeben und nochmals 15 bis 20 Min. leicht kochen lassen.
Jetzt den restlichen Dill kleinschneiden und in die Suppe geben. Mit Salz, Pfeffer und einem Schuß Weißwein abschmecken. Den Speck in Streifen schneiden und leicht andünsten.
Die Aalstücke in der Suppe kurz erwärmen, in Suppentellern anrichten und die Speckstreifen zum Schluß auf der Suppe verteilen.

Rezept Seite 40: Kaninchenborschtsch mit Bohnen, Thomas Brunk, Restaurant Goldener Hahn, Finsterwalde

Spreewälder Fischsuppe

Achim Fleischmann
Gasthaus am Dachsberg
Bad Saarow

300 g Hecht, 80 g Möhren, 40 g Porree, 40 g Zwiebeln, 80 g Sellerie, 1 EL Zitronensaft, 20 g geriebener Meerrettich, 5 cl trockener Weißwein, 1/2 Loorbeerblatt, 3 Pimentkörner, weißer Pfeffer, Salz, 40 g Butter, 40 g Weizenmehl, 100 g saure Sahne, 1 Bd. Dill.

Den Hecht säubern, waschen und filetieren. Die Gräten und den Kopf in 1 l Wasser mit der Hälfte des Gemüses (außer Meerettich), dem Wein und den Gewürzen etwa 30 Min. langsam kochen lassen. Butter und Weizenmehl anschwitzen und mit der durch ein Sieb gegossenen Fischbrühe auffüllen.
Das restliche Gemüse in feine Streifen, das Hechtfleisch in Würfel schneiden und alles in die leicht köchelnde Fischsuppe geben. 5 Min. köcheln lassen. Meerrettich mit der sauren Sahne vermischen und vorsichtig unter die Suppe rühren. Nun abschmecken, mit gehacktem Dill bestreuen und servieren.

Taschenkrebs-Cremesüppchen

Johannes King
Restaurant Grand Slam
Berlin

1 großer Taschenkrebs (1 bis 2 kg), 50 g geklärte Butter, 50 g Staudensellerie, 3 Schalotten, 4 Champignons, 50 g Sellerie, 2 Mohrrüben, 1 Tomate, je 1 Estragon- und Kerbelzweig, 4 cl Cognac, 8 cl Noilly Prat, 0,1 l trockener Weißwein sowie 0,5 l Crème double, Salz und Cayennepfeffer.

Den Taschenkrebs in Salzwasser mit Gemüse und Kräuterstielen kurz aufkochen und dann 10 Min. ziehen lassen. Ausbrechen und das Fleisch, vor allem aus den Scheren, beiseite legen. Die Taschenkrebsschalen nun in geklärter Butter langsam und lange bei vorsichtiger Hitze leicht rösten. Kleingeschnittenes Gemüse dazugeben und ebenfalls leicht mitrösten.
Mit Cognac ablöschen und flambieren. Noilly Prat und Weißwein dazugeben und auf 1/3 reduzieren.
Die Crème double und die Kräuter dazugeben und etwa 20 Min. leicht köcheln lassen. Abschmekken und passieren.
Vor dem Anrichten nochmals kurz aufschäumen und das Scherenfleisch dazugeben.

Berliner Krebssuppe

Herbert Beltle
Altes Zollhaus
Berlin

20 lebende Krebse, 150 g Würfel von Karotten, Sellerie, Zwiebeln und Fenchel, 4 EL Olivenöl, 10 ml Weinbrand, 10 ml Noilly Prat, 1 EL Mehl, 1 l Hühnerbrühe, 1/2 l Sahne, 2 Dillstengel, Salz, gestoßener Pfeffer, 1/2 TL Kümmel, 20 g Tomatenmark.

Einlage:
1 TL gehackter Dill, 1 TL gehackter Estragon, Gemüsewürfel und die Krebsschwänze.

Die Krebse in 4 l kochendes Salzwasser mit dem Kümmel geben und etwa 3 Min. köcheln lassen, herausnehmen und kalt abschrekken. Das Fleisch aus den Schwänzen auslösen, die Krebsschalen in heißem Olivenöl anbraten, Gemüse und Tomatenmark zugeben und kurz weiterrösten. Mit Weinbrand und Noilly Prat ablöschen und flambieren. Mit Mehl bestäuben und mit der Hühnerbrühe auffüllen und etwa 20 Min. köcheln lassen, Sahne und die Dillstengel zugeben und noch weitere 20 Min. kochen.
Anschließend die Suppe passieren und abschmecken. Mit einem Stabmixer die Suppe aufmixen und mit der Einlage in tiefen Tellern anrichten.

Krebsrahmsuppe mit Forellenkaviar

Matthias Kersten
Pannonia Hotel Döllnsee
Groß Dölln

0,1 l Öl, 8 Suppenkrebse, 50 g Gemüsewürfel, 0,1 l Cognac, 1 l helle Fleischbrühe, 5 cl Weißwein, 1 TL Tomatenmark, 80 g Fett, 20 g Sellerie, 60 g Lauch, 40 g Reismehl, 0,1 l Rahm, 40 Butter, 1 Msp. Paprika, 40 g Forellenkaviar.

Die gut gewaschenen Krebse in einem Sieb in kochendem Wasser töten und gut abtropfen lassen. Die Krebse und das feinwürfelig geschnittene Gemüse in Butter und Öl bei hoher Temperatur rösten, mit dem Cognac begießen und zur Geschmacksprägung anzünden. Das Tomatenpüree mitrösten. Den Weißwein und die Brühe dazugeben und nun alles 10 Min. leicht kochen lassen. Dann auf ein Sieb schütten und die Krebsschwänze abtrennen. Die Körper mit den Scheren fein zerstoßen, in die Brühe zurückgeben, weitere 10 Min. kochen und passieren.
Reduzierter Krebsfond ist auch die Grundlage zur Krebssauce. Fett zerlassen, zerkleinerten Sellerie und Lauch darin anschwitzen, ohne Farbe nehmen zu lassen, das Reismehl zugeben und mitschwitzen. Mit der Krebsbrühe auffül-

len. Rühren bis zum Kochen und nach 10 Min. Kochdauer passieren. Die Krebssuppe mit frischem Rahm, Butterflocken und Paprika geschmackvoll vollenden.
Die ausgebrochenen, vom Darm befreiten Krebsschwänze kommen als Einlage in die Suppe.
Den Forellenkaviar auf die angerichtete Suppe geben.

Blumenkohlcreme mit Flußkrebsen

Ewald Weiss
Restaurant Am Fasanenplatz
Berlin

1 Blumenkohl, Salz, Pfeffer, 50 g Butter, 1 Zwiebel, 0,6 l Gemüsebrühe, 0,2 l geschlagene Sahne, Fleisch von 12 gekochten Flußkrebsen, Kerbel zum Garnieren, Salz, Pfeffer.

Gewürfelte Zwiebeln in Butter glasig dünsten, kleingeschnittenen Blumenkohl dazugeben, mit Gemüsebrühe auffüllen, mit Salz und Pfeffer würzen. Weich kochen und im Mixer pürieren, durch ein Sieb streichen, aufkochen lassen und die geschlagene Sahne unterziehen.
In tiefen Tellern anrichten, das Fleisch der Flußkrebse dazugeben und mit Kerbel garnieren.

Minestrone von Flußkrebsen

Ewald Weiss
Restaurant Am Fasanenplatz
Berlin

1,2 kg Flußkrebse, 1 TL Kümmel, 3 Petersilienstengel, 1 EL Olivenöl, 1 Zwiebel, 2 Tomaten, 0,1 l Weißwein, 2 EL Noilly Prat, 0,8 l Fischfond, 2 Eiweiß, Salz und Pfeffer, 150 g Würfel von Lauch, Sellerie, Fenchel, Karotten, Tomaten und Knoblauch.

Die Krebse in kochendem Salzwasser mit Kümmel und Petersilie kochen. Die Krebse ausbrechen und die Karkassen in Olivenöl anschwitzen. Die kleingeschnittene Zwiebel und die geviertelten Tomaten dazugeben. Mit Weißwein und Noilly Prat ablöschen und mit dem Fischfond aufgießen. Die Eiweiße unterrühren, langsam aufkochen und 20 Min. ziehen lassen. Durch ein sauberes Tuch passieren und mit Salz und Pfeffer abschmecken. Die Gemüsewürfel in der Suppe gar ziehen lassen und zum Schluß die Krebse dazugeben. Mit Fenchelgrün garnieren. Als Einlage Ravioli oder kleingeschnittene Pasta zugeben.

Löffelerbsensuppe mit Eisbein

Bild Seite 46

Meinrad Günter
Sorat Hotel Humboldt-Mühle
Berlin

150 g ungeschälte gelbe Erbsen, 1 Eisbein von etwa 800 g (gepökelt), ½ Zwiebel, 1 Möhre, ⅛ Sellerieknolle, ½ Stange Porree, 1 Lorbeerblatt, 10 Wacholderbeeren, 5 Pimentkörner, 1 EL Senfkörner, Salz, Pfeffer, Majoran.

Erbsen waschen, 5 bis 6 Std. in 1,5 l lauwarmem Wasser einweichen. Eisbein mit Lorbeer, Wacholder, Piment- und Senfkörnern gar kochen, das Wurzelgemüse in erbsengroße Stücke schneiden, anschwitzen, die Erbsen zugeben und mit Fond auffüllen. Garzeit 2 Std. Nun nach und nach die passierte Eisbeinbrühe zugeben.
Das Eisbein in 1 cm große Würfel schneiden. Sobald die Erbsen gar sind, das Eisbein zugeben und mit Salz, Pfeffer sowie Majoran abschmecken.

Creme von frischen Erbsen mit Speckstreifen

Ewald Weiss
Restaurant Am Fasanenplatz
Berlin

100 g durchwachsener Speck, 150 g frische ausgebrochene Erbsen, 100 g Crème fraîche, 50 g Butter, 1 Zwiebel, 1 Lorbeerblatt, ¼ l Sahne, Salz, Pfeffer, Muskat, 0,6 l Geflügelbrühe.

Zwiebel kleinschneiden und in Butter andünsten, mit Brühe und Sahne auffüllen. Lorbeerblatt dazugeben und 20 Min. kochen. Mit Salz, Pfeffer und Muskat abschmecken. Das Lorbeerblatt herausnehmen und die Suppe im Mixer pürieren.
Die Erbsen in Salzwasser blanchieren, in Eiswasser abschrecken und in der Küchenmaschine zusammen mit der Crème fraîche pürieren.
Speck in Streifen schneiden und in der Pfanne auslassen. Den Suppenansatz aufkochen und die pürierten Erbsen dazugeben, mit dem Schneebesen schaumig schlagen und in tiefen Tellern anrichten. Vor dem Servieren mit den Speckstreifen bestreuen.

Absender:

Vorname, Name/Firma

Straße/Hausnummer

Postleitzahl/Ort

Telefon

Bitte liefern Sie an obige Adresse

☐ per Nachnahme ☐ per Abbuchung

Bank

Ort

(BLZ)

Konto-Nr.

Antwortkarte

Bitte freimachen

HUGO MATTHAES
DRUCKEREI UND VERLAG
GMBH & CO. KG
Postfach 10 31 44

70027 Stuttgart

Bestellkarte

Hiermit bestelle(n) ich (wir):

Jeder Band über 200 Seiten, 45 Rezeptabbildungen, 407 bis 516 Rezepte, 58 DM

Stück	Best.-Nr.	Titel
	00122	Baden-Württembergische Meisterküche
	00123	Bayerische Meisterküche
	05227	Berliner und Brandenburgische Meisterküche
	04016	Hessische Meisterküche
	01661	Niedersächsische und Bremer Meisterküche
	00125	Nordrhein-Westfälische Meisterküche
	04611	Rheinland-Pfälzische und Saarländische Meisterküche
	01662	Schleswig-Holsteinische und Hamburger Meisterküche

Ort/Datum

Unterschrift

Bitte vergessen Sie nicht, Ihre Adresse und die gewünschte Zahlungsart umseitig anzugeben.

Grüne-Erbsen-Suppe mit Kartoffel-Speck-Croûtons

Marcel J. Yanic
Berlin Hilton
Berlin

900 g Kasseler Knochen, 200 g helles Mirepoix (Sellerie, Lauch, Karotte, Zwiebel, gewürfelt), 800 g Erbsen (junge frische oder TK-Erbsen), 100 g Butter, 100 g Schlagsahne, 120 g magerer Bauchspeck (geräuchert), Salz, 1 Prise Zucker, Pfeffer aus der Mühle.

Aus den Kasseler Knochen und dem Mirepoix eine gute Brühe kochen. Die Brühe durch ein Tuch passieren. Die Erbsen mit der Brühe übergießen, bis sie bedeckt sind, und schnell zum Aufkochen bringen.
Alles mit dem Pürierstab mixen und dabei die Butter zugeben. Mit Salz, Zucker und Pfeffer aus der Mühle nachschmecken und vor dem Servieren mit geschlagener Sahne aufschäumen. Den Speck in dünne Streifen schneiden, kroß ausbraten und über die Suppe streuen.

Preußische Kartoffelsuppe mit Zwiebeln und Speck und kleinen Knackwürstchen

Michael Häberer
Hotel Mercure
Potsdam

750 g Kartoffeln, 1 Bd. Suppengrün, 1 l Rinderbrühe, 200 g Speck (mager, geräuchert), 200 g Zwiebeln, 12 bis 16 Partyknacker zu je 25 g und 0,1 l saure Sahne, 1 Bd. Schnittlauch, frischer Majoran, Salz, Pfeffer, geriebene Muskatnuß.

Das Suppengrün waschen und, wenn nötig, schälen und in kleine Scheiben schneiden. Die Kartoffeln ebenfalls schälen, waschen, würfeln und dann mit dem Suppengemüse und dem Majoran in der Rinderbrühe in 20 Min. weich kochen.
Die Suppe dann mit einem Pürierstab mixen oder, wie in vielen Haushalten üblich, nur mit einem Stampfer zerkleinern. Würzen mit Salz, wenig Pfeffer und Muskat. Die kleinen Knacker in der Suppe kurz erwärmen.
Den Speck und die Zwiebeln fein würfeln, in einer Pfanne auslassen und beim Anrichten mit dem geschnittenen Schnittlauch und der sauren Sahne auf die Suppe geben.

Kartoffelsuppe mit Minibuletten

Herbert Beltle
Altes Zollhaus
Berlin

1 l Rinderbrühe, 1/4 l Sahne, 0,2 l Weißwein, 300 g geschälte Kartoffeln, 1 Bd. Suppengrün, 60 g durchwachsener Speck (in Würfeln) sowie 1 kleine Zwiebel, 1 Thymian- und 1 Majoranzweig, Salz, Pfeffer, Muskat, Schnittlauch.

Einlage:
Kleine blanchierte Würfel von Karotten, Sellerie und Kartoffeln sowie aus etwa 100 g gemischtem Hackfleisch, glasig gedünsteten Zwiebelwürfeln und gehackter Blattpetersilie hergestellte und gebratene kleine Buletten.

In einem Topf Butter erhitzen und nacheinander Speck, Zwiebel, die Kartoffeln sowie das gewaschene und grobgeschnittene Suppengrün hinzugeben und farblos anschwitzen. Nach etwa 3 Min. mit dem Weißwein ablöschen und mit der Brühe und der Sahne auffüllen.
Thymian und Majoran zugeben. Alles auf kleiner Flamme köcheln, bis die Kartoffeln weich sind. In einem Mixer die Suppe pürieren und durch ein grobes Sieb in den Topf passieren. Mit Salz, Pfeffer, Muskat und wenig Knoblauch abschmecken.
Die Suppe nochmals aufkochen, mit den blanchierten Gemüsewürfeln und den Minibuletten in tiefen Tellern anrichten und mit frisch gehacktem Majoran bestreuen.

Kartoffelsuppe mit Flußkrebsen

Carmen Krüger
C + W Gourmet
Eichwalde

800 g Kartoffeln (mehlig kochend), 1,5 l Gemüsebrühe, Salz, 1/4 l Sahne, 2 Stangen Lauch (in feinen Streifen), 1 Möhre (in feinen Streifen), 20 Flußkrebse, 1 EL Kümmel sowie je 1 Bd. Dill und Petersilie.

Die geschälten Kartoffeln in der mit Salz abgeschmeckten Gemüsebrühe weich kochen, zerstampfen, mit der Sahne auffüllen und abschmecken. Vor dem Anrichten die Lauch- und Möhrenstreifen in die Suppe geben.
Die Flußkrebse in Salz-Kümmel-Wasser 2 Min. kochen, in Eiswasser abschrecken, ausbrechen und die Därme ziehen. Pro Portion 5 Krebsschwänze auf vorgewärmte Teller legen, mit der heißen Kartoffelsuppe aufgießen und mit Dill und Petersilie bestreuen.

Rezept Seite 45: Löffelerbsensuppe mit Eisbein, Meinrad Günter, Sorat Hotel Humboldt-Mühle, Berlin

Passierte Kartoffelsuppe mit geräuchertem Müritzaal und Wurzelgemüse

Bernd Gemmrig
Alter Krug Dahlem
Berlin

40 g Butter, 40 g Schalotten, je 30 g Lauch, Karotten und Sellerie (für Rauten), 300 g Kartoffeln, 200 g Räucheraal, 0,8 l Bouillon sowie 0,1 l Sahne, 30 g durchwachsener Speck, je 1 Majoran- und Thymianzweig, Salz, Muskat, gemahlener weißer Pfeffer, etwa 40 g Weißbrot (ohne Rinde) für Croûtons.

Schalotten und Speck in Butter anschwitzen, Kartoffeln zugeben, mit heißer Bouillon aufgießen und etwa 35 Min. kochen.
Die Gewürze zugeben, im Mixer pürieren und mit Rahm verfeinern. Das Wurzelgemüse in Rauten schneiden, mit etwas Bouillon kochen und die Kartoffelsuppe darauf passieren.
Die Räucheraalstreifen in die heiße Suppe geben. In tiefen Tellern mit Röstbrotwürfeln anrichten.

Märkische Rahmsuppe

Lutz Göhlich
Bergschlößchen
Buckow

800 g Kartoffeln, 1 Bd. Suppengrün, 200 g Speck (mager), 100 g Salami, Salz nach Bedarf, 125 g Butter, 250 ml Milch, 250 ml Sahne sowie 1 große Zwiebel.

Die Kartoffeln schälen, vierteln und in einem großen Topf zum Kochen bringen. Das Suppengrün, den Speck und die Salami in Würfel schneiden und mit einer Prise Salz in den Topf geben. Das Ganze mit Wasser auffüllen, so daß das Suppengrün leicht zu schwimmen beginnt. Dann die angesetzte Suppe zum Kochen bringen.
Sind die Kartoffeln gar gekocht, das Kartoffelwasser in einen anderen Topf gießen. Zu den abgegossenen Kartoffeln die Butter geben und mit einem Kartoffelstampfer stampfen. Dann die Sahne, danach die Milch untermengen, so daß eine Masse entsteht. Nun unter langsamem Rühren das Kartoffelwasser hinzugeben. Dieses bestimmt die Konsistenz der Suppe. Die Zwiebel in feine Würfel schneiden und in der Pfanne mit etwas Butter goldgelb anschwitzen und in die Suppe geben. Die Suppe mit einem Pürierstab durcharbeiten und nach Bedarf mit Salz abschmecken.

Kalte Kartoffelsuppe mit Champagner

Rico-Jens Hantel
Parkhotel Schloß Wulkow
Wulkow

200 g geschälte Kartoffeln und 1/4 l Kalbsbrühe, 1/4 l Sahne, 2 EL Crème fraîche, Salz, Pfeffer, Muskat, Majoran, etwas Butter, 1 Porreestange, 1 Sellerie und 2 Schalotten sowie 1/2 Fl. Champagner.

Die Butter in einem Topf auslassen, die geschälten, feingeschnittenen Schalotten sowie das Innere vom Porree und den zerkleinerten Sellerie darin anschwitzen. Die kleingeschnittenen Kartoffeln hinzufügen, mit Kalbsbrühe und Sahne aufgießen. Mit Salz, Pfeffer, Muskat und Majoran würzen und garen lassen. Anschließend durchseihen und mit der Crème fraîche verfeinern.
Gut durchkühlen lassen, kurz vor dem Servieren mit dem Champagner aufgießen.

Klare Märkische Kartoffelsuppe

Hans-Jörg Schlenker
Preußischer Hof
Liebenwalde

2 Stangen Lauch (nur das Weiße), 3 große Karotten, 1/2 Gemüsezwiebel, 200 g magerer Speck oder Speckschwarte, 400 g Knollensellerie, 500 g rohe Kartoffeln, 240 g gekochte Kartoffeln, 80 g Butter, Salz, geriebene Muskatnuß, 2 l Fleischbrühe, Feinwürzmittel, 2 Bd. Schnittlauch, 1 Bd. Petersilie, 10 Paar geräucherte Landwürstchen.

Die Karotten schälen, mit dem Buntmesser in dünne Scheiben schneiden. Knollensellerie waschen und in dünne Streifen schneiden. Den Lauch putzen und waschen, dann in schräge, etwa 1 cm dicke Scheiben schneiden. Die Zwiebel schälen, halbieren und in Scheibchen schneiden.
Märkische Kartoffeln waschen, mit Schale kochen, dann Pellkartoffeln schälen und in kleine Würfel schneiden.
Zuerst die Speckschwarte oder mageren Speck in einem heißen Topf auslassen, dann das vorbereitete Gemüse hinzugeben. Kräftig anschwitzen lassen und mit klarer Fleischbrühe auffüllen. Bei mittlerer Hitze etwa 20 Min. kochen, würzen mit geriebener Muskatnuß und ein wenig Feinwürzmittel. Die Kartoffelwürfel beigeben und leicht durchkochen lassen.
Kurz vor dem Servieren die geräucherten Landwürstchen in Schei-

ben schneiden, in der Butterpfanne kurz anrösten und zum Abschluß gewaschene, feingewiegte Petersilie und feingeschnittenen Schnittlauch dazugeben.

Feine Sauerampfersuppe mit Röstbrotwürfeln

Reinmar Rach
Parkhotel Trebbin
Trebbin

125 g frischer Sauerampfer, 50 g Butter, 40 g Mehl, 1 l Wasser, 1 Eigelb, 4 EL Sahne, Salz, 8 EL Weißbrotwürfel, 30 g Butter.

Die Sauerampferblätter gut abspülen und mit einem großen Küchenmesser zerkleinern. Butter in einem Topf erhitzen, Sauerampfer zufügen und dünsten. Mit Mehl bestäuben, mit Wasser auffüllen, aufkochen und 10 Min. ziehen lassen. Eigelb und Sahne verquirlen und in die Suppe geben, mit wenig Salz abschmecken.
Die Weißbrotwürfel mit Butter in einer Teflon-Pfanne goldbraun anrösten und die Sauerampfersuppe damit anrichten.

Märkische Bauernsuppe

Achim Fleischmann
Gasthaus am Dachsberg
Bad Saarow

1 l Fleischbrühe, je 50 g geputzte Möhren, Sellerie und Porree, 40 g Erbsen, 1 Bd. Petersilie, 120 g Hakkepeter, 2 Eier, 1 Strich Muskat und Salz.

Das geputzte Gemüse in feine Streifen schneiden, in die köchelnde, gut gewürzte Fleischbrühe geben und etwa 2 Min. köcheln lassen. Erbsen dazugeben. Aus Hakkepeter mit einem Teelöffel kleine Klößchen abstechen und in die Brühe geben, ebenfalls 2 Min. köcheln lassen.
Die Eier mit Muskat würzen, gut durchschlagen und langsam in die köchelnde Brühe rühren.
Aufkochen, abschmecken, mit gehackter Petersilie bestreuen und servieren.

Märkische Petersiliensuppe

Carsten Pfefferlein
Hotel am Wutzsee
Lindow

1 kg Petersilienwurzeln, 0,6 l Rindfleischbrühe, 60 g Butter, 40 g Mehl, 0,2 l Sahne, 50 g Petersilie, Salz, Pfeffer und Muskat.

Die Petersilienwurzeln in Streifen schneiden und in kräftiger Rindfleischbrühe gar kochen. Aus Butter und Mehl eine helle Roux (Mehlschwitze) bereiten und damit die Suppe binden. Mit süßer Sahne vollenden und mit frisch gehackter Petersilie garnieren.
Die Suppe in tiefe Teller geben und mit frisch gehackten Kräutern bestreuen.

Wriezener Porreesuppe

Achim Fleischmann
Gasthaus am Dachsberg
Bad Saarow

200 g Porree, 1 l Brühe, 50 g Butter, 40 g Weizenmehl, 1 Eigelb, 50 g Schlagsahne, 1 Bd. Kerbel, 1 Strich Muskat, weißer Pfeffer, Salz.

Den Porree in dünne Scheiben schneiden, mit Wasser abspülen und kurz in Butter dünsten.
Weizenmehl überstäuben und durchschwitzen lassen. Mit Brühe auffüllen und etwa 5 Min. köcheln lassen. Mit Muskat, Pfeffer und Salz abschmecken.

Anrichten:
Das Eigelb mit Schlagsahne verrühren, in die Suppe geben, mit gehacktem Kerbel bestreuen und servieren.

Spreewälder Gemüsesuppe mit Meerrettich

Marcel J. Yanic
Berlin Hilton
Berlin

150 g Möhren, 100 g Sellerie, 150 g Zwiebeln, 100 g Porree, 80 g Tafelmeerrettich, 200 ml Crème double, 1 EL heller Saucenbinder, 200 ml Sahne, bunte Gemüsestreifen als Garnitur, 20 g frischer Meerrettich, 1 Schale Gartenkresse.

Aus den Gemüsen mit dem Tafelmeerrettich eine kräftige Gemüsebrühe kochen und passieren (nur mit Salzwasser ansetzen). Die Brühe mit der Crème double noch etwas einkochen und mit dem hellen Saucenbinder leicht abziehen. Vor dem Anrichten abschmecken und mit der geschlagenen Sahne aufschäumen.

Anrichten:
In die Suppenteller oder -tassen blanchierte Gemüsestreifen geben, mit der Suppe auffüllen und mit frisch geriebenem Meerettich und der Kresse garnieren.

Geeiste Gurkensuppe mit Sauerrahm, Knoblauch und Gemüsestreifen

Steffen Hau
Restaurant Goldener Hahn
Finsterwalde

3 mittelgroße grüne Gurken und 250 ml Sauerrahm, 2 Knoblauchzehen, 1 mittelgroße Möhre, 1 Stange junger Lauch, Salz und Pfeffer.

Die Möhren und den Lauch in feine Streifen schneiden und 2 bis 3 Min. in siedendem, gesalzenem Wasser kochen und in Eiswasser abschrecken.
Die geschälten Gurken und den Knoblauch fein pürieren, Sauerrahm zugeben und mit Salz und Pfeffer würzen. Die Suppe für etwa 1 Std. in den Kühlschrank stellen. Vor dem Servieren die Gemüsestreifen in die Suppe geben.

Tip:
Die Suppe auf gekühlten Tellern servieren.

Kalte Berliner Gurkensuppe aus dem Schrebergarten mit Dillspitzen

Hans-Jörg Schlenker
Preußischer Hof
Liebenwalde

200 g frische Milch, 200 g Buttermilch, 300 g Crème fraîche, 50 g Saft von Delikateßgurken, 100 g geschälte und entkernte Delikateßgurken, 1 frische Salatgurke (geschält, ohne Kerngehäuse), 1 Bd. frischer Dill, Salz, Pfeffer aus der Mühle, 1 Prise Zucker, 30 g Feinwürzmittel.

Milch, Buttermilch und Crème fraîche zusammenrühren. Eingelegte Delikateßgurken und frische Gurke schälen, Kerngehäuse entfernen und in kleine Würfelchen schneiden, mit feingeschnittenem Dill und Gurkenfond in die Milch geben.
Würzen mit Salz und Pfeffer aus der Mühle, einer Prise Zucker und 30 g Feinwürzmittel.
Als Garnitur ganze Dillspitzen verwenden.

Spreewälder Gurkensüppchen mit Zander-Tomaten-Ravioli

Stephan Niggemann
Forsthaus Paulsborn
Berlin

Ravioliteig:
50 g Mehl, 1/2 Eiweiß, 20 g Wasser, 2 g Salz, 1 TL Öl.

Füllung:
50 g Zanderfilet (angefrostet), 75 ml Sahne (gut gekühlt), Concassé von 2 Tomaten, 1 TL gehackter Dill, Salz und Pfeffer, Noilly Prat.

Suppe:
20 g Butter, 30 g Schalotten sowie 200 g grüne Gurken, 200 g Spreewälder Gewürzgurken, 400 ml Sahne, 30 ml Weißwein und 150 ml Schmant, 30 g Dill, 20 g Kerbel, Salz, Pfeffer, Zucker.

Ravioli:
Aus den Teigzutaten wie üblich einen Nudelteig zubereiten und etwas ruhenlassen.

Füllung:
Nun aus dem Zander, der Sahne, dem Noilly Prat und den Gewürzen eine Farce herstellen und Tomatenconcassé und gehackten Dill unterziehen.
Den Teig dünn ausrollen und mit Wasser bestreichen und mit der stumpfen Seite eines kleinen Ausstechers auf einer Teighälfte die Ravioli markieren, etwas von der Farce aufspritzen und die andere Teighälfte über die Füllung ziehen. Die Ravioli ausstechen und in Salzwasser mit einem Spritzer Olivenöl garen.

Suppe:
Schalotten in der Butter glasig anschwitzen, die geschälten, entkernten und in Würfel geschnittenen Gurken und Gewürzgurken zugeben, mit Weißwein ablöschen. Sahne und Schmant zugeben, die Gurken weich kochen und danach mit dem Stabmixer pürieren.
Die Suppe mit Salz, Pfeffer und Zucker abschmecken, die gehackten Kräuter und einige Gurkenjulienne zugeben.

Anrichten:
Vor dem Servieren die Suppe mit den pochierten Zander-Tomaten-Ravioli anrichten.

Märkische Grüne Suppe

Achim Fleischmann
Gasthaus am Dachsberg
Bad Saarow

1 l Fleischbrühe, 40 g Butter, 40 g Weizenmehl, 100 g frischer Spinat (evtl. Frostware), 2 Bd. Petersilie, 60 g grüne Erbsen, 50 g Schlagsahne, 1 Strich Muskat, weißer Pfeffer und Salz.

Butter im Topf schmelzen lassen, Weizenmehl dazugeben und durchschwitzen. Mit Fleischbrühe auffüllen und etwa 8 Min. köcheln lassen.
Die Spinatblätter waschen, in Streifen schneiden und mit den Erbsen zur Suppe geben, aufkochen und einige Minuten ziehen lassen.

Rezept Seite 52: Meerrettichschaumsuppe mit Havelkrebsen, Artur Bukalo, Berlin Excelsior Hotel, Berlin

Mit den Gewürzen abschmecken, flüssige Schlagsahne unterziehen, gehackte Petersilie darüberstreuen und servieren.

Meerrettichschaumsuppe mit Havelkrebsen

Bild Seite 50

Artur Bukalo
Berlin Excelsior Hotel
Berlin

400 g Havelflußkrebse, Salz, Kümmel, Wurzelgemüse, 50 g Zwiebeln, 50 g Sellerie, 50 g weißer Lauch, 30 g Butter, 0,1 l trockener Weißwein, ½ l Rinderbrühe oder Geflügelfond, ¼ l Sahne, 1 Meerrettich, Salz, Pfeffer, Lorbeerblatt.

Die Flußkrebse in kochendes Salzwasser mit etwas Kümmel und Wurzelgemüse geben und etwa 3 Min. ziehen lassen. Herausnehmen, in Eiswasser abschrekken und ausbrechen. Fleisch für Einlagen aufbewahren.
Lauch, Zwiebeln und Sellerie in kleine Stücke schneiden und in Butter andünsten. Mit Weißwein ablöschen, mit Rinderbrühe oder Geflügelfond auffüllen und 5 Min. leicht köcheln lassen, Sahne angießen, mit Lorbeerblatt, Pfeffer und Salz würzen und etwa 6 Min. reduzieren lassen.
Durch ein feines Sieb passieren, frisch geriebenen Meerrettich je nach Geschmack beigeben und nachwürzen. Etwas geschlagene Sahne dazugeben, mit dem Mixstab aufmontieren. Anschließend das Fleisch der Flußkrebse erwärmen und dann in Suppentellern anrichten.
Die Suppe einfüllen und mit Dill garnieren.

Sauerampfersuppe mit Rauchlachsstreifen

Andreas Bild
Mövenpick Schönefeld
Berlin

6 Bd. Sauerampfer (etwa 300 g), 2 Schalotten, 80 g Rauchlachs (in Scheiben), 1 EL Butter, 500 ml Gemüsefond, 125 ml Sahne, 2 Eigelb, Muskatnuß, Salz, weißer Pfeffer.

Den Sauerampfer waschen, bei großen Blättern die Blattrippen entfernen. 4 Bund Sauerampfer grob hacken, die verbliebenen in feinen Streifen schneiden. Die Schalotten pellen und in kleine Würfel schneiden. Die Rauchlachsscheiben in Streifen schneiden. Die Schalottenwürfel in der Butter glasig schwitzen, den groben Sauerampfer dazugeben und dann kurz bei geschlossenem Deckel anschwitzen.
Die Gemüsebrühe auffüllen und 10 Min. köcheln lassen, mit Salz und frisch gemahlenem Pfeffer abschmecken. Die Suppe mit dem Pürierstab pürieren, durch ein feines Sieb geben. Die Sahne mit den Eigelben verrühren und in die heiße, nicht mehr kochende Brühe geben. Mit etwas geriebener Muskatnuß parfümieren.
Die feingeschnittenen Sauerampferblätter in vorgewärmten Teller geben, die Suppe einfüllen, mit den Rauchlachsstreifen garnieren.

Fruggensuppe mit Blutwurstravioli

Manfred Heissig
Restaurant Quadriga
Hotel Brandenburger Hof
Berlin

Suppe:
500 g Steckrüben, 5 Schalotten und 2 kleine Kartoffeln, 50 g Lauch, 120 g Butter, ⅛ l Weißwein, ½ l Geflügelfond, ¼ l Crème fraîche, 50 g Petersilienstengel, Salz und Muskat, 1 Thymianzweig.

Nudelteig:
1 Ei, 1 Eigelb, 200 g Mehl, 50 g Hartweizengrieß, Salz, 1 TL Öl.

Füllung:
1 Knoblauchzehe, 1 Schalotte, 20 g Lauch, 10 g gehackter Majoran, 1 EL Butter und 150 g Blutwurst, ½ Boskop-Apfel, Salz, Pfeffer aus der Mühle.

Die kleingehackten Schalotten, den kleingeschnittenen Lauch, die gewürfelten Kartoffeln und Steckrüben in Butter anschwitzen, mit dem Weißwein ablöschen und den Geflügelfond beigeben. Die Gewürze und Kräuter zugeben und so lange köcheln lassen, bis das Gemüse gar ist. Dann mit der Crème fraîche versetzen, nochmals 5 Min. köcheln, mit dem Pürierstab mixen und durch ein Sieb passieren.

Ravioli:
Eine halbierte Knoblauchzehe durch die erhitzte Butter in der Pfanne ziehen und herausnehmen. Die gewürfelte Schalotte und den Lauch anschwitzen, die Blutwurst und den Apfel darin anrösten und mit Majoran, Salz und Pfeffer abschmecken.
Aus dem Nudelteig und der Blutwurstmasse als Füllung 2 bis 3 cm große Ravioli herstellen. Anschließend im kochenden Salzwasser mit einem Schuß Öl etwa 4 Min. garen.

Anrichten:
Die Suppe nochmals aufmixen, die geschlagene Sahne unterheben und in Suppentellern mit den Blutwurstravioli anrichten.
Vor dem Servieren fritiertes Sellerieкraut darüberstreuen.

Creme von Teltower Rübchen mit Kalbsbries-Wan-Tans

Rolf Schmidt
Restaurant First Floor
Berlin

150 g Teltower Rübchen, 1 kleine Schalotte, 20 g Butter, Salz, Muskat, 1 Prise Zucker, weißer Pfeffer aus der Mühle, 4 dl Geflügelfond, 1 dl flüssige Sahne, 1 EL geschlagene Sahne, Kerbelblättchen zur Garnitur, 16 Wan-Tan-Blätter 8 × 8 cm (Asia-Laden), 1 Eiweiß, 80 g Kalbsbries, gewässert und blanchiert, 8 Estragonblättchen, Salz, Pfeffer aus der Mühle, Mehl zum Mehlieren.

Die Teltower Rübchen waschen und schälen, dann in kleine Stükke schneiden. Die Schalotten ebenfalls schälen und in kleine Würfel schneiden, in der Hälfte der Butter (10 g) glasig dünsten, die Rübchen zufügen und würzen. Die Rübchen gut anschwitzen, mit dem Fond und der flüssigen Sahne aufgießen und 15 Min. leicht köcheln lassen. Mit dem Mixer pürieren und durch ein Sieb passieren. Die Suppe in einen Topf geben und die geschlagene Sahne unterheben.
Das Kalbsbries in kleine Röschen zupfen, mit Salz und Pfeffer würzen, in Mehl mehlieren und in der restlichen Butter kurz anbraten. Die Ränder der Teigblätter mit Eiweiß bestreichen, die Kalbsbriesröschen und Estragonblätter auf die Blätter verteilen, die Ränder gut verschließen. Die Wan Tans sollten ganz dicht sein. Die Wan Tans in Salzwasser etwa 1½ Min. kochen lassen, herausnehmen und auf die Suppenteller verteilen. Die aufgeschäumte Suppe dazugeben und mit Kerbelblättern garnieren.

Rahmsuppe von Teltower Rübchen und Werder Äpfeln mit Julienne vom Wildschweinschinken

Stephan Niggemann
Forsthaus Paulsborn
Berlin

40 g Schalotten, 20 g Butter, 300 g Äpfel (Cox' Orange), 400 g Teltower Rübchen, 50 ml trockener Weißwein und 150 ml Apfelsaft, 200 ml Kalbsbrühe, 400 ml Sahne, Zitronensaft, Salz, Pfeffer, 1 Spritzer Apfelessig, 1 Ei und 80 g Wildschweinschinken.

Schalotten in der Butter glasig dünsten, die geschälten und in etwa 1 cm große Würfel geschnittenen Äpfel und Rübchen zugeben, mit dem Weißwein und Apfelsaft ablöschen und mit der Kalbsbrühe auffüllen. Rübchen weich kochen, ¾ der Sahne zugeben und mit dem Stabmixer pürieren.
Die Suppe durch ein Sieb passieren, mit Zitronensaft, Salz, Pfeffer und einem Spritzer Apfelessig abschmecken.
Mit dem Ei und der restlichen Sahne legieren, in den Tellern anrichten und mit einer Julienne von Apfel und Wildschweinschinken garnieren.

Kürbiscremesuppe mit Rauchschinkenklößchen

Matthias Kersten
Pannonia Hotel Döllnsee
Groß Dölln

350 g Kürbisfleisch, 80 g Butter, 3 bis 4 EL Rotweinessig, 1 TL Zucker, ¾ l Gemüsebrühe, 3 EL Sahne, Salz, frisch gemahlener Pfeffer und 4 TL Kürbiskernöl, 1 EL gehackte Petersilie.

Das Kürbisfleisch in kleine Würfel schneiden. Die Butter in einem Topf schmelzen, das Kürbisfleisch darin andünsten. Mit Rotweinessig ablöschen, mit Zucker bestreuen und mit Brühe und Sahne aufgießen. Nun zugedeckt bei schwacher Hitze 20 Min. köcheln lassen.
Die Suppe mit dem Pürierstab oder im Mixer fein pürieren und mit Salz und Pfeffer würzig abschmecken.

Rauchschinkenklößchen:
50 g Weißbrot, 50 ml Milch, 5 g Butter, 1 Ei, 10 g Mehl oder Grieß, 10 g angeschwitzte Zwiebeln, 1 TL Petersilie, geriebene Muskatnuß, Salz, 20 g angeschwitzte Würfel von gekochtem Schinken.

Das Weißbrot in kleine Würfel schneiden. Die erwärmte Milch über die Brotwürfel gießen und zum Aufsaugen beiseite stellen. Das zerklopfte Ei und alle übrigen Zutaten mit dem eingeweichten Brot mischen, würzen und die Kloßmasse 25 Min. durchziehen lassen. Danach einen Probekloß kochen.
Falls der Probekloß zu weich ist, Semmelbrösel und etwas Mehl oder Grieß beigeben.
Sollte der Probekloß zu fest sein, ein wenig Milch in die Masse rühren. Mit nassen Händen Klöße abdrehen, in kochendes Salzwasser einlegen und bei leicht geöffnetem Deckel gar ziehen lassen.

Kürbissuppe

Achim Fleischmann
Gasthaus am Dachsberg
Bad Saarow

250 g Kürbis, 50 g magerer Bauchspeck, 50 g Butter, 60 g Zwiebeln,

1 l Hühnerbrühe, je 1 Prise Zucker und Salz, weißer Pfeffer, 20 g Weizenmehl, 100 g saure Sahne sowie 1 Brötchen.

Den Kürbis säubern, in Stückchen schneiden. Mageren Speck in feine Würfel schneiden und mit 30 g Butter anbraten, Zwiebelwürfel dazugeben, alles gut durchschwitzen lassen. Kürbiswürfel dazugeben und mit Zucker, Salz und weißem Pfeffer etwa 20 Min. kochen lassen.
Wenn der Kürbis weich ist, alles mit dem Rührstab zerkleinern oder durch ein Sieb streichen.
Das Weizenmehl mit saurer Sahne vermischen und unter Rühren in die kochende Kürbissuppe geben, etwa 3 Min. kochen lassen.
Die Brötchenwürfel mit der restlichen Butter anrösten und vor dem Servieren über die Kürbissuppe geben.

Lausitzer Kürbissuppe mit gerösteten Kürbiskernen

Steffen Müller
Restaurant Goldener Hahn
Finsterwalde

600 g Kürbisfleisch, 100 g Zwiebeln, 1 l Brühe, 2 Knoblauchzehen, Salz, Pfeffer, Thymian, 100 g Schmant, 50 g geschälte Kürbiskerne sowie 100 g Butter.

Zwiebeln und Knoblauch in Butter andünsten, Kürbis zugeben und gut durchdünsten. Danach mit Schmant ablöschen, die Brühe zugeben und etwa 15 Min. köcheln lassen, das Ganze pürieren und mit Salz, Pfeffer und Thymian abschmecken.
Die fertige Suppe mit gerösteten Kürbiskernen vollenden.

Birnen-Kürbiskern-Suppe mit geräucherter Entenbrust

Bild nebenstehend

Thomas Hildebrandt
Seidler art'otel
Potsdam

50 g geputzte Schalotten, 2 EL Butter, 40 g Zucker, 600 g geputzte Birnen (mit Schale), 40 geröstete grüne Kürbiskerne, 500 ml Geflügelbrühe, 1 Prise Ingwer, Pfeffer, Salz, etwas Knoblauch.

Anrichten:
100 ml Rahm, 100 g geräucherte Entenbrust, 10 g Kürbiskerne.

Die Schalotten in der Butter zusammen mit dem Zucker karamelisieren lassen. Die Birnen hinzugeben und mit dem Geflügelfond aufgießen, die restlichen Zutaten hinzugeben und alles zusammen gut durchkochen lassen und abschmecken.
Nun alles in den Mixer geben und fein pürieren, dann alles durch ein Sieb streichen, aufkochen und mit dem Rahm verfeinern. In Teller geben und mit den Kürbiskernen bestreuen. Die Entenbrust in Scheiben schneiden und auf die Suppe legen.

Birnensuppe

Achim Fleischmann
Gasthaus am Dachsberg
Bad Saarow

400 g feste Birnen, 100 g Zucker, 1 Nelke, 1 Msp. Zimt, 1 Prise Salz, 1 EL Zitronensaft, 1 l Wasser.

Für den Teig:
0,1 l Vollmilch, 60 g Weizenmehl, 1 Ei.

Die Birnen schälen, in Würfel schneiden, im Wasser mit Zucker, Nelke, Zimt, der Prise Salz und Zitronensaft aufkochen lassen.
Aus der Milch, dem Weizenmehl und Ei einen Teig herstellen und mit einem Eßlöffel in die leicht kochende Suppe geben, aufkochen lassen und dann vom Feuer nehmen.
Die Suppe kann warm oder kalt gegessen werden.

Birnen-Lauchrahm-Suppe mit Kräutercroûtons

Helfried Reichel
Parkhotel Dallgow
Dallgow-Döberitz

Suppe:
400 g Lauch (geputzt und gewaschen), 170 g Butter, 4 Birnen, 0,5 l Brühe, 0,25 l Sahne, 0,1 l geschlagene Sahne, 0,1 l Weißwein, Salz, Pfeffer (weiß), 2 Liebstöckelzweige, Knoblauch nach Geschmack.

Kräutercroûtons:
50 g Weißbrot (ohne Rinde), 50 g Butter, 2 EL gehackte Petersilie und 1 EL gehackter Kerbel.

Suppe:
Den Lauch grob schneiden. Dabei etwas zur Suppeneinlage zurückbehalten. Nun die Butter in den Topf geben, zerlassen, den Lauch hinzufügen und glasig schwitzen. Die Birnen waschen, das Kerngehäuse ausschneiden (ebenfalls etwas für die Einlage zurückbehalten) und zum Lauch dazugeben.
Mit Brühe, Sahne und Weißwein auffüllen und 20 Min. kochen lassen. Mit dem Stabmixer gut mixen und passieren. Die Suppe mit den Gewürzen abschmecken.

Rezept obenstehend: Birnen-Kürbiskern-Suppe mit geräucherter Entenbrust
Thomas Hildebrandt, Seidler art'otel, Potsdam

Kräutercroûtons:
Das Weißbrot in 0,5 cm große Würfel schneiden. In einer Pfanne die Butter zergehen lassen und die Brotwürfel hinzufügen. Bei mäßiger Hitze rösten, vom Herd nehmen und nach weiteren 10 Min. die gehackten Kräuter dazugeben.

Anrichten:
Die Suppe kurz aufmixen, geschlagene Sahne zugeben und in Suppentellern mit der in Streifen geschnittenen Lauch-Birnen-Einlage anrichten. Zum Schluß die noch warmen Kräutercroûtons darüberstreuen.

Havelländer Hirschpfeffersuppe mit Waldpilzen

Hans-Jürgen Kanthack
Restaurant Rübezahl
Hotel Müggelsee Berlin
Berlin-Köpenick

350 g Hirschblatt (ohne Knochen), 30 g Öl, 20 g Möhren, 30 g Zwiebeln, 20 g Petersilienwurzel, 30 g Sellerie mit Grün, 1 EL Tomatenmark, 1 Lorbeerblatt, 6 Wacholderbeeren, 2 Thymianzweige, Salz, Pfeffer (gestoßen), 1 Msp. Piment, 0,8 l Wildbrühe, 30 g Butter, 0,4 l kräftiger Landwein (rot), 80 g frische Pfifferlinge, 80 g frische Steinpilze, 20 g Honig, 20 g Gin und 50 g Preiselbeeren.

Das Wildfleisch in Würfel schneiden und in Öl anbraten. Das geputzte, gewaschene und kleingeschnittene Gemüse mit dem Tomatenmark dazugeben und leicht schmoren lassen, mit Rotwein und Wildbrühe ablöschen und auffüllen.
Mit Salz, gestoßenem Pfeffer und Piment würzen, mit dem Lorbeerblatt, den Thymianzweigen und Wacholderbeeren (in Mullbeutel) etwa 50 Min. köcheln lassen. In einem Topf Butter zerlassen, die frischen Pilze darin anbraten, den Honig zugeben und schmelzen lassen und die Suppe mit den Pilzen dann noch etwa 10 Min. ziehen lassen.
Vor dem Anrichten mit warmem Gin und heißen Preiselbeeren vollenden.

Pfifferlingsüppchen mit Backpflaumen

Bernd Krautz
Hotel Branitz
Cottbus

320 g Pfifferlinge, 40 g Zwiebelwürfel, 60 g Butter, 1 l Sahne, 0,3 l Weißwein, je 20 g Butter und Mehl für Mehlbutter, 60 g Backpflaumen, Salz, weißer Pfeffer.

Die Pfifferlinge und Zwiebelwürfel in Butter kurz anschwitzen. Einige kleine Pilze für die Suppeneinlage zurückbehalten. Mit Sahne auffüllen und etwa 20 Min. kochen lassen.
Inzwischen Mehl und Butter zu Mehlbutter verkneten. Die Suppe mit der Mehlbutter binden und den Fond passieren. Mit Weißwein, Salz und weißem Pfeffer abschmecken.
Backpflaumen halbieren und etwa 15 Min. in Weißwein einlegen. Kurz im Fond erwärmen und mit den ausgesuchten Pfifferlingen als Einlage verwenden.

Brotsuppe (süß und herb)

Achim Fleischmann
Gasthaus am Dachsberg
Bad Saarow

Süß:
2 Scheiben Schwarzbrot, 200 g Äpfel, 125 g Pflaumen, 1/2 Zitrone, 50 g Zucker, 1/8 l Weißwein, 20 g Butter, 1 Nelke, 1 Msp. Zimt, 1 Prise Salz, 3/4 l Wasser.

Brot und geschälte Äpfel in Würfel schneiden, Pflaumen halbieren und entsteinen. Brotwürfel mit 2/3 der Äpfel und 2/3 der Pflaumen in Wasser mit Zucker, Zitronensaft, 1 Nelke, Zimt und der Prise Salz etwa 20 Min. kochen.
Suppe mit dem Mixer pürieren (oder durch Sieb streichen), nochmals aufkochen lassen und mit Weißwein abschmecken.
Die restlichen Apfelstückchen und Pflaumenhälften kurz in Butter dünsten und in die Suppe als Einlage geben.

Herb:
4 Scheiben Schwarzbrot, 3/4 l Brühe, 50 g fetter Speck, 50 g Zwiebeln, 1/2 Knoblauchzehe, Salz und Pfeffer, 50 g Schlagsahne.

Speck- und Zwiebelwürfel anbraten, Brühe aufgießen. Brotscheiben in Würfel schneiden, in die Brühe geben. Mit Knoblauch, Salz und Pfeffer würzen und etwa 5 Min. kochen lassen.
Vom Herd nehmen, die flüssige Schlagsahne unterziehen, dann sofort servieren.

Brotsuppe mit Äpfeln und Backpflaumen

Reinmar Rach
Parkhotel Trebbin
Trebbin

300 g altbackenes Schwarzbrot, 40 g Butter, 1 gewürfelte Schalotte, 30 g Mehl, 1 EL Kümmel, 2 l Fleischbrühe, Salz, 1 Eigelb, 1/8 l Sahne, feingewürfelter Apfel (ohne Schale und Kerngehäuse), 60 g Backpflaumen, Pfeffer aus der Mühle, 1 Prise Muskatnuß.

Die gewürfelte Schalotte in der Butter goldbraun anschwitzen, mit Mehl abstäuben und das würfelig geschnittene Schwarzbrot sowie den Kümmel zusammen leicht anrösten.
Mit der Fleischbrühe auffüllen, leicht salzen und etwa 10 Min. bei mittlerer Hitze unter ständigem Umrühren köcheln lassen, bis die Suppe musig ist. Durch ein Sieb streichen, die Backpflaumen und die Apfelwürfel dazugeben und dann mit Sahne, Eigelb, Pfeffer aus der Mühle und Muskatnuß abschmecken.
Calvados-Sahne ist der I-Punkt auf dieser „Arme-Leute-Suppe".

Calvados-Sahne:
Etwas geschlagene Sahne mit etwas Calvados aromatisieren.

Schwarzbrotsuppe mit Rahm und krossem Speck

Michael Häberer
Hotel Mercure
Potsdam

500 g Mischbrot, 100 g Butter, 0,4 l Hühnerbrühe sowie 0,2 l Sahne, 200 g Speck (mager, geräuchert) 1 Bd. krause Petersilie, Salz, Muskat, weißer Pfeffer.

Altbackenes Mischbrot (aus kräftigem Sauerteig) grob würfeln und in heißer Butter leicht anbraten. Dann mit der Brühe und der Sahne auffüllen, durchkochen und mit Salz, weißem Pfeffer und Muskat kräftig abschmecken. Die Suppe dann durch ein Sieb streichen oder mit dem Pürierstab fein mixen.
Den Speck fein würfeln und kroß auslassen und beim Anrichten mit der gehackten Petersilie auf die Suppe geben.

Diese Suppe sollte deutlich nach dem Sauerteig vom Brot schmekken; sie ist sehr sättigend, also eher ein selbständiges Gericht als eine Vorsuppe.

Berliner Weißbiersuppe

Rainer Strobel
Alte Meierei
Berlin-Alt Moabit

40 g Schalotten, 40 g Butter, 200 ml Geflügelbrühe und 200 ml Sahne, 400 ml Berliner Weißbier, 4 Eiweiß, 2 Zitronen (entsaftet) sowie 20 g Zucker und etwas Salz.

Die feingeschnittenen Schalotten in Butter anschwitzen, mit der Geflügelbrühe sowie mit der Sahne auffüllen und auf die Hälfte einkochen lassen.
Das Weißbier hinzugeben, mit Salz, Zucker und etwas Zitronensaft würzen und die Suppe aufmixen. Die Eiweiße mit etwas Zukker, Salz und Zitronensaft steif schlagen, mit einem Löffel Nokken abstechen und vorsichtig in leicht kochendem Wasser ziehen lassen.
Die Suppe in vorgewärmten tiefen Tellern anrichten und mit den Eiweißbällchen garnieren.

Jüterboger Senfsuppe mit Kresseklößchen

Arno Schmädicke
Ratskeller Zehlendorf
Berlin

50 g Butter, 1½ EL Mehl, 200 g Jüterboger Senf (mittelscharf), 0,5 l Brühe, 0,5 l süße Sahne, 1½ EL körniger Rotisseur-Senf, Salz, weißer Pfeffer.

Kresseklößchen:
100 g Weißbrot (ohne Rinde), 2 Eigelb, 1 Pck. Kresse, Salz, Muskat, weißer Pfeffer.

Butter zerlassen, das Mehl mit dem Schneebesen unterrühren, mit dem Senf, der Brühe und der Sahne auffüllen und aufkochen lassen. Zum Schluß den körnigen Senf unterrühren und mit den Gewürzen abschmecken.

Kresseklößchen:
Geriebenes Weißbrot mit den Eigelben und der feingeschnittenen Kresse sowie den Gewürzen verkneten. Nun mit einem Teelöffel Klößchen abstechen und in Salzwasser gar ziehen lassen.
Die heiße Suppe in Teller verteilen und mit den Kresseklößchen servieren.

Fische, Krusten- und Schalentiere

Über das Kochen der Fische gehen die Anschauungen auseinander.
Nach meinem Dafürhalten gehören ein Steinbutt,
ein Fogas, ein Dorsch
nur in einfachem Salzwasser gekocht.

Alfred Walterspiel
(Meine Kunst in Küche und Restaurant)

Die Ansicht, daß ein edler Fisch, der frisch ist, außer etwas Salz im Kochsud, am besten Meersalz, keiner weiteren Gewürze bedarf, hat nicht nur Alfred Walterspiel vertreten. Auch der große Antonin Carême war dieser Meinung. Nichtsdestotrotz gehört die „Court Bouillon", der mit Suppengrün, Kräutern und Gewürzen aromatisierte Kochsud für Fische, zum Küchenalltag jedes besseren Kochs wie die Fleischbrühe und die Saucenfonds.

Es mag wohl daran liegen, daß nicht jeder Fisch geschmacklich von solcher Feinheit ist, daß er nur mit einigen unterstützenden Salzkörnern auskommt. Und wohl auch nicht immer von absoluter Frische.

Die größten Fischesser der Welt, die Japaner, sind ohnedies der Ansicht, daß man den Fisch, wenn er ganz frisch ist, nur roh essen sollte. Ist er nicht mehr ganz so frisch, sollte man ihn braten, und wenn er etwas älter ist, kochen. Erfreulich ist, daß Walterspiel neben dem König der Fische, dem Steinbutt, auch den Zander (Fogas) für würdig hält, nur mit Salz zubereitet zu werden.

Die Berliner Fischküche war immer schon berühmt für ihre Havelzander, und die Qualität der Havel hat sich inzwischen immerhin so weit gebessert, daß dort heute wieder Krebse gefangen werden. Wenn auch nicht in großen Mengen. Seltsam ist nur, daß sich in den letzten Jahren bei den Havelzandern eine Geschlechterverschiebung vollzogen hat. Waren es in den 70er Jahren noch 45 Prozent Weibchen und 55 Prozent Männchen, so sind heutzutage nur mehr ein Viertel der Zander männlichen Geschlechts. Experten führen diese Geschlechterverschiebung oder Verweiblichungserscheinungen auf Chemikalien wie Pflanzenschutzmittel, Holzschutzmittel und Weichmacher zurück. Vorläufig gibt es allerdings noch keine genauen wissenschaftlichen Erkenntnisse über diese nachlassende Fruchtbarkeit, die außer dem Zander auch die Plötzen in der Havel betroffen hat.

Mehr als der Zander noch ist es der Aal, der mit der Berliner Küche verbunden wird. „Aal jrün" war einst das Sonntagsvergnügen der Berliner und ist es heute wieder in den vielen Gartenlokalen der Umgebung. Das „Grüne" vom Aal kommt dabei vom begleitenden Gurkensalat, der mit einer Unmenge Dill angerichtet wird. Nicht minder populär ist „Aal in Gelee", meist mit grünem Salat. Beides, trotz des Fettgehalts des Aals, der den echten Berliner allerdings nicht stört, besonders im Sommer beliebte Gerichte. Gebackener Hecht mit Kartoffelsalat, Karpfen in Biersauce und Schleie in Dillsauce vervollständigen die Berliner und die Brandenburger Fischkarte. Wobei Barsche, Karauschen, eine Karpfenart, und Plötzen, eine nicht übermäßig geschätzte Kleinfischart, nicht vergessen werden sollten.

Einer der populärsten Fische, auch wenn er in den zahlreichen Gewässern Berlins und der Mark Brandenburg nicht vorkommt, ist seit jeher der Hering. Schneiderkarpfen wurde er einst genannt, und für die Armen der Stadt war er oft der einzige Fisch, der auf den Tisch kam. Aber auch die Reichen schätzten ihn. Als Rollmops war er das beliebteste Katerfrühstück der Berliner Nachtschwärmer.

An Popularität konnten es nur noch die Krebse mit dem Hering aufnehmen. Brandenburg hatte immer schon unter allen deutschen Ländern den größten Krebsfang, und die berühmten Oderkrebse wurden sogar bis nach Paris exportiert. Aber nicht nur Fische und Krebse aus den Gewässern Brandenburgs und der Umgebung Berlins kamen auf den Tisch, auch Schellfisch, Kabeljau und Steinbutt, ebenso wie die Seezunge, für die es bei Borchardt allein 60 Zubereitungsarten gab. Berlin und Brandenburg waren immer schon und sind auch heute wieder – wie die nachfolgenden Rezepte beweisen – ein Paradies für Fischliebhaber.

Rezept Seite 60: Havelzander in der Dillkruste mit Schmorgurken
Herbert Beltle, Altes Zollhaus, Berlin

Havelzander in der Dillkruste mit Schmorgurken

Bild Seite 58

Herbert Beltle
Altes Zollhaus
Berlin

4 Zanderfilets (je 150 g), 20 g Butter, Salz, Pfeffer und Zitrone.

Kruste:
125 g Butter, 2 Eigelb, 8 Scheiben Toastbrot, ½ Bd. Dill, 2 EL Zitronensaft, Salz und Pfeffer.

Schmorgurken:
2 Salatgurken, ½ Bd. Dill sowie 50 g Speck und 50 g Zwiebelwürfel, 100 g Sahne, 50 g geschlagene Sahne, 100 ml Fischfond, 1 EL Mehl, Tomatenwürfel, Salz und Muskat.

Die Zanderfilets mit Salz, Pfeffer und Zitronensaft würzen und in heißer Butter goldgelb braten.
Für die Kruste Butter schaumig rühren und langsam die Eigelbe zugeben. Das Toastbrot im Mixer zu Bröseln zerkleinern und zusammen mit dem feingeschnittenen Dill zur Butter geben, abschmecken und kalt stellen. Die Masse etwa 5 mm dünn ausrollen und auf die Zanderfilets verteilen. Bei starker Oberhitze den Fisch im Ofen weitere 4 bis 5 Min. goldgelb überkrusten.
Für die Schmorgurken die Gurken schälen, halbieren und mit einem Löffel die Kerne entfernen und in 5 mm dicke Halbringe schneiden. In einem Topf den Speck anbraten. Zwiebeln und Gurken hinzugeben und kurz mitrösten, mit dem Mehl bestäuben, mit dem Fischfond und der Sahne auffüllen und etwa 5 Min. köcheln lassen. Zum Schluß die Tomatenwürfel, Dill und die geschlagene Sahne unterheben. Mit Salz und Muskat abschmecken.

Teltower Morchelzander auf Spargelragout

Manfred Heissig
Restaurant Quadriga
im Hotel Brandenburger Hof
Berlin

Farce:
100 g Zanderfleisch (die Filetenden), 100 g Crème double, 1 Eiweiß, Salz, Pfeffer aus der Mühle, 3 EL geschlagene Sahne.

Zander:
500 g Zanderfilet, Salz, Saft von ½ Zitrone, 250 g frische Morcheln, 1 EL Schalottenwürfel, 4 cl Cognac, 1 EL Sojasauce (salzig).

Spargelragout:
2 EL Schalottenwürfel, 150 g kalte Butter, 8 Stangen Spargel, ¼ l Fischfond, 0,1 l Noilly Prat, 1 EL Crème fraîche, Tomatenwürfel (von 4 abgezogenen und entkernten Tomaten), 1 EL gehackter Dill.

Das gut gekühlte Zanderfleisch in Stücke schneiden, salzen und im Blitzhacker fein kuttern. Eiweiß zugeben, nach und nach die Crème double einkuttern. Mit Salz und Pfeffer abschmecken und durch ein Haarsieb streichen. Kalt stellen und anschließend die Sahne unterziehen.
Den Zander mit Salz und Zitrone würzen, auf der Hautseite kroß anbraten und auf einem Küchentuch abtropfen lassen. Zwischenzeitlich die gut gewaschenen Morcheln putzen, in etwas Butter mit den Schalotten anschwitzen, mit dem Cognac flambieren und die Sojasauce zugeben, danach in einem Sieb abtropfen lassen.
Nun die Zanderfilets auf der krossen Hautseite mit der Farce bestreichen, in diese die Morcheln drücken, so daß diese gut haften bleiben. Anschließend die Filets mit der Morchelseite nach oben in eine gebutterte Pfanne legen und zur Fertigstellung bereithalten. (12 Min. im 180 °C heißen Ofen garen.)
Nun den geschälten und in feine Scheiben geschnittenen Spargel in etwas Butter anschwitzen, den Fischfond, Noilly Prat und die Crème fraîche zugeben und zur Hälfte einkochen lassen. Sodann die kalte Butter mit dem Schneebesen einrühren, bis die Sauce emulgiert, und mit den Tomaten und dem Dill versetzen.
Mit Salz und Pfeffer abschmecken und das Ragout auf vorgewärmten Tellern anrichten. Darauf das heiße Zanderfilet legen.

Zanderschnitte nach Art der Beetzseefischer

Hans-Werner Kabelitz
Park Hotel Seehof
Brielow/Seehof

4 Zanderfilets (je 160 g) ohne Haut (aus dem Beetzsee), 1 Prise Salz, weißer Pfeffer aus der Mühle, Saft von ½ Zitrone, Mehl zum Mehlieren, 75 g Butterschmalz, 50 g Butter, 50 g Schalotten, 400 g frische Champignons, 1 EL Mehl, 50 ml Weißwein, 100 ml Sahne, Salz, 200 ml Sauce hollandaise, 30 g geriebener Käse (am besten eignet sich ein Hartkäse wie Parmesan).

Die Zanderfilets mit Salz, weißem Pfeffer und Zitrone marinieren und zur Seite stellen. 30 g Butter aufschäumen lassen und die feinwürfelig gehackten Schalotten dazugeben. Die Champignons in dünne Scheiben schneiden, zu der Schalottenbutter geben und gut dünsten. Zwischenzeitlich mit den restlichen 20 g Butter und dem 1 EL Mehl eine helle Mehlschwitze herstellen. Die gedünste-

ten Champignons mit Weißwein und Salz abschmecken, die Sahne auffüllen und mit der Mehlschwitze binden. Nochmals aufkochen.
Die marinierten Zanderfilets mit Küchenkrepp abtrocknen, in Mehl wenden und in heißem Butterschmalz von beiden Seiten goldgelb anbraten. Die so vorbereiteten Filets auf ein Backblech legen, die fertigen heißen Champignons gleichmäßig darauf verteilen, mit der Sauce hollandaise überziehen und den Reibekäse darüberstreuen. Im vorgeheizten Backofen (oder besser Grill) die Zanderfilets dann überbacken, so daß sie eine goldbraune Farbe annehmen. Vorsicht, daß der Käse nicht verbrennt und bitter wird!

Dill-Gurken-Gemüse:
600 g Salatgurken, 50 g Butterschmalz, 1 Prise Salz, 1 TL Zucker, 50 ml Weißwein, 1 Bd. Dill.

Die Salatgurken schälen, längs halbieren und mit einem Löffel die Samenkerne entfernen. Die Gurkenhälften quer in etwa fingerbreite Stücke schneiden und in erhitztem Butterschmalz dünsten, mit Salz und Zucker würzen und den Weißwein auffüllen. Die Gurkenstücke so lange dünsten, bis sie glasig werden, aber noch bißfest sind. Anschließend den feingehackten Dill unterheben.

Kartoffelauflauf:
1 kg Kartoffeln, 30 g Butter und 2 Knoblauchzehen, 250 ml Sahne, 1 Prise Salz, weißer Pfeffer.

Die Kartoffeln schälen und in dünne Scheiben schneiden. Eine feuerfeste Auflaufform mit der Butter und der durch die Knoblauchpresse gedrückten Knoblauchzehe gleichmäßig ausfetten.
Die Kartoffelscheiben in die Auflaufform legen. Die Sahne mit dem Salz und der anderen gepreßten Knoblauchzehe verrühren, über die Kartoffeln geben und bei 150 °C im Backofen etwa 90 Min. garen.
Der Kartoffelauflauf soll am Ende der Garzeit eine goldgelbe Farbe haben und eine gute Bindung mit der Sahne eingegangen sein.

Anrichten:
Für die Garnitur 4 etwa 1 cm dikke Zitronenscheiben schneiden. Die Schale am Rand mit einem Schälmesser so abschneiden, daß ein Faden entsteht, daraus einen Knoten binden. Auf die so vorbereiteten Zitronenscheiben 1 Dillzweig sowie 1 gekochten Krebsschwanz legen. Zusammen mit 1 Salatblatt an den oberen Tellerrand legen, die fertige Zanderschnitte in die Mitte der Teller plazieren und mit dem Dill-Gurken-Gemüse und ausgestochenem Kartoffelauflauf komplettieren.

Zander in der Champagner-Kraut-Kruste

Johannes King
Restaurant Grand Slam
Berlin

500 g Weißkohl, 50 g Zucker und 20 g Salz, 50 g Butter, 80 g Crème fraîche sowie 100 g Champagner, 1 cl Champagneressig, 1 Blatt Minze, Salz, Pfeffer sowie 4 Zanderfilets (mit Haut) von je 100 g und 100 g Briochewürfel sowie etwas Mehl zum Mehlieren.

Den Weißkohl, fein geschnitten, mit Butter und Zucker glasig schwitzen und mit Champagner ablöschen. Crème fraîche dazugeben und etwa 20 Min. köcheln lassen. Abschmecken mit feingehackter Minze, Salz, Pfeffer und evtl. etwas Champagneressig.
Den Zander würzen, auf der Hautseite leicht mehlieren und knusprig braten. Das cremige Champagnerkraut etwa 1 cm dick darauf geben, mit entrindeten feinen Briochewürfeln bestreuen und unter dem Salamander kurz überbacken.
Kann zum Beispiel mit Blattsalat oder auf karamelisierten Karotten mit einer Champagnersauce serviert werden.

Zander-Sauerkraut-Strudel mit Portweinbutter

Markus Semmler
Schloßhotel Cecilienhof
Potsdam

Strudelteig:
450 g Mehl, 55 g Olivenöl sowie 250 g Wasser und 10 g Salz.

Strudelfüllung:
500 g Zander, 250 g Sauerkraut, 1 Zitrone, Butter zum Bestreichen sowie etwas Salz.

Sauce:
100 g Schalotten, etwas Olivenöl, 0,2 l Fischfond, 0,2 l Portwein (rot), 80 g Butter (kalt), Salz und Pfeffer.

Strudel:
Die Zutaten für den Strudel verkneten und etwa 1 Std. bei Zimmertemperatur ruhenlassen. Auf einer bemehlten Arbeitsfläche den Teig in 4 etwa 14 × 20 cm große Rechtecke dünn ausrollen. Die Teigstücke dünn mit Sauerkraut belegen, das in Scheiben geschnittene und mit Zitrone und Salz marinierte Zanderfilet auflegen und fein aufrollen.
Die Strudel mit Butter bestreichen und im Ofen bei etwa 200 °C 20 Min. garen. Die Strudel müssen während des Garvorganges mehrmals mit der Butter bestrichen werden.

Als Beilage reicht man Gemüse der Saison, wie Zuckerschoten, Frühlingslauch usw.

Sauce:
Die Schalotten in Würfel schneiden, in Olivenöl anschwitzen, mit Fischfond auffüllen und einkochen. Das Ganze mit Portwein auffüllen, erneut reduzieren, mit Sahne auffüllen und nochmals reduzieren. Alles mit dem Stab mixen, pürieren und die kalte Butter einarbeiten. Mit Salz und Pfeffer würzen.

Buletten vom Havelzander mit Blattsalaten

Artur Bukalo
Berlin Excelsior Hotel
Berlin

300 g frisches Zanderfilet (ohne Haut und Gräten), 50 g Schalotten, 70 g Salatgurke (ohne Schale und Kerne), 1 EL Schnittlauch (feingeschnitten), verschiedene Blattsalate je nach Saison, 0,3 l Sherry-Vinaigrette, 1 Zitrone, Salz, Pfeffer und Koriander.

Zanderfilet fein hacken und in eine Schüssel geben. Schalotten und Salatgurke in feine Würfel schneiden und dazugeben.
Mit Salz, Pfeffer, etwas Zitronensaft und Koriander würzen, den Schnittlauch dazugeben und verrühren. 8 Buletten formen und von beiden Seiten, am besten in einer Teflonpfanne, kurz anbraten.

Anrichten:
Die bunten Blattsalate mit der Sherry-Vinaigrette anmachen, auf die Teller verteilen und kurz vor dem Servieren je 2 lauwarme Zanderbuletten dazugeben.

Getrüffelte Weißwurst vom Havelzander mit Püree von 7 Kräutern

Markus Semmler
Schloßhotel Cecilienhof
Potsdam

500 g Zanderfilet, 250 g Sahne, Saft von 1/2 Zitrone, 2 Eiweiß, Salz, 4 Eiswürfel, 20 g Trüffel, 1 m Darm.

Kochfond:
200 g Schalotten, 0,2 l Weißwein, 1 Schuß Essig, 1 l Wasser,

Püree von 7 Kräutern:
50 g Blattspinat, 20 g Estragon, 10 g Salbei, 20 g Kerbel, 10 g Thymian, 5 g Rosmarin, 20 g Basilikum, 20 g Koriander, 0,1 l Olivenöl, Salz, Pfeffer.

Für die Farce das Zanderfilet grob würfeln, mit Zitrone und Salz marinieren, mit Eiswürfeln kuttern und nach und nach die Sahne und Eiweiße zugeben, durch ein feines Sieb streichen und den feingehackten Trüffel unterheben.
Die Farce mit einem Spritzbeutel mit Lochtülle in den gewässerten Darm füllen und kleine Würstchen abdrehen.

Kochfond:
Die in feine Scheiben geschnittenen Schalotten in Olivenöl anschwitzen und mit Weißwein, Essig und Wasser auffüllen, Salz und Pfefferkörner zugeben und durchkochen. Die Würstchen im Fond bei etwa 80 °C 5 Min. garen.

Püree von 7 Kräutern:
Die gezupften Kräuter und den Blattspinat mit kochendem Wasser übergießen, danach sofort ins Eiswasser legen. Im Kutter die abgetropften Kräuter fein mixen, das Olivenöl zugeben und mit Salz und Pfeffer abschmecken.

Zanderfilet in rosa Pfeffer

Gerhard Braun
Französischer Hof
Berlin

4 Zanderfilets (je 200 bis 250 g), 2 EL Zitronensaft, 1 EL Worcestersauce, 50 ml Weißwein, 1/2 Bd. Dill, 4 EL rosa Pfeffer, 80 g Mehl sowie 100 g Butter.

Die Zanderfilets schuppen oder häuten und in einer Marinade aus Zitronensaft, Worcestersauce, Weißwein, Dill, Salz und Pfeffer 10 Min. ziehen lassen. Dann in dem Mehl wenden und leicht andrücken. Die Butter in der Pfanne zerlaufen lassen und bei mittlerer Hitze die Filets, zuerst auf der Innenseite und, nach einmal Wenden, auf der Hautseite langsam braten. Den Fisch vorsichtig aus der Pfanne heben und auf Tellern warm stellen. Den rosa Pfeffer in der braunen Butter anbraten und über den Zander geben.
Am besten mit Kräuterkartoffeln und Blattsalaten in Himbeerdressing servieren.

Saiblingsfilet im Strudelblatt auf Gewürztraminerschaum

Johannes Schubert
Kempinski Hotel Bristol Berlin
Berlin

700 g Saiblingsfilet, 250 g Strudelteigblätter, 1 Becher Crème fraîche, 1 TL gehackter Estragon, 1 TL gehackter Basilikum und 1 TL feingeschnittener Dill, 1 TL feingehackte Petersilie, Muskatnuß, 1/4 l Schlagsahne, 50 g Semmelwürfel, 1/8 l Gewürztraminer, 1 große Schalotte

Rezept Seite 69: Wallerragout mit Flußkrebsen und Leipziger Allerlei
Franz Raneburger, Bamberger Reiter, Berlin

(gewürfelt), 100 g Butter, Salz, 1 Ei, 1/4 l Fischfond.

Bei den Saiblingsfilets die feinen Gräten mit Hilfe einer Pinzette entfernen. Die Semmelwürfel in wenig Schlagsahne einweichen, die Kräuter, Crème fraîche, 200 g Saiblingsfilet, geriebene Muskatnuß, Salz, Pfeffer und die Semmelwürfel im Mixer pürieren. Ein wenig Schlagsahne steif schlagen und vorsichtig unter die Masse ziehen.
Die Strudelblätter auf ein bemehltes Tuch legen, mit der Kräuterfarce bestreichen, die restlichen Saiblingsfilets der Länge nach auf die Farce legen, mit Farce bedekken. Den Strudel nun vorsichtig einrollen, die Strudelenden verschließen, auf ein gefettetes Backblech legen, mit Ei bestreichen und bei 180 °C etwa 15 Min. bakken. Inzwischen die Schalottenwürfel in etwas Butter anschwitzen, mit dem Gewürztraminer auffüllen, etwas einkochen lassen, den Fischfond zugeben und alles auf ein Drittel einkochen lassen.
Vor dem Anrichten etwas geschlagene Sahne und Butter mit dem Mixstab in die Sauce einmengen.

Hausgebeizte Lachsforelle mit märkischem Kartoffelsalat

Antje Ljunggren
Alte Försterei
Kloster Zinna

Lachsforelle:
1 Lachsforelle von etwa 1,5 kg, 2 EL Zucker, 2 EL Salz, 10 Pfefferkörner, 10 Senfkörner, 10 Wacholderbeeren, 5 Lorbeerblätter, 3 Dillzweige.

Die enthäuteten Lachsforellenfilets beizen. Dazu die Forelle mit einem Gemisch aus Zucker, Salz, zerstoßenem Pfeffer, Senfkörnern, Wacholderbeeren und den Lorbeerblättern bestreuen. Den Dill dazulegen und die mit Folie abgedeckte, mit Gewichten beschwerte Forelle 3 bis 4 Tage ziehen lassen.

Kartoffelsalat:
0,5 kg Kartoffeln, 100 g Möhrenwürfel, 40 g Tomatenfleischwürfel, 2 hartgekochte Eier, 1/8 l Fleischbrühe, 40 g Zwiebelwürfel, 60 g Gurkenwürfel, Salz, Pfeffer, Zucker, Essig und Öl.

Die bißfest gekochten Kartoffeln würfeln, mit den Möhrenwürfeln, Tomatenwürfeln und dem gewürfelten Ei vermengen. Einen Sud aus Fleischbrühe, Zwiebel- und Gurkenwürfeln kochen. Kräftig mit Salz, Pfeffer, Essig, Zucker und etwas Öl abschmecken und den Sud bei etwa 50 °C über den vorbereiteten Salat gießen. Den Salat mit gehacktem Schnittlauch und Dill vollenden und noch 1 bis 2 Std. ruhenlassen.

Anrichten:
Auf einem Salatblatt den Kartoffelsalat neben der in Streifen geschnittenen Lachsforelle gefällig anrichten.

Mit Pfifferlingen gefülltes Forellenfilet im Netz auf Sauce von heimischem Schwarzbier

Arno Schmädicke
Ratskeller Zehlendorf
Berlin

2 küchenfertige Forellen, 400 g Pfifferlinge, 100 g Zwiebeln, 100 g Butter, Salz, Pfeffer, 1/2 Bd. Petersilie, 200 g Schweinenetz (gut gewässert), 100 g Öl.

Schwarzbiersauce:
200 g Möhren, 200 g Sellerie, 200 g Porree, 50 g Butter, Salz, Pfeffer, 1 EL Zucker, 4 EL Essig, 1/8 l Neuzeller Schwarzbier, 1/8 l Fischfond.

Die Forellen filetieren. Die geputzten Pfifferlinge und die gewürfelten Zwiebeln in Butter anschwenken und würzen, danach die gehackte Petersilie zugeben.
Das Schweinenetz in 4 Teile zurechtschneiden, je 1 Forellenfilet auflegen, würzen und mit den Pfifferlingen belegen, das Forellenfilet einwickeln und im Ofen in Öl braten.

Schwarzbiersauce:
Gemüse in feine Streifen schneiden und kurz in Butter dünsten, würzen und beiseite stellen.
Zucker karamelisieren lassen und mit Essig ablöschen. Fischfond und Neuzeller Schwarzbier zugeben, etwas einkochen lassen und würzen. Zuletzt das Gemüse zugeben und mit dem Forellenfilet anrichten.
Dazu passen ausgezeichnet märkische Kartoffeln.

Lachsforelle Zippelförder Art, gefüllt mit Hecht-Kräuter-Farce, Kartoffelschnee, Feldsalat in Tomatenvinaigrette

Carsten Pfefferlein
Hotel am Wutzsee
Lindow

300 g Lachsforellenfilet und 300 g Hechtfilet, 0,1 l Weißwein, 1 Zitrone, 1 Bd. Dill, 0,1 l Sahne, 50 g Eiweiß, 1 Bd. Petersilie, 0,4 l Fischfond, 150 g Blattspinat, 40 g Butter, 30 g Mehl, Salz, Pfeffer, 150 g Feld-

salat, 80 ml Öl, 40 ml Weinessig, 100 g Tomaten, 800 g Kartoffeln (geschält).

Lachsforelle und Hecht filetieren und in Weißwein, Zitrone und Dill einlegen. Von den Fischkarkassen eine leichte Brühe zubereiten. Diese wird später leicht gebunden und als Sauce gereicht. Kartoffeln schälen und gar kochen, durch ein Sieb streichen, feine Butterflocken auflegen und als Kartoffelschnee verarbeiten.
Den Blattspinat säubern und vom Stiel befreien, kurz blanchieren und im Eiswasser abschrecken. Die marinierte Lachsforelle nun gleichmäßig aufschneiden und etwas plattieren. Vom angefrosteten Hechtfilet, Sahne, Eiweiß und den Kräutern eine Farce bereiten. Die Lachsforelle mit den Spinatblättern belegen und die Hecht-Kräuter-Farce gleichmäßig aufstreichen. Nun fest zusammenrollen, in Folie wickeln und im Wasserbad gar ziehen lassen. Von enthäuteten und entkernten Tomaten Würfel schneiden, dem Wein-Öl-Dressing beigeben und etwas süßsäuerlich abschmecken.
Zum Servieren die Lachsforellenroulade in Scheiben schneiden und mit dem Kartoffelschnee anrichten. Etwas von der Sauce angießen. Den Feldsalat separat dazu reichen.

Angeräuchertes Forellenfilet, gedünstet, in Weißwein-Meerrettich-Sauce

Reinmar Rach
Parkhotel Trebbin
Trebbin

8 Forellenfilets mit Haut, Salz, etwas Dill, 1/4 l Milch, 1/8 l Weißwein, 1/8 l Fleischbrühe, 3 EL Butter, 3 EL Mehl, Salz, Pfeffer aus der Mühle, etwa 20 g frischer und feingeriebener Meerrettich, Zitronensaft, Zucker.

Wenn man im Besitz eines elektrischen Räuchergerätes ist, ist es einfach.
Man kann sich jedoch auch mit einem gußeisernen Dämpftopf behelfen. Den leeren Dämpfuntertopf auf dem Herd stark erhitzen. Danach den Boden 5 mm dick mit Räuchersägemehl bestreuen und so lange auf dem heißen Ofen stehenlassen, bis es zu glimmen beginnt.
Die Forellenfilets werden nebeneinander und mit der Haut nach unten im Dämpfeinsatz eingesetzt. Den Topf zudecken und ihn bei geöffnetem Fenster auf die Fensterbank stellen. Die Filets etwa 3 Min. räuchern lassen. Diese Arbeit sollte einige Stunden vor der Zubereitung des Gerichtes ausgeführt werden.
Den Dämpftopf reinigen und danach mit Salzwasser zum Kochen aufstellen, den Einsatz mit den Räucherfilets auf den Untertopf setzen, salzen, den Deckel darauf geben und die Filets 2 bis 3 Min. garen lassen.
Danach die Haut von den Filets abziehen, diese auf der Sauce anrichten und mit Dillspitzen ausgarnieren.
Die Milch mit dem Wein und der Brühe mischen. Die Butter bei milder Hitze in einem Topf schmelzen lassen und unter ständigem Rühren das Mehl einstäuben. Das Mehl etwa 2 Min. in der Butter anrösten und dann nach und nach mit der Milch-Wein-Mischung ablöschen.
Die Sauce unter Rühren cremig werden lassen, den geriebenen Meerrettich unterziehen und mit Salz, Pfeffer, Zitronensaft und ein wenig Zucker abschmecken.

Forellenschleife und Jakobsmuschel in Rieslingsauce mit Safranreis

Antje Ljunggren
Alte Försterei
Kloster Zinna

Forellenschleife
und Jakobsmuschel:
2 Forellen von je 800 g, 8 Jakobsmuscheln, 80 g Butter, 1,3 l Weißwein, 2 Zitronen, Worcestersauce.

Garnitur:
4 Dillzweige und Zitronenecken.

Die enthäuteten Forellenfilets am breiten Filetende einschneiden und dann die Forellenfiletspitzen durchziehen (Forellenschleife).
Die Forellenschleife und Jakobsmuscheln mit der Marinade, bestehend aus Weißwein, Zitrone, Worcestersauce, beträufeln und auf einem gebutterten Backblech 15 Min. im vorgeheizten Ofen bei 180 °C garen.

Safranreis:
250 g Langkornreis, 40 g Butter, 60 g Zwiebelwürfel, 0,4 l Rinderbrühe, 1 Spickzwiebel, 8 g Safran.

Die Zwiebelwürfel in Butter anschwitzen, den gewaschenen Reis zugeben und die mit Safran vermischte abgeschmeckte Brühe aufgießen. Gespickte Zwiebel einlegen und abgedeckt gar ziehen.

Sauce:
25 g Butter, 40 g Mehl, 0,5 l Fischbrühe, 80 ml Riesling, 80 ml Sahne.

Mehlschwitze mit Fischbrühe aufgießen, mit Weißwein, Salz, Pfeffer und Zitrone abschmecken und mit der Sahne abziehen.

Anrichten:
Den Safranreis in Förmchen füllen und stürzen. Die Forellenschleife und Jakobsmuscheln ver-

setzt auf die Teller legen, mit der Rieslingsauce nappieren und zum Schluß mit Zitronenecke und Dill ausgarnieren.

Müritzer Wildbarsch im Speckmantel auf Safran-Tomaten-Risotto und Thymianbutter

Detlev Hohl

Wildbarsch:
10 Wildbarschfilets (je 80 g) mit Haut, ohne Gräten, 8 dünne Scheiben durchwachsener Speck, 1 dl flüssige Sahne, 1/4 TL Anisschnaps, 1 EL gehackter Kerbel, Thymian, Estragon und Petersilie.

Risotto:
150 g Arborio-Reis, 1 sehr fein gehackte Schalotte, 1 Msp. Knoblauch, 2 EL Olivenöl, 1/2 Lorbeerblatt, 200 g gewürfeltes Tomatenfleisch, 2 g Safran, 5 cl trockener Weißwein, 5 cl Noilly Prat, 2,5 dl Geflügelbrühe, 1 dl trockener Sekt, 50 g kalte Butter, 4 Basilikumblätter, 50 g Schlagsahne.

Sauce:
32 Coque-Muscheln, 1 dl Weißwein, 1 dl Noilly Prat, 1 Schalotte, 20 g Lauch, 20 g Staudensellerie, 2 Thymianzweige, 100 g Butter, 2 EL flüssige Sahne, 1/4 TL Kirschwasser.

2 Barschfilets ohne Haut in kleine Würfel schneiden, Sahne, Anisschnaps, Salz, Pfeffer dazugeben, 1 Std. in den Tiefkühler stellen. In einer Küchenmaschine mixen, bis eine glatte, homogene Masse entstanden ist, dann 1 EL Kräuter dazugeben.
Die Innenseite von 4 Filets mit der Farce besteichen, mit den restlichen 4 Filets abdecken, leicht salzen, pfeffern. Jeweils mit 2 Scheiben Speck umwickeln und kalt stellen.
Die Tomatenfleischwürfel mit Safran vorsichtig vermengen, leicht salzen und 2 Std. ziehen lassen. Olivenöl schwach erhitzen, Reis dazugeben und glasig schwenken, Schalotte, Knoblauch und das Lorbeerblatt hinzufügen, salzen und pfeffern. Mit Wein und Noilly Prat ablöschen, mit Brühe aufgießen, Deckel darauf geben und 9 Min. im Ofen garen (Reis soll noch sehr fest im Biß sein). Auf ein Blech abschütten und auskühlen lassen.
Zum Fertigstellen kurz vor dem Anrichten den Risotto zurück in den Topf geben. Das Lorbeerblatt herausnehmen, Sekt dazugießen, fertigkochen auf leichten Biß und mit der Butter aufmontieren. Safrantomaten und Basilikumstreifen zugeben und mit Salz und Pfeffer abschmecken. Die Schlagsahne im allerletzten Moment unterheben.
Muscheln mehrmals sehr gut waschen, dabei mit einem Holzlöffel kräftig durchrühren, um den Sand herauszuwaschen. Kleingeschnittene Schalotte, Lauch und Sellerie in wenig Butter anschwenken, Muscheln dazugeben, Wein und Noilly Prat angießen, mit geschlossenem Deckel kurz kochen, sobald sich die Muscheln öffnen, abschütten. Muschelfond auffangen. Die Muscheln ausbrechen, Fond aufkochen und mit Butter aufmontieren. Flüssige Sahne dazugeben, dann abschmecken mit Kirschwasser, gehackter Petersilie, Pfeffer, Salz und Thymian.
Den Wildbarsch mit Olivenöl im Ofen auf jeder Seite 3 Min. braten.

Anrichten:
Risotto als Sockel in die Mitte der Teller setzen, den Wildbarsch darauf legen, Muscheln und Sauce außenrum anrichten. Mit Thymiansträußchen garnieren.

Flußbarsch in Petersiliensauce

Jürgen Zastrow
Zum Fliegenden Holländer
Potsdam

4 Barschfilets (je 180 g), 0,5 l Fischfond, 4 Bd. Petersilienwurzeln und 4 Schalotten und 1 glatte Petersilie, Salz, Pfeffer aus der Mühle, 2 Eigelb, 4 EL flüssige Sahne, 100 g Butter und Öl zum Braten.

Für die Sauce die Schalotten in Butter anschwitzen, die geputzten und in Stücke geschnittenen Petersilienwurzeln dazugeben und mit Fischfond auffüllen. Etwa 15 Min. weich kochen lassen und die Sauce durch ein Sieb streichen. Kurz vor dem Anrichten die Sauce mit Salz und Pfeffer nachschmecken, mit Ei und Sahne legieren und die frisch gehackte Petersilie unterheben.
Die Barschfilets auf der Hautseite einritzen und in Öl auf der Hautseite kroß braten. Die Filets wenden und mit etwas Butter kurz braten. Die Filets auf etwas Sauce anrichten, den Rest Sauce extra reichen.
Dazu paßt sehr gut Reis.

Wildbarschfilet, mit Kräutern gebraten, auf Linsenkeimlingen

Ewald Weiss
Restaurant Am Fasanenplatz
Berlin

100 g Linsen, 4 Wildbarsche, 0,2 l Fischfond, 2 TL gehackte Kräuter (Sauerampfer, Kerbel, Dill, Petersilie), Salz, Pfeffer, 3 EL Olivenöl, 0,1 l Gemüsefond und 1 Thymianzweig, 50 g Butter, 1 EL Weißweinessig, 2 Tomaten (geschält und ge-

Rezept Seite 71: Gespickter Bierkarpfen, Manfred Heissig, Restaurant Quadriga im Hotel Brandenburger Hof, Berlin

würfelt), Würfel von 150 g Staudensellerie und Schalotte sowie 1 Knoblauchzehe.

Die Linsen 3 bis 4 Tage keimen lassen. Jeden Tag abwaschen. Die Barsche schuppen, ausnehmen, filetieren und die Gräten mit einer Pinzette auszupfen. Die Fischfilets salzen, pfeffern, leicht mehlieren und in Olivenöl zusammen mit den Kräutern anbraten. Mit dem Fischfond ablöschen und 10 Min. bei 220 °C in den Ofen schieben.
In der Zwischenzeit die kleingeschnittene Schalotte, Knoblauchzehe und Staudensellerie in Butter anschwitzen, die Linsenkeimlinge und den Thymianzweig dazugeben, mit Essig ablöschen und mit dem Gemüsefond auffüllen. Dann abschmecken und noch 5 Min. köcheln lassen.
Die Linsenkeimlinge auf Tellern anrichten, die Fischfilets darauf setzen und mit der Kräutersauce übergießen.

Schleie in Dillsauce

Achim Fleischmann
Gasthaus am Dachsberg
Bad Saarow

4 Schleien (je etwa 300 g), 1 Bd. Suppengrün, 50 g Zwiebeln, Essig, 2 Pimentkörner, 3 Pfefferkörner, 1 kleines Lorbeerblatt, Salz.

Für die Sauce:
50 g Butter, 40 g Weizenmehl, 50 g Schlagsahne, 1 Bd. Dill, 1 TL Zitronensaft.

Die Schleien ausnehmen, säubern, in reichlich kochendem Wasser mit Suppengrün, Zwiebeln, Essig, Salz, Gewürzen und den Dillstengeln etwa 3 Min. kochen und 10 Min. ziehen lassen.
Für die Sauce Butter zerlassen, das Weizenmehl dazugeben, gut durchschwitzen, ohne Farbe nehmen zu lassen. Mit ½ l Fischsud auffüllen, 5 Min. köcheln lassen. Abschmecken mit Zitronensaft.
Vom Herd nehmen, die flüssige Schlagsahne und den gehackten Dill unterziehen. Die Sauce über die gekochten Schleien geben.
Als Beilage Kartoffeln reichen.

Havelwels auf Biersauce mit gebackenem Gemüsestroh und Petersilienkartoffeln

Peter Friedrich
ARGE der Köche Berlin
und Brandenburg im VKD
Berlin

600 g Welsfilet (mit Haut), 60 g Butterschmalz.

Gemüsestroh:
je 120 g feingeschnittene Möhren, Porree, Sellerie, etwas Fritierfett.

Bierschaumsauce:
0,1 l Fischfond, 0,1 l Bier, 5 cl Weißwein, 2 Eigelb, 50 g geschlagene Sahne, 20 g Salzbutter, Gewürze (Ingwerpulver, Salz, Pfeffer), 1 Prise Zucker, Nelke (gemahlen) und etwas Zitronensaft.

Das Welsfilet portionieren, mit Zitronensaft, Pfeffer und Salz würzen, in Mehl wenden und in Butterschmalz braten. Das feingeschnittene Gemüse in der Friteuse zu Stroh ausbacken, auf Küchenkrepp abtropfen lassen und warm stellen.
Zwischenzeitlich die Bierschaumsauce herstellen. Hierzu den Fischfond, Bier und den Weißwein auf ⅔ reduzieren. In einer Kasserolle die Eigelbe mit dem Ingwer warm aufschlagen, den reduzierten Fond dazugeben und bis zur Bindung weiter aufschlagen. Die kalte Butter flöckchenweise unterschlagen und mit den Gewürzen abschmecken. Zum Schluß die geschlagene Sahne unterheben und nochmals auf etwa 40 bis 50 °C erhitzen.
Zum Anrichten die Sauce zu einem Spiegel auf die Teller gießen, das gebratene Havelwelsfilet mit der Haut nach oben auf die Sauce setzen, das leicht gesalzene Gemüsestroh darauf geben und die Petersilienkartoffeln anlegen.

Welsfilet in Biersauce mit Linsengemüse und Petersilienkartoffeln

Andreas Fischer
Hotel Mondial
Berlin

600 g Welsfilet, 100 g Mehl zum Mehlieren, ½ l Fischfond, ½ l helles Bier (nicht zu bitter), 1 Zitrone, 2 EL Crème fraîche, 160 g rosa Linsen (einweichen), 1 EL Öl, 50 g Selleriewürfel, 50 g Karottenwürfel, 50 g Lauchwürfel (alle Würfel sehr fein geschnitten), 150 g Butter, 1 Bd. gehackte Glattpetersilie (4 Zweige zum Garnieren zurückbehalten), 16 tournierte (in Form gebrachte) Kartoffeln (Form nach Wunsch), Salz und Pfeffer.

Die Gemüsewürfel anschwitzen, die abgetropften Linsen hinzugeben und mit ¼ l Fischfond und evtl. etwas Einweichflüssigkeit und wenig Salz gar kochen (etwa 10 bis 15 Min.). Die Kartoffeln in Salzwasser garen. Welsfilets portionieren, mit Zitronensaft beträufeln, salzen und mehlieren. Gut abklopfen. Den Fisch auf beiden Seiten leicht anbraten und mit Bier und ¼ l Fischfond ablöschen.

Den Wels etwa 15 Min. gar ziehen lassen. (Nicht kochen!)
Die Filets herausnehmen und warm stellen. Den Sud bei starker Hitze auf etwa 1/3 einkochen lassen. Crème fraîche hinzugeben und nochmals etwa 1 bis 2 Min. leicht kochen lassen.
In der Zwischenzeit die Linsen abgießen, dann 50 g Butter hinzufügen (falls nötig, nachwürzen) und mit 2 EL gehackter Petersilie vermengen.

Anrichten:
Kartoffeln abschütten, in 100 g Butter und restlicher Petersilie schwenken und anrichten. Die Linsen dazwischengeben. Vor die Gemüse einen Saucenspiegel gießen und den Wels darauf anrichten und mit den Petersilienzweigen vollenden.

Asiatisch gedämpftes Welsfilet auf Senfrahm mit buntem Reis

Thomas Hildebrandt
Seidler art'otel
Potsdam

800 g frisches Welsfilet (ohne Haut), 60 g feine Karottenstreifen, 20 g feine Selleriestreifen, 40 g Bambus in Streifen, etwas gemahlener Ingwer, 1 EL Sojasauce, 1 Bd. frischer Koriander, Salz und Pfeffer.

Senfrahm:
300 ml Fischfond, 2 EL Pommery-Senf, 40 g geschlagene Sahne.

Reis:
100 g Wildreis, 100 g roter Reis, 100 g Basmatireis.

Dampftopf:
2 l Salzwasser, 1 Ingwerknolle und etwas Salz.

Den Wels in 8 Stücke schneiden. Die rohen Gemüse mischen und in einen Bambuskorb geben, mit Salz, Pfeffer und Ingwer würzen. Nun den Fisch mit Salz und Zitrone würzen und auf das Gemüse legen, dann mit dem frischen Koriander bestreuen. Das Salzwasser mit der Knolle frischer Ingwer in einem Topf, der der Größe des Bambuskorbes entspricht, zum Kochen bringen und den Korb mit Deckel darauf setzen und das Ganze etwa 10 Min. dämpfen.
Den Fischfond mit dem Senf auf 1/3 einkochen und mit der Sahne verfeinern. Den Wels mit dem Gemüse auf der Sauce anrichten.
Den Wildreis etwa 1/2 bis 3/4 Std. kochen, bis er aufgesprungen ist. Den roten Reis nun etwa 20 bis 30 Min. kochen und den Basmatireis etwa 15 Min. Nach dem Kochen alle Reissorten vermischen und in einer Pfanne mit frischer Butter anschwenken.

Wels, gebraten

Achim Fleischmann
Gasthaus am Dachsberg
Bad Saarow

600 g Welsfilet, 60 g Weizenmehl, 120 g Butter, 1 EL Zitronensaft, 1 TL Senf, 1 Bd. Petersilie, Salz, weißer Pfeffer.

Welsfilet in Stücke schneiden (etwa 4 Stück pro Person). Mit Zitronensaft, Salz und weißem Pfeffer marinieren, in Weizenmehl wälzen und langsam in heißer Butter braten.
Die gebratenen Welsfilets auf warmen Tellern anrichten. Zu dem Bratensatz 1 TL Senf geben, gut durchrühren und über die gebratenen Fischstücke gießen.
Vor dem Servieren mit gehackter Petersilie bestreuen.

Wallerragout mit Flußkrebsen und Leipziger Allerlei

Bild Seite 62

Franz Raneburger
Bamberger Reiter
Berlin

1 Waller von etwa 1,5 kg, 2 Flußkrebse.

Garsud:
1/2 l Weißwein (trocken) und 2 EL Estragonessig, je 20 g Lauch, Staudensellerie, Karotten, 1/2 l Wasser, Salz, weißer Pfeffer, Lorbeeren, 2 Nelken.

Sauce:
3 Schalotten und etwas Butter (zum Erwärmen der Krebse), Dill, 1/8 l Noilly Prat, 1/4 l Weißwein, 1 EL Sahne, Limonensaft, 50 g Butter und 50 g Crème double, 1 EL Sahne.

Zubereitung:
Den frischen Waller über Nacht in Eiswasser legen. Waller filetieren und portionieren. Den Sud 15 Min. ziehen lassen. Fischstücke in den Sud legen, 5 bis 6 Min. ziehen lassen.

Sauce:
1/4 l Weißwein und 1/8 l Noilly Prat mit 3 gehackten Schalotten und 1/2 l Garfond (auf die Hälfte reduziert) nochmals auf 1/3 einkochen, mit 50 g Butter und 50 g Crème double montieren, aufkochen lassen und mit Limonensaft und 1 EL geschlagener Sahne mixen.
Die Flußkrebse in kochendem Wasser abtöten, aufbrechen und kurz vor dem Anrichten mit etwas Butter und gehacktem Dill erwärmen.

Leipziger Allerlei:
5 Frühlingskarotten, 100 g Erbsen, 100 g Morcheln, 1 Kopf Blumenkohl, 50 g Zuckerschoten, 50 g But-

ter, 125 ml Geflügelfond, 1 Bd. Kerbel, Salz, Pfeffer.

Das Gemüse putzen, außer den Morcheln kurz blanchieren und im Eiswasser abkühlen. Mit etwas Butter und Geflügelfond erwärmen, mit gehacktem Kerbel, Salz und Pfeffer abschmecken. Auf einem vorgewärmten Teller das Gemüse anrichten. Die Wallerstückchen und die Flußkrebse darauf setzen und mit der aufgeschäumten Sauce übergießen. Anschließend mit Kerbel, Dill und Krebsnasen garnieren.

Gespickter Bierkarpfen

Bild Seite 66

Manfred Heissig
Restaurant Quadriga
im Hotel Brandenburger Hof
Berlin

1 Spiegelkarpfen (etwa 2 kg), Salz, 8 Sardellen, 1 Zweig frische Lorbeerblätter, 5 Schalotten, 1 große Karotte, 1 Nelke, 1 Zitrone und ¾ l Braunbier, Pfeffer.

Sauce:
150 g brauner Lebkuchen (gerieben), 20 g Zucker, 1 EL Champagneressig, Saft von 1 Zitrone und 50 g Butter.

Den Karpfen säubern, waschen, filetieren, entgräten und in 4 Stükke teilen. Auf der Hautseite kurz anbraten, mit dem Messer 3 cm tiefe Schnitte anbringen und mit Lorbeerblättern und Sardellen spicken. Nun die Schalotten und die Karotte in Scheiben schneiden. Die Zitronenschale dünn abschneiden und mit der Nelke auf den Boden einer Pfanne legen. Die Karpfenstücke darauf geben, das Bier darübergießen und leicht pfeffern. Zugedeckt etwa 20 Min. langsam köcheln lassen. Die Karpfenstücke herausnehmen und bis zum Servieren warm stellen.

Sauce:
Den Lebkuchen in den Biersud geben, den Zucker separat in einem Topf langsam unter Rühren braun rösten, mit dem Essig ablöschen, ebenfalls in den Sud geben und 2 Min. aufkochen. Mit Zitronensaft abschmecken, Butter in kleinen Flocken dazugeben und alles durch ein Haarsieb streichen.

Anrichten:
Den Karpfen auf den Tellern mit der Sauce nappieren. Als Beilage passen dazu am besten klassische Salzkartoffeln.

Karpfen in dunkler Biersauce

Michael Häberer
Hotel Mercure
Potsdam

1,5 kg Karpfen (ausgenommen), 300 g Speck (mager, geräuchert), 200 g Zwiebeln, 100 g Möhren, 100 g Sellerie, 0,3 l dunkles Malzbier, 0,3 l helles Bier oder Pilsner, 1 Zitrone, Salz, Zucker, Lorbeer, Nelken, Pfefferkörner, Speisestärke zum Binden der Sauce.

Den Karpfen schuppen, waschen und filetieren. Die Filets portionieren und mit Zitrone beträufeln. Für die Sauce den gewürfelten Speck in einem Topf auslassen und mit den gewürfelten Zwiebeln glasig schwitzen. Das feingeschnittene Gemüse hinzugeben und mit dem Bier ablöschen. Den Saucenfond 15 Min. leicht kochen lassen, abschäumen und dann mit Salz, Zucker und den Gewürzen abschmecken.

Die Karpfenfilets mit Salz würzen, in die Sauce geben und 10 Min. gar ziehen lassen. Die Filets warm stellen und die Sauce mit der aufgelösten Speisestärke leicht binden und passieren. In der Sauce können auch noch 1 oder 2 geräucherte Knacker mitgekocht werden. Sie geben der Sauce einen kräftigen Geschmack.
Serviert wird dieses Gericht meist mit Kartoffelbrei.

Gedünsteter Karpfen in Wurzelsud

Hans-Jörg Schlenker
Preußischer Hof
Liebenwalde

1 Karpfen von etwa 1,5 kg sowie 1 Bd. Suppengrün, 3 EL Butter und 1 EL Weinessig, 1 Lorbeerblatt, Salz, Pfeffer aus der Mühle, 1 Bd. Dill, 1 Schalotte, ½ Zitrone (frisch ausgepreßt), ⅛ l trockener Weißwein, 2 Möhren, ½ Knollensellerie, 1 Bd. Lauch (nur das Weiße), 80 g geriebener Meerrettich, 100 g Schlagrahm, 1 Prise Zucker, 2 Kopfsalat, 300 g Joghurt-Kräuter-Dressing.

Den Karpfen unter fließendem Wasser säubern und in 4 Portionsstücke schneiden.
Einen Stieltopf ausbuttern, mit den Schalottenwürfeln bestreuen, Fischstücke einlegen und mit Zitronensaft säuern. Anschließend mit Salz und Pfeffer aus der Mühle würzen. Mit trockenem Weißwein, Weinessig und Fischfond angießen. 1 Lorbeerblatt und das geputzte und gewaschene Suppengrün und Butterflöckchen hinzugeben. Etwa 30 Min. bei geringer Hitze dünsten und anschließend entgräten.
In der Zwischenzeit von weißem Lauch, Möhren und Sellerie (geschält) feine Streifen schneiden

Rezept Seite 75: Hecht und Jakobsmuscheln auf kandiertem Chicorée, Thymianschaum, Rote-Bete-Kartoffeln
Markus Semmler, Schloßhotel Cecilienhof, Potsdam

und in Salzwasser mit etwas Biß kochen.

Anrichten:
Auf vorgewärmtem Porzellanteller oder Platte Karpfenstücke anrichten, Fond durchsieben und über den Fisch gießen. Gemüsestreifen und tournierte Salzkartoffeln anlegen und zum Schluß mit Dillspitzen (oder Kräutersträußchen) garnieren.
Als Beilage grünen Salat mit Joghurt-Kräuter-Dressing und Sahnemeerrettich reichen.

Karpfen, gedünstet, Teltower Rübchen, Petersilienkartoffeln

Bernhard Mummert
Imperator Strandhotel
Klausdorf

800 g Spiegelkarpfenfilet und 200 g Möhren, 200 g Lauch, 200 g Sellerie, Salz, Pfeffer, Saft von 1 Zitrone, 100 ml trockener Weißwein sowie 300 ml Fischfond, 50 g Butter.

Petersilienkartoffeln:
800 g Kartoffeln, 100 g Butter und 1 Bd. Petersilie.

Teltower Rübchen:
800 g Teltower Rübchen, 40 g Butter, 40 g Zucker, 125 ml Fleischbrühe und Salz.

Das Karpfenfilet portionieren und mit Zitrone, Salz und Pfeffer würzen. Möhren, Lauch und Sellerie putzen und in Streifen schneiden. Die Streifen in der Butter anschwenken und glasig werden lassen, anschließend mit Weißwein und Fischfond auffüllen. Die Filets auf die Gemüsestreifen legen und im geschlossenen Topf gar dünsten.
Die Kartoffeln schälen und in gesalzenem Wasser gar kochen. In einer großen Pfanne die Butter schmelzen lassen, die gehackte Petersilie sowie die gekochten Kartoffeln dazugeben und alles durchschwenken.
Die Teltower Rübchen schälen, waschen und gut abtropfen lassen. Die Butter in einem breiten Topf erhitzen, den Zucker unter Rühren darin schmelzen und hell karamelisieren lassen. Langsam die heiße Brühe unterrühren und mit Salz abschmecken. Die Rübchen in den Sud geben und bei kleiner Hitze etwa 45 Min. im offenen Topf dünsten, bis die Flüssigkeit fast verdampft ist. Mehrmals leicht umrühren, damit alle Rübchen gleichmäßig glaciert werden.
Die Gemüsestreifen in die Mitte der Teller legen und die Filets obenauf setzen. Die Kartoffeln links und die Rübchen rechts arrangieren.

Karpfenragout mit Senfgurken und Meerrettich

Meinrad Günter
Sorat Hotel Humboldt-Mühle
Berlin

800 g bis 1000 g Karpfenfilet und 1 Zitrone, Salz, Pfeffer, Lorbeerblatt, 1 Bd. Dill, 4 mittelgroße Zwiebeln, 2 EL Leinöl, 400 g eingelegte Senfgurken, 1 EL Saucenbinder (hell) sowie 1/8 l Schlagsahne, 2 EL Sauerrahm, etwas frischer Meerrettich, 0,4 l Fischfond.

Das Karpfenfilet in 2 mal 2 cm große Stücke schneiden. Mit Zitronensaft, Salz, Pfeffer und Lorbeerblatt marinieren. Die Zwiebeln schälen, halbieren und in 2 cm lange Streifen schneiden.
Karpfen mit etwas Leinöl andünsten, mit Schlagsahne, Sauerrahm und etwas Senfgurkensaft vermengen, geschnittene Zwiebeln und Gurken zugeben und 10 Min. dünsten. Den Meerrettich schälen und reiben. Für das Fischragout die Fischbrühe mit etwas Saucenbinder oder Mehlschwitze andicken bzw. aufkochen lassen und die Karpfenstücke einlegen.

Anrichten:
Mit gezupften Dillspitzen und Meerrettich bestreuen, dazu Salzkartoffeln servieren.

Karausche mit Maibutter

Carmen Krüger
C + W Gourmet
Eichwalde

4 Karauschen (etwa 200 g pro Stück), 1 Zitrone, Salz, Mehl und 150 g Butterschmalz.

Maibutter:
4 Eier, 125 g Butter, je 1 Bd. Kerbel, Petersilie und Schnittlauch (gehackt), 1/2 Bd. Estragon (gehackt).

Anrichten:
50 g geputzter Löwenzahn sowie 50 g Feldsalat, Kastanienhonig-Essig, gezupfte Kräuter.

Die Karauschen schuppen, filetieren, abspülen und trockentupfen. Mit dem Zitronensaft beträufeln, salzen, in Mehl wenden und in heißem Butterschmalz goldgelb braten.
Für die Maibutter die Eier hart kochen, die Dotter auslösen und mit der Butter und den gehackten Kräutern gut verrühren. Durch ein Sieb streichen und in kleinen Butterformen portionieren.
Löwenzahn und Feldsalat auf Tellern blütenähnlich anrichten und mit dem Kastanienhonig-Essig besprühen. Die Butter und die gebratenen Fischfilets dazulegen und die Ränder der Teller mit gezupften Kräutern garnieren.

Mit Rauchspeck gespicktes Hechtfilet auf Schmorkohl, Schmantkartoffeln

Torsten Wisniewski
Hotel Sophienhof
Hoenckes Altes Wirtshaus
Königs Wusterhausen

Gespicktes Hechtfilet:
720 g Hechtfilet (mit Haut), 320 g magerer geräucherter Speck, Zitrone, Salz, Pfeffer, Öl zum Braten.

Schmorkohl:
1 mittelgroßer Wirsingkohl, 1 mittelgroße Zwiebel, 4 kleine Schluppen (Lauchzwiebeln) ohne Grün, 50 g Schweineschmalz, 50 g magerer Speck, 40 g körniger Senf, 1 Stengel Thymian, 1/8 l Sahne, Muskat, Salz, Pfeffer.

Schmantkartoffeln:
600 g mittelgroße längliche festkochende Kartoffeln, 1/2 l Schmant, Salz, Pfeffer aus der Mühle, Muskat, 50 g frisch geriebenes Weißbrot.

Garnitur:
je 4 Kirschtomaten (rot und gelb), 4 Dillzweige und Rettichsprossen.

Beim Hechtfilet mit einer kleinen Zange restliche Gräten entfernen, die Haut mehrmals leicht einschneiden und mit dem in dünne Streifen geschnittenen Speck auf der Hautseite über Kreuz spicken. Anschließend mit Salz, Pfeffer und Zitrone würzen. Mit der Hautseite zuerst braten.

Schmorkohl:
Den Strunk vom Wirsing entfernen und die Blätter in Streifen schneiden. Das Schmalz auslassen, den in kleine Würfel geschnittenen Speck anschwenken, die in feine Würfel geschnittene Zwiebel darin anschwitzen, den Wirsing und die halbierten Schluppen dazugeben. Mit körnigem Senf, Salz, Pfeffer würzen und schmoren lassen. Ablöschen und mit Sahne so weit reduzieren lassen, daß alles eine cremige Konsistenz hat. Zum Schluß mit Muskat und Thymian abschmecken.

Schmantkartoffeln:
Die geschälten Kartoffeln fächerförmig (im Abstand von 2 cm) so weit einschneiden, daß sie noch mit etwa 5 mm zusammenhalten, in einen Römertopf oder eine andere feuerfeste Form geben und den Schmant aufgießen, im Ofen bei 220 °C etwa 30 Min. backen, Zwischendurch 2- bis 3mal mit Schmant begießen, anschließend mit Salz, Pfeffer aus der Mühle und Muskat würzen.

Anrichten:
Den Schmorkohl in die Mitte der vorgewärmten Teller geben, das Hechtfilet auf dem Schmorkohl anrichten. Die Schmantkartoffelfächer auf einem Blech leicht auseinanderdrücken, mit eingekochtem Schmant begießen, mit dem frisch geriebenen Weißbrot goldgelb gratinieren. Schmantkartoffelfächer um das Hechtfilet anrichten, mit 1 Dillzweig und je 1 halbierten roten und gelben Kirschtomate garnieren. Zum Schluß ein paar Rettichsprossen auf das Hechtfilet geben.

Hecht auf Apfelweinkraut mit Flußkrebsen

Bernd Gemmrig
Alter Krug Dahlem
Berlin

Apfelweinkraut:
400 g Weinkraut, 100 g Äpfel (säuerliche), 50 g Zwiebeln, 0,2 l Apfelwein aus Werder, 0,1 l Bouillon, 40 g Gänseschmalz, Salz, Muskat, Zucker, Gewürzbeutel mit Kümmel- und Wacholderkörnern sowie je 5 g Nelken, Pfefferkörner und 1 Lorbeerblatt.

Schmalz zerlaufen lassen, Zwiebeln und Apfelspalten anschwitzen, mit Apfelwein und Bouillon ablöschen, Weinkraut und Gewürzbeutel zugeben, mit Gewürzen abschmecken und bei geringer Hitze etwa 35 Min. dünsten.

Krebs:
0,3 l Wasser, 0,1 l trockener Weißwein, 150 g Wurzelgemüse (Karotten, Lauch, Zwiebeln, Sellerie), Salz, 1 Prise Zucker, 5 g Kümmel, 5 g Pfefferkörner und 1 Lorbeerblatt, 20 Krebse (etwa 1,5 kg, lebend).

Wasser, Weißwein, Wurzelgemüse und Gewürze zum Kochen bringen, Krebse in kochenden Fond geben, aufkochen lassen und vom Herd ziehen, im Fond erkalten lassen. Danach die Krebse bis auf 4 Stück (Garnitur) ausbrechen. Die Karkassen zur Saucenherstellung aufbewahren.

Krebssauce:
60 g Butter, 90 g Röstgemüse und 10 g Tomatenmark, 0,1 l trockener Weißwein, 1 Schuß Cognac, Krebskarkassen (kleingestoßen), Krebsfond, 0,1 l Sahne, 10 g Mehl.

Die Krebskarkassen in 40 g Butter anrösten, Röstgemüse und Tomatenmark zugeben, mit Cognac flambieren und mit Weißwein ablöschen. Mit Krebsfond auffüllen, reduzieren, abpassieren, mit etwas Mehlbutter binden. Danach mit flüssiger Sahne und Butterflocken abschmecken. Zum Anrichten die Krebsschwänze vorsichtig in der Sauce erhitzen.

Hechtfilet:
4 Hechtfilets (je 140 g), Salz, Pfeffer, Zitrone, 50 g Mehl, 100 g Öl.

Die Hechtfilets marinieren, danach mehlieren und im Öl braten. Das Weinkraut auf den Tellern als

Sockel anrichten, die gebratenen Hechtfilets auflegen, mit Krebsschwänzen und etwas Krebssauce anrichten. Jeweils 1 Krebs als Garnitur verwenden. Die restliche Sauce separat servieren.

Berliner Speckhecht mit Dillsauce

Jürgen Eschenbach
Hotel Hamburg
Berlin

4 Hechtfilets von je 200 g, 100 g geräucherter Bauchspeck, Saft von 1 Zitrone, etwas Worcestersauce, Salz und Pfeffer, 3 EL Mehl sowie 100 g Butter.

Dillsauce:
100 g Bauchspeck, 1 große Zwiebel, 20 g Butter, 1/4 l Sahne, 0,1 l Weißwein, 0,2 l Wasser, 1 Bd. Dill, Salz und Pfeffer.

Die Hechtfilets waschen, aus dem Speck dünne Streifen schneiden und die Filets damit spicken. Mit Zitronensaft und Worcestersauce beträufeln, salzen, pfeffern und kurz in Mehl wenden. In Butter von beiden Seiten goldgelb braten und warm stellen.

Dillsauce:
Das Fett, in dem der Speckhecht angebraten wurde, abgießen. Den Bratensatz nun mit etwas Weißwein und Wasser ablöschen. In einer anderen Pfanne den in Streifen geschnittenen Speck und die gehackte Zwiebel in Butter anbraten. Mit dem abgelöschten Bratensatz und der Sahne aufgießen und zur gewünschten Konsistenz einkochen lassen. Nun den frisch geschnittenen Dill dazugeben und mit Salz, Pfeffer und Weißwein abschmecken.
Die Hechtfilets auf Tellern anrichten und mit der Sauce halb übergießen.

Als Beilagen eignen sich am besten Butterkartoffeln und ein knackig-frischer gemischter Salat.

Hecht und Jakobsmuscheln auf kandiertem Chicorée, Thymianschaum, Rote-Bete-Kartoffeln

Bild Seite 70

Markus Semmler
Schloßhotel Cecilienhof
Potsdam

4 Hechtfilets von je 120 g, 4 Jakobsmuscheln, Salz, Zitrone, Olivenöl, Blattspitzen von 4 Köpfen Chicorée, 50 g Puderzucker, 4 EL Butter, 1 Schuß Noilly Prat, 400 g Kartoffeln, 1/4 l Rote-Bete-Saft, 1 Thymianzweig, 2 Schalotten, 1 EL Butter, 0,1 l Weißwein und 0,2 l Sahne, 0,1 l Fischfond.

Die Hechtfilets mit Salz und Zitrone marinieren, in einer Pfanne in Olivenöl kroß von beiden Seiten anbraten, die Jakobsmuscheln in Scheiben schneiden, schuppenartig auflegen und warm stellen.
Butter in die Pfanne geben, die Chicoréespitzen hinzugeben und mit Puderzucker abstäuben, karamelisieren und mit Noilly Prat ablöschen.
Die geschnittenen und in Form gebrachten Kartoffeln in Rote-Bete-Saft kochen.

Thymianschaum:
Die Schalottenwürfel in Olivenöl andünsten, die Thymianblätter zugeben, mit Weißwein ablöschen, mit Fischfond auffüllen, reduzieren, mit Sahne auffüllen, erneut reduzieren und aufmixen. Dekorativ auf den Tellern anrichten, den Fisch in der Mitte plazieren, die Kartoffeln außen herum und mit der Sauce nappieren.

Roulade von Hecht und Lachsforelle

Rene Tümmel
Hotel Residenz
am Motzener See
Motzen

600 g Lachsforellenfilet und 200 g Hechtfilet, 150 ml Sahne, Salz, Dill, Kerbel, Estragon.

Es ist darauf zu achten, daß sämtliche Zutaten gut gekühlt sind, da sonst keine Bindung entsteht.
Das Forellenfilet mit einem Messer von der Haut befreien und mit einer Pinzette die Gräten entfernen. Das vorbereitete Forellenfilet zwischen zwei Lagen Klarsichtfolie legen und vorsichtig plattieren, um eine gleichmäßige Stärke zu erhalten. Das Hechtfilet grob zerkleinern und zusammen mit einer Prise Salz in einer Küchenmaschine pürieren. Nach und nach die Sahne dazugeben, so daß eine glatte Masse entsteht.
Anschließend diese Masse mit Hilfe eines Teigschabers durch ein Haarsieb streichen und kalt stellen. Die Kräuter fein hacken und unter die Fischfarce heben. Nun ein etwa 40 mal 40 cm großes Stück Aluminiumfolie mit zerlassener Butter bepinseln. Die Forellenfilets, sich gegenseitig leicht überlappend, in die Mitte der Folie legen und salzen. Mit Hilfe des Teigschabers die Fischfarce gleichmäßig auf den Forellenfilets verstreichen. Nun vom unteren Rand her, durch Anheben der Alufolie, beginnen, die Forellenfilets aufzurollen.
Die Enden der Folie wie bei einem Bonbon zusammendrehen. Die so entstandene Rolle im Was-

Rezept Seite 77: Lasagne von Havelfischen und Gartengemüse in Basilikumsauce
Helfried Reichel, Parkhotel Dallgow, Dallgow-Döberitz

serbad kurz unter dem Siedepunkt 15 Min. gar ziehen lassen. Danach aus der Folie auswickeln und in 8 gleichmäßige Scheiben schneiden.

Aal grün „Wie ihn der Berliner liebt"

Hans-Jörg Schlenker
Preußischer Hof
Liebenwalde

1 kg frischer Aal (ausgenommen, aber nicht gehäutet), 1/4 l trockener Weißwein, 1 Petersilienwurzel und 2 weiße Schalotten, 1 Bd. Dillstiele, 3 Salbeiblättchen, 1 Lorbeerblatt, 8 ganze Pfefferkörner, 40 g Butter, 30 g Mehl, 100 g flüssige Sahne, Zitrone (frisch ausgepreßt), 4 EL frisch geschnittener Dill, 1 Prise Zucker, Pfeffer aus der Mühle, 2 kleine Salatgurken, Weinessig und Öl, Salz.

Den frisch ausgenommenen Aal kräftig waschen, den Kopf abtrennen, dann in daumenlange große Stücke schneiden, mit Wasser und trockenem Weißwein in einen breiten Kochtopf mit Salz, Dillstielen, Schalotten, Pfefferkörnern, Salbeiblättchen, Lorbeerblättern und 1 Petersilienwurzel geben und zu einem Sud kochen (etwa 5 Min.). Die Aalstücke in den Sud geben und etwa 25 bis 30 Min. leicht kochen lassen. Aus dem Sud nehmen, vorsichtig die Haut abziehen und warm stellen. Mit flüssiger Butter und Mehl eine goldgelbe Mehlschwitze zubereiten. Von der Herdplatte ziehen und ein wenig erkalten lassen; dann mit dem Aalfond und flüssiger Sahne aufgießen und etwa 10 bis 15 Min. kochen lassen. Die Sauce durch ein Haarsieb passieren. Mit wenig Zitronensaft, frisch geschnittenem Dill, Pfeffer aus der Mühle und einer Prise Zucker abschmecken.

Die Aalstücke nun mit der Dillsauce überziehen und mit frischen Dillspitzen garnieren.
Als Beilagen neue Kartoffeln und Gurkensalat reichen.

Tip:
Die geschälten Salatgurken mit dem Messer ganz fein schneiden und würzen. Vor dem Servieren etwas Weinessig, Öl und frisch geschnittenen Dill beigeben.

Aal grün mit Gurkensalat und Dillkartoffeln

Michael Häberer
Hotel Mercure
Potsdam

1,2 kg Havelaal, 0,3 l Weißwein, 100 g Zwiebeln, Salz, Lorbeer, Piment, 50 g Butter, 80 g Mehl, 0,1 l Milch, 2 Eigelb, 0,1 l Sahne, 1 Bd. krause Petersilie, 1 kg neue kleine Kartoffeln, 100 g Butter, 1 Bd. Dill, 1 Salatgurke, Salz, weißer Pfeffer, Zucker, Sonnenblumenöl sowie etwas Balsamico-Essig.

Die Aale waschen und mit Küchenkrepp trocknen, die Rückenflossen abschneiden und in 10 cm lange Stücke schneiden. Mit einem schmalen Messer die Eingeweide ausbohren und nochmals waschen. Aus dem Weißwein, den Zwiebeln, den Gewürzen und Wasser einen Garfond bereiten.
Die Aale hineingeben, aufkochen und 10 Min. ziehen lassen. Aus der Butter und dem Mehl eine helle Mehlschwitze bereiten und mit der kalten Milch glattrühren, ruhenlassen und dann mit dem Fischfond auffüllen. Die Eigelbe mit der Sahne vermengen, die Fischsauce damit legieren und zuletzt die gehackte Petersilie unterheben.

Dazu in Butter geschwenkte und mit Dill bestreute neue Kartoffeln servieren und extra einen frischen Gurkensalat reichen. Hierzu die Gurke, wenn nötig, schälen und in Scheiben schneiden, würzen und dann in einer Vinaigrette aus Sonnenblumenöl und Balsamico-Essig mit den gehackten Kräutern anrichten.

Gegrillter Aal auf Dillschaum mit Safrannudeln

Bernd Gemmrig
Alter Krug Dahlem
Berlin

Aal:
2 kg Aal, 8 Scheiben roher Schinken, 8 Salbeiblätter, Salz, Pfeffer, 1 Zitrone (Saft).

Dem Aal den Kopf abschneiden, ausnehmen und abziehen und in 8 gleich große Stücke schneiden, mit Zitronensaft, Salz und Pfeffer leicht würzen. Je 1 Salbeiblatt auf 1 Scheibe Schinken legen, um das Aalstück wickeln, mit Bindfaden befestigen und grillen.

Sauce:
1/4 l Fischfond (aus Fischkarkassen und Wurzelgemüse herstellen), 0,1 l trockener Weißwein, 0,2 l geschlagene Sahne, 1 EL Mehl, 1 EL Butter, 20 g Dill, Salz und Muskat.

Aus Butter und Mehl eine Mehlschwitze herstellen, mit kaltem Fischfond und Weißwein aufgießen und etwa 20 Min. kochen lassen, passieren, geschlagene Sahne und Dill unterheben.

Safrannudeln:
200 g Mehl, 100 g Grieß, 1 Vollei, 1 EL Wasser, 2 EL Olivenöl sowie 1 g Safran.

Aus den angegebenen Zutaten wie üblich einen Nudelteig herstellen, ausrollen und in nicht zu breite Streifen schneiden. In Salzwasser al dente kochen und mit frischer Butter anschwenken.

Anrichten:
Die Safrannudeln auf vorgewärmte Teller verteilen, die Aalstücke einsetzen und mit dem Dillschaum überziehen.

Havelaal in Gelee

Jürgen Zastrow
Zum Fliegenden Holländer
Potsdam

1 l Wasser, 1 Bd. Suppengrün, Salz, 1 Lorbeerblatt, 3 Wacholderbeeren, 6 weiße Pfefferkörner, 1 Möhre, 1 Sellerie, 5 EL Weißweinessig, 1 kg frischer Aal, 12 Blatt Gelatine für das Gelee.

Wasser, Essig, Suppengrün und Gewürze in einen Topf geben und 5 Min. kochen lassen. Möhre und Sellerie in kleine Würfel schneiden und beiseite stellen.
Den Aal ausnehmen, die Haut abziehen und den Fisch säubern. In 5 cm lange Stücke schneiden und in den kochenden Fond geben. Am Herdrand zugedeckt 10 Min. ziehen lassen. Den Aal aus dem Fond nehmen, abkühlen lassen und von den Gräten befreien. Den Fischfond entfetten und durch ein Sieb gießen.
Die Gelatine im Wasser einweichen, ausdrücken und im Fischfond auflösen. Die Aalfilets und die Gemüsewürfel in eine Form geben und mit dem abgekühlten Fischfond übergießen. Dann im Kühlschrank noch 3 bis 4 Std. erkalten lassen.
Dazu passen Bratkartoffeln und Crème fraîche.

Ruppiner Aal im Speckmantel mit Salbeischaum, Butterkartoffeln

Stephan Bullerjahn
Schloßhotel Cecilienhof
Potsdam

800 g Aal (ausgenommen und abgezogen), Salz und 1 Zitrone, 300 g magerer Speck (in Scheiben), 0,3 l Fischfond, 2 Schalotten, 1 EL Olivenöl, 0,3 l Sahne, 1 Bd. Salbei, 600 g Kartoffeln.

Den Aal in 8 cm große Stücke schneiden, mit Salz und Zitrone marinieren. Den Fisch in Speck einrollen und in der Pfanne rundherum kroß anbraten.
Die feingewürfelten Schalotten in Olivenöl anschwitzen und feingehackten Salbei (je nach Geschmack) zugeben, mit Fischfond einkochen, Sahne zugeben, reduzieren, bis die gewünschte Konsistenz erreicht ist. Die Kartoffeln schälen und etwas Form geben, abkochen.
Als Beilage eignen sich besonders geschmorte Salatgurken.

Havelländer Flußfischragout auf Spargelspaghetti

Jörn Bettin
Schloßhotel Cecilienhof
Potsdam

200 g Zanderfilet, 200 g Lachsforellenfilet, 200 g Hechtfilet, 100 g gepulte Flußkrebsschwänze, Saft von 1 Zitrone, Salz sowie Olivenöl, 0,4 l trockener Weißwein, 0,4 l Sahne, 2 Schalotten, 40 g Butter (sehr kalt, in kleinen Stücken), 40 g gehackter Estragon, 1,2 kg Spargel.

Die Fischfilets in gleichmäßige Würfel schneiden und mit Zitrone und Salz marinieren. Die Schalotten in Würfel schneiden, in Olivenöl anschwitzen, mit dem Weißwein auffüllen und dann aufkochen. Den Fisch im Fond blanchieren, herausnehmen und Sahne hinzufügen, etwas einkochen. Mit der Butter die Sauce abbinden, Estragon zugeben, mit Salz abschmecken und den Fisch zugeben.
Den Spargel schälen, der Länge nach in Scheiben und dann in Streifen schneiden. Nun in einer Pfanne mit heißem Olivenöl kroß anbraten.
Als Gemüsebeilage empfehlen sich glacierte Kaiserschoten.

Lasagne von Havelfischen und Gartengemüse in Basilikumsauce

Bild Seite 74

Helfried Reichel
Parkhotel Dallgow
Dallgow-Döberitz

Lasagneplatten (Teig):
160 g frischer Blattspinat, 110 g Hartweizengrieß und 210 g Weizenmehl, Mehl zum Ausrollen, Salz sowie 2 Eier.

Fische:
2 Wildbarsche, 2 Schleien, 1 Hecht (klein), 2 Maränen, ½ Zitrone und 0,2 l Weißwein, 0,2 l Milch.

Gemüse:
150 g Karotten, 150 g Knollensellerie, 150 g Lauch, 100 g Fenchelknolle, 60 g Butter.

Sauce:
60 g Butter, 2 EL Mehl, 0,5 l Milch, Salz, weißer Pfeffer, 1 Prise Muskat,

1 Bd. Basilikum, 20 Krebsschwänze, 100 g Parmesan.

Den Spinat putzen, waschen und tropfnaß in einem Topf bei starker Hitze zusammenfallen lassen. Richtig fest ausdrücken und 2mal durch den Fleischwolf (feine Scheibe) drehen.

Den Hartweizengrieß mit dem Mehl mischen, 1 TL Salz, Spinat und die Eier unterkneten. Den Teig in Klarsichtfolie einschlagen und etwa 1½ Std. ziehen lassen. Danach den Teig in 3 Teile teilen und auf einer bemehlten Arbeitsfläche millimeterdick ausrollen. In gleich große Platten von etwa 11 mal 18 cm schneiden. Dabei können die Abschnitte wieder verknetet und danach wieder ausgerollt werden. Einzeln in kochendem Salzwasser 2 Min. garen, in kaltem Wasser abschrecken und dann auf einem Tuch abtropfen lassen. Dazu werden 8 Platten benötigt.

Die Fische schuppen und ausnehmen, danach filetieren und die Filets in gleich große Stücke portionieren, mit Zitrone marinieren. Aus den anfallenden Karkassen (Gräten und Köpfe ohne Kiemen) einen Fischfond bereiten, der mit 0,2 l Weißwein versetzt wird. Danach die Fischstücke in dem Fond pochieren.

Das Gartengemüse waschen, schälen und in Streifen schneiden. Mit 60 g Butter in einer Stielkasserolle bißfest dünsten.

60 g Butter in einen Topf geben und zergehen lassen. 2 EL Mehl dazugeben. Vom Herd nehmen und nach 1 Min. 0,5 l Milch zurühren. Die Sauce etwa 10 Min. bei mäßiger Hitze köcheln lassen. Mit Salz, Pfeffer und einer Prise Muskat abschmecken.

Ganz zum Schluß das in Streifen geschnittene Basilikum dazugeben und dann mit dem Stabmixer gut mixen.

Anrichten:
Jeweils 1 warme Lasagneplatte auf die Teller geben. Darauf das Gartengemüse und die pochierten Fischstücke verteilen. Mit einem Teil der Basilikumsauce überziehen und darüber die zweite Lasagneplatte anrichten sowie mit der restlichen Basilikumsauce überziehen, mit jeweils 5 Krebsschwänzen garnieren und mit Parmesan bestreuen. Zum Schluß im Grill überbacken.

Brandenburger Fischpfanne

Rainer Strobel
Alte Meierei
Berlin-Alt Moabit

600 g frische Gartengemüse, 80 g Butter, 200 g Wildbarschfilet, 200 g Hechtfilet, 200 g Zanderfilet, 200 g Aalfilet, 2 Zitronen, 1 Bd. Dill, Salz, Pfeffer, Zucker, Petersilie.

Die frischen Gartengemüse (je nach Saison) putzen und in Butter dünsten. Die Fischfilets mit Salz und Pfeffer würzen und separat in Butter braten. Zum Schluß die kleingehackten Kräuter zugeben. Alles in einer Gußpfanne anrichten und mit Zitronenachteln und frischem Dill garnieren.

Fritze Bollmanns Pfannfisch

Torsten Wisniewski
Hotel Sophienhof
Hoenckes Altes Wirtshaus
Königs Wusterhausen

Pfannfisch:
320 g Zanderfilet (mit Haut), 600 g frischer Aal, 320 g Hechtfilet (mit Haut), 2 Schleien (etwa 400 g), 180 g magerer Speck, 250 g Kartoffeln (gekocht), 2 mittelgroße Zwiebeln sowie 4 Schluppen (Lauchzwiebeln) und ½ Kopf Blumenkohl, 100 g Möhren, 100 g Spargel, 100 g Kürbis, ½ kleiner Wirsing, 2 rote Zwiebeln, 4 Tomaten, 1 Zitrone, Rettichsprossen, Knoblauch, Thymian, Salz, Pfeffer aus der Mühle.

Das Zanderfilet und das Hechtfilet in daumenstarke Stücke schneiden. Den Aal gleichmäßig portionieren. Die Schleien ausnehmen und filetieren. Alles mit Zitrone, Salz und Pfeffer aus der Mühle würzen. Von den Kartoffeln und den Zwiebeln Bratkartoffeln herstellen. Die Möhren und den Kürbis schälen, in Blättchen schneiden und blanchieren. Den Spargel schälen, bißfest abkochen und in etwa 3 cm lange Stücke schneiden. Den Blumenkohl in kleine Röschen teilen und bißfest abkochen. Vom Wirsing den Strunk entfernen und in dünne Streifen schneiden.

Das vorbereitete Gemüse mit den Bratkartoffeln kurz mitbraten, mit etwas Knoblauch, Thymian, Salz und Pfeffer abschmecken. Den Fisch separat schön kroß braten. Vom mageren Speck Speckkämme schneiden und knusprig braten. Die Tomaten über Kreuz einschneiden, in kochendes Wasser legen, in Eiswasser abschrekken, vierteln, Kerngehäuse entfernen, beiseite stellen. Schluppen oberhalb, wo das Grüne anfängt, abschneiden und mehrmals kreuzweise einschneiden, in Eiswasser legen, so daß ein Wedel entsteht.

Anrichten:
Auf das Bratkartoffel-Gemüse die Fischfilets anrichten, mit den Tomatenfilets und den Schluppen ausgarnieren.

Anmerkung:
Fritze Bollmann ist ein Original in der Stadt Brandenburg/Havel, wo er zur Jahrhundertwende Barbier war. Im Volksmund gibt es folgendes Lied:

Rezept Seite 82: St.-Peters-Fisch auf Löwenzahn mit Specksauce, Johannes King, Restaurant Grand Slam, Berlin

„Fritze Bollmann wollte angeln
dabei fiel die Angel rin
Fritze Bollmann wollt sie langen
dabei fiel er selber rin
Fritze Bollmann schrie um Hilfe
Liebe Leute, rettet mir
denn ich bin doch Fritze Bollmann
aus der Altstadt der Barbier
und die Angel wart gerettet
Fritze Bollmann der versuff
und seitdem geht Fritze Bollmann
auf den Beetzsee nicht mehr ruf“

Gedämpfter Kabeljau auf Blattspinat mit Beaujolais- und Sahnesauce

Alexander Bulla
Restaurant Rockendorf
im Grunewald
Berlin

Saucen:
1 Schalotte, 400 ml Beaujolais und 150 ml roter Portwein, 250 g kalte Butter, Salz, 200 ml Geflügelfond, 50 ml Sahne, Salz, Pfeffer.

Kabeljau:
480 g Kabeljau, Salz und Pfeffer sowie 1 Zitrone.

Blattspinat:
400 g Spinat, 20 g Butter, Muskat, Salz und Pfeffer.

Beaujolaissauce:
Die Schalotte in Würfel schneiden, Beaujolais und Portwein mit der Schalotte reduzieren lassen, bis die Flüssigkeit sirupartig ist. Einmal aufkochen lassen und von der Flamme ziehen. Knetweiche kalte Butter langsam einrühren. Die Rotweinbutter mit etwas Salz abschmecken, an einer warmen Stelle stehenlassen. Nicht mehr auf die Flamme stellen.

Sahnesauce:
Den Geflügelfond (Brühe) mit Sahne auf 1/3 reduzieren und mit Salz abschmecken.

Blattspinat:
Den Spinat mit Butter, Salz und Muskat im Topf anschwitzen und abschmecken. Den Spinat ausdrücken und auf die Mitte der Teller geben.

Anrichten:
1 EL Beaujolaissauce um den Spinat geben, den gedämpften, mit Zitrone und Salz gewürzten Kabeljau auf den Spinat setzen und zum Schluß mit der Sahnesauce überziehen.
Als Beilage eignen sich besonders gut Butterkartoffeln.

Steinbutt, im Reisblatt gebraten, Schwarzwurzelgemüse und Zitronengrassauce

Karl Wannemacher
Alt Luxemburg
Berlin

1,5 kg Steinbutt (= netto 480 g), 500 g Schwarzwurzeln, 1 EL Mehl, 3 EL Essig, Salz, 80 ml Fischfond, 2 Stangen Zitronengras, 50 ml Noilly Prat, 200 ml Sahne, Salz, Pfeffer, 8 Reisblätter (im Asia-Shop), 3 Limonen, 100 ml Olivenöl sowie 40 g Butter.

Die Schwarzwurzeln schälen und sofort in Wasser mit Mehl und Essig geben, damit sie sich nicht verfärben. In 4 cm lange Stücke schneiden und im gleichen Wasser mit Salz nicht zu weich kochen, dann auskühlen lassen.

Sauce:
Zitronengras in Scheiben schneiden, zusammen mit Noilly Prat erhitzen und reduzieren, den Fischfond dazugeben und ebenfalls einkochen. Die Sahne zufügen und sämig einkochen. Mit Salz und Pfeffer abschmecken und durch ein Sieb geben.

Den Steinbutt in 8 Filets (je 60 g) schneiden, salzen, pfeffern und mit abgeriebener Limonenschale bestreuen.
Reisblätter einzeln 20 Sek. in kaltes Wasser tauchen und nebeneinander auf den Tisch legen, die Filets mit der bereits behandelten Seite auf die Blätter legen. Die andere Seite der Steinbuttfilets mit Limonenschale, Salz und Pfeffer bestreuen. Die Reisblätter einzeln zu Päckchen zusammenlegen.
Die Schwarzwurzelstücke im Sieb abtropfen und in Küchenkrepp trocknen lassen. Mit Olivenöl und Butter goldbraun braten.
Einen kleinen Bräter mit Olivenöl erhitzen und die Steinbuttpäckchen mit der Naht nach unten in den Bräter legen. In den auf 220 °C vorgeheizten Ofen schieben, nach 2 Min. den Fisch wenden, 3 Min. im Ofen lassen. Den Steinbutt auf Küchenkrepp geben und abtropfen lassen.
Die Sauce in die Mitte der Teller geben, je 2 Steinbuttpäckchen über Kreuz darauf anrichten und die Schwarzwurzeln darumlegen.

Seezungenfilet auf gebleichtem Radicchio mit Refoscosauce

Maximilian Dreier
Restaurant Villa Kellermann
Potsdam

2 Seezungen von je 400 bis 500 g, 500 g Radicchio Trevigiana, 1/4 l Refosco, Olivenöl, etwas Salz und weißer Pfeffer.

Die Seezungen filetieren (oder 8 fertige Filets nehmen). 300 g Radicchio kleinschneiden und in der Pfanne mit etwas Olivenöl bleichen. Mit jungem säurehaltigem Refosco ablöschen und bei schwacher Flamme ziehen lassen.

Rezept Seite 83: Gedämpfter Seeteufel auf Schmelzlauch mit wildem Reis
Andreas Fischer, Hotel Mondial, Berlin

Die Seezungenfilets auf den Grill legen. Zusätzlich ganze Blätter des Radicchio Trevigiana zugeben. Mit Salz und weißem Pfeffer abschmecken. Von dem kleingeschnittenen Radicchio ein Bett auf den Tellern formen. Die Seezungenfilets darauf legen und mit den ganzen gegrillten Radicchioblättern dekorieren.

Filet vom St.-Peters-Fisch mit Basilikum und Oliven in einer Bouillabaissesauce

Rolf Schmidt
Restaurant First Floor
Berlin

2 Filets vom St.-Peters-Fisch, 100 g Nizza-Oliven, 1 Basilikumzweig, 2 Zucchini, 2 Fenchelknollen, Olivenöl.

Bouillabaisse:
2 Schalotten und 1 Stange Porree, 1 Fenchel, 3 Tomaten, Salz, Pfeffer, 1 Knoblauchzehe, 1 rote Paprika (geröstet und in Würfel geschnitten).

St.-Peters-Fisch filetieren und darauf achten, daß die Filets ganz bleiben. Die Oliven entkernen, halbieren und in kleine Basilikumblätter wickeln. Diese dann auf die Filets stecken.
Die Zucchini fein hobeln, in Olivenöl anbraten und warm stellen. Die Fenchelknollen in Viertel schneiden und im Öl schmoren, ohne braun werden zu lassen.
Für die Bouillabaissebrühe die Schalotten, den Lauch und den Fenchel mit Fischgräten in Olivenöl dünsten. Die Tomaten hinzufügen und das Ganze zerkleinern, Wasser dazugießen und ½ Std. kochen. Durch ein Haarsieb passieren und mit Salz, Pfeffer und Knoblauch würzen.

Die Filets vom Sankt Pierre in einer Pfanne in Olivenöl braten und auf die warmen Teller geben. Anschließend Bouillabaissebrühe einkochen und mit etwas Olivenöl aufschlagen. Die Filets damit übergießen und das Gemüse darüberlegen.
Mit Basilikumblättern und Oliven garnieren.

St.-Peters-Fisch auf Löwenzahn mit Specksauce

Bild Seite 78

Johannes King
Restaurant Grand Slam
Berlin

4 Filets vom St.-Peters-Fisch von je 90 g, 40 g Butter, 2 Bd. gelber Löwenzahn, ½ Bd. grüner Löwenzahn, 3 cl Balsamico-Essig, 50 g kalte Butterwürfel, 2 Schalotten, 30 g Bauchspeck, 100 g Kalbsfond (hell) und 100 g Kalbsjus, 100 g Fischfond, geklärte Butter zum Anbraten.

Den Löwenzahn putzen und in lauwarmem Wasser etwa 10 Min. waschen (entzieht Bitterstoffe), abtropfen lassen, in Butter anschwitzen und mit Balsamico-Essig ablöschen.

Sauce:
Die Schalotten und den Speck kleinwürfeln, anschwitzen, mit Fond ablöschen, mit Jus aufgießen und 2 bis 3 Min. köcheln lassen. Anschließend mit eiskalten Butterstückchen aufmontieren.
St.-Peters-Fisch mit Salz und Pfeffer würzen, in geklärter Butter braten, auf den Löwenzahn setzen und dann mit der Specksauce überziehen.

Spieß von Seeteufel und jungem Lauch mit Currysauce und Paprikachutney

Karl Wannemacher
Alt Luxemburg
Berlin

Paprikachutney
(kann vorbereitet werden):
½ rote Paprikaschote, ½ grüne Paprikaschote, 250 g Tomaten (enthäutet, entkernt, in Würfel geschnitten), 125 g Zwiebeln (in Würfel geschnitten), 3 bis 4 EL Essig, 75 g brauner Kandiszucker, Gewürzsäckchen aus 2 Nelken, 10 Pfefferkörnern, 10 Senfkörnern (notfalls in ein Tee-Ei geben), ½ TL Paprika (mild) und Salz, 30 ml Olivenöl.

Seeteufel:
1,1 bis 1,2 kg Seeteufel (= netto 500 g), 8 Stangen Frühlingslauch, 8 Schaschlikspieße, 40 ml Olivenöl.

Sauce:
Currypulver (1 KL), ½ Apfel (Cox' Orange) in Würfeln, 50 ml Ananassaft, 100 ml Fischfond, 200 ml Sahne, 20 g Butter, Salz und Pfeffer.

Paprika schälen und in kleine Würfel schneiden. Das Olivenöl erhitzen und darin die Zwiebelwürfel anschwitzen. Die Tomaten- und Paprikawürfel dazugeben. Essig, Zucker, Paprikapulver und Gewürze beigeben und nur so lange kochen, daß die Paprikawürfel noch Biß haben. Dann in ein Sieb schütten und den Sud einkochen.
Das Gewürzsäckchen oder Tee-Ei entfernen und das Gemüse zum eingekochten Sud geben. Zum Schluß mit Salz abschmecken und sofort in ein Glas mit Schraubverschluß füllen, den Deckel gut verschließen. So entsteht ein Vakuum, und das Chutney hält im Kühlschrank etwa 2 Wochen.

Den Seeteufel von der Mittelgräte lösen, die Haut von den Filets abschneiden und dann den Fisch in gleichmäßige Würfel schneiden. Pro Spieß 3 Würfel (je 20 g) und 1 Stange Frühlingslauch (in etwa 2,5 cm lange Stücke geschnitten) abwechselnd aufspießen.
Von der Gräte und den Bauchlappen einen Fischfond für die Sauce herstellen.

Sauce:
Butter zerlassen, darin das Currypulver anschwitzen und mit Ananassaft ablöschen. Das Ganze mit Fischfond auffüllen und anschließend einkochen. Nun die Sahne zugeben und ebenfalls einkochen. Nach dem Abschmecken die Sauce durch ein Spitzsieb passieren.
Die Spieße in heißem Olivenöl anbraten, wenden und in den auf 220 °C angeheizten Backofen schieben (etwa 6 bis 8 Minuten). Später zum Abtropfen auf Küchenkrepp legen. Das Chutney im Topf erhitzen.
Zum Anrichten die heiße Sauce auf die Teller verteilen, die Spieße über Kreuz darauf legen und noch 1 EL Chutney dazugeben.

Gedämpfter Seeteufel auf Schmelzlauch mit wildem Reis

Bild Seite 81

Andreas Fischer
Hotel Mondial
Berlin

4 Seeteufel ohne Haut (je 200 g) oder 4 Schwanzstücke, 4 Scheiben dünngeschnittener Parmaschinken, 1 kg Lauch, 250 g wilder Reis, 100 g Butter, 2 dl Mineralwasser, 2 dl Fischfond, 1 dl Noilly Prat, 1 dl Sahne, 1 dl Crème fraîche, 1 Bd. Glattpetersilie, Salz, Pfeffer, 1 Zitrone.

Die Seeteufel mit Zitrone beträufeln und mit Parmaschinken umwickeln. Nicht salzen! Von allen Seiten leicht anbraten und im Dämpfer etwa 10 bis 15 Min. zu Ende garen. Sie können auch zugedeckt im Ofen bei 150 °C gegart werden, dies dauert 5 Min. länger. Den wilden Reis kochen und in Butter schwenken. Gleichzeitig den Fischfond mit Noilly Prat und Sahne einkochen lassen. In der Zwischenzeit den Lauch waschen und in feine Streifen schneiden. Diese mit Butter anschwitzen (ohne Farbe nehmen zu lassen) und mit dem Mineralwasser und etwas Salz zugedeckt garen. Die Fischreduktion mit der gezupften und gewaschenen Petersilie in einen Mixer geben (ein paar Blätter zum Garnieren zurückbehalten) und gut mixen. Dann abschmecken.

Anrichten:
Den Lauch abschmecken und als Bett auf 4 vorgewärmten Tellern anrichten. Darauf den gedämpften Seeteufel geben und den Reis in Timbaleform oder Nocken anlegen. Vorsichtig mit der abgeschmeckten Sauce umgießen und ausgarnieren (Petersilienblätter).

Maischolle, mit Lachsschaum gefüllt, auf Beelitzer Spargel und Safransauce

Bild Seite 84

Reinold Kegel
Restaurant Grand Cru
Berlin

Maischolle:
4 Maischollen (je etwa 300 g), 240 g Lachsfilet, 2 Eier und 7 dl Sahne, 1 Bd. gehackter Kerbel, 200 g Mehl, 2 Zitronen, 2 cl Worcestersauce sowie 200 g Butter, Salz.

Spargel:
20 mittelgroße Stangen Beelitzer Spargel, etwa 2,5 l Wasser, ½ Zitrone, 100 g Butter, 40 g Pinienkerne, Salz, Zucker.

Safransauce:
0,3 l kräftiger Fischfond, 5 dl halbtrockener Weißwein, 1 Msp. Safran, 0,15 l Sahne, 50 g Crème fraîche, Salz.

Maischolle:
Die Maischollen putzen und den Kopf abtrennen und hohl auslösen. (Dies gelingt am besten, wenn man sie von der dunklen Seite her entlang der Mittelgräte aufschneidet, diese mit einer Schere am Schwanz durchtrennt, ohne das Fleisch zu verletzen, und danach mit einem langen spitzen Messer herausschält.) Die Eier trennen und das Eigelb mit dem angefrorenen Lachs und der Sahne kuttern, bis eine homogene Farce entsteht. Diese nun durch ein feines Sieb streichen.
Das Eiweiß mit etwas Salz steif schlagen und mit dem gehackten Kerbel unter die Farce heben. Die Maischollen damit füllen. Zitrone entsaften und mit der Worcestersauce eine Marinade herstellen.
Die gefüllte Scholle mit der Marinade beträufeln, salzen und in Mehl wenden.
Butter in einer großen Pfanne zerlassen und die Maischolle darin goldgelb ausbacken (mit der hellen Seite zuerst anbraten).

Spargel:
Aus Wasser, der ½ Zitrone, ⅔ der Butter, Salz und Zucker einen Fond herstellen. Den Spargel schälen und in dem Fond bißfest kochen. Die Spargelspitzen abschneiden und den Rest in Scheiben schneiden. Die Pinienkerne in der restlichen Butter anrösten

und mit etwas Spargelfond (4 bis 5 EL) ablöschen. Die Spargelscheiben und Spargelspitzen dazugeben und vorsichtig erhitzen.

Safransauce:
Den Fischfond mit dem Weißwein und dem Safran erhitzen; kurz durchmixen. Die Sahne und die Crème fraîche dazugeben und auf 2/3 reduzieren. Das Ganze passieren und mit Salz abschmecken, erneut mixen und zum Schluß nochmals erhitzen.

Anrichten:
Die Spargelspitzen mit dem Kopfende zum Tellerrand halbsternförmig auflegen. Das Spargelragout in die Mitte der Teller geben. Darauf die Scholle mit der hellen Seite nach oben legen. Die Sauce zwischen die Spargelspitzen verteilen. Als Garnitur kann 1 Kerbelzweig oder 1 tournierte neue Kartoffel dienen.

Schusterpastete (Kartoffelauflauf mit Hering)

Reinmar Rach
Parkhotel Trebbin
Trebbin

600 g Pellkartoffeln und 1 würfelig geschnittene Gemüsezwiebel, 20 g Butter, 2 grüne Heringe, 100 g gekochter Schinken, 80 g durchwachsener Speck, je 1/8 l süße und saure Sahne, 2 Eier, 20 g Mehl, Pfeffer aus der Mühle, Salz, geriebene Muskatnuß, 10 g Butter, Semmelmehl und 80 g geriebener Emmentaler.

Die frisch gekochten Kartoffeln pellen, kalt stellen und dann in dünne Scheiben schneiden. 2 gut gewässerte Heringe von Haut und Gräten befreien und in kleine Stücke schneiden. Die würfelig geschnittene Zwiebeln in der Butter glasig anschwitzen. Den gekochten Schinken sowie den Speck in sehr dünne Scheiben schneiden.
Süße und saure Sahne, Eier, Mehl, Pfeffer, Muskatnuß sowie eine Prise Salz gut verquirlen. Eine Form, z. B. Königskuchenform, gut ausbuttern und mit Semmelmehl bestreuen, so daß alle Innenflächen gut bedeckt sind.
Die Form nun schichtweise mit Kartoffeln, Zwiebeln, Schinken, Speck sowie dem Hering füllen. Dabei ist darauf zu achten, daß die erste und letzte Schicht jeweils Kartoffelscheiben sind. Die vorbereitete Sahnemischung über die Kartoffeln verteilen, bis alles gut bedeckt ist. Mit Semmelmehl, geriebenem Käse und Butterflocken bestreuen und etwa 20 bis 30 Min. im auf 200 °C vorgeheizten Ofen schön braun backen.
Ist die Pastete schön braun und durchgebacken, auf ein Küchenbrett stürzen und in Scheiben schneiden.
Etwas braune Butter beim Servieren extra reichen.

Flußkrebse aus dem Wurzelsud mit ihren Ravioli

Markus Semmler
Schloßhotel Cecilienhof
Potsdam

1,2 kg lebende Flußkrebse.

Court-Bouillon:
0,8 l Wasser, 0,5 l Weißwein, 0,1 l Weißweinessig, 80 g englische Sellerie, 80 g Lauch, 80 g Möhren, 80 g Schalotten, Gewürzbeutel mit Lorbeer, Wacholder, Pfefferkörnern, 1 Thymianzweig, Salz.

Ravioli:
100 g Mehl, 1 EL Olivenöl, 1 Ei, 200 g Zanderfarce.

Court-Bouillon:
Die Gemüse in feine Streifen schneiden, in etwas Olivenöl anschwitzen, mit Wasser, Weißwein und Essig auffüllen, Gewürzbeutel hinzugeben, gut durchkochen lassen und abschmecken. Die Flußkrebse etwa 3 Min. in die Court-Bouillon geben, herausnehmen und in Eiswasser abkühlen. Die Flußkrebsschwänze abspülen, 8 schöne als Garnierung übriglassen, die restlichen Schwänze fein hacken und unter die Zanderfarce geben. (Rezeptur Zanderfarce siehe Getrüffelte Weißwurst vom Havelzander.)

Ravioli:
Die Zutaten für den Ravioliteig gut verkneten, 1 Std. ruhenlassen, den Teig dünn ausrollen, auf eine Teighälfte teelöffelgroße Nocken Farce verteilen (Abstand halten!). Mit Eigelb die freien Teigflächen zustreichen und mit der anderen ausgerollten Teighälfte abdecken, ausstechen und die Ränder mit einer Gabel festdrücken.
In siedendem Wasser kurz ankochen, in Suppenteller verteilen, die Flußkrebsschwänze zusetzen und mit Fond übergießen.

Havelländer Flußkrebse im Wurzelsud aus der Terrine

Jürgen Eschenbach
Hotel Hamburg
Berlin

20 Flußkrebse, 1 große Zwiebel und 1 Bd. Dill, 5 Lorbeerblätter, 10 Wacholderbeeren, 8 Karotten, 1 kleine Sellerie, 1 Stange Lauch, 1/4 l Weißwein, Salz, Pfeffer, Wasser und 20 g Butter.

Das Wasser in einen ausreichend großen Topf geben. Mit groben

Rezept Seite 83: Maischolle, mit Lachsschaum gefüllt, auf Beelitzer Spargel und Safransauce
Reinold Kegel, Restaurant Grand Cru, Berlin

Zwiebelwürfeln, den Dillstengeln, Lorbeerblättern, Wacholderbeeren, Karottenschalen, Sellerieschalen, Lauchabschnitten, Salz, Pfeffer und einem Schuß Weißwein aufkochen lassen. Die Krebse in den aufgekochten Sud legen und etwa 10 Min. ziehen lassen.
In der Zwischenzeit die geschälten Karotten, Sellerie und Lauch in feine Streifen schneiden. Die Gemüsestreifen in einem flachen Topf mit etwas Butter leicht andünsten. Die Krebse aus dem Sud nehmen, den Sud durch ein feines Sieb gießen und in den Topf mit den Gemüsestreifen geben. Den Sud nochmals aufkochen lassen und den restlichen Weißwein hinzufügen; evtl. mit Salz und Pfeffer abschmecken. Die Krebse wieder beigeben, kurz erwärmen und in einer Terrine anrichten.
Ganz zum Schluß den geschnittenen Dill darüberstreuen.
Als Beilage Baguette reichen.

Havelkrebse, in Kräuter-Kümmel-Sud gekocht, mit Kopfsalat und Kaviarbrot

Michael Häberer
Hotel Mercure
Potsdam

48 Havelkrebse von je 90 g und 1 Bd. Suppengrün, 1 Bd. Dill, Kümmel, Lorbeer, Pfefferkörner, Salz, 0,1 l Weißwein, 1 Kaviarbrot (ein mit Milch gebackenes Weißbrot, auch French Toast genannt), 2 Kopfsalate, 0,2 l saure Milch, 1 Zitrone, Salz, Zucker, Leinöl, 1 Bd. krause Petersilie, 50 g Butter sowie 2 Scheiben Weißbrot.

Die Krebse unter fließendem Wasser sauber bürsten. Das Suppengrün waschen und, wenn nötig, schälen. Das Gemüse dann in dünne Scheibchen schneiden und in Butter in einem größeren Topf anschwitzen, mit dem Weißwein und Wasser auffüllen, würzen und aufkochen.
Nacheinander die Krebse kopfüber ins sprudelnd kochende Wasser geben und 10 Min. kochen.
Den Kopfsalat in kaltem Wasser 2mal waschen, dann in einem Durchschlag abtropfen lassen. Die saure Milch mit einigen Spritzern Zitronensaft, etwas Salz, Zucker und der gehackten Petersilie zu einer Salatmarinade vermischen.
Den Kopfsalat mit dem Dressing, den gehackten Kräutern und den in Butter gerösteten Weißbrotwürfeln anrichten.
Die Krebse mit der Gemüsebrühe, dem gezupften Dill, Kaviarbrot und dem Kopfsalat servieren. Ausgebrochen werden die Krebse mit den Händen.

Köpenicker Flußkrebsragout in der Artischockenblüte

Stephan Niggemann
Forsthaus Paulsborn
Berlin

8 Artischocken, 2 Zitronen, 40 g Schalotten (gewürfelt), 25 g Butter, 60 g Karotten, 60 g Lauch, 60 g Sellerie, 60 g Kohlrabi, 60 g Petersilienwurzeln, 400 g Krebsschwänze (in Lake), 4 Flußkrebse (frisch), 20 g Basilikum (frisch gehackt), 20 g Dill (gehackt), 20 g Petersilie (gehackt), 0,1 l Weißwein, 0,4 l Sahne, 20 g Pesto, Concassé von 2 Tomaten, 4 Tomaten, 4 Basilikumblätter.

Den Artischocken den Stiel abdrehen, um die im Boden befindlichen Fasern mit herauszuziehen, dann die oberen Blätter mit einer Schere abschneiden. Nun die Artischocken in gesalzenem, mit Zitronensaft versehenem Wasser weich kochen.
In der Zwischenzeit die Schalotten in der Butter andünsten und die geschälten und in feine Streifen geschnittenen Gemüse zugeben, mit dem Weißwein ablöschen und dann mit der Sahne auffüllen.
Nun auf etwa ⅓ einkochen lassen, dann die abgespülten Krebsschwänze, das Pesto, die gehackten Kräuter und das Tomatenconcassé zugeben, evtl. leicht abbinden und abschmecken mit Salz, Pfeffer und Zitronensaft. 4 von den gekochten Artischocken ausbrechen, deren Böden in Streifen schneiden und zum Ragout geben, aus den anderen Artischocken mit Hilfe einer Gabel die Blätter aus der Mitte herausnehmen und die inneren Haare entfernen.
Die noch heißen Artischocken auf den Tellern anrichten, das Krebsragout einfüllen und mit den pochierten ganzen Flußkrebsen, Basilikumblättern und aus den Tomaten gedrehten Röschen ausgarnieren.
Dazu Kräuterbaguettes reichen.

Schorfheider Krebsschwänze mit feinen Schalotten, in Dillbutter gebraten

Matthias Kersten
Pannonia Hotel Döllnsee
Groß Dölln

32 frisch ausgebrochene Krebsschwänze, 0,1 l Knoblauchöl, 50 g Butter, 0,1 l Weißwein, 100 g Schalotten, 1 EL gehackter Dill, Salz und Pfeffer.

Die feingeschnittenen Schalotten im Knoblauchöl und in der Butter

angehen lassen. Die Krebsschwänze sowie den Dill beigeben und mit andünsten. Anschließend mit etwas Weißwein untergießen, mit Salz und Pfeffer würzen und zugedeckt etwa 3 Min. dünsten.
Die Krebsschwänze auf warmen Tellern anrichten.
Kräuterbratkartoffeln schmecken besonders gut dazu.

Savarin von Krebsen, Zander und Safran auf Erbspüree

Stephan Niggemann
Forsthaus Paulsborn
Berlin

200 g Krebsschwänze, 200 g Zander (angefrostet), 0,3 l Sahne (gut gekühlt), 1 g Safran (gemahlen), 1 cl Noilly Prat, 20 g Butter, 200 g Erbsen (eingeweicht), 1,3 l Rinderbrühe, 80 g Zwiebel (gewürfelt), 20 g Petersilie (gehackt), 10 g Majoran (frisch gehackt), Salz, Pfeffer und Muskat.

Garnitur:
4 ganze Flußkrebse, gekocht.

Aus den eingeweichten Erbsen, der Rinderbrühe und den Zwiebelwürfeln ein nicht zu dickes Erbspüree kochen. Dies pürieren und passieren, abschmecken mit Salz, Pfeffer und Muskat, die gehackten Kräuter erst kurz vor dem Anrichten unter das heiße Püree ziehen.
Aus dem Zander, der Sahne und dem Noilly Prat in der Küchenmaschine eine Farce erstellen, diese mit Salz und Pfeffer würzen.
Nun 4 Savarinförmchen ausbuttern und die Hälfte der Farce mit dem Spritzbeutel hineinfüllen, feststreichen. Die restliche Farce mit dem Safran glattrühren und auf die Zanderfarce in die Förmchen spritzen, dann die gewässerten Krebsschwänze ringförmig in die Farce drücken.
Die Savarinförmchen einzeln gut in Klarsichtfolie einpacken und im Wasserbad pochieren.
Zum Anrichten die Savarins stürzen, pro Teller 1 angeschnittenen Savarin und 1 pochierten Flußkrebs auf das Erbspüree setzen.

Bretonischer Hummer mit eingelegtem Chicorée

Rolf Schmidt
Restaurant First Floor
Berlin

2 Hummer (je 600 g), 1 kleine Ingwerwurzel, 1 Limone, 2 cl Wasser, 2 EL Zucker, 4 Chicorée, Salz und Pfeffer, 100 g Butter, 8 cl entfettete Kalbsjus, Kerbelblätter.

Den Ingwer schälen und in kleine Stücke schneiden, die Limonenschale ebenfalls fein würfeln. Das Wasser mit dem Zucker in einem Topf zum Kochen bringen, den Ingwer und die Limonen hinzufügen und 5 Min. auf kleiner Hitze einkochen. Vom Herd nehmen und zur Seite stellen. Die Chicorée entblättern und 20 Blätter für die Garnitur aufbewahren. Den restlichen Chicorée in 1 cm lange Stücke schneiden, salzen, pfeffern und in der Pfanne 5 Min. leicht anbraten. Dann 1 Kaffeelöffel der eingekochten Ingwer-Limonen-Masse hinzufügen.
Die lebenden Hummer 30 Sek. in kochendes Wasser tauchen und wieder herausnehmen. Nachdem sie halbiert worden sind, den Schwanz vom Körper trennen und die Därme entfernen. Die Hummerscheren 5 Min. weiterkochen, damit das Fleisch herausgelöst werden kann. In einer anderen Pfanne Butter erhitzen und die Hummerschwänze darin anbraten, zuerst auf der Fleischseite, dann auf der anderen. Das Fleisch aus den Scheren hinzufügen und 3 Min. in den vorgeheizten Backofen stellen.
Die Kalbsjus aufwärmen und nachwürzen. Zum Anrichten die eingelegten Chicorée in die Mitte der Teller geben und die Hummer darauf legen. Mit Kalbsjus umgießen und mit den Chicoréeblättern und Kerbelzweigen garnieren.

Steckrübennudeln mit Krebsen

Rainer Strobel
Alte Meierei
Berlin-Alt Moabit

1 kg Flußkrebse, 800 g Steckrüben, 200 g Butter, 200 ml Sahne, 200 g Wurzelgemüse, 200 ml Weißwein (trocken), Salz, Zucker, Kümmel, Dill, Zitrone.

Die Krebse in genügend Wasser mit dem Wurzelgemüse, Dill, Kümmel und Salz kochen, abschrecken und die Schwänze ausbrechen.
Die Steckrüben schälen und am besten mit der Aufschnittmaschine in 2 mm dicke Scheiben und anschließend in 1 cm breite Streifen (wie Bandnudeln) schneiden. Dann in Salzwasser blanchieren und in Butter anschwenken.
Auf vorgewärmten Tellern anrichten, mit den warmgehaltenen Krebsschwänzen belegen und mit einer aus den Karkassen gezogenen, evtl. mit etwas Krebsbutter montierten Krebssauce überziehen. Zum Schluß mit Dill und Zitrone garnieren.

Fleisch und Innereien

Da das Rindvieh gewöhnlich auf der linken Seite liegt und schläft, so sind die Lenden, Nieren auf dieser Seite durchgängig dicker und fetter, als sie auf der anderen Seite zu sein pflegen.

Eugen von Vaerst
Gastrosophie oder Lehre von den Freuden der Tafel

Glückselige Zeit, in der Rindfleischesser sich allenfalls Gedanken darüber machten, ob wohl der Lendenbraten, den sie gerade verzehrten, von der linken oder rechten Seite des Ochsen stammen mochte, und die englische Heimsuchung BSE noch in weiter Ferne war.

Selbst im Mutterland der Beefeaters konnte sich damals sicherlich niemand vorzustellen, daß die Nachfahren eines Tages die kleingemahlenen Kadaver von kranken Schafen an ihre bedauernswerten Ochsen verfüttern würden. Weshalb den in Mitleidenschaft gezogenen, nicht minder bedauernswerten Viehzüchtern auf dem europäischen Festland nichts anderes übrigblieb, als ihr Mastvieh mit einem Stammbaum, sprich Herkunftsnachweis, zu versehen. Ein verzweifelter Versuch, das von den Engländern verspielte Verbrauchervertrauen wiederherzustellen.

Im in kulinarischen Dingen weitaus kritischeren, wenn nicht mißtrauischeren Frankreich war eine solche Benennung von Züchter und Lieferant von jeher schon gang und gäbe. Der Franzose wußte immer schon gerne über die Herkunft seiner Viktualien Bescheid.

Auf dem jährlich stattfindenden Markt von Lessay in der Normandie, einem der letzten großen Bauernmärkte Frankreichs, wo immer am 2. Wochenende im September Tausende von Hammel- und Lammkeulen sich am Spieß drehen, wollte man seit jeher wissen, von wem die Lämmer, deren Keulen man zu verzehren gedachte, herangezogen wurden und wie sie während ihres kurzen Lebens gefüttert wurden. Weshalb die beliebtesten Schlachter und Spießdreher gestempelte Papiere an ihre Keulen hängen, auf denen der Name und die Adresse des Züchters vermerkt ist. Anhand welcher Anhänger dann der kundige Konsument seine Keule aussucht, bezahlt und sie sich zubereiten läßt. Wobei natürlich eine eingehende Inaugenscheinnahme des Kaufobjekts vorausgeht. Denn ohne diese würde auch der beste Stammbaum nichts nützen.

Glücklicherweise hat auch in Deutschland in den letzten Jahren ein immer stärker werdendes Verbraucherbewußtsein um Aufzucht und Qualität, vor allem beim Schlachtvieh, dazu geführt, daß immer mehr Mastbetriebe zu einer artgerechten Tierhaltung zurückgekehrt sind. Besonders beim Schwein, das seit jeher der wichtigste Fleischlieferant in bundesdeutschen Haushalten ist.

Das Schwein ist es auch, dem die Berliner und Brandenburger Küche ihre typischen und originellsten Gerichte verdankt: das Eisbein und den Kasseler Rippenspeer. Letzterer wurde bekanntlich nach dem Berliner Fleischermeister Johann Cassel aus der Potsdamer Straße benannt, ersteres hat seinen Namen davon, daß aus dem Kniebeinknochen des Schweines früher Eislaufschuhe für Kinder geschnitzt wurden.

Aber auch Hammel war ein beliebter Fleischlieferant, wie die Urberliner Gerichte „Bollenfleisch" und „Hammelfleisch mit Bohnen" beweisen.

Parallel zu diesen deftigen Gerichten, die in den einfachen Gasthäusern und den Bierpalästen serviert wurden, gab es in der Altberliner Küche aber durchaus auch elegante Fleischgerichte, wie das Kalbfleisch mit Stachelbeeren, das in einem Rezept von Fontanes Großmutter, Auguste Wilhelmine Friederique Charlotte Fontane, verewigt wurde, oder der getrüffelte Schweinerücken, den der Bankier Mendelssohn seinen Gästen vorzusetzen pflegte. Das zwar nicht eleganteste, aber dennoch immer wieder ins Feld geführte Fleischgericht der Berliner Küche ist das Schnitzel Holstein. Kreiert wurde es im Borchardt, wo Freiherr von Holstein, die graue Eminenz in der Regierung Bismarcks, jeden Mittag zu speisen pflegte. Er aß stets das gleiche: „Mein Schnitzel", wie er es zu bestellen beliebte.

Es gibt verschiedene Versionen über die Entstehung dieses Gerichts. Die plausibelste lieferte Walter Bickel, der sie von einem längst verstorbenen Küchenchef des Borchardts, erzählt bekam. Demzufolge soll der Geheimrat eines Tages sehr in Eile gewesen sein und darum gebeten haben, Vorspeise und Hauptgang in einem zu servieren.

Rezept Seite 92: Schnitzel Holstein, Harald Höllrigl, Restaurant Borchardt, Berlin

Millefeuille vom Rinderfilet mit Gemüsetagliatelle

Rolf Schmidt
Restaurant First Floor
Berlin

4 Rinderfilets von je etwa 150 g, Salz und Pfeffer aus der Mühle, Butter, 200 g rohe Gänseleber sowie 20 g Trüffelscheiben, 200 g Schweinenetz, 200 ml Kalbsfond und 200 ml Bouillon sowie 60 g Butter.

Gemüsetagliatelle:
240 g feine Tagliatelle, 1 dl Sahne, 40 g Gemüsestreifen (Lauch, Sellerie, Karotten), geriebener Parmesan sowie grobes Salz, 12 Kerbelblättchen.

Die Rinderfilets mit grobem Salz und Pfeffer würzen und rasch auf beiden Seiten in gebräunter Butter goldbraun braten. Kühl stellen. Die Gänseleber in 8 feine Scheiben schneiden, mit Salz und Pfeffer würzen, in einer beschichteten Pfanne schnell anbraten.
Die Filets quer zur Faserrichtung in je 3 Scheiben schneiden und je Scheibe mit der angebratenen Gänseleber und den Trüffelscheiben garnieren. Danach in eine Plastikfolie hüllen, um ihnen eine schöne Form zu geben, und erneut in den Kühlschrank stellen. Sobald die Fleischstücke schön fest sind, die Plastikfolie entfernen und die Stücke in Schweinenetz hüllen.
In der Pfanne von allen Seiten 4 Min. braten, das Fett aus der Pfanne entfernen, den Kalbsfond und die Bouillon hinzufügen, einkochen lassen, nachwürzen, mit kalter Butter aufmontieren und zur Seite stellen.
In der Zwischenzeit die Tagliatelle 3 bis 4 Min. in siedendem Wasser garen, gleichzeitig die Sahne mit den feinen Gemüsestreifen einkochen, wenn sie gar sind, die gut abgetropften Nudeln und den geriebenen Parmesan untermischen. Die Filets so auf den Tellern anrichten, daß man die von den verschiedenen Farben gebildete Zeichnung sieht. Mit grobem Salz bestreuen. Neben dem Fleisch die Tagliatelle mit Hilfe einer Gabel kuppelförmig auflegen und mit Kerbel garnieren. Zum Schluß die Sauce dazwischengeben.

Rinderfilet auf Minz-Rosinen-Sauce

Antje Ljunggren
Alte Försterei
Kloster Zinna

Rinderfilet:
4 Rinderfilets von je 180 g, 5 EL Orangensaft, 2 EL Rosinen sowie ½ TL Orangenschalenaroma, 4 EL Johannisbeergelee, Salz, Pfeffer, Tabasco, 1 EL frisch gehackte Minze.

In der Pfanne Orangensaft über die Rosinen gießen. Das Orangenschalenaroma und Johannisbeergelee unterrühren und mit Salz, Pfeffer und Tabasco würzen. Zuletzt die Minze untermischen.

Beilage:
1 Avocado, 2 Schalotten, 1 EL Zitronensaft, ½ TL Senfpulver, Salz, Pfeffer, 1 EL Schnittlauchröllchen, 3 EL Öl, 1 EL Wasser.

Die geschälte Avocado in dünne Spalten schneiden. Feingewürfelte Schalotten mit etwas Senfpulver und Zitronensaft anrühren. Gemisch mit Salz und Pfeffer würzen. Zuletzt Schnittlauchröllchen, Öl und Wasser unterrühren.
Die Rinderfilets auf beiden Seiten etwa 4 bis 5 Min. braten.

Anrichten:
Auf heiße Teller einen Saucenspiegel gießen und je 1 Rinderfilet darauf setzen. Avocadoschnitze und Mischsalat auf den Tellern anrichten und mit Schnittlauchdressing marinieren. Dazu passen gebackene Kartoffelplätzchen.

Gekochte Rinderbrust mit Bouillonkartoffeln, Gemüse und Meerrettichsauce

Hans-Jörg Schlenker
Preußischer Hof
Liebenwalde

1,4 kg Rinderbrust ohne Knochen, Salz, Pfeffer, 1 Spickzwiebel und 5 Gewürznelken, 2 Lorbeerblätter, 1 Bd. Suppengrün und 4 Karotten, 200 g grüne Bohnen, 1 Wirsingkopf, 1 kg Kartoffeln aus der Mark, 100 g magerer, geräucherter Speck, Zwiebel, Salz, Pfeffer, Muskatnuß (gerieben), ½ l flüssige Sahne und 60 g Butter, 1 kl. Bd. Petersilie sowie 16 frische Markscheiben.

Die Rinderbrust waschen und in heißes Wasser geben. Einmal aufkochen lassen, das Wasser abgießen und die Brust nochmals waschen. Anschließend die Brust mit kaltem Wasser aufsetzen, mit Salz würzen. Gespickte Zwiebel mit Lorbeerblatt, Gewürznelken und Suppengrün beigeben. Etwa 2 bis 3 Std. bei geringer Hitze kochen lassen. Das Fleisch herausnehmen und warm stellen. Die Brühe durch ein Haarsieb mit einem Passiertuch passieren.
Während die Rinderbrust noch kocht, die Kartoffeln schälen, in kleine Würfel schneiden und in Salzwasser kochen.
Kleine Gemüsewürfelchen von Karotten und Sellerie schneiden, kurz in Butter andünsten, Kartoffeln dazugeben und mit der Brühe etwa 10 Min. leicht kochen lassen.

Karotten schälen und tournieren, Bohnen waschen, schnippeln und in Salzwasser mit Biß kochen, dann in Eiswasser abschrecken.
Die Rinderbrust in fingerdicke Scheiben schneiden, mit den Bouillonkartoffeln und dem Gemüse umlegen und mit etwas Rinderbrühe übergießen. Mit wenig grobem Salz und gehackter Petersilie bestreuen.

Gefülltes Wirsingköpfchen:
Beim Wirsingkopf den Strunk entfernen. Die Außenblätter im Salzwasser blanchieren. Kurz kochen lassen (etwa 5 Min.), dann in Eiswasser abschrecken und trockenlegen. Anschließend vom Strunk die Blätter entfernen. Danach den restlichen Wirsingkopf in ganz kleine Würfelchen schneiden, mit Butter, Speck- und Zwiebelwürfelchen etwa 5 Min. anschwitzen, mit Salz, Pfeffer und geriebener Muskatnuß würzen, flüssige Sahne angießen, einkochen lassen, bis die Masse leicht sämig ist.

Tip:
Laufend umrühren. Der Wirsing brennt sonst schnell an.
Anschließend die vorbereiteten Außenblätter in eine kleine Suppenkelle legen und dann mit der Wirsingmasse füllen. Mit dem überstehenden Blätterrand verschließen und würzen.

Meerrettichsauce:
Mit 50 g Butter und 50 g Mehl eine weiße Mehlschwitze zubereiten, etwas abkühlen lassen und mit Fleischbrühe auffüllen und 10 Min. kochen lassen, dann 50 g frisch geriebenes Weißbrot ohne Kruste sowie 100 g geriebenen Meerrettich dazugeben. Nun etwas Milch oder flüssige Sahne angießen und vorsichtig mit etwas Tabasco würzen. Zum Schluß Butterflöckchen unterziehen.

Tip:
Die Sauce muß cremig sein.

Anrichten:
Gefülltes Wirsingköpfchen, grüne Bohnen, tournierte Karotten und die Bouillonkartoffeln auf vorgewärmtem Porzellanteller oder Platte anrichten. Die Rinderbrust in Scheiben schneiden, mit blanchierten Markscheibchen belegen und mit frisch gehackter Petersilie bestreuen. Meerrettichsauce separat in Sauciere servieren.
Als Beilage eignen sich gut Essiggemüse, rote Bete sowie Wildpreiselbeeren.

Überbackenes Ochsenschwanzfleisch

Artur Bukalo
Berlin Excelsior Hotel
Berlin

Ragout:
2,2 kg Ochsenschwanz, 500 g Wurzelgemüse, 2 EL Tomatenmark, 1 l Rotwein, Gewürze (Nelken, Koriander, Pfefferkörner, Lorbeerblatt).

Kartoffelpüree:
700 g Kartoffeln, 10 cl Sahne sowie 60 g Butter, 2 Eigelb, Pfeffer, Salz und Muskat.

Ragout:
Den Ochsenschwanz in Stücke schneiden und größere Fettstücke entfernen. Das Fleisch würzen und in einem Bräter scharf anbraten. Das Wurzelgemüse putzen, in 2-cm-Würfel schneiden, zu dem Ochsenschwanz geben und mitrösten. Tomatenmark einrühren, mit Rotwein ablöschen, Gewürze dazugeben, etwas Wasser auffüllen und etwa 2 Std. schmoren. Wenn sich das Fleisch vom Knochen löst, herausnehmen und etwas abkühlen lassen.
Das Fleisch vom Knochen lösen und die Knorpel entfernen. Die Sauce passieren, entfetten und reduzieren lassen, danach abschmecken; mit etwas trockenem Rotwein, Salz, Pfeffer, Koriander und etwas Butter aufmixen. Jetzt das Fleisch wieder zurück in die Sauce geben.

Kartoffelpüree:
Die Kartoffeln schälen, kochen, passieren und mit der Sahne und Butter glattrühren, abschmecken und die Eigelbe unterrühren. Das Ochsenschwanzfleisch im Metallring auf Tellern anrichten und mit dem Kartoffelpüree überbacken, Metallring entfernen und mit kleinem Gemüse umlegen.

Gepökelte Ochsenzunge in Rosinensauce

Michael Häberer
Hotel Mercure
Potsdam

1 gepökelte Ochsenzunge, 1 Bd. Suppengrün, 1 Zwiebel, Salz, Pfeffer, Lorbeer, Piment, 200 g Kalbsknochen (gehackt), 50 g Schmalz, 1 Bd. Suppengrün, 30 g Tomatenmark, 200 ml trockener Rotwein und 50 g Mehl, 1 Thymianzweig, 50 g Rosinen, 100 ml Cream Sherry sowie 200 g Wurzelgemüse (gewürfelt).

Die Ochsenzunge vom Fleischer pökeln lassen. Die Zunge mit kaltem Wasser zum Kochen bringen und ständig abschäumen. Das Suppengrün, die angerösteten Zwiebeln und die Gewürze hinzugeben und die Zunge etwa 3 Std. kochen lassen.
Die Ochsenzunge in kaltem Wasser abschrecken, abziehen und Schlund und Fett abschneiden. Die Brühe durch ein Sieb gießen und beiseite stellen. Die Rosinen

waschen und in dem Sherry einweichen.
Die Kalbsknochen in walnußgroße Stücke hacken und in Schmalz anrösten. Das geschnittene Wurzelgemüse und das Tomatenmark hinzufügen und ebenfalls anrösten. Den Saucenansatz mehrmals mit dem Rotwein ablöschen, einkochen lassen und mit Mehl anstäuben. Die Knochen mit der Zungenbrühe auffüllen, aufkochen lassen und gut abschäumen. Die Gewürze hinzufügen, 3 Std. durchkochen lassen und durch ein Sieb passieren.
Die Rosinen und den Sherry in die Sauce geben, aufkochen und noch einmal abschmecken. Die Ochsenzunge in Scheiben schneiden, auf warmen Tellern anrichten und mit der Sauce übergießen. Als Beilagen werden klassisch Apfelrotkraut und Semmelklöße gereicht.

Preußischer Pfefferklops

Jürgen Zastrow
Zum Fliegenden Holländer
Potsdam

4 Rumpsteaks von je 200 g, 1 Zwiebel, Salz, Pfeffer aus der Mühle, etwas Öl, 60 g Butter, 20 g Mehl, 0,5 l brauner Fond, 1 Lorbeerblatt, 4 Gewürzkörner, Rotwein, 1 EL Senf, Majoran.

Zwiebel pellen und in Scheiben schneiden. Die Fleischscheiben salzen und pfeffern und mit den Zwiebeln in einem Bratentopf mit Öl und Butter anbraten. Das Fleisch aus dem Topf nehmen. Dann die Zwiebeln mit Mehl bestäuben und mit dem Fond und Rotwein aufgießen. Zugedeckt mit Lorbeerblatt und Gewürzkörnern weich schmoren. Die Sauce mit Majoran, Senf, Salz und Pfeffer abschmecken.
Dazu passen neue Kartoffeln und Mischgemüse.

Kalbslende im Röstimantel auf Teltower Gemüse

Stephan Niggemann/
Steffen Stiasny
Forsthaus Paulsborn
Berlin

600 g pariertes Kalbsfilet, 1,2 kg Pellkartoffeln von festkochenden Kartoffeln (halbgar gekocht), 1 Eigelb, 10 g Majoran (gehackt), 10 g Petersilie (gehackt), 30 g Butterschmalz, 1/2 l Kalbsjus, 4 cl Sherry, 30 g kalte Butter (gewürfelt), 100 g Telower Rübchen (tourniert), 100 g Karotten (tourniert), 100 g Kohlrabi (tourniert), 150 g Kaiserschoten (geputzt), 30 g Schalotten (fein gewürfelt), 20 g Butter, Salz, Pfeffer, Muskat.

Das Kalbsfilet in 4 gleich große Stücke teilen, diese würzen und von allen Seiten scharf anbraten. Die halbgar gekochten Kartoffeln pellen, auskühlen lassen und dann mit der Reibe zu Röstkartoffeln reiben. Unter die Kartoffelmasse das Eigelb und die gehackten Kräuter ziehen, mit Salz, Pfeffer und Muskat würzen. Die Kalbsfilets einzeln in die Röstimasse einpacken, die Masse dabei gut festdrücken.
Die Kalbsfilets im Röstimantel in Butterschmalz anbraten und im vorgeheizten Ofen bei 200 °C in etwa 20 Min. fertiggaren.
In dieser Zeit die Kalbsjus auf die Hälfte reduzieren, dann den Sherry zugeben und die Sauce mit den Butterstücken aufmontieren. Die blanchierten Gemüse in der Butter zusammen mit den Schalotten anschwenken, würzen und in der Mitte der Teller anrichten. Die Sherryjus außen um das Gemüse gießen, pro Teller 1 Kalbsfilet im Röstimantel tranchieren und auf das Gemüse setzen.

Schnitzel Holstein

Bild Seite 88

Harald Höllrigl
Restaurant Borchardt
Berlin

Gemüse:
400 g Bohnen (geputzt), 1 kleinere Zwiebel, 100 g Speck in kleinen Würfeln, Butter, Salz, Pfeffer.

Den Speck mit Butter anschwitzen, die gehackten Zwiebeln zugeben und goldgelb rösten, die geputzten und gekochten Bohnen zugeben und abschmecken.

Bratkartoffeln:
400 g Bamberger Hörnchen (gekocht, geschält), 1 kleine Zwiebel, Petersilie, Butterschmalz.

Die gekochten und in Scheiben geschnittenen Kartoffeln in Butterschmalz knusprig braten, zum Schluß, vor dem Anrichten, die gehackten Zwiebeln zugeben. Petersilie und Gewürze beimengen.

Kanapees:
Weißbrot, Butter (zum Bestreichen), Hummer (Schwanzstücke), Trüffel (schwarz), Räucherlachs, Kaviar, Dill, Parmaschinken, Honigmelone, Kerbel.

Das ausgestochene Weißbrot mit Butter bestreichen. Je nach Art des Kanapees mit den jeweiligen Zutaten belegen und garnieren.

Schnitzel:
8 dünne Kalbsschnitzel, Butterschmalz, Salz, Pfeffer, Mehl.

Rezept Seite 96: Leber Berliner Art, Oskar Richter, Hotel Müggelsee Berlin, Berlin-Köpenick

Garnitur:
16 Wachtelspiegeleier, 8 Sardellenfilets, 1 EL Kapern.

Die Schnitzel in Mehl wenden und in Butterschmalz braten, salzen und pfeffern. Mit ebenfalls in Butter gebratenen Wachtelspiegeleiern belegen. Kapern und Sardellen darüberstreuen.

Anrichten:
Auf Tellern je 2 kleine Kalbsschnitzel mit 2 Wachtelspiegeleiern, Sardellen und Kapern sowie die Bohnen, Bratkartoffeln und die Kanapees anrichten. Je nach Geschmack können auch andere Zutaten für die Kanapees genommen werden.

Kalbsnuß in Stachelbeersauce

Achim Fleischmann
Gasthaus am Dachsberg
Bad Saarow

50 g Bauchspeck und 800 g Kalbsnuß, 50 g Butter, 1 EL Zucker, 200 g Stachelbeeren, 0,1 l Weißwein, 2 Eigelb, 1 Msp. Zimt, Salz und weißer Pfeffer.

Den Bauchspeck in dünne Streifen schneiden und die Kalbsnuß damit spicken. Kalbsnuß mit Salz und weißem Pfeffer einreiben und in heißer Butter braten. Nach etwa 40 Min. 3/4 der Stachelbeeren, Zucker und Zimt dazugeben und weiterbraten.
Wenn alles gut angebraten ist, mit dem Weißwein ablöschen und weich dünsten.
Sauce durch ein Sieb streichen, abschmecken, restliche Stachelbeeren dazugeben, aufkochen, vom Herd nehmen und mit den verquirlten Eigelben vermischen. Das Fleisch in Scheiben schneiden und die Sauce darübergeben.

Als Beilage werden junges Gartengemüse oder auch Teltower Rübchen und Petersilienkartoffeln empfohlen.

Kalbstaschen, gefüllt mit Taleggio

Maximilian Dreier
Restaurant Villa Kellermann
Potsdam

600 g Kalbsrücken, 100 g Taleggio (ital. Rohmilchkäse), 4 cl Cognac, etwas Kalbsjus, 1 Ei, Mehl zum Bestreichen, Olivenöl zum Anbraten, 1 Schuß Sahne.

Vom Kalbsrücken dünne Scheiben schneiden. Die erste nicht ganz durchtrennen, die zweite vollständig. Die Scheiben auseinanderklappen und dann mit dem Fleischhammer breit klopfen.
80 g von dem Taleggio in die Mitte legen, an den Rändern mit Mehl und dem Ei bestreichen, zuklappen und mit dem Hammer am Rande festklopfen.
In heißem Olivenöl beidseitig anbraten. Mit Cognac ablöschen, etwas Kalbsjus sowie die restlichen 20 g Taleggio mit einem Schuß Sahne zugeben.
Im Mai und Juni mit weißem Beelitzer Spargel servieren!

Kalbsrippchen mit Stachelbeeren

Jürgen Zastrow
Zum Fliegenden Holländer
Potsdam

1,2 kg Kalbsbrust, Salz, Pfeffer, Butter, Öl, 1 Möhre, 1 Petersilienwurzel, 1 Zwiebel, 1/4 l Weißwein, 1/4 l Brühe, 1 kleine Zimtstange, etwas unbehandelte Zitronenschale, 400 g Stachelbeeren (nicht zu reif), 4 Schalotten, 2 EL Zucker, 2 Eigelb und 4 EL flüssige Sahne.

Die Kalbsbrust salzen und pfeffern, in Butter und Öl anbraten. Die geputzte und in Stücke geschnittene Möhre, Petersilienwurzel und die gehackten Zwiebeln dazugeben und kurz mitbraten.
Mit der Hälfte der Brühe und der Hälfte des Weißweins angießen und im Ofen weich schmoren. Zwischendurch das Fleisch des öfteren mit dem Rest der Brühe und dem Rest des Weißweins begießen. Etwa 20 Min. bevor die Brust gar ist, die Hälfte der Stachelbeeren dazugeben, ebenso die Zitronenschale und den Zimt.
In einem Topf die in Würfel geschnittenen Schalotten in etwas Butter anschwitzen, den Zucker dazugeben, leicht karamelisieren und die restlichen Stachelbeeren darin schmoren. Die Sauce durch ein Sieb streichen, mit den Eigelben und der Sahne legieren und die Beeren dazugeben.
Als Beilagen passen Kartoffelbrei und Kopfsalat.

Wirsingroulade mit Kalbfleischfüllsel, Holundersauce und Kartoffel-Champignon-Knödel

Helfried Reichel
Parkhotel Dallgow
Dallgow-Döberitz

8 große Blätter Wirsing, Kümmel, 300 g Kalbsbug, 2 Eiklar, 0,2 l Sahne, 2 cl Cognac, Salz, Pfeffer, 80 g gekochte Rinderpökelzunge sowie 80 g magerer Speck, 400 g Kartoffeln, 2 Eigelb, 15 g Weizengrieß, 80 g Mehl, 1 Muskatnuß, 150 g Champignons, 20 g Butter, 2 Scha-

lotten, 1 Bd. Schnittlauch, Knoblauch und 1/8 l Holundersaft sowie 80 g Butter.

Zuerst die Wirsingblätter kurz in kochendes Salzwasser geben, das mit reichlich Kümmel abgeschmeckt ist, und danach in Eiswasser abschrecken. Den Kalbsbug gut gekühlt durch den Fleischwolf treiben. Im Küchenmixer mit dem Eiklar und der nach und nach zugeführten Sahne zu einer glatten Masse arbeiten. Mit Cognac, Salz und Pfeffer abschmecken. In eine Schüssel geben und zum Schluß die in feine Würfel geschnittene Rinderpökelzunge unterheben.
Auf einem Küchenbrett die Wirsingblätter zu 4 gleich großen Portionen ausbreiten, salzen und pfeffern. Die Masse 0,5 cm stark auftragen und die Rouladen zuerst seitlich einschlagen und danach aufrollen. Mit Küchengarn binden. In einer Pfanne den mageren Speck auslassen und danach die Rouladen einsetzen. Im Ofen bei 160 °C etwa 20 Min. garen.
In der Zwischenzeit die Kartoffeln abkochen und pellen. Noch warm durch die Kartoffelpresse drükken. Die Eigelbe, den Weizengrieß, das Mehl, Salz und geriebene Muskatnuß unterrühren. Die Champignons sauber putzen, gegebenenfalls abziehen, aber nach Möglichkeit nicht waschen.
Die Schalotten in feine Würfel schneiden. Butter in eine Pfanne geben, mit den Schalotten und den geviertelten Champignons kurz anschwenken. Sofort wieder aus der Pfanne nehmen und mit Knoblauch, Salz, Pfeffer und dem geschnittenen Schnittlauch vermengen.
Die Kartoffelmasse in die Hand nehmen, eine Vertiefung eindrükken und dann mit dem Champignongemisch füllen. In reichlich kochendem Salzwasser garen, bis sie an der Oberfläche schwimmen. Noch etwa 10 Min. ziehen lassen. Danach mit einer Schaumkelle herausnehmen und in frischer Butter goldgelb braten.
Für die Sauce den Fond aus der Kohlrouladenpfanne durch ein Tuch passieren und zusammen mit dem Holundersaft reduzieren lassen. Mit 2 eisgekühlten Butterstückchen und dem Handmixer die Sauce vollenden.

Anrichten:
Jeweils 1 Kohlroulade diagonal aufschneiden und auf die Teller setzen, 2 Knödel dazu anrichten. Zum Schluß die Sauce vor die aufgeschnittenen Rouladen geben.

Kalbsroulade mit Sahnesauce, Kartoffelpüree und grünem Salat

Bernhard Mummert
Imperator Strandhotel
Klausdorf

4 Kalbsrouladen, Salz, Pfeffer, 2 EL Senf, 100 g Zwiebeln, 50 g Speck, 2 Gewürzgurken, 50 g Fett (zum Anbraten), 0,5 l Brühe, 5 cl Sahne.

Kartoffelpüree:
600 g geschälte Kartoffeln, 1 TL Salz, 1 geschlagenes Ei, 2 EL Butter, 2 EL Milch, 1 TL Muskat, Salz und Pfeffer.

Die Rouladen leicht klopfen, mit Salz und Pfeffer bestreuen und mit Senf einstreichen. Zwiebeln, Speck und Gewürzgurken würfeln, die Rouladen damit füllen und zusammenrollen. Mit Rouladennadeln zusammenhalten.
Im heißen Fett ringsum anbraten. Nach und nach die Brühe aufgießen und die Rouladen gar schmoren. Die Rouladen herausnehmen und warm stellen. Die Sahne auffüllen und alles leicht einkochen, dann mit Salz und Pfeffer abschmecken.
Die geschälten Kartoffeln im Salzwasser gar kochen, abgießen, in eine feuerfeste Form geben und im Backofen bei 150 °C 12 Min. trocknen lassen. Dann die Kartoffeln in einer Schüssel pürieren. Alle Zutaten zugeben und den Brei weich und cremig schlagen. Das Kartoffelpüree in einen Spritzbeutel mit großer Tülle einfüllen, auf die Teller dressieren und dann die Rouladen und die Sauce dazugeben.

Grüner Salat:
1 Kopfsalat, 200 ml Joghurt, 1 kleine Zwiebel, 1 kleine Knoblauchzehe, 5 TL Essig, 1 TL Zucker sowie 1 EL Schnittlauch, 1 EL Petersilie und 1 TL Dill.

Den Kopfsalat waschen und die großen Blätter kleinzupfen. Eine Schüssel mit der Knoblauchzehe ausreiben und alle Zutaten darin vermischen. Den Salat auf Tellern anrichten und die aus den restlichen Zutaten bereitete Salatsauce darübergeben. Mit Zitronenmelissezweigen dekorieren.

Himmel und Erde (Kartoffelpüree mit Apfelbutter und Kalbsleberscheiben)

Thomas Iwan
Schloßhotel Cecilienhof
Potsdam

Kartoffelpüree:
600 g geschälte Kartoffeln und 150 g Milch, 4 EL Butter und Salz.

Apfelbutter:
20 Apfelspalten, 4 EL Butter, 1 EL

Zucker, ¼ l Weißwein, 2 EL kalte Butter.

Kalbsleber:
400 g Kalbsleber, etwas Mehl, Pfeffer, Salz und 1 Zwiebel.

Die Kartoffeln weich kochen, abdampfen, in die erhitzte Milch mit der Butter pressen und mit einem Schneebesen glattrühren.
Die Apfelspalten in Butter anschwitzen, mit Zucker bestreuen, karamelisieren lassen und mit Weißwein ablöschen. Wenn die Flüssigkeit verdunstet ist, mit kalter Butter binden.
Die Kalbsleber mehlieren und anbraten, anschließend würzen. In dem Bratenfond Zwiebelringe in Olivenöl kroß braten.
Vor dem Servieren dekorativ auf den Tellern anrichten.

Leber Berliner Art

Bild Seite 93

Oskar Richter
Hotel Müggelsee Berlin
Berlin-Köpenick

8 Scheiben Kalbsleber, 240 g geschälte Zwiebeln, 2 Äpfel, 80 g Butter, etwas Mehl, Salz und Pfeffer.

Die Kalbsleber von Sehnen und Häuten befreien und in Tranchen von etwa 100 g schneiden. Die Butter zum Schäumen bringen und die in Mehl gewälzten Tranchen in der heißen Butter von beiden Seiten gleichmäßig bräunen.
Die gebratene Leber vom Feuer nehmen und warm stellen. Die entkernten Äpfel in Scheiben schneiden sowie die Zwiebeln in Ringe, beides in Bratenfond hell dünsten und die Apfelscheiben auf vorgewärmtem Geschirr anrichten.
Die warme Leber pfeffern und salzen, auf Apfelscheiben legen, darüber die gedünsteten Zwiebelringe geben und mit heißer Butter überziehen.
In Berlin werden dazu mit Vorliebe Stampfkartoffeln mit frischem Schnittlauch und grünem Salat gereicht.

Kalbsbries in Kräuter-Ei-Hülle auf Lauchgemüse

Andreas Bild
Mövenpick Schönefeld
Berlin

500 g Kalbsbries, ¼ l Brühe, 1 EL Essig, 5 Pfefferkörner, ½ Lorbeerblatt, 2 Eier, 1 EL gehackte Petersilie und 1 EL Schnittlauch (in feine Röllchen geschnitten), Mehl zum Bestäuben, 60 g Butterschmalz, 500 g Lauch, 50 g Crème fraîche, 50 g Weißwein, 50 g Butter, Salz, Pfeffer (frisch gemahlen), 20 rosa Pfefferkörner.

Das Kalbsbries etwa 2 Std. in kaltem Wasser wässern, zwischendurch das Wasser wechseln. Dann von Haut und Fett befreien. Brühe, Essig, Pfefferkörner und Lorbeerblatt zum Kochen bringen, das Bries hineingeben und langsam, je nach Dicke des Brieses, etwa 10 Min. leicht köcheln lassen. Das Bries sollte dann eine feste Konsistenz haben. In Eiswasser abschrecken und trockentupfen, in 8 Scheiben schneiden.
Den Lauch putzen und waschen. Die halbierten Stangen schräg in Streifen schneiden.
In der Butter andünsten, mit dem Weißwein 8 Min. dünsten lassen, mit Salz und Pfeffer abschmekken. Die Crème fraîche zugeben und langsam einkochen lassen.
Kalbsbriesscheiben mit Mehl bestäuben, durch die zerschlagene Eier mit den Kräutern ziehen und in heißem Butterschmalz von beiden Seiten anbraten.
Nun das Lauchgemüse auf den Tellern anrichten und mit den Kalbsbriesscheiben belegen.
Den rosa Pfeffer als Dekoration darüberstreuen.

Schnitzel vom Kalbsbries auf Kürbisspaghetti an Sauternesbutter

Markus Semmler
Schloßhotel Cecilienhof
Potsdam

600 g gut gewässertes Kalbsbries (beim Metzger vorbestellen) sowie 1 l Wasser, 0,2 l Weißwein und 0,1 l Weißweinessig, 2 Gemüsezwiebeln und 50 g Sellerie, 50 g weißer Lauch, 3 Lorbeerblätter, 3 Nelken, 3 Wacholderbeeren, 6 Pfefferkörner, Salz, geriebenes Weißbrot sowie Butter zum Braten.

Kürbisspaghetti:
1 nicht zu großer Kürbis, 2 EL Olivenöl.

Sauternesbutter:
2 Schalotten, 0,1 l Kalbsbriesfond, 0,4 l Sauternes (oder süßer Eiswein), 0,2 l Sahne, 100 g kalte Butter, Salz, gehackter Estragon.

Das Wasser mit den feingeschnittenen Zutaten aufsetzen und gut durchkochen lassen. Das Kalbsbries zugeben und etwa 20 Min. bei 70 °C ziehen lassen. Vom Herd nehmen und im Fond auskühlen lassen. Vom Kalbsbries Scheiben schneiden und im frisch geriebenen Weißbrot panieren, in Butter ausbraten.
Den Spaghettikürbis halbieren und in kochendem Wasser 8 Min. garen und in Eiswasser abschrekken. Mit einer Gabel gegen den Strich die Kürbisfäden herauszie-

hen, in einer heißen Pfanne mit Olivenöl kroß braten.
Für die Sauternesbutter die Schalotten anschwitzen, mit Fond und Sauternes auffüllen, einkochen, mit Sahne auffüllen, nochmals reduzieren und mit dem Pürierstab aufmixen, Butter einmontieren und etwas gehackten Estragon zugeben. Mit Salz abschmecken.

Kalbsnierenspieß mit jungen Zwiebeln und Tomatenkompott

Bild Seite 98

Johannes King
Restaurant Grand Slam
Berlin

1 Kalbsniere mit Fett, 200 g durchwachsener, mildgeräucherter Speck, 25 kleine Frühlingszwiebeln, 5 Flaschentomaten, 12 Schalotten, 100 g geklärte Butter, 4 cl Balsamico-Essig, 1/8 l leichte Kalbsjus, Salz, Pfeffer, Zucker, frischer Blüten-Thymian.

Die Kalbsniere mit leichtem Fettansatz in die einzelnen Segmente zerteilen und abwechselnd mit 10 blanchierten, halbierten Schalotten und dünnen Speckscheiben aufspießen und in geklärter Butter kurz, aber sehr scharf von allen Seiten anbraten. Mit Salz und Pfeffer würzen und an einem warmen Ort ruhenlassen.
Frühlingszwiebeln putzen, bißfest in Salzwasser blanchieren, herausnehmen und ebenfalls warm halten. Tomaten enthäuten und entkernen. Die restlichen 2 Schalotten fein schneiden und in etwas geklärter Butter anschwitzen, mit Balsamico-Essig ablöschen, die feingewürfelten Tomaten dazugeben und mit Thymian, Salz, Pfeffer und Zucker abschmecken. Den Bratensatz der Nierenspieße mit etwas Balsamico-Essig ablöschen, Kalbsjus dazugeben, 2 bis 3 Minuten köcheln lassen und die Nierenspieße damit beträufeln. Das Tomatenkompott und die Frühlingszwiebel dazugeben und mit Thymianblüten garnieren.

Ragout von Kalbsbries und Nierchen in Pommery-Senf mit tournierten Gemüsen

Andreas Fischer
Hotel Mondial
Berlin

500 g Kalbsbries, 1 Kalbsniere und 1/4 l Bratenjus, 1/4 l Sahne, 1 dl Sherry (trocken), 2 EL Pommery-Senf, 8 Champignons, 1 mit Lorbeerblatt und 3 Nelken gespickte Zwiebel, 1 EL Champagneressig, Salz, Pfeffer, 1 l Wasser, 50 g Butter, 1 EL Öl, 1 EL gehackte Glattpetersilie sowie 1 EL gehackte Schalotten.

Für die Beilage:
je 12 tournierte (in Form gebrachte) Kartoffeln, Karotten, Zucchini, Kohlrabi und Navetten (Rübchen).

Das Kalbsbries wässern, bis die Flüssigkeit vollkommen klar ist. Dann mit der gespickten Zwiebel, Wasser und Essig kalt ansetzen und zum Kochen bringen. Bries in der Kochflüssigkeit auskühlen lassen. Die Kalbsniere von Fett und Adern befreien, in Scheiben schneiden und kühl stellen. Das Bries von Häuten, Adern und Fett befreien und auch in Scheiben schneiden oder zupfen. Die Gemüse in kochendem Wasser garen, bis sie Biß haben, dann in Butter schwenken und warm stellen.
Eine große Pfanne erhitzen und die Nieren mit dem Öl kurz anbraten, das Bries hinzugeben und nach 1 bis 2 Min. herausnehmen und warm stellen. Das Fett abgießen, die gehackten Schalotten glasig dünsten und mit dem Sherry ablöschen.
Bratenjus, Sahne und Senf hinzugeben und etwas einkochen lassen. Nierchen und Bries würzen (wichtig: die Nierchen nicht vorher würzen, da sie sonst hart werden), zurück in die Sauce geben, einige Zeit durchziehen lassen und nochmals abschmecken.

Anrichten:
Das Ragout auf warmen Tellern anrichten, mit den tournierten Gemüsen umlegen und mit gehackter Petersilie bestreuen.

Gefüllte Kartoffel mit Kalbshirn und Pfifferlingen

Reinold Kegel
Restaurant Grand Cru
Berlin

4 große Kartoffeln (festkochend), 1 kleine gespickte Zwiebel (3 Nelken, 1 Lorbeerblatt), 200 g Kalbshirn, 2 Tomaten, 1 kleines Gemüsebukett (1 Karotte, etwas Sellerie, 1/4 Stange Lauch), 1/4 Zitrone, 60 g magerer Speck, 2 bis 3 Schalotten, 80 g Butter, 400 g frische Pfifferlinge, 1 kleines Bd. Schnittpetersilie, Salz, Pfeffer.

Die Kartoffeln in Alufolie wikkeln und bei 180 °C im Ofen etwa 40 bis 50 Min. garen. Währenddessen das gewässerte, geputzte Kalbshirn mit dem Gemüsebukett, der gespickten Zwiebel und der 1/4 Zitrone in Salzwasser kurz blanchieren. Dann Speck und Zwiebel in kleine Würfel schneiden und mit der Hälfte der Butter anschwitzen. Die Pfifferlinge putzen und dazugeben.

Das ausgekühlte Kalbshirn in 1 mal 1 cm große Würfel schneiden. Die Tomaten schälen, entkernen und ebenfalls zu Würfeln schneiden. Dann alles zusammen kurz anschwitzen.
Die Kartoffeln aus dem Ofen nehmen, pellen und der Länge nach einen Deckel abschneiden. Den unteren (größeren) Kartoffelteil mit einem Teelöffel aushöhlen (möglichst große Stücke). Dann die Petersilie grob schneiden und zusammen mit den kleingeschnittenen Kartoffelstücken vorsichtig unter die Füllung mengen, welche mit Salz und Pfeffer abgeschmeckt wird. Die ausgehöhlte Kartoffel damit füllen. Die restliche Butter darüber verteilen und den Deckel aufsetzen.
Zum Schluß das Ganze nochmals 8 bis 10 Min. bei 220 °C im Ofen backen.
Zum Anrichten den Deckel schräg aufsetzen und etwas Petersilie sowie Tomatenspalten anlegen. Die gefüllte Kartoffel eignet sich sehr gut als Beilage zu fast allen Kalbfleischgerichten, hellem Geflügel oder auch als eigenständiges Gericht.

Hoppelpoppel

Michael Häberer
Hotel Mercure
Potsdam

1 kg Kartoffeln und 80 g Schweineschmalz, 100 g Zwiebeln, 200 g geschmortes Rindfleisch, 100 g saure Gurken, 8 bis 12 Eier, 100 ml Sahne oder Milch, Salz, Pfeffer, Muskat, Kümmel, frischer Majoran und Blattpetersilie.

Die gegarten Kartoffeln noch heiß pellen und in dickere Scheiben schneiden. Die in Streifen geschnittenen Zwiebeln, Gurken sowie das geschmorte Rindfleisch mit den Kartoffelscheiben im Schmalz anbraten. Mit Salz, frisch gemahlenem Pfeffer, Kümmel, Muskat und Majoran würzen.
Die Eier mit Sahne oder Milch verschlagen und zu den Kartoffeln in die Pfanne geben. Das Gericht wird nicht verrührt, sondern muß bei schwacher Hitze langsam stocken.
Das Hoppelpoppel direkt aus der Pfanne auf die Teller gleiten lassen und mit gezupfter Blattpetersilie bestreuen.

Scheiben vom Spanferkel in Berliner-Weiße-Sauce an Rübchen-Zwiebel-Gemüse

Torsten Wisniewski
Hotel Sophienhof
Hoenckes Altes Wirtshaus
Königs Wusterhausen

Spanferkel:
1 Spanferkelrücken mit Schwarte, 50 g Zwiebeln in Würfeln, 50 g kleine Selleriewürfel, 50 g Möhren in Würfeln, 1 kleine Stange Lauch, 0,1 l Berliner Weiße, etwas Tomatenmark, 1/4 l Kalbsjus, 10 g Butter, Rosmarin, Thymian, 1 Knoblauchzehe, 3 Wacholderbeeren, Salz, Pfeffer, 600 g Teltower Rübchen und 4 Schluppen (Lauchzwiebeln), 2 rote Zwiebeln, 20 g Puderzucker sowie 0,1 l Sahne.

Kotelett und Sattel des Rückens trennen. Den Rücken sauber auslösen. Die Hälfte der Schwarte in Würfel schneiden und im flachen Topf auslassen. Darin die gehackten Knochen (walnußgroß), das Röstgemüse und das Tomatenmark nacheinander dunkel anrösten, mit Berliner Weiße ablöschen, mit Kalbsfond auffüllen und etwa 1/2 Std. köcheln lassen. Die Gewürze zugeben, durchpassieren. Abschmecken mit Salz und Pfeffer aus der Mühle. Den Spanferkelrücken würzen und in heißem Öl rosa braten.

Rübchen-Zwiebel-Gemüse:
Die Teltower Rübchen schälen und etwas vom Grün stehenlassen. Gepellte rote Zwiebeln vierteln und in Scheiben voneinander trennen. Das Grüne von den Schluppen (Lauchzwiebeln) in feine Ringe schneiden, am Wurzelende sauber abschneiden und am anderen Ende kreuzweise einschneiden, in Eiswasser legen. Den Puderzucker karamelisieren lassen, die Rübchen dazugeben, mit Sahne ablöschen und etwa 7 Min. köcheln lassen. Dann die roten Zwiebelblättchen und das Grün von den Schluppen zugeben, mit Salz und Pfeffer abschmecken.

Anrichten:
Auf heißen Tellern das Rübchen-Zwiebel-Gemüse oben in der Mitte anrichten, als Garnitur den Lauchzwiebelfächer und etwas Radieschensprossen zugeben.
Nun 3 kleine Scheiben vom Spanferkelrücken daneben anrichten und dann mit der mit etwas Butter aufgeschlagenen Sahne halb überziehen.

Schweinefilet mit dreierlei Rüben

Rene Tümmel
Hotel Residenz
am Motzener See
Motzen

800 g Schweinefilet, 400 g Gatower Kugeln, 400 g rote Bete und 400 g Mohrrüben, 200 g Crème fraîche, 0,4 l Jus (Grundsauce), 20 g Butter, 1 mittelgroße Zwiebel, 20 g Butterschmalz, 1 Bd. Petersilie, Kümmel, Salz und Pfeffer.

Die Rüben waschen und schälen. Anschließend die Möhren und die

Rezept Seite 97: Kalbsnierenspieß mit jungen Zwiebeln und Tomatenkompott Johannes King, Restaurant Grand Slam, Berlin

Gatower Kugeln in einem Topf mit Salzwasser abkochen. Da die roten Bete stark färben, werden sie mit Kümmel und Salzwasser in einem zweiten Topf gekocht.
Die Schweinefilets von Fett und den Sehnen befreien und in 3 bis 4 mm starke Scheiben schneiden. Die Zwiebel schälen und in feine Würfel schneiden. Das Butterschmalz in eine ausreichend große Pfanne geben und heiß werden lassen. Das Schweinefilet scharf anbraten und darauf achten, daß es nicht durchgebraten wird. Anschließend das Fleisch mit einer Schaumkelle aus der Pfanne nehmen und zur Seite stellen.
Nun die Butter in die Pfanne geben, die Zwiebeln glasig schwitzen und mit der Grundsauce auffüllen. Aufkochen lassen, mit Salz und Pfeffer würzen und mit einem Schneebesen die Crème fraîche einrühren. Anschließend aufkochen lassen. Das angebratene Fleisch salzen und pfeffern und in die kochende Sauce geben. Mehrmals durchschwenken und die Pfanne vom Herd nehmen. Das Fleisch darf nicht mehr kochen, da es sonst zäh wird.
Das Fleisch auf 4 Tellern verteilen. Die Rüben mit einer Schaumkelle aus den Töpfen nehmen, gut abtropfen lassen und ebenfalls auf den Tellern anrichten. Zum Schluß die gewaschene und gehackte Petersilie darüberstreuen.

Schweinemedaillon in der Pumpernickel-Kräuter-Kruste auf Paprikarahm

Thomas Hildebrandt
Seidler art'otel
Potsdam

1 Schalotte, 12 Scheiben Pumpernickel, 1/2 Bd. frische Kräuter (Thymian, Oregano, Majoran), Salz, Pfeffer, 50 g Butter, 800 g Schweinefilet.

Paprikarahm:
200 g frischer Paprika, 100 ml Rinderbrühe, 1 Schalotte, 50 g Butter, etwas frischer Thymian, 100 ml Rahm, 50 g Butter.

Nudeln:
300 g Weizenmehl, 3 Eier, etwas Salz, 1/2 TL Olivenöl.

Die Schalotte würfeln und in der Butter anschwitzen, nun den Pumpernickel und die restlichen Zutaten hinzugeben und alles gut durchkneten, bis eine geschmeidige Masse entsteht.
Das Schweinefilet in 8 Medaillons schneiden und würzen. Nun in einer heißen Pfanne von beiden Seiten gut anbraten, die Pfanne vom Herd nehmen und die Pumpernickelkruste auf die Medaillons verteilen. Bei 180 °C in etwa 10 bis 15 Min. im Ofen fertiggaren.
Den Paprika putzen und in Streifen schneiden. Die Schalotten in 50 g Butter anschwitzen und den Paprika leicht mit anschwitzen.
Mit der Rinderbrühe ablöschen und auf etwa 2/3 einkochen lassen. Alles in einem Mixer fein pürieren und durch ein Sieb geben, dann nochmals um die Hälfte einkochen lassen. Nun den Rahm hinzugeben und erneut etwas einkochen lassen. Zum Schluß mit der restlichen Butter kurz mixen und den gezupften Thymian hinzugeben.
Für die Nudeln alle Zutaten zu einem Teig verkneten und etwa eine 1/2 Std. ruhenlassen. Den Teig nun auf eine Stärke von 1 mm ausrollen und in zirka 2 cm breite Streifen schneiden. Die Nudeln in sprudelndem Salzwasser kochen und anschließend in einer Pfanne mit Butter, Salz und Muskat kurz anschwenken.

Schweineröllchen, gefüllt mit Estragonkraut, Kreuzkümmeljus und Stampfkartoffeln

Torsten Wisniewski
Hotel Sophienhof
Hoenckes Altes Wirtshaus
Königs Wusterhausen

600 g Schweinekamm ohne Knochen, 1/2 junges grünes Weißkraut, magerer Speck, Schmalz und 1 Bd. Estragon, etwas Öl zum Braten, 2 mittelgroße Zwiebeln, 200 g Senf, Salz und Pfeffer.

Kreuzkümmeljus:
1/4 l Kalbsjus, 1 EL gehackter Kreuzkümmel.

Stampfkartoffeln:
600 g geschälte Kartoffeln, 300 ml Milch, 50 g Butter, Salz, Pfeffer, Muskat, 4 rote und 4 gelbe Kirschtomaten.

Den Schweinekamm in dünne Scheiben (je etwa 40 g) schneiden, dünn plattieren, würzen mit Salz, Pfeffer und mit Senf bestreichen. Vom Weißkraut den Strunk entfernen und in feine Streifen schneiden. Die Zwiebeln schälen und ebenfalls, wie auch den Speck, in feine Würfel schneiden. Schmalz auslassen, die Speck- und Zwiebelwürfel anschwitzen, das Weißkraut zugeben, mit Salz und Pfeffer würzen und etwa 10 Min. schmoren. Den Estragon fein schneiden und kurz mit anschwenken, erkalten lassen.
Die Schweinekammscheiben mit etwas Estragonkraut füllen und kleine Röllchen drehen, mit einem Holzspieß feststecken. In einen kleinen flachen Topf etwas Öl geben und die Röllchen von allen Seiten anbraten, mit der Kalbsjus aufgießen und etwa 15 Min. köcheln lassen. Die Röllchen her-

ausnehmen, den gehackten Kreuzkümmel zugeben, 1 bis 2 Min. weiterkochen, passieren und mit Salz und Pfeffer abschmecken.

Stampfkartoffeln:
Die Kartoffeln kochen. In einem zweiten Topf die Milch mit den übrigen Zutaten erhitzen, die gekochten Kartoffeln zur Milch geben und stampfen, so daß noch Stückchen vorhanden sind.

Anrichten:
Kirschtomaten in heißes Wasser geben, anschließend in Eiswasser abschrecken, die Haut abziehen. Die Stampfkartoffeln in die Mitte der vorgewärmten Teller geben, mit einem Löffel etwas dressieren, 4 kleine Schweineröllchen um die Stampfkartoffeln anrichten. Mit Kreuzkümmeljus überziehen, in die Zwischenräume die Kirschtomaten arrangieren.

Kasseler Filet mit Sauerkraut und Erbspüree

Jürgen Eschenbach
Hotel Hamburg
Berlin

Filet:
750 g Kasseler Filet, 2 Zwiebeln und 6 Wacholderbeeren sowie 2 Lorbeerblätter.

Sauerkraut:
500 g Sauerkraut, 20 g Butter und 2 Zwiebeln, Schwarte vom Bauchspeck, 5 Wacholderbeeren, 3 Lorbeerblätter, 3 Nelken, 8 Pfefferkörner, etwas Kümmel, 1 Kartoffel, 1 säuerlicher Apfel, Salz, Pfeffer, Zucker, Weißwein, 0,5 l Brühe.

Erbspüree:
500 g getrocknete gelbe Erbsen, 2 Zwiebeln und 2 Kartoffeln, 100 g Bauchspeck, 10 g Butter, Salz und Pfeffer.

Filet:
In einem Topf Wasser, Zwiebeln, Wacholderbeeren und Lorbeerblätter aufkochen lassen. Das Kasseler Filet dazugeben und bei schwacher Hitze etwa 10 bis 15 Min. ziehen lassen, je nach Stärke der Filets.

Sauerkraut:
Die Bauchspeckschwarte kurz mit den gehackten Zwiebeln anbraten. Nun das Sauerkraut beifügen und mit der Brühe angießen. Die Lorbeerblätter, Nelken, Wacholderbeeren, Pfefferkörner und Kümmel mit einem kleinen Leinentuch zu einem Gewürzbeutel binden und zum Sauerkraut geben. Etwa 40 Min. bei mittlerer Hitze kochen.
Die feingeriebene Kartoffel zum Abbinden beigeben und weitere 5 Min. kochen. Den Apfel ebenfalls fein reiben und dazugeben. Nun das Ganze mit Salz, Pfeffer, Zucker und etwas Weißwein abschmecken. Nach Belieben noch etwas Butter zum Kraut geben.

Erbspüree:
Die gelben Erbsen über Nacht einweichen, danach abgießen. Die Erbsen mit den in Würfel geschnittenen Kartoffeln etwa 1 Std. weich kochen. Den Bauchspeck und die Zwiebeln in feine Würfel schneiden und andünsten.
Die weichgekochten Erbsen mit einem Mixstab pürieren und die Speck- und Zwiebelwürfel unter das Erbspüree mischen. Mit etwas Salz und Pfeffer würzen.

Anrichten:
Das Sauerkraut und Erbspüree auf Tellern anrichten. Die in Scheiben geschnittenen Filetscheiben leicht an das Sauerkraut anlegen. Nach Wunsch kann man noch geröstete Speckwürfel und Schnittlauch auf das Erbspüree geben.

Kasseler Filet, gefüllt mit Kräutern, im Briocheteig und Sauerkrautgemüse

Arno Schmädicke
Ratskeller Zehlendorf
Berlin

600 g Kasseler Filet.

Kräuterfarce:
100 g Weißbrot (ohne Rinde), 80 g Sahne, 2 Eigelb, 1 kleine Zwiebel, 1 Bd. Petersilie, 1/2 Bd. Basilikum, 1/2 Bd. Estragon, 1/2 Bd. Dill.

Briocheteig:
250 g Mehl, 5 g getrocknete Hefe, 2 EL Wasser, 3 Eier, Salz, 250 g Butter, 1 Ei zum Bestreichen.

Sauerkrautgemüse:
400 g Sauerkraut, 150 g Möhren, 150 g Porree, 1/4 l Brühe, 2 Wacholderbeeren und 1 Lorbeerblatt, Salz, Pfeffer, Zucker.

Senf-Sahne-Sauce:
100 g Weißwein, 1 Schalotte, 100 g Brühe, 1 EL Senf (mittelscharf), 1 TL Rotisseur-Senf (körnig), 200 g Sahne, Salz, Pfeffer.

Kräuterfarce:
Alle Kräuter und die Zwiebel fein hacken. Weißbrotwürfel, Sahne und die Eigelbe mit den Kräutern zu einer dicken Paste verarbeiten. Das Kasseler Filet der Länge nach aufschneiden, aber nicht durchschneiden. Das Fleisch zwischen zwei Klarsichtfolien legen und mit dem Plattierbeil vorsichtig plattieren. Danach mit der Kräuterfarce bestreichen und von der langen Seite her aufrollen.

Briocheteig:
Aus den Zutaten einen Hefeteig bereiten. Den fertigen Briocheteig auf eine bemehlte Arbeitsfläche legen und ausrollen.
Das gefüllte Filet auf den Teig legen, den Teig um das Fleisch wik-

keln, auf ein Backblech legen und mit dem verquirlten Ei die Oberfläche bestreichen, dann bei Mittelhitze in den Ofen schieben und in 30 bis 35 Min. herausbacken.

Sauerkrautgemüse:
Die Möhren und den Porree putzen und waschen, beides in feine Streifen schneiden. Sauerkraut mit der Brühe und den Gewürzen kochen. Kurz bevor das Sauerkraut gar ist, die Möhren- und Porreestreifen dazugeben, das Gemüse sollte nicht zu weich sein.

Senf-Sahne-Sauce:
Den Weißwein mit der feingewürfelten Schalotte in einem Topf aufkochen und einkochen lassen. Brühe, Senf und Sahne zugeben, leicht einkochen lassen. Mit Salz und Pfeffer abschmecken.

Anrichten:
Die Sauce auf vorgewärmte Teller angießen, das Sauerkrautgemüse auflegen und das geschnittene Filet darauf anrichten.

Potsdamer Pökelkamm in Backpflaumensauce, Teltower Rübchen und Kartoffelschnee

Helfried Reichel
Parkhotel Dallgow
Dallgow-Döberitz

1,2 kg Pökelkamm mit Knochen, Pfefferkörner, Majoran, Kümmel, 6 cl Öl, 300 g Karotten, 1 Zwiebel, 200 g Lauch oder Porree, 80 g Tomatenmark, 0,2 l Rotwein, 30 g Speisestärke, schwarzer Tee (1 Beutel), 300 g Backpflaumen, 800 g Teltower Rübchen, 60 g Butter, Salz, Muskat, 30 g Zucker, weißer Pfeffer, 600 g Kartoffeln, Petersilie.

Sollte kein Pökelkamm zur Hand sein, kann man ein Stück Schweinenacken mit Knochen selbst pökeln. In der Folge wie beim Damhirscheisbein (S. 127) verfahren.
Zuerst den Pökelkamm auslösen, das Fleisch gut abwaschen und in einen Topf mit kochendem Wasser geben. Den Schaum öfter mit einer Kelle abnehmen. Danach einen Teil des in Würfel geschnittenen Gemüses hinzugeben sowie die Gewürze. In der Zwischenzeit die Knochen in Walnußgröße mit dem Küchenbeil hacken. Das Öl in einen Topf geben und die Knochen kräftig anrösten.
Danach das in Würfel geschnittene Gemüse dazugeben. Nach weiteren 5 Min. das Tomatenmark in den Topf geben, verrühren und mit dem Rotwein ablöschen. Mit etwas Brühe vom Pökelkamm die Knochen auffüllen und das Ganze etwa 45 Min. köcheln lassen. Nun durch ein Tuch passieren und mit Speisestärke binden. Die Pflaumen in den aufgebrühten Tee geben.

Gemüse:
Die Teltower Rübchen gründlich waschen und in einen Topf mit kochendem Salzwasser geben.
Nach etwa 4 Min. die Rübchen in eine Schüssel mit Eiswasser geben und die Schale sofort abstreifen. Den Zucker in einem Topf karamelisieren, die Butter dazugeben die geputzten Rübchen einlegen und bißfest garen.

Kartoffeln:
Die Kartoffeln gründlich abbürsten, in einem Topf mit Salz und etwas Kümmel kochen. Abgießen und sofort pellen. Noch warm durch eine Kartoffelpresse drükken und dann mit einigen Butterflocken sowie etwas Muskat abschmecken.

Anrichten:
Den Pökelkamm in 8 Scheiben schneiden und jeweils 2 Scheiben auf die Teller geben. Nun die Backpflaumen aus dem Teesud herausnehmen, in der Sauce erwärmen und dann über das Fleisch geben.
Die Teltower Rübchen mit gehackter Petersilie vollenden und dazu den Kartoffelschnee reichen.

Geschmorte Rippchen in Thymiansauce auf märkischem Schmorgemüse

Bild nebenstehend

Carsten Pfefferlein
Hotel am Wutzsee
Lindow

1 kg Rippchen vom Schwein, 0,2 l Olivenöl, 1 l Fleischbrühe sowie 200 g Wurzelwerk (Möhren, Sellerie, Zwiebeln in Würfeln), 10 Thymianzweige, 100 g Zucchini, 100 g Möhren, 100 g Sellerie, 100 g Wirsing, 100 g frische Pfifferlinge, 100 g frische Champignons, 100 g Blumenkohl, 100 g Lauchzwiebeln, 50 g Tomaten, 400 g Kartoffeln (geschält), bis auf die Pfifferlinge und Champignons alles in Streifen oder Würfel geschnitten, 200 g Butter, 1 Zehe Knoblauch, 0,1 l Rotwein, Salz und Pfeffer.

Die Rippchen in 8 gleich große Portionen teilen und mit Salz und Pfeffer würzen. In heißer Butter anrösten, Wurzelwerk hinzugeben und weiterschmoren, bis sich ein kleiner Bratensatz gebildet hat. Dieser wird mit Rotwein abgelöscht. Den Vorgang einige Male wiederholen, wobei jetzt mit klarer Fleischbrühe aufgefüllt wird. Frische Thymianzweige dazugeben und etwa 1 Std. kochen lassen. Die Rippchen herausneh-

Rezept siehe oben: Geschmorte Rippchen in Thymiansauce auf märkischem Schmorgemüse
Carsten Pfefferlein, Hotel am Wutzsee, Lindow

men und warm stellen. Den Fond leicht binden und mit Salz und Pfeffer abschmecken.
Das Gemüse waschen und schneiden. Zwiebeln und Knoblauch in Olivenöl gut andünsten. Nach und nach das Gemüse hinzugeben. Mit Salz, Pfeffer und Thymian würzen und im zugedeckten Topf schmoren lassen. Kurz vor Ende die vorbereiteten Tomatenwürfel und den geschnittenen Lauch daruntermischen. Nun die Rippchen obenauf legen und mit etwas Thymiansauce servieren.

Eisbein in Weißbier mit Erbspüree und Sauerkohl

Steffen Müller
Restaurant Goldener Hahn
Finsterwalde

2 Vordereisbeine von etwa 2,5 kg, 0,5 l Weißbier, Salz, Pfeffer, Kümmel, 100 g Bratfett, 2 Zwiebeln.

Die Eisbeine ausstoßen (vom Knochen befreien), mit Salz, Pfeffer und etwas Kümmel würzen. Dann anbraten, die gehackten Zwiebeln zugeben und mit Weißbier ablöschen. Später etwas Wasser nachgießen. Etwa 2 Std. in der Röhre schmoren lassen. Die Sauce mit in Wasser eingerührtem Mehl abbinden und dann mit Salz und Pfeffer abschmecken.

Erbspüree:
500 g geschälte Erbsen, 1 l Wasser, Salz und Pfeffer.

Die in dem Einweichwasser gekochten Erbsen pürieren. Mit Salz und Pfeffer abschmecken, evtl. etwas Majoran zufügen. Nach Belieben ausgelassene Speck- oder Zwiebelwürfel zugeben.

Sauerkohl:
750 g Sauerkohl, 50 g Schweinefett, 50 g Zwiebeln, 1 Apfel.

Das Fett erhitzen, die Zwiebeln und die Apfelwürfel andünsten, Das Kraut zugeben und dünsten. Wenn nötig, mit Salz und evtl. etwas Zucker abschmecken.

Gratin vom Eisbein mit Schnittlauch-Senf-Sauce

Artur Bukalo
Berlin Excelsior Hotel
Berlin

Eisbein:
2 gepökelte Eisbeine und 1 Gemüsezwiebel, 2 Nelken, 1 Lorbeerblatt, je 100 g Lauch und Karotten sowie 50 g Sellerie.

Sauerkraut:
500 g frisches Sauerkraut, 1 kleine Zwiebel, 50 g Schweineschmalz, 0,1 l Weißwein, 0,1 l Eisbeinbrühe, 1 Lorbeerblatt, Zucker, Salz, Pfeffer, 2 Wacholderbeeren.

Erbspüree:
500 g Erbsen (frisch oder tiefgefroren), 20 g Butter, 0,2 l Sahne, 1 Eigelb, Salz, Pfeffer, Zucker, Muskat.

Sauce:
0,4 l Eisbeinbrühe, 60 g Butter und 100 g Crème fraîche, 1 EL Dijon-Senf, 1 EL Schnittlauch (fein geschnitten), Salz, Pfeffer.

Eisbein:
Zwiebel und Wurzelgemüse putzen, waschen und grob zerkleinern. Eisbein mit Wasser bedekken, mit Wurzelgemüse, Lorbeer und Nelke etwa 1½ bis 2 Stunden gar ziehen lassen, nicht kochen!

Sauerkraut:
Die in Würfel geschnittene Zwiebel in Schmalz glasig braten und das Kraut dazugeben. Ablöschen mit Eisbeinbrühe und Weißwein und etwa 30 Min. mit den Gewürzen kochen lassen.

Erbspüree:
Die Erbsen mit etwas Butter 7 bis 10 Min. dünsten, im Mixer glattpürieren, abschmecken und durch ein Sieb passieren. Das Püree mit der Sahne etwas einkochen lassen, vom Herd nehmen und das Eigelb unterrühren.

Sauce:
Die Eisbeinbrühe mit der Crème fraîche verrühren und auf ¼ einkochen lassen. Mit Butter aufmixen, mit Senf und Gewürzen abschmecken.
Das Eisbein vom Fett befreien und in der Brühe erhitzen. In kleine Stücke schneiden und schichtweise im Metallring auf den Tellern anrichten. (Sauerkraut, Eisbein, Sauerkraut.) Zum Schluß Erbspüree aufspritzen, überbakken, Metallring entfernen und mit der Sauce umgießen.
Mit gebackenen kleinen Zwiebelringen und ausgelassenen Speckcroûtons garnieren.

Auflauf von Eisbein, Sauerkraut und Erbspüree mit Champagnersenfsauce

Rolf Schmidt
Restaurant First Floor
Berlin

1 Eisbein (gepökelt), 1 Gemüsezwiebel, 2 Nelken, 1 Lorbeerblatt, 100 g Lauch und Karotten, 50 g Sellerie.

Sauerkraut:
500 g frisches Sauerkraut, 1 Schalotte und 50 g Schweineschmalz, 0,1 l Weißwein, 0,1 l Eisbeinbrühe sowie 1 Lorbeerblatt, Zucker, Salz und Pfeffer.

Erbspüree:
500 g frische oder TK-Erbsen, 20 g Butter, Salz, Pfeffer, Zucker und Muskat.

Sauce:
0,2 l Eisbeinbrühe, 50 g Butter, 50 g Crème fraîche, 1/2 EL Champagner-Senf, Schnittlauch, Petersilie, Salz, Pfeffer.

Eisbein mit Wasser bedecken und mit der Gemüsezwiebel, dem Lorbeerblatt und den Nelken etwa 2 1/2 bis 3 Std. kochen. 1/2 Std. vor Ende der Kochzeit das Gemüse dazugeben.
Die in Würfel geschnittene Schalotte in Schmalz anbraten und das Kraut dazugeben. Mit Brühe und Wein direkt ablöschen und etwa 40 Min. mit den Gewürzen kochen lassen.
Erbsen in kochendem Wasser etwa 7 Min. kochen. Die heißen Erbsen mit der Butter im Küchenmixer pürieren. Das Püree mit den Gewürzen abschmecken und passieren.
Die Brühe aufkochen, mit Butter und Crème fraîche aufschlagen und dann die Gewürze und die Kräuter dazugeben.
Das Eisbein von dem anhaftenden Fett befreien und in der Brühe erhitzen.

Anrichten:
Danach das Fleisch in kleine Stükke schneiden und schichtweise mit dem Sauerkraut auf den Tellern gefällig anrichten und zum Schluß das Erbspüree aufspritzen, überbacken und mit der Sauce umgießen.

Berliner Sülzkotelett

Michael Häberer
Hotel Mercure
Potsdam

4 Kasseler Koteletts von je 180 g, 1 Bd. Suppengrün und 1 Zwiebel, 1 Möhre, Essig, Zucker, Salz, Lorbeer, Piment, 12 Blatt Gelatine, 2 hartgekochte Eier, einige Dillzweige sowie 200 g Spreewälder Essiggurken.

Die Koteletts waschen, trockentupfen, in einen Topf mit kochendem Wasser geben und leicht köcheln lassen. Dabei ständig abschäumen, so daß die Brühe klar bleibt. Das gesäuberte Suppengrün, die Möhre und die angerösteten gehackten Zwiebeln in die Brühe geben und mit Lorbeer und Piment würzen.
Die gegarten Kasseler Koteletts und das Gemüse aus der Brühe nehmen, die Brühe auf die Hälfte reduzieren, durch ein Tuch seihen, erkalten lassen und, wenn nötig, entfetten.
Die Gelatineblätter einweichen, ausgedrückt wieder in 0,8 l erwärmte Brühe geben und gut auflösen lassen.
4 flache Schüsseln mit der Brühe 5 Millimeter hoch ausgießen, erstarren lassen und mit den Essiggurken, der gegarten Möhre, den Eischeiben und den Dillzweigen ausgarnieren. Die Kasseler Koteletts dann in die Schüsseln legen und mit der restlichen Brühe aufgießen. Nach etwa 2 Std. ist das Gelee erstarrt.

Anrichten:
Die Sülzkoteletts auf die Teller stürzen und mit geriebenem Meerrettich, Remoulade, sauren Gurken und Zwiebelbratkartoffeln servieren.

Gebackener Schweinsfuß, mit Gänseleber und Thymian gefüllt, auf gebutterten Linsen

Bild Seite 107

Reinold Kegel
Restaurant Grand Cru
Berlin

Schweinsfuß:
2 bis 4 Schweinsfüße (Spitzbeine), 250 g Gänseleber, 1 Bd. Thymian, 4 Scheiben Toastbrot, 50 g Butter, 1 nicht zu säurebetonter Apfel, Salz und Pfeffer, etwas Küchengarn, 1 gespickte Zwiebel (2 Lorbeerblätter, 4 bis 5 Nelken), 1 Bouquet garni (Karotte, Sellerie, Lauch, Petersilie), etwa 2 l Wasser, 100 g Schweineschmalz ohne Grieben.

Linsengemüse:
300 g grüne Linsen, 2 Karotten, 100 g Knollensellerie, 1 Bd. gehackte Petersilie, 150 g Butter, Salz sowie Essig.

Schweinsfuß:
Die Schweinsfüße von oben her hohl auslösen, so daß die Haut nicht verletzt wird und die Zehenknochen nach Möglichkeit dranbleiben. Die Gänseleber putzen und würfeln. Den Thymian zupfen und hacken. Das Toastbrot entrinden und ebenfalls würfeln.
Alles zusammen kurz in Butter anrösten. Den Apfel schälen, entkernen, kleinschneiden und zur Füllmasse geben. Diese nun in den Schweinsfuß füllen und fest andrücken. Mit einem Stück Küchengarn das obere Ende fest zuschnüren. Das Wasser aufsetzen, Bouquet garni sowie die gespickte Zwiebel hinzugeben und aufkochen. Dann den Schweinsfuß hineinlegen und etwa 1 1/2 Std. am Herdrand ziehen lassen. Nachher

herausnehmen und in Schweineschmalz goldgelb ausbacken. Zuletzt etwa 12 bis 15 Min. bei 180 °C im vorgeheizten Backofen fertiggaren.

Linsengemüse:
Die einen Tag vorher eingeweichten Linsen mit der gewürfelten Karotte und dem ebenfalls gewürfelten Sellerie bißfest kochen. Die Linsen samt Gemüse abseihen und wieder in den Topf zurückgeben. Nun 200 ml vom Sud des Schweinsfußes darauf gießen und etwas einkochen. Die Butter mit der gehackten Petersilie dazugeben und Bindung nehmen lassen. Mit etwas Salz und einem Spritzer Essig abschmecken.

Anrichten:
Die Linsen in die Mitte der Teller geben. Den Schweinsfuß zur Hälfte tranchieren und alles zusammen an die Linsen anlegen. Als Garnitur kann man 1 junge Möhre mit Grün und etwas Zwiebellauch sowie 1 Zweig Thymian dazugeben.

Kohlrouladen à la Parplies mit Kartoffel-Sellerie-Püree

Manfred Heissig
Restaurant Quadriga
im Hotel Brandenburger Hof
Berlin

1 Weißkohl, 4 Schalotten, 50 g Karottenwürfel, 50 g Lauchwürfel und 1 Knoblauchzehe sowie 50 g Butterschmalz, 1 Ei, 2 Brötchen vom Vortag, 400 g gemischtes Hackfleisch, 1 Bd. Blattpetersilie und 1 Bd. Korianderkraut, 0,3 l Kalbsjus, 3 Tropfen Tabasco, 1/2 TL Kümmel, 100 g magere Speckwürfel, etwas Salz und Pfeffer.

Kartoffel-Sellerie-Püree:
200 g mehligkochende Kartoffeln, 200 g Selleriewürfel, 300 ml Milch, 80 g Butter, Salz, Muskat.

Vom Weißkohl die äußeren welken Blätter ablösen. Den Strunk herausschneiden. Weißkohl in kochendem Salzwasser etwa 5 Min. kochen, bis sich die Blätter lösen. Herausnehmen, mit kaltem Wasser abschrecken. 4 große Blätter abtrennen, die Blattrippen flach schneiden. Die Hälfte des restlichen Kohls in Würfel schneiden und beiseite stellen. Nun die Brötchen in kaltem Wasser einweichen und ausdrücken. Schalotten schälen, fein würfeln, die Kräuter waschen, trockentupfen und fein hacken. Alle Zutaten miteinander verkneten.
Nun die Kohlblätter nebeneinanderlegen, Hackmasse darauf verteilen. Blätter seitlich einschlagen und aufrollen, mit Küchengarn festbinden. Kohlrouladen portionsweise im heißen Fett in einem Topf rundherum anbraten. Herausnehmen und den Speck mit den restlichen Kohlwürfeln anrösten, die Gewürze beigeben und die Kohlrouladen darauf setzen. Bei 180 °C im Ofen in 50 Min. gar schmoren. Bei Bedarf Wasser oder Brühe angießen.
Danach die Rouladen bis zum Servieren warm stellen. Den Fleischsaft durch ein Sieb passieren und mit Butterflocken aufmontieren.

Kartoffel-Sellerie-Püree:
Die Milch, Butter und den Sellerie mit Salz und Muskat würzen und etwa 25 Min. kochen lassen. Die Kartoffeln schälen und in Salzwasser gar kochen. Anschließend die abgeschütteten Kartoffeln in die Milch geben und alles zusammen durch ein Sieb streichen.
Die Rouladen schräg halbieren, das Püree im Spritzsack auf den Tellern dressieren und die Rouladen mit der Sauce nappieren.

Minikrautwickel auf Zwiebelschmälze mit gebackener Kartoffel

Detlev Hohl

Krautwickel:
8 große Blätter von jungem Wirsing, 50 g mageres Kalbfleisch, 50 g Sahne, 1/2 TL Cognac, Salz, Pfeffer, 50 g Wirsingwürfel (0,5 cm), abgebrüht, 150 g Pfifferlinge, 80 g geputztes, gut gewässertes Kalbsbries, 1 EL Walnußöl, 1,5 dl brauner Kalbsfond, 120 g Butter, 1 TL Balsamico-Essig

Schmelze:
12 Schalotten, 120 g Butter, 2 EL Noilly Prat, 1 dl heller Kalbsfond, 1 EL gehackter Kerbel.

Kartoffel:
15 kleine Kartoffeln (Bamberger Hörnchen), 1 EL Crème double, 1/2 EL geschnittener Schnittlauch sowie Salz, Muskat.

Garnitur:
Pfifferlinge und Kerbel.

Die Wirsingblätter blanchieren, abschrecken, Strunk entfernen, Blätter halbieren, leicht flach klopfen und trockenlegen.
Kalbfleisch und Sahne zusammen 1 Std. in den Tiefkühler geben, in der Küchenmaschine zu einer glatten Masse mixen. Mit Salz, Pfeffer und Cognac abschmecken.
Die Pfifferlinge putzen, waschen und trocknen. 50 g davon in kleine Würfel schneiden, in etwas Butter anschwenken, würzen und abschütten.
Das rohe Kalbsbries gut abtrocknen. Zupfen (in kleine Röschen) oder in kleine Würfel schneiden. In heißem Walnußöl kräftig anbraten, würzen und abschütten.
Die Farce nun mischen mit Bries, Pfifferlingwürfeln und Wirsingwürfeln. Die Masse auf den 8 Wirsingblättern verteilen und diese zu kleinen Rouladen aufrollen.

Rezept Seite 105: Gebackener Schweinsfuß, mit Gänseleber und Thymian gefüllt, auf gebutterten Linsen
Reinold Kegel, Restaurant Grand Cru, Berlin

Die Krautwickel in ausgebutterten, flachen Topf setzen, mit heißem Kalbsfond halbhoch begießen, bei 180 °C für 25 Min. in den Ofen schieben. Öfters mit eigenem Saft bepinseln. Herausnehmen, den braunen Kalbsfond abschütten und auf 1/2 dl reduzieren. Die Krautwickel warm stellen.
Schalotten schälen, würfeln, in etwas Butter anschwitzen, würzen, mit Noilly Prat ablöschen, hellen Kalbsfond angießen und weich dünsten. Mit kalter Butter sämig binden, Kerbel hinzufügen. Die mit der Schale gebackenen Kartoffeln (bei 170 °C trocken im Ofen) längs aufschneiden (12 Stück) und jeweils den Boden leicht aushöhlen. Aus der Kartoffelmasse und den restlichen 3 Kartoffeln und der Crème double ein glattes Püree bereiten, Schnittlauch dazugeben, mit Salz und Muskat abschmecken. Püree in die ausgehöhlten Böden spritzen, Deckel darauf setzen.
Den 1/2 dl Kalbsfond mit kalter Butter aufmontieren, würzen und mit Balsamico-Essig vollenden. Nun die restlichen ganzen Pfifferlinge in Butter kräftig braten und würzen.
Schalottenschmelze als Beet auf vorgewärmte Teller angießen. Je 3 Kartöffelchen im oberen Drittel der Schmelze und 2 Krautwickel im unteren Drittel anlegen. Die Pfifferlinge als Bukett halbrechts dazulegen. Krautwickel einsetzen und leicht mit Sauce nappieren.
Mit Pfifferlingen und Kerbelsträußchen garnieren.

Linsen mit Blutwurst

Carmen Krüger
C + W Gourmet
Eichwalde

200 g Linsen, 50 g Speckschwarten, 1 Suppengrün, Salz, Balsamico-Essig, Zucker, 1 Möhre und 1 Stange Lauch, 200 g Blutwurst (hausgemacht), 1 Bd. Schnittlauch.

Die Linsen waschen, über Nacht einweichen und in der Einweichflüssigkeit mit Speck und Suppengrün kochen. Wenn die Linsen gar sind, mit Salz, Balsamico-Essig und Zucker abschmecken. Den Speck und das Suppengrün entfernen. Möhre und Lauch in hauchdünne Streifen schneiden und vor dem Anrichten zu den Linsen geben. Die Blutwurst enthäuten, in gleichmäßige Scheiben schneiden und auf Tellern verteilen. Die Linsen dazugeben und mit Schnittlauch bestreuen.

Falscher Hase in Rahmsauce

Hans-Jörg Schlenker
Preußischer Hof
Liebenwalde

350 g Rinderhack, 350 g Schweinehack, 1 Gemüsezwiebel, 1 altbackenes Brötchen, Milch zum Einweichen, 2 Eier, Petersilie, Majoran, Paprikapulver (edelsüß), Salz, Pfeffer, 100 g magerer Speck, 60 g Butterschmalz, 150 g saure Sahne und 1/4 l flüssige Sahne.

Das Brötchen in der Milch einweichen und gründlich ausdrücken. Zwiebelwürfelchen mit gehackter Petersilie, Majoran und ein wenig Paprikapulver in Butter andünsten und in den Fleischhack mit Brötchen und Ei geben. Würzen mit Salz und Pfeffer (kräftig durchkneten). Aus der Fleischmasse einen Laib formen.
Butterschmalz erhitzen und den Laib von allen Seiten knusprig anbraten, mit mageren Speckscheiben belegen. Bei etwa 200 °C den falschen Hasen schmoren. Mit Fleischbrühe laufend etwas begießen. Man kann zusätzlich noch Möhrchen-, Zwiebel- und Lauchstückchen mitschmoren.
Das Fleisch aus der Sauce nehmen und warm stellen. Die Sauce durch ein Spitzsieb gießen und mit saurer Sahne und flüssiger Sahne binden. Ein wenig einkochen lassen und nochmals nachwürzen.
Falscher Hase kann praktisch zu allen Kartoffel- und Gemüsegerichten gereicht werden.

„Der Brandenburger“ (Hausgemachte Blutwurst in der Kartoffelkruste)

Carmen Krüger
C + W Gourmet
Eichwalde

750 g Sauerkraut, 100 g Butter, 300 ml trockener Weißwein (Riesling), 1 Zwiebel (geschält und geviertelt), Zucker nach Geschmack, 500 g Kartoffeln (mehligkochend), 1 Ei, 4 hausgemachte kleine Blutwürste (etwa 100 g pro Stück), Mehl zum Bestäuben und 200 g Butterschmalz sowie 1 Bd. Schnittlauch.

Das abgetropfte Sauerkraut mit Butter, Weißwein, der Zwiebel und etwas Zucker in einen Topf geben und nicht zu weich kochen. Die geschälten Kartoffeln mit Hilfe einer Gemüsereibe in gleichmäßige Stifte raspeln. Das Ei aufschlagen und verquirlen.
Die Blutwürste aus dem Darm lösen und auf einem Brett zu 4 fingerdicken runden Scheiben formen (oder beim Metzger Blutwurst im 80-Millimeter-Darm bestellen und in Scheiben schneiden). Die Wurstscheiben in Mehl wenden, durch das Ei ziehen, mit den Kartoffelstiften „panieren“

und in heißem Butterschmalz von beiden Seiten goldgelb braten.
Nun die Brandenburger mit dem Sauerkraut anrichten und die Teller mit Schnittlauchröllchen bestreuen.

Schinkenklöße in Biersauce

Achim Fleischmann
Gasthaus am Dachsberg
Bad Saarow

Schinkenklöße:
4 altbackene Brötchen, 0,2 l Fleischbrühe, 100 g feingehackter Schinken, 50 g Bauchspeckwürfel und 50 g Zwiebelwürfel, 2 Eier, 1 Bd. Petersilie, 2 EL Weizenmehl sowie 1 Strich Muskat, Salz und Pfeffer.

Biersauce:
50 g fetter Speck, 50 g Zwiebelwürfel, 40 g Weizenmehl, 1/4 l dunkles Bier, 1 kleiner Brotkanten, Salz, Pfeffer.

Brötchen in Würfel schneiden, mit der kalten Fleischbrühe übergießen und einweichen lassen.
Die Bauchspeckwürfel anbraten, Zwiebelwürfel dazugeben, goldgelb anrösten und über die eingeweichten Brotwürfel geben.
Schinken, Mehl, Eier, gehackte Petersilie, Muskat, Salz und Pfeffer zu dem Teig geben, dann alles gut vermischen und noch etwa 1 Std. ruhenlassen.
8 bis 12 Klöße formen und in reichlich Salzwasser 8 Min. köcheln lassen.
Fetten Speck in Würfel schneiden und anbraten. Weizenmehl dazugeben und hellbraune Farbe nehmen lassen. Mit dunklem Bier und 1/4 l von der Klößchenbrühe auffüllen. Den Brotkanten in Würfel schneiden, die Würfel in die Sauce legen und etwa 1/2 Std. leicht köcheln lassen.
Sauce durchsieben, abschmecken und dann über die Schinkenklöße geben.

Lammrücken am Knochen, mit Thymian und Rosmarin gebraten

Matthias Kersten
Pannonia Hotel Döllnsee
Groß Dölln

0,8 kg Lammrücken, Oliven- und Knoblauchöl, Rosmarin, Thymian, Salz, Pfeffer.

Den Lammrücken parieren, die Rippenknochen sauber putzen und mit einer Kräutermischung aus Rosmarin, Thymian, Salz und Pfeffer würzen.
In Oliven-Knoblauch-Öl anbraten und im Backofen bei 180 °C etwa 10 bis 15 Min. backen. Nun den Lammrücken aus dem Ofen nehmen, in Scheiben schneiden und auf heißen Tellern fächerförmig anrichten.
Als Beilage Kartoffel-Gratin und Gemüse der Saison reichen.

Beelitzer Weidelammrücken auf Wirsing-Waldpilz-Gemüse und Kartoffelpuffer

Bild Seite 111

Michael Häberer
Hotel Mercure
Potsdam

Lammrücken:
1,2 kg Lammrücken, 1 Stange Porree, 1 Möhre, 1 Zwiebel (grob gewürfelt), 100 ml Speiseöl, 30 g Tomatenmark, 100 ml trockener Rotwein, 200 ml Kalbsbrühe, Piment, Lorbeer, frischer Thymian.

Wirsing-Waldpilz-Gemüse:
400 g Wirsingkohl, Kümmel, 200 g frische Pfifferlinge, 200 g frische Steinpilze, 1 Zwiebel, 50 g Butter, Salz, weißer Pfeffer, Muskat sowie 100 ml Sauerrahm.

Kartoffelpuffer:
1 kg Kartoffeln und 150 g magerer Speck, 1 kleine Zwiebel, 1 Ei, 50 g Mehl, Salz, weißer Pfeffer, Muskat, Butterschmalz.

Lammrücken:
Den Lammrücken auslösen und Sehnen und Haut abschneiden. Die Knochen sowie die Sehnen zerkleinern und dann in heißem Öl mit dem Wurzelgemüse kräftig anbraten.
Das Tomatenmark zugeben, anrösten und mit dem Rotwein ablöschen. Den Saucenansatz mit Brühe auffüllen, abschäumen und mit Pfeffer, Piment, Lorbeer und frischem Thymian würzen. Den Saucenfond auf die Hälfte einkochen und, wenn nötig, salzen. Den Fond mit Stärke leicht binden und durch ein Sieb passieren.
Die Lammfilet in 4 Portionen teilen und mit kleinen Lauchstreifen spicken. Das Fleisch in heißem Öl von beiden Seiten saftig (rosa) braten, in Aluminiumfolie wickeln und 5 Min. ruhenlassen.

Wirsing-Waldpilz-Gemüse:
Den Wirsingkohl in die einzelnen Blätter zerlegen und waschen. Die Blätter in Salzwasser mit Kümmel kurz blanchieren und in Eiswasser sofort abkühlen. Vom Wirsing 4 schöne grüne Blätter zur Seite legen und aus jedem Blatt einen etwa 10 cm großen Kreis ausstechen. Die restlichen Kohlblätter in Rauten schneiden.
Die Pilze putzen, waschen, gut abtropfen lassen und in Scheiben schneiden. Die Pilze mit Zwiebel-

würfeln in Butter gar dünsten. Zum Schluß den Wirsing zugeben, mit Salz, weißem Pfeffer und Muskat würzen und mit dem Sauerrahm binden.

Kartoffelpuffer:
Die Zwiebel pellen und ebenso wie den Speck in feine Würfelchen schneiden und in einer Pfanne glasig schwitzen. Die Kartoffeln schälen und auf einer groben Reibe raspeln.
Die geriebenen Kartoffeln mit dem Speck, den geschnittenen Zwiebeln, dem Ei und dem Mehl zu einer Puffermasse vermengen und würzen. Von dieser Masse in heißem Butterschmalz nun 8 kleine Speckpuffer braten.

Anrichten:
Die Puffer auf warme Teller legen und das Wirsing-Waldpilz-Gemüse auf den ausgestochenen Wirsing geben.
Die Lammfilets tranchieren, auf das Wirsingblatt setzen und mit der Sauce umgießen.

Pochierter Lammrücken mit Reibekuchen und Ratatouille

Markus Semmler
Schloßhotel Cecilienhof
Potsdam

Lammrücken:
600 g parierter Lammrücken, 0,4 l Sahne, 4 Tomaten, 50 g Karotten, 30 g Sellerie, 30 g Lauch, 4 Schalotten, 4 Knoblauchzehen, 2 Rosmarinzweige, 1 Estragonzweig, 1 Thymianzweig, 2 EL Olivenöl, 0,4 l Rotwein, 6 Pfefferkörner und Salz.

Reibekuchen:
500 g Kartoffeln, 1 Zwiebel, 1 Ei und Salz, Öl zum Braten.

Ratatouille:
200 g Zucchini, 200 g Auberginen, 200 g Paprika, 1 Gemüsezwiebel, 6 Tomaten, 2 Knoblauchzehen sowie 4 EL Olivenöl.

Lammrücken:
Das kleingeschnittene Gemüse in einem großen Topf ansautieren, mit Rotwein ablöschen, mit Sahne auffüllen, die Kräuter zugeben und langsam köcheln lassen. Den Lammrücken anbraten, im Fond bei 70 °C etwa 1 Std. ziehen lassen, dann herausnehmen, den Fond durch ein Sieb passieren, abschmecken und aufmixen.

Reibekuchen:
Die Kartoffeln und Zwiebel fein reiben, das Ei zugeben und mit Salz würzen. In einer Pfanne mit heißem Öl kleine Taler braten.

Ratatouille:
Das in Würfel geschnittene Gemüse scharf in Olivenöl anbraten, feingewürfelte Tomaten hinzugeben, gar ziehen und mit Salz und Pfeffer würzen.
Den Lammrücken aufschneiden und mit den Reibekuchen und der Ratatouille anrichten. Kurz vor dem Servieren das Fleisch mit etwas Kochfond übergießen.

Rücken vom Havellamm in Kräuterkruste mit Sagrantino-Thymian-Sauce

Maximilian Dreier
Restaurant Villa Kellermann
Potsdam

4 Lammrückenstränge von jungen Havellämmern, 200 g geriebenes altes Weißbrot, Thymian, Lorbeer, Rosmarin, 2 geschlagene Eier, Öl, Weinreduktion aus 0,75 l Sagrantino und 1 Thymianzweig.

Die Kräuter ganz klein schneiden und mit dem geriebenen Weißbrot vermengen. Den Lammrücken auf gleiche Länge schneiden. Zunächst in geschlagenen Eiern, dann im geriebenen Weißbrot mit Kräutern wälzen und in die Pfanne mit heißem Öl geben. Beidseitig etwa 2 Min. anbraten. Das Fleisch muß im Kern rosa bleiben. Herausnehmen und aufschneiden. Als Fächer auf die Teller legen. Aus den Knochen der Rückenstränge, den Parüren und etwas Röstgemüse eine Jus ziehen und mit der Sagrantinoreduktion zu einer Sauce verbinden.

Sagrantinoreduktion:
1 Fl. Sagrantino (0,75 l) 60 Min. mit viel Thymian reduzieren und 1 Thymianzweig darauf geben.

Lammkarree, am Knochen gebraten, mit Kräuterjus und Mangoldtüten

Detlev Hohl

Kräuterjus:
1 kg kleingehackte Lammknochen, 100 g Röstgemüse (Sellerie, Lauch, Schalotte, Karotte, grob gewürfelt), 1 EL Tomatenmark, 1 Gewürz- und Kräuterbeutel (Pfefferkörner, Senfsaat, Piment, Rosmarin, Thymian, Salbei, Basilikum), 2 dl trokkener und kräftiger Rotwein, 1 EL Pflanzenöl, je 1 EL feingehackte frische Kräuter (Basilikum, Salbei, Rosmarin, Thymian und Kerbel), 120 g Butter, 2 EL Öl, Salz sowie Pfeffer.

Schmelze:
8 Schalotten, 40 g Butter, 10 g Semmelbrösel, 1 TL gehackte Petersilie.

Mangoldtüten:
24 Blatt Frühlingsrollenteig (15 mal 15 cm, in asiatischem Fachgeschäft),

Rezept Seite 109: Beelitzer Weidelammrücken auf Wirsing-Waldpilz-Gemüse und Kartoffelpuffer
Michael Häberer, Hotel Mercure, Potsdam

2 Mangold, 50 g Butter, 1 Schalotte (fein gehackt), 50 g Meerrettich, 2 cl Noilly Prat, 100 cl Crème double, 25 g Rucolasalat, je 1/2 rote und gelbe Paprika, 1 EL Olivenöl sowie etwas Eigelb, Salz und Pfeffer.

Lammkarree:
1 Lammkarree (1 kg), Rückgratknochen (vom Fleischer entfernen lassen), 4 Knoblauchzehen, 3 EL Öl, Butter, Rosmarin, Thymian.

Kräuterjus:
Die Knochen mit Öl anbraten, dann 35 Min. bei 200 °C im Ofen rösten. Das Röstgemüse dazugeben, Ofentemperatur nun 170 °C, 10 Min. mitrösten. Überschüssiges Fett abgießen, Tomatenmark hinzugeben, anrösten, mit 1 dl Rotwein ablöschen, nochmals rösten, Vorgang wiederholen. Nun mit kaltem Wasser die Knochen knapp bedecken und aufkochen, Trübstoffe und Fett abschöpfen, Gewürz- und Kräuterbeutel dazugeben, auf kleiner Flamme 1 1/2 Std. köcheln lassen. Jus durch Haarsieb (oder Passiertuch) seihen, auf 1 dl einköcheln lassen und mit kalter Butter aufmontieren, gehackte Kräuter dazugeben, salzen und pfeffern.

Schmelze:
Schalotten fein hacken, in heißer Butter glasig dünsten, Brösel und Petersilie hinzufügen, mit Salz und Pfeffer abschmecken.

Mangoldtüten:
Mangold waschen, Blätter von den Stielen trennen. Stiele schälen, in feine Streifen schneiden, sofort blanchieren und in Eiswasser abschrecken. Die Blätter ebenfalls in Streifen schneiden, blanchieren und kalt abschrecken. Schalotte in Butter anschwitzen, Stielgemüse dazugeben, Meerrettich reinreiben, salzen, mit Noilly Prat ablöschen und einkochen, Crème double hinzufügen, ebenso die Blattstreifen und alles gut einkochen lassen. Abschmecken mit gehacktem Rucolasalat, Salz und Pfeffer. Auf ein Blech streichen und auskühlen lassen.
Je 2 Teigblätter mit etwas Eigelb zusammenkleben, in die Mitte 1 1/2 EL Mangold geben. Außen herum mit Eigelb bestreichen, jedoch zum Rand hin 3 cm freilassen. Das Blatt zusammendrücken, so daß Beutel entstehen. Auf gebuttertem Blech nun 15 Min. bei 170 °C backen.
Paprika entkernen, schälen, in 2 cm große Rauten schneiden, in Olivenöl 2 Min. braten, salzen.

Lammkarree:
Das Lammkarree bis auf 1/3 des Fettanteils säubern. Mit Knoblauchzehe einreiben, salzen und pfeffern. Rundum mit Pflanzenöl scharf anbraten und auf die Knochenseite legen, 3 Knoblauchzehen, 3 Butterflocken, Rosmarin und Thymian hinzufügen, im Ofen bei 185 °C 15 Min. braten, mehrfach das Fleisch mit Bratfett beträufeln. Aus dem Ofen nehmen, 10 Min. an einem warmen Ort ruhenlassen.

Anrichten:
3 Mangoldtüten auf die obere Tellerhälfte geben, Paprika darumlegen. Das Lamm in 4 gleiche Teile zerlegen, je 1 Stück auf die Teller setzen, mit Schmelze nappieren und die Sauce angießen.

Lammkarree in der Senf-Buchweizen-Kruste

Thomas Brunk
Restaurant Goldener Hahn
Finsterwalde

1 kg Lammkarree, 40 g Senf, 50 g Buchweizen, 50 g Butterschmalz, Thymian, Salz und Pfeffer.

Das Lammkarree mit getrocknetem Thymian, Salz, Pfeffer würzen und in heißem Butterschmalz anbraten, anschließend mit Senf bestreichen. Den Buchweizen in einer trockenen Pfanne kräftig anrösten. Die bestrichenen Karrees mit Buchweizen bestreuen und etwa 10 Min. im Herd ruhenlassen.

Lammkarree mit Basilikumkruste

Für 6 Personen

Michael Mödig
Restaurant Merz
Berlin

Kruste:
410 g Butter, 2 Bd. Basilikum sowie 2 Knoblauchzehen, Salz, Pfeffer und Paniermehl.

Lammkarree:
900 g ausgelöstes Lammkarree, die Rippenknöchelchen belassen, sauber abgeschabt (vom Metzger zurichten lassen), Salz, Pfeffer, Olivenöl zum Braten.

Sauce:
1/2 l Lammfond, 100 ml Rotwein, 2 EL Balsamico-Essig, 1 Rosmarinzweig, 1/8 l Olivenöl.

Zunächst die Basilikumkruste vorbereiten: Die Butter zerlassen und das feingehackte Basilikum, den durchgepreßten Knoblauch sowie das Paniermehl in die Butter einrühren. Die Masse hat die richtige Konsistenz, wenn das Paniermehl die ganze Butter aufgenommen hat. Mit Salz und Pfeffer abschmecken.
Jetzt das Fleisch von allen Seiten in Olivenöl anbraten und würzen. Danach kurz im Ofen garen; das Fleisch muß jedoch innen noch blutig sein.
Das Lammkarree aus dem Ofen nehmen. Auf ein Stück Klarsicht-

folie die Krustenmasse ½ cm hoch bestreichen und mit der Fleischseite nach unten auflegen, mit der Klarsichtfolie umdrehen, die Kruste an das Fleisch pressen. Folie abziehen und die restliche Krustenmasse entfernen.
Unter dem Grill das Gericht vollenden. Hierzu bei starker Oberhitze gratinieren, bis die Oberfläche goldbraun ist. Die Dauer hängt von der Heizleistung und vom Abstand zum Grill ab.
Für die Sauce den Lammfond, Wein und Balsamico-Essig mit dem Rosmarin aufkochen und um ⅓ reduzieren. Den Rosmarinzweig entfernen, mit dem Pürierstab das Olivenöl aufmixen und abschmecken.

Lammrückenfilet vom Rost mit Steinpilz-Kartoffel-Kruste auf rosa Pfefferjus mit Wirsingstrudel

Bernd Gemmrig
Alter Krug Dahlem
Berlin

4 Lammfilets von je 180 g und 50 g Speck (in Streifen geschnitten), 100 g Schalotten sowie 2 EL Butter, 200 g Steinpilze (frisch oder TK-Ware), 150 g Pellkartoffeln, 2 Eigelb, 100 g Reibekäse, 1 EL Petersilie, Salz und Muskat, weißer Pfeffer.

Sauce:
100 g Schalotten und 1 EL Butter, 1 EL rosa Pfeffer, 2 cl Cognac sowie 0,5 l Bratenjus.

Filets:
Die Speckstreifen mit Schalotten in Butter anschwitzen, gehackte Steinpilze zugeben, 10 Min. dünsten, die Pellkartoffeln durch die Presse geben und vom Herd nehmen. Die Eigelbe und gehackte Petersilie zugeben, abschmecken und durchmengen. Die Steinpilzmousse warm stellen. Das Lammfilet anbraten, mit Pilzfarce bedecken, mit Käse überstreuen und unter dem Grill gratinieren.

Sauce:
Schalotten in Butter anbraten, Pfeffer zugeben, mit Cognac flambieren, mit Bratenjus auffüllen, leicht reduzieren.

Wirsingstrudel:
1 großer Kopf Wirsingkohl, 100 g Speck, 100 g Zwiebeln, 0,25 l Sahne, 50 g Schmalz, Salz, Zucker, Muskat.

8 große Blätter entfernen und in Salzwasser blanchieren, den restlichen Wirsing in feine Streifen schneiden, Speck und Zwiebeln im Schmalz anschwitzen, geschnittenen Wirsing zugeben, mit Sahne ablöschen und weich dünsten, abschmecken.

Teig:
250 g Mehl, 1 Msp. Salz, 1 Ei, 2 EL Öl und 1 TL Essig, 125 ml Wasser, 100 g Butter, 2 EL Semmelbrösel, 2 Eigelb, 2 EL Mehl zum Bestreichen.

Mehl, Salz, Ei, Öl, Essig und lauwarmes Wasser zu einem kompakten Teig kneten und 1 Std. ruhenlassen. Danach auf bemehltem Tuch den Teig zuerst ausrollen und mit dem Handrücken dünn rechteckig ausziehen. Mit zerlassener Butter bestreichen und mit Semmelbröseln bestreuen. Mit den blanchierten Kohlblättern auslegen und gedünstete Kohlstreifen darauf verteilen.
Mit einem Tuch zum Strudel einrollen, danach auf Backblech legen, mit der Eigelb-Mehl-Mischung und anschließend mit der restlichen zerlassenen Butter einpinseln, bei 180 °C im vorgeheizten Backofen etwa 35 Min. backen.

Lammfilet unter der Melissenkruste, Steinpilzjus, Knoblauchgemüse und Altbierbuchteln

Thomas Brunk
Restaurant Goldener Hahn
Finsterwalde

120 g Mehl, 20 g Hefe, 1 Prise Zukker, 1 Prise Salz, 1 Eigelb, 1 TL Honig und 0,2 l Altbier, 1,4 kg Lammlachse (Lammrückenfilets), 300 g Speck, 300 g Lauch, 300 g Steinpilze, 1 Zwiebel (gewürfelt), 150 g Butterschmalz, Salz, Pfeffer, 1 Bd. Thymian, 1 Bd. Zitronenmelisse, 50 g Weißbrot (entrindet, gerieben), 50 g Lammark, 50 g Knoblauch, 50 g Semmelbrösel, 3 Bd. Minischluppen (kleine Frühlingszwiebeln) und 3 Bd. Minikarotten, 200 g Keniabohnen, 30 Minimaiskolben, 0,1 l Milch, Trüffelöl.

Altbierbuchteln:
Mehl in eine Schüssel geben, eine Mulde in das Mehl drücken und die Hefe in kleinen Brocken hineingeben. Etwas Zucker, eine Prise Salz und handwarmes Altbier zur Hefe geben, dann einen Vorteig herstellen und etwa 30 Min. gehen lassen.
Danach Eigelb und 1 TL Honig zum Vorteig geben und mit dem restlichen Mehl zu einem straffen Teig verarbeiten und nochmals 30 Min. gehen lassen. Anschließend den Hefeteig in kleine Kugeln formen und diese dicht nebeneinander in eine Form schichten, bei 180 °C goldbraun backen. Zum Servieren die Kugeln auseinanderbrechen.

Den Lammrücken auslösen, parieren, in etwa 120 g schwere Stücke schneiden und mit Salz, Pfeffer und Thymian würzen. Den Speck in hauchdünne Scheiben schneiden, den Lauch blanchieren und

in 20 cm lange und 3 cm breite Streifen schneiden. Die Medaillons mit Speck und Lauchstreifen umwickeln und mit Küchengarn binden, anschließend in Butterschmalz anbraten und im Kombi-Dämpfer oder Umluftherd bei 160 °C à point (rosa) garen.
Geriebenes Weißbrot mit gehackter Zitronenmelisse mischen, Würfel vom Lammark dazugeben, auf die Medaillons verteilen und im Salamander auf höchster Stufe überkrusten.

Steinpilzjus:
Die Steinpilze putzen und tournieren (in Form schneiden). Die Zwiebelwürfel und Steinpilzabschnitte mit der Lammjus etwa 30 Min. leicht köcheln lassen. Anschließend passieren und die tournierten Steinpilze in der Jus gar ziehen lassen. Die Jus mit Stärke abbinden und mit Salz, Pfeffer und Trüffelöl würzen.

Knoblauchgemüse:
Schluppen (Frühlingszwiebeln), Minikarotten, Keniabohnen und Maiskolben putzen, waschen und in Salzwasser blanchieren, in Eiswasser abschrecken. Geputzten und gehackten Knoblauch mit Butter anschwitzen, anschließend das Gemüse darin schwenken, mit Salz und Pfeffer würzen.

Lammfilet mit Fenchelgemüse

Andreas Bild
Mövenpick Schönefeld
Berlin

8 Lammfilets (je etwa 70 g), 3 EL Öl, 2 Knoblauchzehen, 10 Rosmarinnadeln und 2 Schalotten, 125 ml Rotwein, 60 g Butter, Salz, Pfeffer (frisch gemahlen), 4 Fenchelknollen, 125 ml Sahne, 2 cl Pernod, 60 g Butter, 1 Prise Cayennepfeffer.

Die Knoblauchzehen schälen, fein hacken, mit dem Rosmarin und dem Öl vermischen. Die Filets damit marinieren und zugedeckt 2 Std. im Kühlschrank stehenlassen.
Das Fleisch abtupfen, im heißen Öl kräftig anbraten und noch etwa 2 Min. auf mittlerer Hitze fertiggaren. Pfeffern, salzen und warm stellen. Die gehackten Schalotten in die Pfanne geben und anschwitzen. Mit dem Rotwein ablöschen, durchkochen lassen. Vom Herd nehmen und die Sauce mit der Butter kräftig verrühren.
Die Fenchelknollen waschen, fleckige Stellen entfernen, halbieren und den Strunk entfernen. Das Fenchelgrün beiseite legen und fein hacken. Anschließend das Gemüse in zentimeterdicke Streifen schneiden.
Die Butter zerlassen, das Gemüse darin anschwitzen. Mit Salz, Pfeffer und dem Cayennepfeffer würzen, die Sahne aufgießen und das ganze 8 Min. köcheln lassen. Nun den Pernod und das gehackte Fenchelgrün unter das fertige Gemüse ziehen.
Dann das Gemüse anrichten, seitlich die Sauce auf die Teller geben und die Filets auf den Saucenspiegel legen.

Lammhüftsteak in Schafskäsekruste, Thymianjus, Selleriechips und Kartoffelzöpfe

Helfried Reichel
Parkhotel Dallgow
Dallgow-Döberitz

4 Lammhüften, 1 Zwiebel, 1 Knoblauchzehe, 1 Paprikaschote, 50 g Petersilie, 10 g Kerbel, 10 g Basilikum, 2 Blatt Minze, 10 g bunter Pfeffer, 2 cl Sojasauce, 1 TL edelsüßer Paprika, 1 TL Currypulver, 0,1 l Öl und 0,1 l dunkler Lammfond, Thymian, 150 g Schafskäse/Feta, 2 Eigelb, 90 g Butter, 20 g geriebenes Weißbrot (ohne Rinde), 1 mittlerer Knollensellerie, Öl zum Fritieren, Salz, 6 große festkochende Kartoffeln, 80 g Butter und ½ Bd. Petersilie.

Zuerst das Fleisch waschen und gründlich abtrocknen. Von den Lammhüften die dünne Knochenhaut entfernen. Nun in der Mitte einschneiden, aber nicht ganz durchtrennen. Unter einem Stück Klarsichtfolie leicht plattieren.
Den Paprika waschen und putzen. Die Zwiebel und den Knoblauch schälen und grob vierteln. Alles zusammen mit den gewaschenen und trockengetupften Kräutern in der Küchenmaschine hacken, die restlichen Gewürze sowie das Öl hinzugeben. Damit die Lammhüftsteaks marinieren und im Kühlschrank etwa 2 Std. einwirken lassen.
In der Zwischenzeit den Schafskäse grob zerdrücken und mit den Eigelben, der Butter sowie dem geriebenen Weißbrot gut vermengen. Zu einer Rolle formen, in Klarsichtfolie einwickeln und im Kühlschrank kalt stellen.
Nun die Lammhüftsteaks gut abtropfen lassen, salzen und pfeffern. In einer Pfanne beidseitig anbraten und mit der in Scheiben geschnittenen Schafskäserolle belegen. Danach im Ofen etwa 4 Min. bei 180 °C Oberhitze garen.
Den Lammfond reduzieren lassen und mit frischem Thymian sowie eiskalten Butterflocken mit dem Handmixer kräftig durcharbeiten. Die Sauce soll heiß sein, darf aber nicht mehr kochen.

Selleriechips:
Die Sellerieknolle waschen, abbürsten und schälen. In sehr dünne Scheiben schneiden und danach in Chipsgröße aufteilen. In

heißem Öl goldgelb fritieren. Mit einem Gemisch von edelsüßem Paprika und Salz würzen.

Kartoffelzöpfe:
Mit Hilfe eines Spiralbohrers aus jeder Kartoffel 2 Spiralen ausbohren. Nun in Salzwasser bißfest kochen, danach in einer Pfanne mit Butter und gehackter Petersilie vollenden.

Anrichten:
Etwas Thymianjus auf die Teller geben. Die Hüftsteaks einsetzen und die Selleriechips und die Kartoffelzöpfe anlegen.

Im Heu geschmorte Lammkeule mit Bohnen-Tomaten-Ragout und Rosmarinkartoffeln

Für 8 Personen

Markus Semmler
Schloßhotel Cecilienhof
Potsdam

Lammkeule:
2,5 kg Lammkeule, 500 g Heu vom Bauern (natürliche Weide), 4 Knoblauchzehen, 50 g scharfer Senf, Rosmarin und 1 Bd. Thymian, 50 g Karotten, 50 g Sellerie, 30 g Lauch, 150 g Schalotten, 0,4 l Rotwein, 4 Tomaten, 100 g Olivenöl, etwas Butter, Salz und Pfeffer.

Rosmarinkartoffeln:
600 g junge neue Kartoffeln, 2 EL Olivenöl, 2 Rosmarinzweige.

Bohnen-Tomaten-Ragout:
600 g junge Bohnen, 8 Tomaten, Salz und 1 Schalotte.

Lammkeule:
Die Lammkeule von Sehnen und Fett befreien, mit geriebenem Knoblauch, Senf und Olivenöl einreiben, mit Salz und Pfeffer würzen und für 1 Tag im Kühlschrank abgedeckt stehenlassen.
Die Lammkeule in Butter von allen Seiten anbraten, aus dem Bräter herausnehmen und das gewürfelte Gemüse, die Schalotten und die Tomaten zugeben, in Olivenöl dunkel anrösten, mit Rotwein ablöschen. Das geröstete Gemüse mit dem Heu abdecken, Rosmarin und Thymian verteilen und die Lammkeule aufsetzen.
Bei 180 °C etwa 50 Min. garen und bei 70 °C 2 Std. ruhenlassen. Den Fond durch ein Sieb passieren, einkochen, würzen und mit Butter abbinden.

Rosmarinkartoffeln:
Die Kartoffeln mit Schale waschen und anschließend kochen. In einer Pfanne die Kartoffeln mit Schale in Olivenöl anbraten, die Rosmarinzweige zugeben und im Ofen 20 Min. rösten.

Bohnen-Tomaten-Ragout:
Die Bohnen blanchieren und in kleine Stücke schneiden. Die Tomaten vierteln, entkernen und in Würfel schneiden. Die Schalotten anschwitzen, die Bohnen und Tomaten zugeben, heiß schwenken und mit Salz abschmecken.

Lammhaxe mit Speckbohnen, Klößen und Knoblauch

Lutz Göhlich
Bergschlößchen
Buckow

4 Lammhaxen, 1 Bd. Suppengrün, 4 Zwiebeln, 7 Knoblauchzehen, 1 EL Kümmel, Salz, 1 Dose Tomatenmark (50 g), 800 g Brechbohnen, 100 g magerer Speck, 25 g Mehl, 50 g Butter, Bohnenkraut sowie 25 g frische Petersilie und Halb-und-Halb-Klöße.

Die Lammhaxen mit Salz einreiben und in der Pfanne von allen Seiten scharf anbraten. Das Suppengrün und 3 Zwiebeln in grobe Würfel schneiden und zu den Lammhaxen geben.
Nachdem das Suppengrün Farbe genommen hat, das Tomatenmark unterrühren. Nach leichtem Anrösten den Pfanneninhalt mit 1½ l Wasser ablöschen. Dadurch entsteht ein Bratensud. In diesen Bratensud nun den Kümmel und 3 Knoblauchzehen geben. Dann die Lammhaxen mit allen Zutaten 1 Std. in die vorgeheizte Backröhre bei 185 °C geben. Nach 1 Std. sollten die Lammhaxen weich gegart sein. Sind diese noch nicht weich, wird die Garzeit entsprechend verlängert.
Die Haxen ausstechen und den Sud durch ein Sieb in einen Topf abgießen. Unter leichtem Köcheln den Sud mit einer Mehlschwitze binden. Die Haxen einlegen und leicht durchziehen lassen.
Den Speck und die restliche Zwiebel in Würfel schneiden und mit 50 g zerlassener Butter goldgelb in einer Pfanne anbraten. Das Ganze mit dem Mehl abstäuben und dann leicht anschwitzen. Danach die Bohnen dazugeben und mit etwas Sud ablöschen. Zügig umrühren und leicht aufkochen lassen. Mit Bohnenkraut und einer Prise Salz abschmecken. Vor dem Anrichten frische gehackte Petersilie dazugeben. Gereicht werden Klöße aus der Region, z. B. Halb-und-Halb-Klöße.

Anrichten:
Die Bohnen, die Klöße und die Lammhaxen auf die Teller geben. Die Haxen mit der Sauce übergießen. Dann über jede Haxe 1 frisch gepreßte Knoblauchzehe geben.

Geräucherte Lammvorderhaxe auf Schinken-Schmorgurken und Speckklöße

Carsten Pfefferlein
Hotel am Wutzsee
Lindow

4 Lammvorderhaxen, 1 dl Olivenöl, 1¼ kg Gurken sowie 100 g Zwiebeln und 100 g Zwiebellauch, 100 g Schinkenspeck, 150 g Fleisch von 4 Tomaten (ohne Haut und Kerne), 0,1 l Rotwein, Salz, Pfeffer, 800 g geschälte Kartoffeln, 80 g Mehl, 30 g Kartoffelmehl, 2 Eier, 80 g Bauchspeck (mager), Salz und Muskat.

Die Lammhaxen mit Salz und Pfeffer würzen und im heißen Olivenöl rundherum anbraten. Mit Rotwein ablöschen und etwa 75 Min. im zugedeckten Topf garen. Später die Sauce binden und abschmecken.
Schinken und Zwiebeln fein würfeln und in der Pfanne glasig werden lassen. Gurken waschen, schälen und entkernen. In Würfel schneiden, dazugeben und schmoren lassen. Mit etwas Flüssigkeit angießen, die Tomatenwürfel hinzufügen und noch mit etwas Lauch abrunden.
Kartoffeln gar kochen, abgießen und abdampfen lassen. Die noch heißen Kartoffeln durch ein Sieb pressen und abkühlen lassen. Den Speck würfeln und in einer Pfanne auslassen. Die restlichen Zutaten der abgekühlten Kartoffelmasse zugeben und gut durchmengen. Zum Schluß den Speck untermischen und kleine Klöße abdrehen. Diese im heißen Salzwasser etwa 10 Min. kochen lassen und dann servieren.
Die Lammvorderhaxen auf dem Schinkenschmorgemüse anrichten und mit etwas feingehacktem Lauch bestreuen. Die Speckklöße und etwas Sauce dazugeben.

Gebratenes Osterzicklein mit Butterbohnen und Salzkartoffeln

Steffen Müller
Restaurant Goldener Hahn
Finsterwalde

1 Keule von etwa 2 kg, 2 Zwiebeln, 2 Knoblauchzehen, 500 ml Brühe oder Wasser und 1 Thymianzweig, 100 g Bratfett, Salz, Pfeffer sowie 2 TL Stärkemehl.

Die Ziegenkeule mit Salz und Pfeffer würzen, von allen Seiten anbraten. Den Knoblauch und die Zwiebeln fein würfeln, zugeben und goldgelb anschwitzen. Mit Brühe oder Wasser ablöschen und auffüllen.
Den Thymianzweig zugeben und in der Röhre bei etwa 170 °C schmoren. Nach etwa 1½ Std. das Fleisch entnehmen und die Sauce abschmecken.

Butterbohnen:
800 g Bohnen, 100 g Butter sowie Salz.

Die Bohnen in Salzwasser etwa 10 Min. köcheln und im Eiswasser abschrecken. Butter auslassen, etwas Bohnenfond zugeben und die Bohnen darin schwenken; evtl. mit Salz abschmecken.

Warme Pastete von Berliner Bollenfleisch

Herbert Beltle
Altes Zollhaus
Berlin

600 g Lammfleisch (Schulter oder Keule), 400 g Zwiebeln, Olivenöl, 1 TL Kümmel, 4 Knoblauchzehen, Thymian, Rosmarin und 4 Tomaten, Salz und Pfeffer aus der Mühle, 1 l Rotwein, 2 EL Tomatenmark, etwa 100 g Blätterteig, Eigelb, eine Pastetenform aus Porzellan.

Das Lammfleisch in mundgerechte Stücke schneiden. Die Zwiebeln schälen und in grobe Würfel schneiden. In einem Topf das Olivenöl erhitzen und darin das Fleisch scharf anbraten. Nach etwa 5 Min. die Zwiebeln und das Tomatenmark dazugeben und mit anbraten. Anschließend mit dem Rotwein ablöschen. Alle Gewürze beigeben und etwa ½ Std. garen. Sollte die Flüssigkeit zu stark reduzieren, mit Brühe aufgießen.
Das Fleisch sollte weich sein und die Sauce durch die Zwiebeln und das Fleisch eine schöne Bindung haben. Die abgezogenen Tomaten in Würfel schneiden und zusammen mit dem Ragout in die Pastetenform geben. Die etwa 1 cm dicke Blätterteigplatte etwas größer als die Pastetenform schneiden, den Rand der Form mit Eigelb einpinseln und mit dem Teig verschließen. Im Ofen bei etwa 180 °C 30 Min. backen.
In der Form vorsetzen, am Tisch den Blätterteig abschneiden und servieren.
Dazu passen gut hausgemachte Nudeln oder nur ein bunter Salat mit viel frischen Kräutern.

Ruppiner Lammeintopf mit Topinambur

Manfred Heissig
Restaurant Quadriga
im Hotel Brandenburger Hof
Berlin

1 Lammkeule (ohne Knochen) und 200 g festkochende Kartoffeln, 250 g

Rezept Seite 118: Kaninchenroulade in Estragon-Senf-Sauce, Werdersches Gemüse und Buchweizen-Kartoffel-Taler
Peter Friedrich, ARGE der Köche Berlin und Brandenburg im VKD, Berlin

Topinambur, 1 Zwiebel, 250 g dicke Bohnen und 200 g Schnippelbohnen, 2 EL Olivenöl, 1 EL Barolo-Essig, 3/4 l Lammbrühe, 1 Knoblauchzehe, 1 Bd. Bohnenkraut, 1 EL Ysop (gehackt), Salz und Pfeffer aus der Mühle.

Die Lammkeule in 5 cm große Stücke schneiden. Die Kartoffeln und Topinambur schälen und in Würfel schneiden. Die dicken Bohnen auspulen und die Schnippelbohnen putzen, waschen und in Stücke schneiden. Die Zwiebel im Olivenöl glasig dünsten, die Bohnen dazugeben, kurz andünsten. Das angebratene Fleisch beigeben, mit dem Barolo-Essig ablöschen und mit dem Lammfond aufgießen.
Das Ganze etwa 50 Min. sieden lassen. Die Knoblauchzehe schälen, fein hacken und mit den Kartoffelwürfeln und Topinamburwürfeln in den Topf geben. Etwa 20 Min. bei milder Hitze garen. Mit Salz und Pfeffer würzen. Die Kräuter zugeben und in tiefen Tellern anrichten. Mit abgezogenen Kirschtomaten ausgarnieren.

Kaninchenroulade in Estragon-Senf-Sauce, Werdersches Gemüse und Buchweizen-Kartoffel-Taler

Bild Seite 116

Peter Friedrich
ARGE der Köche Berlin
und Brandenburg im VKD
Berlin

Kaninchenroulade:
4 Kaninchenbauchlappen und 200 g mageres Schweinefleisch, 4 cl Sahne, 40 g kleine Gemüsewürfel, 1 TL mittelscharfer Senf, 40 g Zwiebelwürfel (glasig geschwitzt), 1/2 Bd. Estragon und 0,3 l brauner Fond, 80 g Röstgemüse (Zwiebeln, Möhren, Sellerie), 30 g braune Roux (Mehlschwitze) sowie 20 g saure Sahne, 20 g Tomatenmark, Salz und Pfeffer.

Gemüse:
4 Blumenkohlröschen und 8 kleine Möhren, 4 Brokkoliröschen, 100 g grüne Bohnen (alle Gemüse bißfest vorgegart), 20 g Butter.

Buchweizen-Kartoffel-Taler:
400 g gekochte mehlige Pellkartoffeln, 100 g Buchweizenmehl (hell), 100 g Buchweizengrütze (roh), 50 g Buchweizengrütze (fein), 40 g magerer Speck (in Würfeln), 40 g feine Zwiebelwürfel, 2 Eier, 40 g Butterschmalz, Salz, Pfeffer und Muskat.

Kaninchenroulade:
Zur Füllung der Kaninchenroulade aus dem mageren Schweinefleisch, der Sahne, den glasig angeschwitzten Zwiebeln mit Senf, Salz, Pfeffer und Estragonblättern eine Farce herstellen. In die Farce die feinen Gemüsewürfel unterziehen.
Die Kaninchenbauchlappen ausbreiten, mit Salz und Pfeffer würzen, die Farce darauf verteilen und die Bauchlappen zu Rouladen rollen. In eine ausgefettete Pfanne setzen und im Rohr anbraten. Nach Bräunung das Röstgemüse zugeben, mit anrösten und die Rouladen herausnehmen. In den Bratenansatz das Tomatenmark geben, anschwitzen, mit dem braunen Fond auffüllen, die Rouladen hineingeben und etwa 30 Min. schmoren lassen. Die Rouladen bis zum Anrichten warm stellen. Die Sauce nun mit der braunen Roux binden, die saure Sahne hineinrühren und anschließend passieren. Zum Anrichten das Gemüse in Butter schwenken.
Die gebratenen Buchweizentaler mit dem Gemüse warm halten. Die Rouladen aufschneiden, einen Saucenspiegel angießen, die Rouladenscheiben mit dem gebutterten Gemüse und den Buchweizentalern einsetzen und noch einige Estragonblätter anlegen.

Buchweizen-Kartoffel-Taler:
Die noch heißen Pellkartoffeln durch eine Presse drücken. Den ausgelassenen Speck, die glasigen Zwiebeln, das Buchweizenmehl, die grobe Buchweizengrütze und Eier zugeben. Daraus einen Teig kneten, mit den Gewürzen abschmecken und 20 Min. ruhenlassen. Danach aus dem Teig etwa 5 cm große Taler formen, in feiner Buchweizengrütze wenden und in Butterschmalz beidseitig braten.

Roulade vom Kaninchenrücken auf sautiertem Spinatsalat

Markus Semmler
Schloßhotel Cecilienhof
Potsdam

4 ausgelöste Kaninchenrücken mit Bauchlappen, Nieren, Leber, 100 g Parmaschinken, 10 Blatt Salbei, Salz und Pfeffer sowie 1 gut gewässertes Schweinenetz.

Kaninchenjus:
500 g Kaninchenknochen, 30 g Karotten, 30 g Sellerie, 50 g Schalotten, 20 g Lauch, 2 Knoblauchzehen, 10 Blatt Salbei, 0,2 l Rotwein, 100 g Butter, Salz, Pfeffer, 600 g Spinatsalat, 2 Schalotten, 1 Knoblauchzehe, 2 EL Butter, 600 g Kartoffeln, Sahne, Butter und Salz.

Die Kaninchenrücken ausbreiten, mit Pfeffer und einem Salbeiblatt würzen, mit Parmaschinkenscheiben belegen, Leber und Nieren als Kern legen, vom Rücken her in das Schweinenetz einrollen. Von allen Seiten gut anbraten, im Ofen bei 80 °C 20 Min. langsam durchziehen lassen.

Kaninchenjus:
Die Kaninchenknochen mit kaltem Wasser bedeckt langsam aufkochen lassen, das feingeschnittene Röstgemüse in der Pfanne langsam dunkel rösten (ohne Lauch), mit Rotwein ablöschen, Lauch zugeben, einkochen, zum Kaninchenfond geben, etwa 3 Std. köcheln lassen, durch ein feines Sieb passieren, einkochen, gehackte Salbeiblätter zugeben und mit kalten Butterstücken binden.
Die feingewürfelten Schalottenwürfel in Butter anschwitzen, den gewaschenen Spinatsalat zugeben, zudecken und dann im eigenen Saft dünsten.

Anrichten:
Das Kartoffelpüree mit Hilfe eines Spritzsackes dekorativ auf die Teller aufspritzen, die aufgeschnittene Roulade auf Spinat setzen und mit Sauce überziehen.

Gefüllte Kaninchenkeule in Bärlauchsauce

Ewald Weiss
Restaurant Am Fasanenplatz
Berlin

5 Kaninchenkeulen, 200 g Schweinenetz, 50 g Bärlauch, 1 Zwiebel, 1 dl Weißwein, 3 EL Olivenöl und 2 enthäutete Tomaten, 1 dl Sahne, 50 g Butter, 150 g Würfel von Lauch, Möhren und Staudensellerie, Salz und Pfeffer, 1/4 l Geflügelbrühe.

An 4 Kaninchenkeulen die Becken- und Oberschenkelknochen auslösen. 1 Kaninchenkeule komplett auslösen, kleinwürfeln, kühlen und danach mit Sahne und Salz zu einer Farce kleinmixen.
Die Gemüsewürfel in Butter anschwitzen und erkalten lassen. Mit der Kaninchenfarce und der Hälfte des kleingeschnittenen Bärlauchs vermischen. Die 4 vorbereiteten Kaninchenkeulen würzen und mit der Farce füllen. Mit dem Schweinenetz umwickeln und in Olivenöl anbraten. Die kleingeschnittenen Zwiebeln dazugeben, mit Weißwein ablöschen und mit der Geflügelbrühe auffüllen. Bei 200 °C im Backofen 25 bis 30 Min. schmoren.
Die Keulen auf Tellern anrichten. Die Sauce aufkochen, die Tomatenwürfel und den restlichen Bärlauch dazugeben und über die Kaninchenkeulen gießen.
Dazu passen Spitzkohl und Kartoffelpüree.

Geschmorte Kaninchenkeule in Apfelwein-Rahm, Gemüse und Kartoffelgnocchi

Thomas Hildebrandt
Seidler art'otel
Potsdam

4 Kaninchenkeulen, 0,3 l Wasser, 0,5 l Apfelwein, 1 süßer Apfel und 100 ml Rahm, etwas frischer Thymian, Salz, Pfeffer und 1 Karotte.

Röstgemüse:
2 große Karotten, 100 g Sellerie und 1 Zwiebel.

Gemüse:
200 g geputzte und in Scheiben geschnittene Karotten, 200 g geputzte Kaiserschoten, 1/2 TL Zucker sowie 1 EL Butter, Salz.

Kartoffelgnocchi:
800 g Kartoffeln (mit Schale) sowie 200 g Weizenmehl, 80 g Butter, 1 Ei, 1 TL geriebener Parmesan, Salz und Muskat.

Die gewürzten Kaninchenkeulen zusammen mit dem Röstgemüse anbraten, mit dem Apfelwein und Wasser ablöschen und mit dem Thymian und den Äpfeln etwa 30 Min. zugedeckt schmoren. Die Kaninchenkeule aus dem Fond nehmen und warm stellen. Den Fond durch ein Sieb geben und auf 1/3 einkochen lassen. Nun den Rahm hinzugeben und nochmals um 1/3 reduzieren. Die Kaninchenkeulen auf dem Rahm anrichten.
Die Karotten in der Butter mit dem Zucker bei geschlossenem Deckel etwa 5 Min. anschwitzen. Etwas Wasser zugießen, die Kaiserschoten hinzugeben und mit Salz würzen. Dann nochmals etwa 2 Min. garen.
Die Kartoffeln in der Schale gar kochen, pellen und durch eine Kartoffelpresse geben, nun die restlichen Zutaten zufügen und alles zu einem Teig verkneten, dann den Teig zugedeckt etwa 30 Min. ruhenlassen.
Anschließend den Teig in etwa 1 cm dicke Rollen formen und alle 2 cm teilen. Mit einer Gabel leicht andrücken und in kochendem Salzwasser 3 bis 4 Min. kochen, dann herausnehmen und in kaltem Wasser abschrecken. Anschließend in etwas Butter goldgelb braten.

Wild

Hirsche geben, wenn sie jung sind, eine gesunde feste Nahrung, sind sie über das dritte Jahr hinaus, so werden sie schwer verdaulich und machen üble und schwarzgallige Säfte.

Eugen von Vaerst

Gastrosophie oder Lehre von den Freuden der Tafel

Noël, der Koch Friedrichs des Großen, soll ein großer Saucenkoch gewesen sein, der besonders das Pikante, Scharfe schätzte, was im übrigen auch für seinen Herrn zutraf. Von Friedrich II., der bekanntlich sogar seinen Kaffee zu pfeffern pflegte, weiß man, daß er seine Speisen nicht nur fett, sondern auch besonders scharf liebte. Eine Geschmacksrichtung, die bei Wildgerichten überaus beliebt war, um den Hautgout, den „Hochgeschmack", des oft schon in einen Zustand der Verwesung übergehenden Wildbrets zu überdecken. Dies war nicht zuletzt dem Einfluß der französischen Küche, sprich der Küche des französischen Hofes und Hochadels, zu verdanken, an der sich auch der Hof Friedrichs II., wie die Höfe der meisten deutschen Königs- und Fürstenhäuser, orientierte.

Die französische Küche war, bei aller Verfeinerung, eine Küche, die bei der Behandlung von Wild zumindest aus heutiger Sicht entscheidende Fehler machte. Frische und Reinheit des Geschmacks, wie man sie heute an Wild schätzt, war bei ihr nicht zu finden. Einer der Gründe dafür lag nicht zuletzt darin, daß die Umgebung von Paris nicht gerade mit Wildreichtum gesegnet war und die Wildhändler gezwungen waren, das Wild von außerhalb zu beziehen, was seiner Frische nicht gerade zuträglich war.

Deutschland war im Vergleich dazu, und ist es heute noch – nicht zuletzt wegen seiner strengen Jagdgesetze –, ein mit vorzüglichem Wild geradezu gesegnetes Land und ein Paradies für Jäger, wenn auch nicht in allen Regionen. Es mag sein, daß die Jagd in Brandenburg und auch am Hof des Kurfürsten nicht denselben Rang hatte wie in anderen deutschen Landen und demzufolge in der Berliner wie auch in der Brandenburger Küche das Wild nicht die gleiche Rolle spielte, wie es dies in der Pfalz, im Badischen oder auch in Bayern tat. Zwar zierten auch in Berlin und in Brandenburg majestätisch anzusehende Wildschweinköpfe und dekorativ garnierte Rehrükken die Tafeln der vornehmen Gesellschaft, aber in der bürgerlichen Küche war Wild nur selten zu finden. Selbst wenn die Berliner einen Ausflug in den Grunewald mit einem Besuch im Forsthaus Paulsborn krönten, war es nicht hauptsächlich, um dort ein Wildgericht zu essen, sondern um sich Kaffee und Kuchen oder eine Berliner Weiße zu genehmigen.

Selbst auf den Karten der Anfang des 19. Jahrhunderts so beliebten und luxuriösen Traiteurs, wie Jagor oder Horcher, waren Wildgerichte nicht allzuoft zu finden. Dies änderte sich erst in der 2. Hälfte des letzten Jahrhunderts mit dem Entstehen einer ganzen Reihe luxuriöser Restaurants. So war Borchardt berühmt für seine Rebhuhngerichte.

Brandenburg war immer schon gut bestückt mit Wildgeflügel. Nicht nur Rebhühner, auch Fasanen, Wachteln und Fettammern gehörten zu den Wildvögeln, die hier in besonderer Qualität heranwuchsen. Die Jagd auf letztere ist allerdings bei uns schon seit geraumer Zeit nicht mehr erlaubt. Heutzutage beherrscht der Schwarzkittel die Wälder – und zum Leidwesen der Bauern – auch mehr und mehr die Felder Brandenburgs. Die Bestände sind so groß, daß, ähnlich wie in der Pfalz, die Preise für Wildschwein drastisch nach unten gegangen sind.

In der neuen Küche spielt Wild, neben dem Lamm, eine nicht zu übersehende wichtige Rolle. Allerdings ohne die alles überdeckenden Saucen, die man noch zu Anfang dieses Jahrhunderts so schätzte. Man zieht den frischen Wildgeschmack vor. Saucen spielen dabei allenfalls eine unterstützende Rolle. Ein Saucenkünstler, wie Eugen von Vaerst ihn beschrieb, der aufgrund einer Wette aus ein paar alten Wagengeschirren und seinen Winterstiefeln eine pikante Burgundersauce herzustellen verstand, wobei er das alte Lederzeug 4 Wochen lang in kaltes Wasser legte, täglich dutzendmal frisches Wasser aufgoß, immer aufs neue das Leder reinigte und dasselbe dann 14 Tage ununterbrochen in starker Bouillon kochte und schließlich letztendlich unter dem Hackmesser pürierte, wäre hier wohl fehl am Platze.

Rezept Seite 122: Rehrücken mit Jus von schwarzen Nüssen und Kartoffelravioli
Markus Semmler, Schloßhotel Cecilienhof, Potsdam

Rehrücken mit Jus von schwarzen Nüssen und Kartoffelravioli

Bild Seite 120

Für 8 Personen

Markus Semmler
Schloßhotel Cecilienhof
Potsdam

Sauce:
500 g Rehabschnitte, 150 g Zwiebeln mit Schale, 50 g Karotten, 30 g Sellerie, 2 Lorbeerblätter, 5 Wacholderkörner, 5 Pfefferkörner, 2 EL Olivenöl, 0,5 l Rotwein, 0,3 l Portwein, Salz, Pfeffer, etwas Butter.

Rehrücken:
600 g parierter Rehrücken, Salz und Pfeffer.

Kartoffelravioli:
1 kg Kartoffeln (gedämpft, geschält), 250 g Mehl, 1 Ei.

Schwarze Nüsse:
2 kg grüne Walnüsse (geerntet in der ersten Juniwoche), 2 l Wasser, 0,8 kg Zucker, 2 Zitronen (Schale), 1 Orange (Schale), 20 g Ingwer und 1 Zweig Rosmarin.

Sauce:
Die Rehabschnitte mit kaltem Wasser bedeckt aufsetzen, langsam aufkochen lassen. Das in kleine Würfel geschnittene Gemüse in Olivenöl schön dunkel rösten, mit Rotwein ablöschen, reduzieren, Portwein zugeben und nochmals reduzieren. Das Ganze zum Rehfond mit den Gewürzen zugeben, langsam 4 Std. köcheln lassen, durch ein Sieb passieren, einkochen, dann mit kalter Butter binden und mit Salz und Pfeffer würzen. In Scheiben geschnittene schwarze Nüsse zugeben.

Rehrücken:
Den Rehrücken mit Salz und Pfeffer würzen, in der Pfanne anbraten und bei 70 °C im Ofen für 20 Min. ruhenlassen.

Kartoffelravioli:
Aus den Zutaten wie üblich einen Kartoffelteig herstellen. Den Kartoffelteig ausrollen, mit Eigelb bestreichen, die Füllung mit einem Teelöffel aufsetzen, mit Teigplatte belegen und die Ravioli mit Form ausstechen.

Schwarze Nüsse:
Die Walnüsse mit Zahnstochern anstechen, 10 Tage wässern, dabei jeden Tag das Wasser erneuern. Mit den Zutaten einen Sirup herstellen, die Walnüsse an 3 Tagen 2mal pro Tag darin aufkochen und anschließend in Weckgläser einkochen.

Rehrücken mit Holundersauce, Chicorée-Maronen-Gemüse und Mandelplätzchen

Karl Wannemacher
Alt Luxemburg
Berlin

2,5 kg Rehrücken (= 600 g netto).

Gemüse:
4 kleine Chicorée, 1 Zitrone und 1 Orange, 40 g Butter, Mehl zum Mehlieren des Chicorées, 500 g Maronen (geschält), 25 g Zucker, 20 ml Maronenessig und 100 ml Rinderbrühe.

Mandelplätzchen:
350 g mehlige Kartoffeln (geschält), 1 EL Mehl, 1 Eigelb, Salz, Pfeffer, Muskat, Kartoffelmehl, 1 Ei, 250 g gehackte Mandelblätter sowie Öl zum Braten.

Sauce:
20 g Zucker, 200 ml Holundersaft (Muttersaft), 400 ml Wildfond, 20 g Butter, Salz und Pfeffer.

Den Rehrücken vom Knochen lösen und die Sehnen entfernen. Die Knochen kleinhacken und zusammen mit den Sehnen einen braunen Wildfond herstellen. Der ausgelöste Rehrücken wird kurz vor dem Servieren gebraten.

Gemüse:
Vom Chicorée die äußeren Blätter entfernen, den bitteren Kern herausschneiden. Die Zitrone und Orange halbieren und mit dem Chicorée und Salz in Wasser weich kochen. Im Wasser auskühlen lassen, damit der Chicorée nicht schwarz wird.
Zucker mit etwas Wasser karamelisieren lassen, dann mit dem Maronenessig ablöschen, mit der Rinderbrühe auffüllen, die Maronen und die Butter zufügen, etwas salzen, jedoch nicht zu weich kochen. Dabei die Flüssigkeit reduzieren.

Mandelplätzchen:
Die Kartoffeln kochen, abdampfen lassen und durch die Presse drücken. 1 EL Mehl und das Eigelb dazugeben; alles vermischen und mit Salz, Pfeffer sowie Muskat abschmecken. Nun eine Rolle von 4 cm Durchmesser in Kartoffelmehl ausrollen und auskühlen lassen. Vor dem Braten in 1½ cm dicke Scheiben schneiden, im Ei drehen und in den Mandeln wälzen.

Sauce:
Zucker mit etwas Wasser karamelisieren und mit dem Holundersaft ablöschen. Das Ganze einkochen, den Wildfond zugeben und bis zur Hälfte reduzieren, mit Salz und Pfeffer abschmecken und durch ein Spitzsieb geben. Ganz zum Schluß die Sauce mit Butter aufmontieren.

Den Rehrücken in heißem Öl anbraten, salzen, pfeffern und dann im vorgeheizten Ofen bei 220 °C rosa braten.

Den Chicorée aus dem Sud nehmen, auf Küchenkrepp trocknen, dann halbieren und leicht mehlieren. In schäumender Butter langsam goldbraun braten.
Die Mandelplätzchen in wenig Öl in einer beschichteten Pfanne ebenfalls goldbraun braten, anschließend auf Küchenkrepp legen, damit sie nicht so fettig sind.
Zum Anrichten den Chicorée auf die Teller geben, mit den Maronen und ihrem Sud begießen. Die Mandelplätzchen daneben legen. Den Rehrücken aufschneiden, ebenfalls auf die Teller geben und mit der Holundersauce nappieren.

Das Beste aus Brandenburger Jagden auf Köstritzer Schwarzbiersauce

Stephan Niggemann/
Steffen Stiasny
Forsthaus Paulsborn
Berlin

600 g Rehrücken mit Knochen und 600 g Hirschrücken mit Knochen sowie 600 g Frischlingsrücken mit Knochen, 100 g Karotten, 100 g Lauch, 100 g Sellerie, 1 Zwiebel, 20 g Tomatenmark, ¼ l trockener Weißwein, ½ l Köstritzer Schwarzbier, ¼ l Kalbsbrühe, 1 unbehandelte Orange, 3 EL Balsamico-Essig, 50 g Senffrüchte, 100 ml Schmant, 4 Wacholderbeeren, 2 Nelken und 1 Lorbeerblatt, 1 Rosmarinzweig, Salz, Pfeffer und Butterschmalz.

Rehrücken, Hirsch- und Frischlingsrücken auslösen und parieren, in etwa 60 g schwere Medaillons schneiden. Aus den Wildparüren, den walnußgroß gehackten Knochen, den gewürfelten Gemüsen und dem Tomatenmark einen Röstansatz erstellen und diesen mit der Hälfte des Weißweins ablöschen, einkochen lassen und nochmals ablöschen. ¼ l Schwarzbier, die Kalbsbrühe und die Kräuter zugeben.
Die Zesten (feine Streifen der Schale) von ½ Orange und den Saft 1 Orange zugeben, nachdem die Sauce 30 Min. gekocht hat und durch ein feines Sieb passiert wurde. Das restliche Bier und die in feine Würfel geschnittenen Senffrüchte zugeben, die Sauce mit dem Schmant und Balsamico-Essig verfeinern, nötigenfalls binden, und nachwürzen.
Die gewürzten Medaillons in Butterschmalz rosa braten und auf der Sauce anrichten.
Als Beilage empfehlen sich Teltower Rübchen und Kräuterschupfnudeln.

Rehrücken aus der Schorfheide in Haselnußcrêpe, Zitronengrassauce

Rolf Schmidt
Restaurant First Floor
Berlin

600 g Rehrücken (ausgelöst), Salz und Pfeffer aus der Mühle, etwas Thymian, 1 Prise Wacholderstaub.

Sauce:
300 g Knochen und Parüren, 50 g Schinkenschwarte, ½ l Wildfond, 0,3 l Rotwein, 6 cl Sahne, Bratfett zum Anbraten, 2 cl Cognac, 3 EL Preiselbeeren, Thymian, 1 Zitronengrasstange, Pfefferkörner (weiß) und Röstgemüse (je 50 g Karotten, Lauch, Sellerie und Zwiebeln).

Rehfarce:
100 g Rehfleisch, 1 Eiweiß, 1 EL Cognac, ¼ l Crème double, Salz, Pfeffer, Muskat.

Crêpeteig:
¼ l lauwarme Milch, 2 Eier, 100 g Mehl, Salz, 1 EL Haselnußmark, 2 EL Nußbutter.

Sauce:
Gehackte Rehknochen und Parüren mit der Schwarte anbraten, Röstgemüse beigeben, weiterrösten, mit Rotwein ablöschen, langsam reduzieren und alle Gewürze, Kräuter und ½ Zitronengrasstange beigeben und mit dem Wildfond auffüllen.
Etwa ½ Std. köcheln lassen, passieren, mit Preiselbeeren, Cognac, Salz und Pfeffer abschmecken, nochmals ½ Zitronengrasstange zugeben und ziehen lassen. Zum Schluß die Sahne zugeben, wenn nötig, mit etwas kalter Butter binden.

Rehfarce:
Aus den angegebenen Zutaten (die gut gekühlt sein müssen) eine Farce fertigstellen.

Crêpeteig:
Mit den Zutaten einen Crêpeteig herstellen und 4 Crêpes backen.

Das Rückenfilet in 4 gleichmäßige Stücke schneiden, mit Salz, Pfeffer, Thymian und Wacholderstaub würzen und in einer heißen Pfanne mit ganz wenig Fett von allen Seiten rasch anbraten. Die Crêpes mit Farce dünn bestreichen und den Rehrücken darin einrollen, danach in gebutterter Alufolie ganz fest einrollen und dicht verschließen. Die Rolle in 80 °C heißem Wasser etwa 9 Min. pochieren und anschließend noch 3 Min. ruhenlassen.

Anrichten:
Den Rehrücken in 3 gleiche schräge Teile schneiden, auf geschmorten Spitzkohl legen und mit frischen Waldpilzen als Beilage sowie mit Zitronengrassauce und Kartoffelmaultaschen servieren.

Gespickte Rehnuß in Wacholder-Rahm-Sauce mit Waldpilzen und Buchweizenbällchen

Peter Friedrich
ARGE der Köche Berlin
und Brandenburg im VKD
Berlin

600 g Rehnuß, 500 g Rehknochen, 80 g fetter Speck, 20 g Schweineschmalz, 80 g Röstgemüse (Sellerie, Möhren, Zwiebeln), 20 g Tomatenmark, 0,2 l Rotwein, 10 Wacholderbeeren, Salz, Pfeffer, 1 Thymianzweig, 20 g Saucenbinder und 60 g Crème fraîche, 600 g Waldpilze (Steinpilze, Maronen, Pfifferlinge, frisch oder gefrostet), 30 g Speckwürfel (mager), 30 g Zwiebelwürfel und 20 g Butterschmalz sowie 1/4 Bd. Petersilie.

Buchweizenbällchen:
20 g grobe Buchweizengrütze, 60 g feine Buchweizengrütze, 20 g Zwiebelwürfel, 1 Ei, 20 g Butterschmalz, 20 g geriebener Käse, 0,4 l Gemüsefond oder Wasser, Salz, Muskat, Fett zum Backen.

Die Rehnuß mit Speckstreifen spicken, salzen und pfeffern. Von den Rehknochen einen Fond ansetzen, etwa 1 bis 2 Std. köcheln lassen, passieren und auf 0,5 l einkochen. Die Rehnuß in heißem Schmalz von allen Seiten anbraten, in die Röhre schieben und 20 bis 25 Min. bei 160 bis 180 °C braten. Herausnehmen, in Alufolie einwickeln und warm stellen. Den Bratenansatz mit Rotwein und Wildfond ablöschen. Auf etwa 0,4 l einkochen, passieren, Crème fraîche einrühren und mit brauner Mehlschwitze binden. Abschmecken und heiß stellen.
Die Pilze putzen, kurz durchwaschen, mit Küchenkrepp gut abtrocknen, die Speck- und Zwiebelwürfel glasig schwitzen, die Pilze zugeben und fertiggaren. Mit Salz und Pfeffer abschmecken.
Für die Buchweizenbällchen die in Würfel geschnittenen Zwiebeln in Butterschmalz anschwitzen, die grobe Buchweizengrütze zugeben und kurz weiterschwitzen lassen, mit Gemüsefond und Wasser eine dicke Masse kochen und abkühlen lassen. Danach das Ei und den geriebenen Käse unterarbeiten, mit Salz und Muskat abschmecken. Aus der Masse kleine Bällchen abdrehen, in feiner Buchweizengrütze panieren und dann im Fettbad ausbacken.
Zum Anrichten die Rehnuß tranchieren, jeweils 2 Tranchen, die Buchweizenbällchen und die Pilze auf die Teller geben und die Rehnußtranchen halb mit Sauce überziehen.

Charlotte vom Reh mit Morchelrahm, Paprikagemüse und Bohnenschleifchen

Thomas Brunk
Restaurant Goldener Hahn
Finsterwalde

900 g Rehrücken, 600 g Kartoffeln, 60 g Butter, 1 Ei, 2 Eigelb, 2 Eigelb zum Bestreichen, 0,2 l Rehjus, 600 g Keniabohnen, 300 g Schalotten und 1 Bd. Zitronenmelisse, 1 Bd. Oregano, 150 g Butterschmalz, 100 g Blätterteig (TK-Ware), 60 g Speck, 200 g Lauch, 300 g Morcheln, 1 TL Speisestärke sowie 1/8 l geschlagene Sahne, 1/8 l Weißwein, 400 g gelber Paprika, 400 g roter Paprika, 50 g Knoblauch, 5 cl Olivenöl, Salz, Pfeffer, Muskat und getrockneter Thymian.

Reh-Kartoffel-Charlotte:
Den Rehrücken in 150 g schwere Medaillons schneiden, mit Salz, Pfeffer und getrocknetem Thymian würzen, anbraten und kühlen. Die Medaillons mit blanchierter Zitronenmelisse umlegen und anschließend mit Speck umwickeln. Kartoffeln kochen und eine Duchessemasse herstellen. Hierzu die Kartoffeln pürieren, Butter und die verquirlten Eier einarbeiten und dabei trockenhalten. 3/4 der Duchessemasse in Form von kleinen Löffelbiskuits auf ein Blech dressieren, mit 1 verquirltem Eigelb bestreichen und bei 180 °C backen. Etwas Lauch blanchieren und in 15 cm lange und 3 cm breite Streifen schneiden.
Die Lauchstreifen dünn mit der restlichen Duchessemasse bestreichen und um die Medaillons wickeln. Die Duchessemasse außen! Mit restlichem Eigelb bestreichen, gebackene Duchesselöffelchen um die Medaillons legen und bei 160 °C 8 Min. backen.

Morchelrahm:
Morcheln waschen und putzen, Schalottenwürfel in Butter anschwitzen und mit Morchelwasser aufgießen, reduzieren und passieren. Rehjus mit Morcheln zum Kochen bringen, mit etwas Stärke binden, mit Salz, Pfeffer würzen und die Morchelreduktion zufügen. Anschließend geschlagene Sahne und Butter unterheben.

Paprikagemüse:
Paprika waschen und blanchieren, anschließend die Haut abziehen und in Rauten schneiden. Diese in Olivenöl anschwitzen, etwas Weißwein angießen, mit Salz, Pfeffer und Knoblauch würzen und gar dünsten.

Bohnenschleifchen:
Die Keniabohnen putzen und blanchieren. Blätterteig auf der Nudelmaschine 1 mm dünn ausrollen und in Spaghettistärke schneiden. Aluminiumfolie in 2 cm starke Rollen wickeln. Die

Rezept Seite 127: Fläminger Wildeisbein auf grüner Meerrettichsauce und Wurzelgemüse
Arno Schmädicke, Ratskeller Zehlendorf, Berlin

Blätterteigspaghetti um die Aluminiumrolle legen und als Schleifchen in Form bringen. Bei 180 °C hohl backen. Die Keniabohnen in Butter schwenken, mit Salz und Pfeffer würzen, anschließend in die Schleifchen schichten.

Anrichten:
Den Morchelrahm in die Mitte der Teller geben, die Charlotte auf den Morchelrahm setzen und die Bohnenschleifchen im Dreieck um die Charlotte setzen. Das Paprikagemüse zwischen den Schleifchen anrichten.

Rehzungen auf Ebereschen-Shiitakepilz-Sauce

Stephan Niggemann
Forsthaus Paulsborn
Berlin

600 g Rehzungen (gekocht und abgezogen), 3/4 l Wildjus, 30 g Schalotten (fein gewürfelt), 300 g Shiitakepilze (geputzt und in Scheiben geschnitten), 20 g Butter und 15 g Mehl, 0,1 l Rotwein, 150 g Ebereschen (wahlweise auch Waldhimbeeren oder schwarze Johannisbeeren), 0,1 l schwarzer Johannisbeersaft, 3 cl Cassis, 1 EL Sojasauce, 100 g Karotten, Lauch und Sellerie (in feine Streifen geschnitten und blanchiert), 100 g Crème double, einige Kapuzinerkresseblüten oder frische Gartenkräuter zum Garnieren.

Die gekochten und abgezogenen Rehzungen in 1/2 l Wildjus erhitzen. Die Schalotten in der Butter anschwenken, die Shiitakepilze zugeben, mit dem Mehl bestäuben und mit dem Rotwein ablöschen. Die restliche Wildjus, den Cassis und den schwarzen Johannisbeersaft zufügen. Die Sauce ein wenig reduzieren, die Gemüsejulienne zugeben und mit Salz, Pfeffer und der Sojasauce abschmecken.
Erst zum Anrichten die geputzten Ebereschen in die heiße Sauce geben, mit der Sauce auf den Tellern einen Spiegel gießen. Die Rehzungen aus dem Fond nehmen, längs halbieren und auf der Sauce anrichten. Mit den Gartenkräutern oder den Kapuzinerkresseblüten und der Crème double ausgarnieren.
Zu diesem Gericht paßt am besten ein Semmelknödelauflauf.

Geschnetzeltes von der Hirschkalbskeule auf Maronenrahm, Spätzle und Gemüse

Thomas Hildebrandt
Seidler art'otel
Potsdam

Spätzle:
300 g Mehl, 3 Eier, 1 EL Öl sowie 2 EL Wasser, Salz und Muskat.

Gemüse:
200 g kleine Brokkoliröschen, 200 g geputzte Fingermöhrchen, Salz und Muskat.

Sauce:
300 ml Wildjus, 150 g Maronenpüree und 1 Schalotte, 1 TL Zucker, 100 ml Rahm, 1 EL Butter, 700 g Hirschkalbsoberschale, 100 g frische Maronen, 150 g frische Pfifferlinge.

Alle Zutaten in eine Schüssel geben und verkneten, bis ein Teig entstanden ist. Weiterschlagen, bis er Blasen bildet, um einen lockeren Teig zu bekommen. Den Teig in eine Spätzlepresse geben und in kochendes Salzwasser pressen. Etwa 5 Min. kochen lassen und dann in kaltem Wasser abschrecken. Zum Schluß mit Butter anschwenken und mit Salz würzen.
Das Gemüse in mit Salz und Muskat abgeschmecktem Wasser etwa 10 Min. kochen. Aber nur mit wenig Wasser und mit Deckel kochen, weil das Gemüse noch Eigensaft besitzt.
Die Schalotten in der Butter mit dem Zucker anschwitzen, bis der Zucker karamelisiert. Nun mit der Wildjus aufgießen und das Maronenpüree hinzugeben. Alles zusammen gut durchkochen und ganz zum Schluß den Rahm hinzufügen.
Die Oberschale in Streifen schneiden und in einer heißen Pfanne zusammen mit den Maronen und den Pfifferlingen braten, so daß das Fleisch noch leicht rosa bleibt. Das Geschnetzelte auf der Sauce anrichten.

Rotkohlrouladen mit Wildfüllung

Andreas Bild
Mövenpick Schönefeld
Berlin

1 Rotkohlkopf und 400 g Rehfleisch (Keule oder Schulter), 150 g magerer Speck und 1 Brötchen vom Vortag, 1 Tasse Milch, etwas abgeriebene Zitronenschale, 2 Wacholderbeeren (gestoßen), 1 Thymianzweig, 1 Ei, 8 dünne Scheiben Schinkenspeck, 50 g Schweineschmalz, 1/4 l Rotwein, 1 kleine Zwiebel, 2 Nelken, Salz, Pfeffer, 1 TL Zucker, 1 EL Weinessig, 2 EL Crème fraîche.

Den Strunk vom Rotkohl herausschneiden, in kochendem Salzwasser 5 Min. kochen lassen. Das Brötchen in der Milch einweichen. Rehfleisch, Speck und Zitronenschale durch die feine Scheibe des Fleischwolfes drehen oder mit der Küchenmaschine zerkleinern. Das Brötchen gut ausdrücken und mit dem Ei und den Gewürzen zu dem Fleischteig geben. Alles gut miteinander vermischen, evtl. noch mit etwas Salz würzen.

Vom Rotkohl 8 Blätter lösen und die Rippen flach schneiden. Jedes Blatt mit 1 Scheibe Schinkenspeck belegen und den Fleischteig gleichmäßig verteilen. Die Blätter seitlich übereinanderschlagen, aufrollen und mit einem kochfesten Faden umwickeln. Das Schmalz erhitzen und die Rouladen von allen Seiten anbraten. Mit dem Rotwein ablöschen, die Zwiebel (mit Nelken gespickt), Zucker und Essig dazugeben. Den Schmortopf verschließen und im vorgeheizten Ofen bei 200 °C in 30 Min. garen. Die Rouladen herausnehmen, Faden entfernen und warm stellen. Die Zwiebel aus dem Fond nehmen, Crème fraîche zugeben und einkochen, bis eine cremige Sauce entsteht.
Auf vorgewärmte Teller Sauce geben, je 1 Roulade darauf setzen, die andere schräg durchschneiden und anlegen.

Damhirscheisbein im Sud mit Birnen-Lauch-Gemüse und Kartoffelroulade

Helfried Reichel
Parkhotel Dallgow
Dallgow-Döberitz

4 Damhirschhaxen (gepökelt), Salz, 1 TL Wacholder, Thymian, Pfefferkörner, Kümmel, 50 g Zucker.

Die Damhirschhaxen müssen gepökelt sein. Sollte man jedoch keine dementsprechend vorbereiteten bekommen, kann man dies mit einfachen Mitteln selbst durchführen. Eine Schüssel mit Wasser füllen und eine rohe geschälte Kartoffel einlegen. Nun so lange Salz dazugeben und mit dem Schneebesen verrühren, bis die Kartoffel ganz leicht zu schwimmen beginnt. Zum Schluß die Gewürze zugeben und die Haxen einlegen. Das Ganze im Kühlschrank oder an einem anderen kühlen Ort etwa 6 Tage ruhenlassen.

Sud:
1 TL Wacholder, Thymian, Pfefferkörner, Kümmel, 50 g Zucker, Piment, Lorbeer, Rosmarin, Ingwer, Majoran, Nelken, 1 Zwiebel, 2 Karotten, 200 g Sellerie.

Die Hirschhaxen abwaschen und mit Wasser ansetzen. Die Rückstände abschöpfen, nach 1 Std. das Wurzelgemüse, Zucker sowie die Gewürze zugeben und so lange bei kleiner Hitze köcheln lassen, bis sie schön weich sind.

Gemüse:
3 Stangen Lauch, 3 Birnen sowie 60 g Butter, Salz und Pfeffer.

Den Lauch putzen, waschen, halbieren und in 2 mal 2 cm große Stücke schneiden. Im leichten Salzwasser kurz blanchieren und in Eiswasser sofort abschrecken. Die Birnen waschen, vierteln, das Kerngehäuse entfernen und dann in Blättchengröße (2 mal 2 cm) schneiden. Nun die Butter im Topf zerlassen, den gut abgetropften Lauch hinzugeben und glasig schwitzen. Zum Schluß die Birnen zugeben und mit Salz sowie den Gewürzen abschmecken.

Kartoffelroulade:
200 g mehligkochende Kartoffeln, Salz, weißer Pfeffer, Muskat, 2 Eigelb, 10 g Weizenmehl, 10 g Butter, 2 EL Schnittlauch, 2 EL gehackte Petersilie, 30 g gemahlene Walnußkerne, 2 Eigelb, flüssige Butter, 1 Eigelb zum Bestreichen, Semmelbrösel zum Bestreuen.

Die Kartoffeln waschen und mit der Schale kochen. Die gegarten Kartoffeln noch heiß pellen und durch die Kartoffelpresse drükken. Mit Salz, Pfeffer und Muskat würzen. 2 Eigelbe, das Weizenmehl und die Butter unterrühren und die Masse abkühlen lassen.
Für die Füllung den Schnittlauch, die Petersilie und die Walnüsse mit den anderen Eigelben verrühren. Ein sauberes Küchentuch auf die Arbeitsfläche legen und mit Mehl bestäuben. Nun den Kartoffelteig darauf ausrollen und die Füllung gleichmäßig über die ganze Fläche verteilen. Mit Hilfe des Tuches die Roulade aufrollen und auf ein mit flüssiger Butter gefettetes Blech setzen. Mit Eigelb bestreichen und die Semmelbrösel darüberstreuen. Im Ofen bei 200 °C (Umluft 180 °C) etwa 15 bis 20 Min. backen.

Fläminger Wildeisbein auf grüner Meerrettichsauce und Wurzelgemüse

Bild Seite 125

Arno Schmädicke
Ratskeller Zehlendorf
Berlin

4 Haxen vom Hirsch von je 400 bis 600 g (vom Fleischer pökeln lassen), 1 Zwiebel, 1 Möhre, ½ Porree und ¼ Knolle Sellerie, Pfefferkörner, 1 Lorbeerblatt, Wacholderbeeren.

Grüne Meerrettichsauce:
40 g Butter und 30 g Mehl, 250 g Fleischbrühe, 250 g Sahne, Salz und weißer Pfeffer, 100 g geriebener frischer Meerrettich, ½ Bd. gemischte Kräuter, 50 g Spinat (gedünstet).

Wurzelgemüse:
300 g Lauch, 300 g Sellerie, 300 g Möhren, 50 g Butter, Salz, Pfeffer, ⅛ l Brühe, 1 Bd. Petersilie.

Die gepökelten Hirschhaxen in Wasser zum Kochen bringen. Gelegentliches Abschäumen ist erforderlich. Nach mehrmaligem Abschäumen die geputzten und grobzerkleinerten Gemüse und Gewürze zugeben und das Fleisch gar kochen.

Grüne Meerrettichsauce:
Butter erhitzen und das Mehl darin hell anschwitzen, mit Brühe und Sahne unter Rühren ablöschen und 5 Min. leicht kochen lassen. Meerrettich sowie die sehr fein gehackten Kräuter und den feingehackten Spinat dazugeben. Mit Salz und weißem Pfeffer abschmecken.

Wurzelgemüse:
Das Gemüse putzen, waschen, zerkleinern und in Butter anschwitzen. Brühe zugeben, noch bißfest garen, mit den Gewürzen abschmecken sowie mit der gehackten Petersilie bestreuen.
Das Fläminger Wildeisbein mit Kartoffeln servieren.

Medaillons vom Frischlingsrücken im Speckmantel auf warmem Kompott von Birnen und Zwetschgen

Matthias Kersten
Pannonia Hotel Döllnsee
Groß Dölln

800 g ausgelöstes Rückenfilet vom Frischling, Salz, frisch gemahlener schwarzer Pfeffer, 0,2 l Öl, 8 dünne Speckscheiben, 1 Birne, 4 Zwetschgen, 0,1 l Wildsauce.

Die Birne schälen, das Kernhaus ausstechen und der Länge nach in dünne Scheiben schneiden. Die Zwetschgen entkernen und gleichfalls der Länge nach in dünne Scheiben schneiden. Für das Kompott eine etwas dickere Wildsauce zum Kochen bringen, die Birnen- und Zwetschgenspalten dazugeben und das Ganze einmal aufkochen lassen.
Das Rückenfilet in 8 gleichmäßige Medaillons schneiden, mit Salz und Pfeffer würzen. Um das Medaillon jeweils 1 Speckscheibe wickeln und mit einem kleinen Holzspieß befestigen. In einer Pfanne in heißem Öl beidseitig anbraten und in dem auf 180 °C vorgeheizten Ofen etwa 5 Min. backen.
Auf heißen Tellern das Kompott und die Frischlingsmedaillons anrichten.

Tranchen vom Frischlingsrücken auf Sauce von Maronen und Waldhimbeeren

Stephan Niggemann
Forsthaus Paulsborn
Berlin

1,6 kg Frischlingsrücken mit Knochen, 100 g Karotten, 100 g Lauch, 100 g Sellerie, 1 Zwiebel, 20 g Tomatenmark, 1/4 l Rotwein, 1/4 l Kalbsbrühe, 2 cl Himbeergeist und 2 cl Himbeersirup sowie 1 unbehandelte Orange, 40 g Butterschmalz, 100 ml Sahne, 40 g Schmant, 220 g Maronen (geschält und vorgegart), 200 g Waldhimbeeren, 4 Wacholderbeeren, 2 Nelken, 1 Lorbeerblatt, Rosmarin, Salz und Pfeffer.

Den Frischlingsrücken auslösen und parieren. Aus den Wildparüren, den gehackten Knochen, den gewürfelten Gemüsen und dem Tomatenmark einen Röstansatz erstellen und diesen mit der Hälfte des Rotweins ablöschen, einkochen lassen und nochmals ablöschen. Dann die Kalbsbrühe und die Gewürze und Kräuter zugeben. Auf 1/3 einkochen lassen und dann passieren. Streifen von der Orangenschale, Sahne, Maronen, Himbeergeist und Sirup zufügen. Mit Salz und Pfeffer abschmekken, evtl. abbinden, und erst zum Schluß die Hälfte der geputzten Himbeeren zugeben.
In der Zwischenzeit den Frischlingsrücken würzen und in Butterschmalz rosa braten, dann einige Minuten ruhenlassen und in dünne Scheiben schneiden. Diese dann halbmondförmig auf der Sauce anrichten und mit den restlichen Himbeeren, Rosmarinzweig und Schmant ausgarnieren.
Dazu empfehlen sich besonders ein Gemüse von Kirschtomaten und Kaiserschoten sowie Williams-Kartoffeln.

Wildschweinbraten in Waldbeerensauce

Gerhard Braun
Französischer Hof
Berlin

1 kg Wildschweinkeule ohne Knochen, Salz, Pfeffer, Rosmarin, 50 ml Öl, 200 g Möhren, 200 g Sellerie, 200 g Zwiebeln, 100 ml Rotwein, 1 l Wasser, 50 g Johannisbeergelee, 50 g Preiselbeeren, 200 g Waldbeerenmischung, 100 ml Sahne, 25 g Butter, 30 g Mehl, zu Mehlbutter verknetet.

Die Wildschweinkeule binden und mit Salz, Pfeffer und Rosmarin würzen. In einer Kasserolle mit dem Öl von beiden Seiten scharf anbraten und herausnehmen. Die Möhren und den Sellerie fest abbürsten, die Zwiebeln schälen, in grobe Würfel schneiden und mit dem Bratensatz leicht bräunen. Mit dem Rotwein ablö-

schen und dem Wasser aufgießen. Das Fleisch wieder zugeben und in der Bratröhre bei 160 °C etwa 2 bis 3 Std. langsam garen. Mehrmals wenden! In der Zwischenzeit die Butter schaumig schlagen und das Mehl unterziehen.
Das Fleisch warm stellen und den Bratenfond bis auf ½ l einkochen. Die Sauce durch ein feines Sieb passieren, mit der Mehlbutter binden, mit Johannisbeergelee, Preiselbeeren sowie den Waldbeeren und der Sahne vervollständigen.
Das Fleisch in Scheiben schneiden, auf angewärmten Tellern anrichten und vor dem Servieren mit der Sauce übergießen.
Als Beilage eignen sich sehr gut Schupfnudeln.

Frischlingskeule mit Werderschen Essigkirschen

Manfred Heissig
Restaurant Quadriga
im Hotel Brandenburger Hof
Berlin

Essigkirschen:
200 ml Balsamico-Essig (12 Jahre), 4 cl Kirschlikör, 0,2 l Kirschsaft, 300 g Kirschen (entsteint).

Keule und Würzpaste:
1 Frischlingskeule, Salz, Pfeffer und 1 TL feingehackter Rosmarin, 100 g magerer Speck (gewürfelt), 2 EL gehackte Petersilie, 1 TL Feigensenf, 50 g Butter, 30 g Semmelmehl, Erdnußöl zum Braten.

Sauce:
Die Knochen aus der entbeinten Keule, Salz, schwarze Pfefferkörner, ¼ Ingwerknolle, 100 g Karottenwürfel, 100 g Selleriewürfel, 100 g Lauchwürfel, 0,4 bis 0,8 l Wildfond, 0,2 l roter Portwein, 10 g Wacholderbeeren, 1 Scheibe Pumpernickel.

Essigkirschen:
Alle Zutaten etwa 5 Min. kochen und erkalten lassen.

Frischlingskeule:
Die Keule von den Knochen befreien, die Knochen hacken und beiseite stellen. Nun die Keule etwas breit klopfen, die Würze zu einer Paste verarbeiten und die Innenseite der Keule damit einstreichen. Anschließend die Keule zu einer Rolle formen und binden.
Nun das Fleisch salzen und pfeffern und in einem Bräter in etwas Erdnußöl anbraten, herausnehmen, die Knochen darin anrösten und das Gemüse ebenfalls anrösten. Mit Portwein ablöschen, die Gewürze und den geriebenen Pumpernickel zufügen und mit der Hälfte des Wildfonds auffüllen. Bei 200 °C die Keule in dem Bräter etwa 45 Min. garen, dabei immer wieder die Keule mit dem Fond übergießen.
Die Sauce nun durch ein Sieb passieren, mit einem Stück Butter aufmontieren und je nach Belieben die eingelegten Essigkirschen beigeben, wobei sie am besten schmecken, wenn sie längere Zeit ziehen können.

Wildschweinsteak an Hagebuttensauce, Rotweinschalotten, Orangennudeln

Torsten Wisniewski
Hotel Sophienhof
Hoenckes Altes Wirtshaus
Königs Wusterhausen

Wildschweinsteak:
700 g Wildschweinrücken (ohne Knochen), 1 Thymianstengel, 4 Basilikumblätter, 5 Wacholderkörner, Muskat, Salz, Pfeffer aus der Mühle, Öl zum Braten, 80 g frische Hagebutten, 0,5 l Wildsauce, 2 cl Weinbrand.

Rotweinschalotten:
16 Schalotten, ½ l Rotwein, 50 g Puderzucker, 2 Thymianzweige.

Orangennudeln:
50 g Weizengrieß, 120 g Mehl und 1 Ei, 1 Eigelb, 10 g Öl, 1 Orange, etwas Butter, Salz und Muskat.

Wildschweinsteak:
Vom Wildschweinrücken Steaks schneiden und mit den Gewürzen und dem Weinbrand einige Stunden marinieren. Die Wildsauce mit gehackten Hagebutten auf ⅓ einkochen lassen und mit Salz und Pfeffer aus der Mühle abschmecken.
Kurz vor dem Anrichten die Wildschweinsteaks in Öl rosa anbraten und etwas ruhenlassen.

Rotweinschalotten:
Den Puderzucker karamelisieren lassen, die ganzen abgezogenen Schalotten zugeben, mit Rotwein ablöschen, sirupförmig einkochen lassen und die 2 Thymianzweige zugeben.

Orangennudeln:
Aus dem Weizengrieß, Mehl, Ei, Eigelb, Öl und der abgeriebenen Schale von 1 Orange sowie deren ausgepreßtem Saft, Salz und Muskat einen Nudelteig herstellen. Den Teig etwa 1 Std. kühl stellen. Dann dünn ausrollen und in etwa 1 cm breite Streifen schneiden. Die Nudeln in reichlich Salzwasser abkochen und abschrecken.
Die marinierten Steaks in heißem Öl rosa braten. Die Nudeln vor dem Anrichten kurz in Butter und in feinen Orangenschalenstreifen anschwenken.

Anrichten:
2 kleine Steaks an den Saucenspiegel geben, die Rotweinschalotten

halb in den Saucenspiegel einsetzen, etwas vom Rotweinfond nach außen ziehen. Neben dem Steak die Nudeln, etwas mit einer Gabel aufgerollt, anrichten.

Frischlingsragout mit Hagebutten, Rübchen, Pfifferlingen und Semmelknödelauflauf

Bild nebenstehend

Johannes Schubert
Kempinski Hotel Bristol Berlin
Berlin

800 g Frischlingsschulter (ausgelöst und pariert), 4 EL Öl, 120 g Wurzelwerk, 100 g Schalotten, 1 TL Tomatenmark, Salz, Pfeffer, 1 Lorbeerblatt, 1 Rosmarinzweig, 8 Wacholderbeeren, 4 Pimentkörner und 4 Pfefferkörner, 1 Thymianzweig, 20 g Mehl, 1/8 l Rotwein, 3 EL Hagebuttenmus, 0,3 l Wildfond, 200 g Karotten, 200 g weiße Rübchen, 500 g Pfifferlinge, 50 g Bauchspeck, 50 g Zwiebelbrunoise, 250 g Semmelwürfel, 60 g Butter, 60 g Zwiebeln, 1/8 l Milch, 35 g Mehl, 3 Eigelb, 3 Eiweiß, Salz und etwas gehackte Petersilie.

Die Frischlingsschulter in 3 cm große Stücke schneiden, salzen, pfeffern, mit Mehl bestäuben und in heißem Öl scharf anbraten. Den Bratensatz tomatisieren, mit Rotwein ablöschen und mit dem Wildfond auffüllen. Die Gewürze in einen kleinen Leinenbeutel geben, zubinden, zum Ragout geben und dünsten lassen. Das Wurzelwerk schälen und in Streifen schneiden. Die Schalotten schälen, nach der halben Garzeit das Wurzelgemüse zugeben.
Das Fleisch ausstechen. Das Mehl mit etwas Rotwein und dem Hagebuttenmus verrühren, mit Hilfe eines Schneebesens in die Sauce einrühren. Dann 5 Min. kochen lassen und auf das weiche Fleisch passieren.
Die Semmelwürfel mit dem angeschwitzten Zwiebelbrunoise, den Eigelben, der heißen Milch und dem Mehl vermischen, mit Salz und der geriebenen Muskatnuß würzen, die gehackte Petersilie und das geschlagene Eiweiß unterziehen, in gefettete Timbaleförmchen füllen und im Wasserbad im Backrohr bei etwa 200 °C backen. Mit den Karotten, Rübchen und den sautierten Pfifferlingen anrichten.

Wildschweinkotelett vom Grill, Wacholdersauce mit gegrillten Polentastreifen

Maximilian Dreier
Restaurant Villa Kellermann
Potsdam

500 g Wildschweinknochen, 3 Karotten, 2 Knoblauchzehen, 2 Stangen Bleichsellerie, 100 g getrockneter Wacholder, Majoran, Olivenöl, 1 Fl. Barbera, 8 Wildschweinkoteletts, 400 g Polenta (aus Maisgrieß wie üblich hergestellt), 2 Zwiebeln.

Die Wildschweinknochen ansetzen (in dem Olivenöl angehen lassen) mit Karotten, Bleichsellerie, Zwiebeln, Knoblauch, Majoran und Wacholder.
Nach etwa 15 Min. die Flasche Barbera zugeben und 1 Std. kochen. Nun die Sauce durch ein Sieb geben.
Die Wildschweinkoteletts schneiden und auf den Grill legen. Polenta in Streifen schneiden und ebenfalls auf den Grill legen.
Nach 15 Min. auf die Teller legen und die erhitzte Sauce auf das Fleisch geben. Mit Wacholder dekorieren.

Rotkraut-Roulade mit Wildschweinfüllung

Carmen Krüger
C + W Gourmet
Eichwalde

1 mittelgroßer Rotkrautkopf, 600 g Wildschwein-Hackfleisch (aus der Schulter), 1 altbackenes Brötchen (in Milch eingeweicht und gut ausgedrückt), 2 Zwiebeln (fein gehackt), 1 Ei, Salz und Pfeffer, 5 Wacholderbeeren (gemörsert), 200 g magerer Speck, 2 EL Portwein, 1/2 l Wildfond sowie 2 EL Crème fraîche.

Den Rotkohl putzen, den Strunk herausschneiden und den Kopf in kochendem Salzwasser blanchieren. Herausnehmen, die großen Blätter ablösen und in Eiswasser abschrecken.
Das Gehackte mit dem Brötchen, den Zwiebeln und dem Ei vermischen, mit Salz, Pfeffer und den Wacholderbeeren kräftig abschmecken. Nun die abgetropften Rotkohlblätter auslegen, mit dem Gehackten füllen, zu Rouladen aufwickeln und mit Küchengarn binden.
Den Speck würfeln, im Bräter auslassen, die Rouladen hineinlegen und rundum kräftig anbraten. Mit dem Portwein ablöschen, mit Wildfond auffüllen und im 200 °C heißen Ofen etwa 45 Min. garen. Herausnehmen, das Küchengarn entfernen und warm stellen. Den Schmorfond passieren und dann mit der Crème fraîche eine Sauce ziehen.

Rezept siehe oben: Frischlingsragout mit Hagebutten, Rübchen, Pfifferlingen und Semmelknödelauflauf
Johannes Schubert, Kempinski Hotel Bristol Berlin, Berlin

Die Rouladen mit der Sauce anrichten, dazu Kartoffelpüree und ein aus den kleinen Blättern des Kohlkopfes zubereitetes Rotkrautgemüse servieren.

Hasenrückenfilet an Gemüse von roten Beten

Andreas Bild
Mövenpick Schönefeld
Berlin

2 Hasenrücken von je etwa 600 g, 125 ml trockener Rotwein, 50 g Crème fraîche, Salz, Pfeffer (frisch gemahlen), 4 EL Öl, Nelkenpulver, 750 g rote Bete, 200 g magerer Speck, 1 EL geriebener Meerrettich, 40 g Butter, 125 g Sahne, 1 EL Rotweinessig, Salz, Zucker.

Filets vom Hasenrücken lösen und enthäuten, auch die kleinen Filets, mit Salz, Pfeffer und dem Nelkenpulver einreiben und etwa 15 Min. einwirken lassen. Die großen Filets im heißen Öl von allen Seiten anbraten, die kleinen kurz anbraten und beiseite stellen. Mit dem Rotwein ablöschen und bei kleiner Hitze etwa 8 Min. garen. Fleisch herausnehmen, die Crème fraîche dazugeben, etwas reduzieren lassen und evtl. nochmals mit Salz, Pfeffer und Nelkenpulver abschmecken.
Die roten Bete, die Knollen vom Strunk befreien, kräftig abbürsten. In Salzwasser 30 Min. halbgar kochen, in kaltem Wasser abschrecken und die Schale abziehen. Die roten Bete in nicht zu feine Streifen schneiden. Den in feine Streifen geschnittenen Speck in der Butter anbraten, rote Bete zugeben und bei mittlerer Hitze garen. Die Sahne und den Meerrettich hinzufügen, mit Essig und Zucker abschmecken.
Hasenfilets schräg in Scheiben schneiden, kleine Filets anlegen, mit etwas Sauce umkränzen, die roten Bete seitlich anrichten.

Marinierter Hasenrücken, im Wirsingblatt gebraten, mit getrüffeltem Selleriepüree

Reinold Kegel
Restaurant Grand Cru
Berlin

Hasenrücken:
½ l Rotwein (Spätburgunder, trokken, leicht), 1 Lorbeerblatt, 6 Wacholderbeeren, 7 Nelken, 2 Pimentkörner und 1 Thymianzweig, 1 bis 2 Karotten, 80 g Sellerie, ½ Lauch, 3 Schalotten, 1 Apfel, 6 Hasenrükkenfilets, 10 große Wirsingblätter, 1 Poulardenbrust (etwa 120 g) sowie ⅛ l Sahne, 500 g Schweinenetz (gut gewässert), 1 Eigelb, Salz, Pfeffer.

Sauce:
0,2 l Wildjus, 2 cl Madeira, 50 g kalte Butter.

Selleriepüree:
400 g Sellerie, 0,5 l Sahne, 0,2 l Geflügelbrühe, 20 g schwarze Trüffel, Salz.

Marinade:
Den Rotwein aufkochen. Das kleingeschnittene Gemüse mit den Gewürzen und dem Apfel hinzugeben. Erkalten lassen, dann die Hasenrückenfilets darin einlegen und mindestens 24 Std. kühl lagern (evtl. 1- bis 2mal wenden).

Hasenrücken:
Die Hasenrücken aus der Marinade nehmen, abtupfen und in einer sehr heißen Pfanne beidseitig kurz anbraten. Die Spitzen abschneiden, mit der Poulardenbrust kuttern und mit der kalten Sahne sowie dem Eigelb und etwas Salz eine Farce herstellen. Selbige durch ein feines Sieb streichen. Die Wirsingblätter blanchieren, im Eiswasser abschrecken, abtupfen und mit der Farce einstreichen. Die Hasenrücken würzen und darin eindrehen. Die Rouladen großzügig mit Schweinenetz umwickeln, nochmals rundherum anbraten und etwa 5 bis 6 Min. bei 160 °C im Ofen garen.

Sauce:
Die Wildjus mit dem Madeira sowie 2 cl der Marinade verkochen. Danach durch ein feines Sieb passieren und erneut aufkochen. Die kalte Butter in die Sauce einrühren, jedoch nicht mehr kochen lassen.

Selleriepüree:
Den Sellerie putzen und kleinschneiden. Die Geflügelbrühe mit der Sahne in einen Topf geben und den Sellerie darin weich kochen. Das Ganze pürieren, durch ein Sieb streichen und mit dem gehobelten Trüffel erneut erhitzen und mit Salz abschmecken.

Anrichten:
Das Selleriepüree mit einem Spritzbeutel in die Mitte der Teller dressieren. Jeweils 3 Scheiben der Roulade darumlegen und die Sauce dazwischen verteilen.
Als Garnitur können sowohl kleine Karotten als auch Brokkoliröschen und Kohlrabi dienen.

Mufflonrücken in Schalotten-Rotwein-Sauce

Antje Ljunggren
Alte Försterei
Kloster Zinna

Mufflonrücken:
800 g parierter Mufflonrücken, Öl zum Braten, je 100 g Möhren, Selle-

rie, Zwiebeln und Lauch, 5 EL Balsamico-Essig, 750 ml Rotwein, 750 ml Demiglace, Salz, Pfeffer, Wildgewürz, 6 Wacholderbeeren, 2 Lorbeerblätter, Estragon, Thymian, 1 EL Tomatenmark, 200 g kleingewürfelte Schalotten.

Die Mufflonparüren in heißem Öl anbraten, das Wurzelgemüse zugeben, anrösten und Tomatenmark mitrösten. Mit Balsamico-Essig und Rotwein ablöschen und mit Demiglace auffüllen. Die Gewürze in den Fond geben und diesen auf etwa 1 l einreduzieren. Vor dem Passieren des Fonds diesen mit dem Mixstab aufmontieren. Die Schalotten der Wild-Rotwein-Reduktion beifügen. Den Mufflonrücken kräftig würzen und in heißem Öl rosa braten.

Anrichten:
Den Mufflonrücken tranchiert anrichten und mit der Schalotten-Rotwein-Sauce nappieren.
Als Beilage eignen sich sehr gut Speckbohnenbündchen und Kartoffelgratin.

Mufflonkoteletts, mit Steinpilzen gespickt, in Hagebuttensauce

Helfried Reichel
Parkhotel Dallgow
Dallgow-Döberitz

Mufflonrücken und Salz.

Gewürzmischung:
5 g Pfeffer (weiß), 5 g Majoran, 5 g Lorbeer, 5 g Piment, 5 g Rosmarin, 3 g Kümmel, 5 g Basilikum, 5 g Ingwer, 5 g edelsüßer Paprika, 5 g Thymian, 5 g Estragon, 5 g Nelken, 10 g Muskat, 10 g Wacholder (diese Menge reicht für 2 bis 3 Mufflonrücken), 300 g mittelgroße feste Steinpilze.

Hagebuttensauce:
200 g frische Hagebutten, 0,1 l Weißwein, 20 g Zucker, 60 g Gelierzucker, 0,2 l dunkler Wildfond, 70 g Crème fraîche, 2 cl Sherry, 2 cl Cognac, 1 TL Worcestersauce, Öl zum Braten.

Wenn nicht vom Fachhandel vorbereitet, kann man Koteletts leicht selbst herstellen, nur ist etwas Geduld bzw. Zeitaufwand notwendig. Den Rücken von Häuten und Sehnen befreien. Nun links und rechts an der Wirbelsäule der Länge nach einschneiden, bis man auf den Knochensatz kommt. Danach mit einem Küchenbeil auf einem Schneidebrett durchtrennen. Die Knochenhäute an den einzelnen Rippen längs einritzen. Mit dem Messerrücken die Haut vom Knochen abschaben und diesen dabei freilegen. Das Rippenfleisch abtrennen. Nun das Rückenfilet zwischen jeder Rippe einschneiden.
Die Steinpilze putzen (nicht waschen!) und in gleich lange Streifen schneiden. Im Tiefkühlfach richtig durchfrieren lassen. Die Streifen zum Spicken einzeln dem Tiefkühlfach entnehmen. Nun alle Gewürze vermischen und – wenn notwendig – in einer Schlagmühle pulverisieren. Durch ein Sieb streichen und damit die Koteletts dezent würzen. Mit wenig Cognac einreiben und mit Pflanzenöl abgedeckt im Kühlschrank 8 Std. aromatisieren lassen.

Hagebuttensauce:
Die Hagebutten waschen und abtrocknen. Mit einem Messer längs aufschneiden und mit einem kleinen Kugelausstecher das Kerngehäuse entfernen. Danach die Früchte in eine Schüssel geben und im Kühlschrank über Nacht durchziehen lassen. In einem Topf die Früchte und den Weißwein kochen. Zum Schluß den Gelierzucker zugeben. Die Konfitüre noch heiß durch ein Sieb passieren. Den dunklen Wildfond um die Hälfte reduzieren. Nun das Hagebuttenmark, Crème fraîche, Sherry und Worcestersauce hinzugeben.

Anrichten:
Öl in einer Pfanne erhitzen und die leicht gesalzenen Koteletts beidseitig etwa 2 Min. braten. Die Pfanne vom Herd nehmen und weitere 2 Min ruhenlassen. Die Sauce mit dem Stabmixer aufmixen und als erstes auf die Teller geben. Nun die Koteletts anrichten. Dazu passen als Beilagen Wirsinggemüse und Gnocchi.

Entbeinte Wachteln im Spitzkohlmantel mit Karottenpüree

Bild Seite 134

Johannes King
Restaurant Grand Slam
Berlin

6 Wachteln, entbeint, 200 g Sahne, Salz, Pfeffer, 4 cl Madeira-Sherry-Reduktion (jeweils 6 cl Madeira und Sherry auf 1/3 eingekocht), 1/2 Spitzkohl, 4 Schalotten, 1 Scheibe Toastbrot, entrindet, 40 g Champignons, 250 Gänsestopfleber, je 1 kleiner Zweig Thymian, Majoran und Blattpetersilie, Butter zum Braten und Ausstreichen der Förmchen.

Karottenpüree:
400 g Karotten, 4 cl Noilly Prat, 1 kleine Prise Safran, 4 Körner eingelegter grüner Pfeffer, Salz und Zucker.

Zwei der sechs entbeinten Wachteln kleinschneiden, mit Salz, Pfeffer, Sahne und der Madeira-Sherry-Reduktion zu einer Farce verarbeiten, durch ein Sieb streichen und auf Eis kalt stellen. Den Spitzkohl in gut gesalzenem Wasser kurz blanchieren und auf

einem Tuch vorsichtig trocken legen. Für die Füllung der Wachtelkeulchen die Schalotten kleinschneiden und anschwitzen, das kleingewürfelte Toastbrot dazugeben, bis zur leichten Bräunung weiterschwitzen, zum Schluß die kleingeschnittenen Wiesenchampignons und die feingehackten Kräuter zugeben und in ein kaltes Gefäß umfüllen. 80 g kleingewürfelte Gänsestopfleber zugeben und die ganze Masse kalt stellen.
4 Timbaleformen oder Kaffeetassen leicht buttern und mit den Spitzkohlblättern auslegen. Die Brüste der übrigen 4 Wachteln halbieren, die Keulchen beiseite legen. Nun schichtweise Wachtelbrüste, Farce und die restlichen 170 g Gänsestopfleber einfüllen, diesen Vorgang wiederholen, bis die Formen gefüllt sind, und mit den überlappenden Spitzkohlblättern vorsichtig abdecken. Im vorgeheizten Ofen bei 170 °C im Wasserbad 12 Minuten garen, danach 5 Minuten ruhenlassen.
Bei den Wachtelkeulchen die Oberschenkelknochen herausnehmen, dann die kalte Füllung hineingeben und vorsichtig zusammenklappen. Mit ein wenig Schweinenetz umwickeln und bei milder Hitze von beiden Seiten etwa 10 Minuten braten.
Für das Karottenpüree die Karotten schälen, kleinschneiden und in Butter mit etwas Zucker anschwitzen. Mit Noilly Prat ablöschen, Pfeffer und Salz dazugeben und mit etwas Wasser zugedeckt weich kochen. Im Mixer pürieren und nochmals abschmecken.

Anrichten:
Die Wachteltimbalen auf ein sauberes Küchentuch stürzen, abtupfen und dann in die Mitte der vorgewärmten Teller setzen. Zwei Nocken Karottenpüree und die Wachtelkeulchen anlegen. Am besten reicht man dazu eine leichte Wachteljus, die aus den Knochen der Wachteln und etwas Röstgemüse gezogen und mit etwas Madeira und Sherry parfümiert wurde.

Suprême vom Wildfasan auf Passionsfrucht-Feigen-Sauce

Stephan Niggemann
Forsthaus Paulsborn
Berlin

2 Wildfasane, 60 g grüner Speck, 100 g Karotten, 100 g Lauch, 100 g Sellerie, 1 Zwiebel, 20 g Tomatenmark, 50 g Butterschmalz, 1/4 l Rotwein, 1/2 l Geflügelbrühe, 1/4 l Passionsfruchtsaft, 4 Passionsfrüchte und 6 Feigen, 3 cl Wodka, 50 ml Sahne, 1 Bd. Majoran, 1 Lorbeerblatt und 3 Nelken, 2 Wacholderbeeren sowie 10 g Salbei, Salz und Pfeffer.

Die Fasanenbrüste mit den Flügelknochen auslösen, parieren und in geschnittenen grünen Speck einschlagen. Aus den gehackten Fasanenkeulen, den gehackten Karkassen, den gewürfelten Gemüsen und dem Tomatenmark einen Röstansatz erstellen, diesen dann mit dem Rotwein ablöschen, reduzieren, die Geflügelbrühe und die Gewürze zugeben. Etwa 30 Min. köcheln lassen und durch ein feines Sieb passieren. Passionsfruchtsaft und Sahne zugeben und auf 0,4 l einreduzieren lassen.
Wodka, das Passionsfruchtfleisch und jeweils 10 g gehackten Salbei und Majoran zugeben, mit Salz und Pfeffer abschmecken. Die Feigen schälen, in Spalten schneiden und erst vor dem Anrichten der Sauce beigeben.
Die mit grünem Speck umhüllte Fasanenbrust würzen und in Butterschmalz anbraten, im Ofen fertiggaren, aufschneiden und dann auf der Passionsfrucht-Feigen-Sauce anrichten.
Als Beilagen empfehlen sich gut Rosenkohlblätter und Kartoffelschnee.

Fasanenbrust im Speckmantel auf Korinthenjus mit Wirsingbällchen

Andreas Fischer
Hotel Mondial
Berlin

600 g Fasanenbrust und 10 Scheiben magerer, nicht geräucherter Speck, 1 kg Wirsing, 50 g eingeweichte Korinthen, 1/2 l Bratenjus, 1/2 kleine Zwiebel (fein gehackt), 2 EL gehackte Glattpetersilie, 100 g Butter (davon 40 g gewürfelt und kalt), 6 frische Thymianzweige und 16 tournierte Kartoffeln (in Form gebracht, je nach Wunsch), Salz und Pfeffer.

Die Fasanenbrüste so aufteilen, daß es 4 Portionen ergibt. Würzen und mit Speck umwickeln. Beidseitig anbraten und im Ofen bei 120 °C etwa 15 Min. garen. Die Kartoffeln in Salzwasser kochen; 8 Wirsingblätter ohne Strunk in Salzwasser kurz überbrühen, in Eiswasser abschrecken und abtropfen lassen. Den restlichen Wirsing fein schneiden. Die gehackten Zwiebeln mit dem restlichen, ebenfalls gehackten Speck anschwitzen, den geschnittenen Wirsing und 30 g Butter hinzugeben, würzen und etwa 5 Min. zugedeckt garen.
Die Korinthen mit Bratenjus einkochen lassen. Mit den überbrühten Wirsingblättern 8 Kaffeetassen ausschlagen und die abgeschmeckte, mit 1 EL Petersilie vermengte Wirsingmasse einfüllen, einschlagen und stürzen. Im Ofen warm stellen. Die Fasanenbrüste heraus-

Rezept Seite 133: Entbeinte Wachteln im Spitzkohlmantel mit Karottenpüree
Johannes King, Restaurant Grand Slam, Berlin

nehmen und einige Minuten ruhenlassen. Die auf 1/3 eingekochte Korinthensauce mit den 40 g kalten Butterwürfeln unter ständigem Rühren aufmontieren. (Den mitgekochten Thymian herausnehmen und die Sauce nicht mehr kochen lassen!) Die Kartoffeln abschütten und in der restlichen Butter und gehackten Petersilie durchschwenken. Die Fasanenbrüste schräg in 4 bis 5 Scheiben schneiden.

Anrichten:
4 Saucenspiegel gießen, darauf die Fasanenbrüste etwas versetzt anrichten. Je 2 Wirsingbällchen und 4 Kartoffeln hinzufügen und mit je 1 Thymianzweig vollenden.

Gebratene Fasanenbrust auf Linsengemüse

Reinmar Rach
Parkhotel Trebbin
Trebbin

Karkassen von 2 Fasanen, 10 g Distelöl, 3 dl kaltes Wasser, 20 g geräucherter Speck, 20 g Zwiebeln, 40 g Karottenwürfel, 30 g Knollensellerie, 30 g Lauch, 5 cl Himbeeressig, 200 g Linsen, 20 g Tomatenmark, 4 ausgelöste Fasanenbrüste, Salz, Pfeffer aus der Mühle, 5 g Butter, Himbeeressig, 10 g Honig.

Die kleingehackten Fasanenknochen in Distelöl leicht bräunen, mit Wasser ablöschen, aufkochen und 1 Std. ziehen lassen. Danach die Flüssigkeit durch ein Sieb gießen und die ausgekochten Knochen wegwerfen. Den Speck und die Zwiebeln fein würfeln und glasig anschwitzen, das Gemüse in Linsengröße würfeln und dazugeben, kurz mit anschwitzen und mit Himbeeressig ablöschen.
Die Linsen in den Topf geben und mit der Fasanenbrühe auffüllen, Tomatenmark unterrühren und etwa 45 Min. kochen lassen. 20 Min. bevor die Linsen gar sind, die Fasanenbrüste würzen, in der heißen Stielpfanne mit Öl und Butter auf jeder Seite etwa 2 bis 3 Min. braten. Danach in Aluminiumfolie einwickeln und für 10 Min. an einem etwa 40 °C warmen Platz ruhenlassen. Den Fleischfond, der sich beim Ruhen des Fleisches gebildet hat, zu dem Linsengemüse geben und dieses mit Salz, Himbeeressig und Honig abschmecken.
Die Fasanenbrüste aus der Folie nehmen und auf dem Linsengemüse anrichten.

Gebratene Fasanenbrust auf Morchelragout mit Linsenrösti

Bernd Gemmrig
Alter Krug Dahlem
Berlin

Fasanenbrust:
4 Fasanenbrüste mit Knochen, 1/4 l Geflügelfond, 0,1 l trockener Weißwein, 100 g Röstgemüse (Karotten, Zwiebeln, Sellerie), 1 reife Tomate, 0,1 l Bratfett, 1 EL Butter, Salz, Pfefferkörner, 1 Thymianzweig.

Die Fasanenbrust auslösen, so daß der Flügelknochen an der Brust verbleibt, und zum Braten beiseite stellen. Die Karkassen kleinhakken, in Bratfett anrösten, Röstgemüse zugeben und anschließend reife Tomaten zugeben und mit Weißwein ablöschen. Gewürze zugeben, mit Geflügelfond auffüllen und etwa 45 Min. langsam köcheln lassen.

Morchelragout:
400 g Morcheln (frisch oder getrocknet), 50 g Butter, 180 g Schalotten, 1/4 l flüssige Sahne, 20 g gehackte Petersilie (etwa 1 EL), Salz, Pfeffer und Muskat.

Die Morcheln putzen und waschen, auf Küchenkrepp trockentupfen, Schalotten in Butter andünsten, Morcheln zugeben, mit Sahne ablöschen und langsam reduzieren lassen, bis eine leichte Bindung entsteht. Mit Salz, Pfeffer, Muskat und Petersilie abschmecken.

Linsenrösti:
600 g Pellkartoffeln, 2 EL Öl, 80 g Zwiebelwürfel, 50 g Speckwürfel, 150 g Linsensprossen oder gekochte Linsen, Salz, Muskat und Pfeffer, 1 EL gehackte Petersilie.

Pellkartoffeln (am Tag vorher kochen) schälen und mit einer Kartoffelreibe raffeln. Den Speck und die Zwiebelwürfel mit etwas Öl anbraten, Linsensprossen und Kartoffelstreifen anrösten, mit gehackter Petersilie, Salz, Muskat und Pfeffer abschmecken. Dann mit Palette in Lyoner Pfanne in Form bringen und auf beiden Seiten anrösten.
Die Fasanenbrust braten, tranchieren und auf Morchelragout anrichten, etwas Fasanenjus angießen und mit den Linsenröstis servieren.

Werderaner Tomaten-Apfel-Schaum mit gebratenen Wachteln

Denis Hein
Schloßhotel Cecilienhof
Potsdam

500 g vollreife Tomaten, 200 g Äpfel (Boskop), 2 Schalotten, 1 EL Olivenöl, 50 g Speck, 400 g Sahne und 0,2 l Apfelsaft, 2 Thymianzweige, 4 große Wachteln.

Den Speck und die Zwiebeln in Olivenöl andünsten, Tomaten und entkernte, in Scheiben geschnittene Äpfel mit anschwitzen, dann mit Sahne und Apfelsaft ablöschen.
Die Thymianzweige zugeben und ½ Std. köcheln lassen, pürieren und durch ein feines Sieb passieren. Die Brüste und Keulen der Wachteln auslösen, würzen, in Olivenöl anbraten und mit Apfelspalten in die Suppe setzen.

Berliner Kohlroulade von Wachteln und Steinpilzen

Stephan Niggemann/
Alfred Wolczik
Forsthaus Paulsborn
Berlin

8 Wachteln, 4 große Wirsingblätter (vorblanchiert), 250 g Steinpilze, 40 g Schalotten, 20 g Pistazien (gehackt), 40 g Kochschinken (fein gewürfelt), 150 ml Sahne, 100 g Karotten (gewürfelt), 100 g Sellerie (gewürfelt), 100 g Lauch (gewürfelt), 10 g Tomatenmark, ¼ l Rotwein, ¾ l Kalbsjus, 6 cl Portwein, 1 Thymianzweig, 25 g Butterschmalz und 40 g Butter (kalt, gewürfelt).

Die Wachtelbrüste und -keulen auslösen, die Wachtelkeulen vom Knochen lösen. Aus den gehackten Wachtelknochen, dem Gemüse und dem Tomatenmark einen Röstansatz erstellen und diesen mit dem Rotwein ablöschen, reduzieren und mit der Kalbsjus auffüllen. Den Thymianzweig zufügen, etwa 15 Min. köcheln lassen, dann passieren. Aus dem Wachtelkeulenfleisch mit der Sahne und 2 cl Portwein in der Küchenmaschine eine Farce erstellen, unter diese dann die gewürfelten, ansautierten Steinpilze, die Pistazien und den Kochschinken ziehen und mit Salz und Pfeffer würzen.
Die Haut von den Wachtelbrüsten abziehen, die Brüste würzen und in Butterschmalz anbraten. Aus den Wirsingblättern den Strunk herausschneiden, die Steinpilzfarce darüberstreichen und pro Blatt 2 Wachtelbrüste auf die Farce setzen. Die Wirsingblätter dann zu Rouladen formen.
Die Rouladen in eine heiße gebutterte Pfanne einsetzen, mit der Wachtelsauce auffüllen und im Ofen bei 200 °C etwa 18 Min. fertiggaren. Dann die Sauce passieren, mit dem restlichen Portwein auffüllen und mit der kalten Butter aufmontieren. Die Wachtelrouladen anschneiden und auf der Portweinsauce anrichten.
Als Beilage eignen sich hierzu besonders gut glacierte Maronen und Kartoffel-Lauch-Törtchen.

Wildente, gefüllt mit Pilzen und Mett, Kartoffelklöße

Steffen Müller
Restaurant Goldener Hahn
Finsterwalde

2 Wildenten (küchenfertig), 400 g Hackepeter, 2 Eier, 50 g Semmelmehl, 200 g Steinpilze, 200 g Butter.

Sauce:
Entenknochen, 100 g Röstgemüse (Zwiebeln, Karotte, Sellerie), Salz, Pfeffer, Wacholder, 1 TL Speisestärke, Öl zum Anbraten.

Die Wildenten vom Rücken her entbeinen, mit Salz und Pfeffer würzen. Den Hackepeter mit den Eiern, Semmelmehl und den Pilzen gut durchmengen und ebenfalls würzen.
Die Enten damit füllen und mit Frischhaltefolie und anschließend mit Alufolie umwickeln. Die Enten dann etwa 2½ Std. im Kombi-Dämpfer oder im Umluftherd bei etwa 85 °C garen.
Kartoffelklöße wie beim Gänsebraten herstellen.
Von den Entenknochen und dem Röstgemüse eine Jus herstellen. Mit Salz, Pfeffer und Wacholder würzen und etwa 2 Std. köcheln. Gegebenenfalls mit Kalbsfond auffüllen. Den Fond mit Stärke binden und würzen.

Geflügel

Die Füllung der Gans mit Bratäpfeln gibt der jungen Hausfrau eine vorzügliche Gelegenheit, sich zu überzeugen, ob die Gans ausgenommen ist . . .

Aus einem Kochbuch des vorigen Jahrhunderts

Berlin war vor dem 1. Weltkrieg der größte Umschlagplatz für Gänse in Deutschland. Besonders die pommerschen Gänse, die als die besten galten, wurden dort gehandelt. Die Berliner schätzten vor allem die Gänse aus dem Oderbruch, die besonders fett waren. Die vielgerühmten pommerschen Gänse von Rügenwalde lieferten die delikatesten Brüste. In Berlin wurden sie gesammelt, kunstgerecht zerlegt, gepökelt und geräuchert. Die Brust der pommerschen Gans war stets mit einer dicken Fleischschicht versehen. Ungemästet wogen die pommerschen Gänse 4 bis 6 Kilo, gemästet konnten sie bis zu 10 Kilo schwer werden. Wissenschaftlich gesehen, gehört die Gans zu den siebschnäbeligen Schwimmvögeln, von denen es 40 über die ganze Welt verbreitete Arten gibt. Unsere Hausgans stammt von der Graugans ab, die vor allem im Norden Deutschlands auch heute noch in die Brattöpfe wandert. Allerdings ist die Graugans, die bekanntlich zum Wildgeflügel zählt, um einiges kleiner als unsere Hausgans und reicht gerade mal für zwei Personen.

Zehnmal soviel Arten wie von der Gans, nämlich an die 400, gibt es von den Hühnervögeln. Allerdings nur, wenn man das Wildgeflügel mitzählt. In der Berliner Küche waren Gänse wie Hühner stets gleichermaßen geschätzt. Die Nutzungsmöglichkeiten waren bei beiden gleich vielfältig: Gänsebraten und Gänseklein, Gänseschwarzsauer, Gänseweißsauer, Gänsepökelkeulen oder -brüste. Beim Huhn oder Hühnchen: Hühnersuppe, gebratenes Huhn und Hühnerfrikassee, letzteres eine Berliner Spezialität. Im 1723 erschienenen Brandenburgischen Kochbuch von Johann Andreas Rüdiger gab es allein 45 Rezepte für die Zubereitung von Hühnern oder Kapaunen. Darunter so interessante wie „Hun mit Sauerampfer“ oder „Eyn Hun in einen Apfel-Brey“.

Eines der seltsamsten Hühnerrezepte der Berliner Küche hat die Großmutter Theodor Fontanes, Auguste Wilhelmine Friederique Charlotte Fontane, in ihrem Kochbuch „Wie man in Berlin zur Zeit der Königin Luise kochte“ hinterlassen: „Hühner, mit Hering gespickt“. Seiner Kuriosität wegen sei es hier aufgeführt. „Laß ein Huhn mit Wasser und Salz halb gar kochen. Zerschneide frischen Hering in Streifen und spicke das Huhn damit. Es muß aber zuvor kalt seyn, ehe es gespickt wird. Alsdann wird es zerteilt, in einen Tiegel getan. Und von der Hühnerbrühe ein Theil darauf gegossen. Und etwas Butter und Muskatblumen dazu getan. Zur Brühe wird Heringsmilch, wie auch etwas Hering würflich geschnitten und eine Zitronenscheiben drangetan. Wenn man anrichten will, wird die Brühe mit Semmelkrumen sämig gemacht. Mit Kalbsfleisch kann man ebenso verfahren.“ Letzterer Hinweis legt einen Vergleich zum italienischen „Vitello Tonato“ nahe, dem kalten Kalbsbraten mit Thunfischsauce, wodurch das Rezept von Theodor Fontanes Großmutter gar nicht mehr so ungewöhnlich erscheint.

Erfreulicherweise ist eine Variante des Hühnervogels wieder auf den Markt zurückgekehrt, die es lange nicht mehr gegeben hat, der Kapaun. Der Kapaun ist bekanntlich der gemästete, kastrierte Hahn. Anders als die Poularde kann er nicht in der schnellen Mast herangezogen werden. Er hat dies mit dem Ochsen gemeinsam, dessen Fleisch deshalb dem des Mastbullen vorzuziehen ist. Das Fleisch des Kapauns ist wesentlich saftiger und ausdrucksvoller als das der Poularde. Allerdings ist er auch um einiges teurer. Wie bei den Poularden kommen die besten Kapaune aus der Bresse in Frankreich. Geliefert wird er mit Kopf und Füßen sowie sämtlichen Innereien. Letztere sind bekanntlich besonders gut zur Füllung dieses edlen Tieres geeignet. Deutsche Züchter tun sich mit seiner Aufzucht noch schwer. Die Abkehr von der Schnellmast ist offenbar ein langwieriger Prozeß. Zur Ehrenrettung des regionalen Federviehs sei allerdings angemerkt, daß es in Brandenburg immer schon auch freilaufende Hühner, Enten und Gänse von hervorragender Qualität gegeben hat und die in der Turbo-Mast herangezogenen „Broiler“ sich auf einem zwar nicht fluchtartigen, aber doch erkennbaren Rückzug befinden.

Rezept Seite 150: Hühnerfrikassee nach Berliner Art
Hans-Jörg Schlenker, Preußischer Hof, Liebenwalde

Massener Gänsebraten mit Lausitzer Grünkohl und Kartoffelklößchen

Steffen Müller
Restaurant Goldener Hahn
Finsterwalde

1 Gans von etwa 3,5 kg, 3 Äpfel, 1 Kanten altbackenes Brot, 1 Beifußzweig, Salz und Pfeffer.

Grünkohl siehe Rezept Grünkohl.

Kartoffelklöße:
1,5 kg Kartoffeln, 75 g Weizenmehl, 100 g Stärkemehl, 2 Eier, Salz, Muskat, 20 g Margarine, 50 g Weißbrot, 2 EL Salzwasser.

Die Gans waschen und mit Salz und Pfeffer innen und außen gut würzen.
Die Äpfel entkernen und zusammen mit dem Brot und dem Beifuß in die Gans geben und diese mit einer Rouladennadel verschließen.
Etwas Wasser in eine große Pfanne geben und mit der Gans in eine auf 180 °C vorgeheizte Röhre stellen. Die Gans etwa 2 1/2 bis 3 Std. braten und ab und zu mit Bratjus überglänzen, gegebenenfalls Wasser zugeben.

Kartoffelklöße:
Die gekochten Kartoffeln durchdrücken, mit Mehl, 50 g Stärkemehl, Eiern, Salz und einer Prise Muskat zu einem Teig verarbeiten. Diesen in 12 Stücke teilen und die in der Margarine gerösteten Weißbrotwürfel in die Mitte geben. Die Klöße ohne Risse formen und im restlichem Stärkemehl wälzen. In siedendem Salzwasser 5 Min. leise kochen und dann noch 5 bis 10 Min. ziehen lassen.

Gefüllter Mastgänserollbraten

Bild Seite 142

Für 8 Personen

Achim Fleischmann
Gasthaus am Dachsberg
Bad Saarow

1 Gans (3 bis 3,5 kg).

Füllung:
400 g Gehacktes, 100 g kleine Apfelwürfel, 200 g gehackter Grünkohl, 100 g Zwiebelwürfel, 1 TL Beifuß, Salz und weißer Pfeffer (alles gut vermengen).

Sauce:
1 kleine Zwiebel, 1 Bd. Suppengrün, 50 g Stärkemehl und kleingehackte Knochen der Gans.

Die Gans waschen, am Rücken aufschneiden und alle Knochen auslösen (evtl. vom Fleischer auslösen lassen).
Die ausgelöste Gans längs halbieren. Beide Hälften mit Salz und Pfeffer bestreuen, die Füllung einstreichen, rollen und mit Küchengarn binden. Bräter oder Bratpfanne mit 1/4 l Wasser erhitzen, beide Gänserollen einlegen und in der Bratröhre gut bräunen. Nach etwa 1 Std. die Knochen, Zwiebelwürfel und das gewürfelte Suppengrün dazugeben, weiter gut anbraten.
Zwischendurch die Gänserollen mit dem Bratensatz gut begießen. Falls nötig, mit etwas Wasser ablöschen. Wenn die Rollen gar sind (nach weiteren 1 bis 1 1/2 Std.), etwa 1 l Wasser aufgießen, durchkochen und mit dem eingerührten Stärkemehl binden.
Die Sauce abschmecken, durchsieben und über die in Scheiben geschnittenen Gänserollen geben.
Mit Kartoffelklößen und Rotkraut oder Grünkohl oder auch mit beiden Kohlarten servieren.

Gänsebrust Altberliner Art mit Beifuß, Backpflaumen und Kürbis

Stephan Niggemann
Forsthaus Paulsborn
Berlin

4 kleine Brüste von deutschen Landgänsen, 180 g Backpflaumen, 2 Äpfel (Cox' Orange, gewürfelt) und 4 Orangenscheiben, 200 g Zwiebelwürfel, 20 g Beifuß, 30 g Quittengelee, 0,1 l Rotwein, 0,2 l Apfelsaft, 30 g Gänseschmalz, 0,5 l Gänsebrühe, 3 cl Armagnac, 200 g Kürbis, Salz, Pfeffer, Zucker, Lebkuchengewürz und Majoran.

Die Gänsebrüste mit der Hälfte der Backpflaumen, den Äpfeln und Orangen, den Zwiebelwürfeln, dem Rotwein, Apfelsaft, einer Prise Lebkuchengewürz und Armagnac für mindestens 24 Std. marinieren.
Danach die Brüste aus der Marinade nehmen, in Gänseschmalz von allen Seiten anbraten und mit dem passierten Obst aus der Marinade zusammen in den heißen Ofen geben.
Nach 15 Min. die Marinadeflüssigkeit, den Beifuß und die Gänsebrühe zugeben.
Die Brüste weich schmoren, den Fond passieren und leicht einkochen, die restlichen Backpflaumen, das Quittengelee und den in Rauten geschnittenen Kürbis zugeben.
Sobald der Kürbis weich ist, die Sauce mit Majoran, Salz und Pfeffer abschmecken und die aufgeschnittene Gänsebrust darauf anrichten.
In Berlin serviert man zu diesem Gericht einen Bratapfel, Rotkohl, Grünkohl und Dampfkartoffeln.

Gänsekeule mit Teltower Rübchen

Torsten Wisniewski
Hotel Sophienhof
Hoenckes Altes Wirtshaus
Königs Wusterhausen

Gänsekeule:
4 Gänsekeulen und Gänsefett, 50 g Möhren, 50 g Sellerie, 1 Stange Porree, 1 mittlere Zwiebel, 10 g Tomatenmark, 0,1 l Rotwein, Pfeffer und Salz.

Teltower Rübchen:
600 g kleine Teltower Rübchen und 200 g Kartoffeln, ¼ l Sahne, 30 g Puderzucker, Öl zum Anschwitzen, etwas Muskat, Salz und Pfeffer.

Garnitur:
4 Tomaten, etwas krause Petersilie.

Die Gänsekeulen würzen, in einer tiefen Pfanne mit dem kleingeschnittenen Gänsefett langsam von beiden Seiten schmoren, das geputzte Gemüse in kleine Würfel schneiden und mitschmoren. Das Tomatenmark zufügen und mit anschwitzen. Mit Rotwein ablöschen. Die Gänsekeulen, wenn sie gar sind, herausnehmen, den Fond passieren und zur Sauce einkochen lassen.
Die Teltower Rübchen schälen, etwas vom Blattansatz stehenlassen, in Öl anschwitzen, mit Puderzucker bestäuben, karamelisieren lassen und mit der Sahne ablöschen. Geschälte Kartoffeln in Balkenform schneiden und mitköcheln lassen, bis alles bißfest ist, mit etwas Muskat, Salz und Pfeffer abschmecken, cremig einkochen lassen.

Garnitur:
Tomaten über Kreuz leicht einschneiden, in kochendes Wasser geben, in Eiswasser abschrecken, abziehen, vierteln und das Kerngehäuse sauber entfernen.

Anrichten:
Die Gänsekeulen im Salamander knusprig werden lassen. Die Teltower Rübchen mit den Kartoffeln auf die Teller geben, in der Mitte Platz lassen, die Gänsekeule halbieren, in der Mitte anrichten, mit dem eingekochten Gänsefond beträufeln und mit Petersilie und Tomatenvierteln garnieren.

Gebratene Gänsebrust in Portweinsauce, Brokkolistrudel

Steffen Hau
Restaurant Goldener Hahn
Finsterwalde

4 Gänsebrüste von je 250 g, 1 Apfel, 0,5 l Geflügelbrühe, 1 Zwiebel, 20 g Butterschmalz, 100 ml Portwein, 20 g Speisestärke, 1 Beifußzweig.

Strudelteig:
200 g Mehl und 50 g Butter sowie 40 ml Wasser.

Füllung:
500 g blanchierter Brokkoli, Salz, Pfeffer und Paprika (süß).

Die Gänsebrüste mit Salz, Pfeffer und Paprika würzen und mit Apfelwürfeln, gehackten Zwiebeln und Beifuß in heißem Butterschmalz anbraten.
Anschließend mit Geflügelbrühe auffüllen und etwa 2 Std. schmoren lassen.
Aus Mehl, Butter und Wasser einen Strudelteig herstellen, mit Salz würzen und hauchdünn über einem Tuch ausziehen.
Den blanchierten Brokkoli mit süßem Paprika, Salz und Pfeffer würzen und in den Strudelteig einschlagen. Bei 180 °C 10 Min. backen.
Den Bratenfond durch zwei Tücher passieren, mit dem Portwein abschmecken und mit Speisestärke abbinden.
Nun die Gänsebrüste in Tranchen schneiden, den Strudel in 2 cm dicke Scheiben schneiden und mit der Portweinsauce servieren.

Gefüllte Gänsekeule an Teltower Rübchen

Arno Schmädicke
Ratskeller Zehlendorf
Berlin

4 Gänsekeulen (je etwa 450 g).

Füllung:
1 Gänseleber, 1 Gänsemagen sowie 250 g Schweinefleisch, 1 Zwiebel und 50 g Butter, 100 g Weißbrot, 50 g Sahne, 60 g Steinpilze, 1 Bd. Petersilie, Salz, Pfeffer, Senf und Beifuß.

Teltower Rübchen:
800 g Teltower Rübchen, 1 EL Zukker, 250 g Brühe, aus 1½ EL Mehl und 80 g Butter eine Mehlbutter herstellen, Salz, weißer Pfeffer und Muskat.

Zuerst die Gänsekeulen von den Knochen befreien.

Füllung:
Die in Würfel geschnittene Zwiebel in Butter andünsten, Gänseleber und Gänsemagen dazugeben, kurz anbraten lassen, würzen und die Masse zusammen mit dem Schweinefleisch durch die feine Scheibe des Fleischwolfes drehen. Das eingeweichte und ausgedrückte Weißbrot sowie die etwas angeschlagene Sahne dazugeben. Mit Salz, Pfeffer, Senf und Petersilie abschmecken und die gewürfelten Steinpilze unterheben.
Die Gänsekeulen mit der Masse füllen und die offenen Seiten vernähen oder mit Rouladennadeln verschließen. Die Keulen mit Salz, Pfeffer und Beifuß würzen.

Danach die Keulen mit etwas Wasser bei 200 °C in der Röhre garen. Während des Garens die Keulen öfter mit Bratflüssigkeit übergießen und bräunen lassen. Es ist zu empfehlen, kurz vor dem Garwerden die Gänsekeulen mit etwas Salzwasser zu überpinseln, um eine schöne braune Farbe zu erhalten.

Teltower Rübchen:
Die Teltower Rübchen schälen. Den Zucker in einem Topf karamelisieren, die Brühe zugeben und den Zucker abkochen, dann die Rübchen zugeben und gar dünsten lassen. Sind die Rübchen gar, den Fond mit Mehlbutter binden und mit den Gewürzen abschmecken.

Brandenburger Landente mit Selleriepüree und Orangen-Zwiebel-Confit

Carmen Krüger
C + W Gourmet
Eichwalde

1 Landente von etwa 2 kg, Salz und Pfeffer, 2 Zwiebeln, 1 Apfel, 2 Beifußstiele sowie Kartoffelmehl zum Binden.

Selleriepüree:
1 kg Knollensellerie, Salz, Zitrone, 100 g Sahne.

Confit:
500 g Gemüsezwiebeln, 75 g Butter, 45 g Zucker und Saft von 4 Orangen, 3 Zimtstangen (je etwa 3 cm lang) sowie 3 Nelken, 1 g Safran, ½ TL Anis, 2 Orangen.

Flügel und Hals der Ente abtrennen. Die Ente innen und außen mit Salz und Pfeffer einreiben. Die Zwiebeln und den Apfel schälen und würfeln. Zusammen mit dem Beifuß in die Ente füllen und die Öffnung mit Zahnstochern verschließen. In einen Bräter legen, ½ l Wasser angießen und dann in den auf 200 °C vorgeheizten Ofen stellen. 1½ bis 2 Std. braten, dabei immer wieder mit dem Bratfett begießen. Die fertige Ente warm stellen, den Bratensatz mit etwas Wasser ablöschen und durch ein Sieb passieren. Das Fett abschöpfen, den restlichen Fond mit Kartoffelmehl binden und abschmecken.
Den Sellerie schälen und würfeln. In mit Salz und Zitrone gewürztem Wasser weich kochen, abgießen, mit der Sahne im Mixer pürieren und abschmecken.
Für das Confit die Zwiebeln schälen und in Streifen schneiden. Butter in der Pfanne schmelzen, den Zucker zugeben und karamelisieren lassen. Mit dem Orangensaft ablöschen, die Zwiebelstreifen, den Zimt und die Nelken zugeben und zugedeckt etwa 7 Min. köcheln lassen. Den Deckel abnehmen, Safran und Anis unterrühren und weitere 10 Min. köcheln; die Zwiebeln dürfen nicht zu weich werden, sie sollten „bißfest" bleiben. Die beiden Orangen schälen, filetieren und unterheben. Die Ente portionieren.
Auf vorgewärmten Tellern mit dem Selleriepüree und Orangen-Zwiebel-Confit anrichten.

Knusprig gebratene Brandenburger Ente nach Landfrauenart

Hans-Jörg Schlenker
Preußischer Hof
Liebenwalde

2 Brandenburger Enten von je 1,8 kg, Salz, Pfeffer, 2 Stengel Beifuß (getrocknet), 2 Zwiebeln, 4 säuerliche Äpfel (Boskop), 80 g Wildpreiselbeeren, ⅛ l Orangensaft, 600 g frischer Brokkoli, ¼ l flüssige Sahne, 300 g Kartoffeln aus der Mark, 1 Ei, Muskatnuß (gerieben), 2 EL Mehlbutter (Mehl und Butter zu gleichen Teilen verknetet), 60 g Butter und Feinwürzmittel.

Die Enten waschen und mit Apfel-Zwiebel-Beifuß-Mischung füllen, mit dünner Schnur binden. Brust und Schenkel mit Pfeffer und Salz würzen. Die Enten in einen Bräter geben und mit 1 l Wasser angießen. Garzeit 1½ Std. bei 150 °C. Alle 15 bis 20 Min. mit dem Bratenfond übergießen. Anschließend die Enten aus dem Bratenfond heben, auf die Brust legen, etwas erkalten lassen. Halbieren, alle Knochen auslösen, ohne die braune Haut zu verletzen, und dann warm stellen.
Den Entenfond von Fett befreien und die Knochen sowie Füllung etwa 20 Min. köcheln lassen. Den Fond mehrmals abfetten. Anschließend mit Mehlbutter leicht binden.
Dann 2 Äpfel schälen, das Kerngehäuse entfernen und in 1 cm dicke Scheiben schneiden. In Orangensaft garen.
Brokkoli vom Stiel entfernen und waschen und in Salzwasser etwa 8 Min. kochen lassen. Herausnehmen und im Eiswasser abschrekken. Die Hälfte der Brokkoliröschen unter Zusatz von flüssigem Rahm zu Püree verarbeiten (Mixer), würzen mit Salz, Pfeffer, Muskatnuß und wenig Feinwürzmittel. Das Brokkolipüree anschließend in einem kleinen Stieltopf langsam einkochen lassen und etwas frische Butter beigeben.
Die Kartoffeln schälen, reiben, auspressen und würzen, mit dem Ei vermengen und pro Person 2 kleine Kartoffelpuffer knusprig backen.

Rezept Seite 140: Gefüllter Mastgänserollbraten, Achim Fleischmann, Gasthaus am Dachsberg, Bad Saarow

Die halben Enten kurz vor dem Servieren unter dem Salamander nochmals knusprig werden lassen. Dann mit den Beilagen und der Sauce anrichten.

Gefüllte Bauernente mit Rotkohl und Apfelknödeln

Thomas Hildebrandt
Seidler art'otel
Potsdam

2 Flugenten.

Für die Füllung:
3 große Zwiebeln, ½ Bd. Majoran, 4 Äpfel, 4 Birnen, 3 EL Rosinen, 10 Scheiben Pumpernickel, Salz und Pfeffer.

Rotkohl:
½ Kopf Rotkohl, 1 kleine Zwiebel, 100 g Gänseschmalz, 100 g Johannisbeerkonfitüre, 1 Msp. Ingwer, 1 Zimtstange, 0,2 l Rotwein, Salz.

Für die Knödel:
750 g mehlige Kartoffeln, 1 TL feine Schalottenwürfel, 1 Apfel, 65 g Butter, 3 Eier, 2 EL Mehl, Salz und Muskat.

Die Äpfel und Birnen schälen und kleinschneiden. Danach den Majoran zupfen und fein schneiden. Dann alle Zutaten für die Füllung verkneten und in die zuvor ausgewaschenen, mit Pfeffer und Salz gewürzten Enten stopfen. Die Enten mit Füllung für etwa 1½ Std. bei 180 °C in den Ofen schieben und nach und nach mit dem entstehenden Bratensaft übergießen.
Den Rotkohl und die Zwiebel in feine Streifen schneiden. Die Zwiebeln im Gänseschmalz anschwitzen, den Rotkohl etwas mit anschwitzen, das Ganze mit dem Rotwein ablöschen, die Gewürze und etwas Salz hinzugeben. Alles zusammen etwa ½ Std. mit geschlossenem Deckel sieden lassen, dann die Johannisbeerkonfitüre zugeben und nochmals alles gut durchkochen, bis die Flüssigkeit fast verkocht ist.
Die Kartoffeln in der Schale kochen, erkalten lassen und pfeffern. Durch die Kartoffelpresse drükken. Die Schalottenwürfel in der Butter anschwitzen, zu den Kartoffeln geben und zusammen mit den Eiern und dem Mehl verkneten und mit Salz und Muskat abschmecken. Den Apfel in 1 cm große Würfel schneiden. Aus dem Kartoffelteig Knödel formen und jeweils 1 Apfelwürfel in den Knödel drücken. Die Knödel in Salzwasser gar kochen.

Brandenburger Bauernente aus dem Rohr mit Teltower Rübchen und Kartoffelpuffer

Bild Seite 152

Herbert Beltle
Altes Zollhaus
Berlin

1 frische Ente von etwa 2 kg, 1 Apfel, 1 Zwiebel, Salz, Pfeffer, Majoran, Muskat, 100 g Röstgemüse (Zwiebel, Karotte, gewürfelt) 1 EL Tomatenmark und 2 EL Rotwein, 400 g Kartoffeln, 400 g Teltower Rübchen, Butter, etwas Zucker, Blattpetersilie.

Die Ente mit dem Apfel und einer ½ Zwiebel füllen und mit Salz und Majoran würzen. Die Ente in einen passenden Topf oder Pfanne setzen, mit wenig Wasser angießen und im Ofen etwa 1½ Std. braten, ab und zu mit Bratensaft begießen, wenn nötig, Wasser nachgießen.
Wenn man mit der Gabel in die Keule sticht und kein roter Saft mehr austritt, ist die Ente fertig. Die Ente ein wenig auskühlen lassen, dann die Brust und die Keulen auslösen. Die Knochen kleinhacken und in der Pfanne mit gehackten Zwiebeln und Möhren und Tomatenmark anbraten, mit wenig Rotwein ablöschen und mit Wasser auffüllen und etwa ½ Std. kochen lassen, passieren und mit Salz abschmecken.

Puffer:
Die rohen geschälten Kartoffeln und die ½ Zwiebel reiben, ausdrücken mit Salz und Muskat würzen und in dem ausgelassenen Fett von der Ente goldgelb braten.

Teltower Rübchen:
Rübchen schälen und im kochenden Wasser blanchieren. Im Eiswasser abschrecken und in der Pfanne mit Butter und wenig Zucker glacieren, mit gehackter Blattpetersilie bestreuen und anrichten.

Gefüllte Flugentenbrust mit Apfeljus, Butterwirsing, Karottengemüse und Semmelnocken

Antje Ljunggren
Alte Försterei
Kloster Zinna

Gefüllte Flugentenbrust:
600 g Entenbrust, 40 g Weißbrot (ohne Rinde), 30 ml Sahne, 1 Eiweiß, 40 g Backpflaumen, 1 Apfel, Salz, Pfeffer.

Die Entenbrust parieren und seitlich einschneiden. Die Entenparüren, das in Sahne und Eiweiß eingeweichte Weißbrot sowie die Gewürze zu einer Farce verarbeiten. Dann den Apfel würfeln, die Backpflaumen halbieren und unter die Farce mischen. Die mit Farce gefüllte Entenbrust bei 170 °C im Backofen garen.

Sauce:
50 g Apfelschalen und 20 g Butter, 40 ml Calvados, 250 ml Demiglace, Salz und Pfeffer.

Die Apfelschalen in Butter anschwitzen, mit etwas Calvados ablöschen, mit Demiglace auffüllen und durchkochen lassen. Vor dem Passieren mit Salz und Pfeffer sowie dem restlichen Calvados abschmecken.

Butterwirsing
und Karottengemüse:
20 g Speck, 30 g Zwiebeln, 300 g Wirsingkohlstreifen, 40 ml Crème double, 200 g Möhrenscheiben, etwas Butter und 1 TL Zucker sowie 40 ml Brühe.

Den Speck und die Zwiebeln glasig schwitzen, die Wirsingkohlstreifen und Crème double dazugeben und dünsten. Die Möhrenscheiben in Butter, Brühe und Zucker dünsten.

Semmelnocken:
30 g Butter, 1 Ei, 40 ml Milch, Salz und Muskat, 120 g Semmelmehl, 20 g Grieß.

Die Butter und das Ei schaumig rühren. Milch zufügen, mit Salz und Muskat abschmecken. Durch Beimengen von Semmelmehl und Grieß wird der Teig formbar gemacht. Nocken mit einem Teelöffel abstechen und im Salzwasser ziehen lassen.

Anrichten:
Die tranchierte Flugentenbrust mit Apfeljus nappieren, Semmelnocken und Gemüse beifügen.

Gefüllte Entenbrust mit Dörrpflaumen, schwarzer Walnußsauce und Johannisbeer-Rotkohl

Peter Friedrich
ARGE der Köche Berlin
und Brandenburg im VKD
Berlin

4 Entenbrüste mit Knochen (300 g), 100 g Dörrpflaumen (ohne Steine), 0,1 l Rotwein, 0,2 l Geflügelfond, 100 g eingelegte schwarze Walnüsse, 20 g Butterschmalz, 600 g geschnittener Rotkohl, 40 g Schweineschmalz, 40 g Zwiebelringe, 20 g Zucker, 60 g Johannisbeergelee und 10 g Speisestärke, Salz, Nelken, Lorbeerblatt, Essig sowie 4 Rispen Johannisbeeren.

Buchweizenbällchen:
200 g grobe Buchweizengrütze, 60 g feine Buchweizengrütze, 20 g Zwiebelwürfel, 1 Ei, 20 g Butterschmalz, 20 g geriebener Käse, Salz, Muskat, 0,4 l Gemüsefond oder Wasser, Fett zum Backen.

Die Entenbrüste mit Knochen von der Brustinnenseite auslösen, so daß beide Brusthälften zusammenbleiben, dann salzen. Aus den Knochen einen Fond ansetzen. Die Dörrpflaumen zerkleinern und etwa 2 Std. vorher in den Rotwein einlegen. Die Entenbrüste zwischen Klarsichtfolie leicht plattieren und würzen. Die ausgedrückten Dörrpflaumen in die Mitte geben, zusammenrollen und mit einem Dressierbindfaden umwickeln. Bis zum Braten zur Seite stellen.
In einem Topf die Zwiebelringe in Schweineschmalz anschwitzen, Zucker zugeben und leicht karamelisieren, mit Essig ablöschen, mit etwas Wasser auffüllen und bißfest kochen. Den Rotkohl mit der Speisestärke binden, das Johannisbeergelee unterziehen und abschmecken.
Für die Buchweizenbällchen die in Würfel geschnittenen Zwiebeln in Butterschmalz anschwitzen, die grobe Buchweizengrütze zugeben, kurz weiterschwitzen, mit Gemüsefond oder Wasser auffüllen und eine dicke Masse kochen, etwas abkühlen lassen. Danach das Ei und den geriebenen Käse unterarbeiten, mit Salz und Muskat abschmecken. Nun aus der Masse kleine Bällchen abdrehen, in feiner Buchweizengrütze panieren und im Fettbad ausbacken.
In der Zwischenzeit die Entenbrust in Butterschmalz anbraten, in das Rohr schieben und 15 Min. bei 180 °C braten. Dann herausnehmen. Den Bratenansatz mit dem Rotwein, in welchem die Dörrpflaumen eingeweicht waren, ablöschen, mit dem Fond auffüllen, um die Hälfte einkochen lassen und passieren. In die Sauce die geschnittenen schwarzen Walnüsse geben.
Zum Anrichten auf die Teller einen Saucenspiegel gießen.Die Entenbrust aufschneiden, darauflegen und dann den Rotkohl zugeben. Wenn es die Jahreszeit erlaubt, je 1 Johannisbeerrispe darauf legen und die Buchweizenbällchen anlegen.

Ragout von der Brandenburger Landente mit glacierten Steckrüben und Hefeklößen

Reinold Kegel
Restaurant Grand Cru
Berlin

Ragout:
1 Ente (küchenfertig gebunden), Selleriesalz, Pfeffer und Butter zum

Braten, 2 Nelken, 2 Wacholderbeeren, 1 kleines Kräutersträußchen (Petersilie, Thymian und Majoran), 2 Möhren, 4 Schalotten und 1/4 l Geflügelbrühe, 1/4 l roter Portwein sowie 1/2 l Wasser.

Steckrübengemüse:
2 kleine oder 1 große Steckrübe, 80 g Butter, 1/4 l Gemüsebrühe und 1 TL Zucker, Salz, 1 EL gehackte Petersilie.

Hefeklöße:
400 g Mehl, 20 g Hefe und 160 ml Milch, 1 Ei, 20 g zerlassene Butter, 1 TL Zucker, 1/2 TL Salz.

Ragout:
Die Ente mit Selleriesalz und Pfeffer einreiben. In einem Bräter mit Butter goldgelb anbraten. Die Nelken, Wacholderbeeren und das Kräutersträußchen dazugeben, mit Wasser ablöschen und im Ofen bei 160 °C für 1 bis 1 1/2 Std. schmoren lassen. Währenddessen die Möhren und Schalotten putzen und in Scheiben schneiden. Kurz vor dem Garpunkt der Ente das Kräutersträußchen herausnehmen, dafür das geschnittene Gemüse hineingeben und mitgaren (evtl. etwas Wasser nachfüllen). Später die Ente herausnehmen und vom Knochen lösen. Den Fond mit der Geflügelbrühe und dem Portwein verkochen (auf 2/3 reduzieren). Die in Stücke zerteilte Ente wieder hineinlegen und nochmals kurz vor dem Anrichten erwärmen.

Steckrübengemüse:
Die Steckrüben putzen und schälen. Danach in 1/2 cm große Würfel schneiden und in Butter kurz anschwenken. Mit Gemüsebrühe ablöschen und einkochen. Den Zucker dazugeben und glacieren. Die Petersilie darüberstreuen.

Hefeklöße:
Das Mehl in eine Schüssel sieben und in der Mitte eine Mulde formen. Die Hefe hineingeben und mit der handwarmen Milch begießen, etwa 20 Min. gehen lassen. Dann mit den restlichen Zutaten einen Teig daraus kneten. Etwa walnußgroße Kugeln formen und erneut für 10 bis 15 Min. gehen lassen. Einen Topf mit Wasser aufsetzen und mit einem Tuch überspannen. Die Hefeteigkugeln darauf legen (dürfen sich nicht berühren) und mit einer passenden Schüssel abdecken. Die Klöße so lange über dem Dampf garen, bis man sie mit einem Finger leicht eindrücken kann und sie wieder ihre ursprüngliche Form annehmen.

Anrichten:
Das Ragout in einen großen tiefen Teller oder in eine Kokotte geben und die glacierten Steckrüben darüber verteilen. Die Hefeklöße mit zerlassener Butter begießen und à part reichen.

Gedünstete Entenschenkel in Rotweinglace

Reinmar Rach
Parkhotel Trebbin
Trebbin

4 Entenkeulen mit Fußknochen, Salz und Pfeffer aus der Mühle, 10 g Erdnußöl, 1 mittlere Schalotte, einige Tropfen Himbeeressig, 8 cl Rotwein, 1,5 dl Kalbsfond, 50 g kalte Butter, etwas Himbeergeist.

Die Entenkeulen mit der Hautseite auf den Arbeitstisch legen, auf der Fleischseite vom Rückgrat aus die Knochen bis kurz über das Gelenk auslösen und an dieser Stelle mit einem Schlagmesser den Knochen abhacken. Den Fußknochen schräg abhacken, er bildet später den Schnabel. Die so vorbereiteten Entenkeulen mit Faden in Entenform binden, salzen und mit Pfeffer würzen, in einer heißen Stielpfanne mit Erdnußöl auf beiden Seiten hellbraun anbraten und bei kleiner Hitze mit einem Deckel weiter garen lassen. Je nach Alter der Tiere benötigen die Keulen zwischen 45 Min. und 1 1/2 Std. zum Garen.
Nachdem die Keulen gar sind, diese mit Aluminiumfolie abdecken und warm stellen. Das Fett aus der Stielpfanne abgießen. Die würfelig geschnittene Schalotte in Butter anschwitzen, mit Himbeeressig ablöschen. Mit dem Rotwein auffüllen und so lange einkochen lassen, bis fast die gesamte Flüssigkeit verdampft ist. Mit braunem Kalbsfond auffüllen, kurz aufkochen lassen und die Butter in kleinen Flocken nach und nach unter die Sauce ziehen. Die Sauce durch ein feines Sieb passieren und zum Schluß mit wenig Salz, Pfeffer und einigen Tropfen Himbeergeist abschmecken.
Die heißen Entenkeulen auf warmen Tellern anrichten und mit der Sauce überziehen.

Gebratene Maispoulardenbrust auf Krebssauce, weißer und grüner Stangenspargel

Meinrad Günter
Sorat Hotel Humboldt-Mühle
Berlin

4 Maispoulardenbrüste von 800 g bis 1000 g, 8 Flußkrebse, 500 g weißer Spargel, 500 g grüner Spargel, 1 EL Krebspaste, 1 Bd. Suppengrün, 1/4 l Geflügelfond, 1/8 l Sahne, etwas Saucenbinder, 1 Zitrone, Salz, Pfeffer, Dill, Kümmel, Zucker sowie 1 EL Butter.

Das Suppengrün mit Geflügelfond aufkochen und die Flußkrebse gründlich waschen. Dill, Kümmel, Pfeffer und Salz mit den Krebsen in die kochende Brühe geben und etwa 5 bis 8 Min. ziehen lassen (nicht kochen). Die Krebsschwänze ausbrechen, die Krebsnase (Körper) mit Scheren ganz lassen für die Garnitur.
Die Krebsbrühe und Krebspaste mit Saucenbinder andicken und mit Sahne und Butter verfeinern. Spargel schälen und mit Salz, Zukker, Zitrone und etwas Butter in etwa 15 Min. gar dünsten. Die Brüste mit Salz und Pfeffer würzen, bei mäßiger Temperatur (Brustseite mit Haut zuerst) anbraten und 12 bis 15 Min. fertiggaren.
Portionieren und jeweils Brust und 1 Keule mit dem Spargel auf der Krebssauce anrichten.

Mit Gemüse gefüllte Maispoulardenbrust

Rainer Strobel
Alte Meierei
Berlin-Alt Moabit

4 Maispoulardenbrüste, 50 g Möhren, 50 g Zuckerschoten, 50 g Bohnen, 50 g Pfifferlinge, 60 g Butter, 200 g Tomaten (filetiert), 300 g breite Nudeln (gekocht), 40 g Butter zum Anschwenken, 1 Bd. Basilikum, Salz, Pfeffer und Muskat.

Die Gemüse in etwas Salzwasser blanchieren und in die der Länge nach aufgeschnittenen Poulardenbrüste füllen. Die Basilikumblätter unter die Haut schieben und dann mit einem Holzspieß verschließen.
Die Brüste würzen und vorsichtig braten. Anschließend die Brüste aufschneiden und auf den in Butter geschwenkten Nudeln mit Tomatenfilets und Basilikumblättern anrichten. Mit einer aus den Karkassen gezogenen Geflügelsauce nappieren.

Maishähnchenbrust mit Moscatotrauben

Maximilian Dreier
Restaurant Villa Kellermann
Potsdam

4 Hähnchenbrüste und Olivenöl zum Anbraten, 4 Scheiben Parmaschinken, 4 Scheiben Mozzarella, ¼ l trockener Moscato sowie 200 g Moscatotrauben.

Die Hähnchenbrüste waschen und trocknen. Mit Olivenöl anbraten. Die Brüste mit Parmaschinken- und Mozzarellascheiben belegen, dann die Pfanne verschließen. Nach 5 Min. mit Weißwein ablöschen und die Trauben dazugeben.
Weitere 5 Min. einziehen lassen und mit Zucchini- und Karottengemüse servieren.

Gefülltes Stubenküken mit Leberklößchen und Spargelgemüse

Detlev Hohl

2 Stubenküken (küchenfertig) sowie 50 g Butterschmalz, 1 Knoblauchzehe und 1 Rosmarinzweig.

Sauce:
500 g Geflügelknochen, 2 EL Pflanzenöl, 250 g Röstgemüse (Sellerie, Lauch, Karotte, Schalotten), 5 weiße Pfefferkörner, ½ Lorbeerblatt und 1 Wacholderbeere, 3 Korianderbeeren, 1 TL Tomatenmark, je ½ TL Rosmarin und Thymian, 1 dl Rotwein, 5 cl roter Portwein, 1,5 l Geflügelbrühe, 50 g Butter.

Füllung:
1 Poulardenbrust (120 g), 1 dl flüssige Sahne, 2 Spritzer Cognac, Salz, Pfeffer, 200 g frische Morcheln, 30 g Weißbrotwürfel, 40 g Entenstopfleber, 1 kleiner, säuerlicher Apfel und 15 große Spinatblätter, 1 TL gehackter Kerbel und Butter, 100 g Schweinenetz (gut gewässert).

Leberklößchen:
60 g Geflügelleber, 30 g Kalbfleisch, 1 Eigelb, 50 g flüssige Sahne, 1 Msp. frischer Oregano, je 3 cl Rotwein, roter Portwein, Madeira, 30 g geröstete Pinienkerne, Salz und Pfeffer.

Spargel:
1 kg Beelitzer Stangenspargel, 20 g Butter, Salz, 1 Schalotte (feinst gehackt), 30 g Butter, 4 cl halbtrockener Weißwein, 100 g Crème double, 10 Blatt glatte Petersilie, 1 EL geschlagene Sahne.

Die Stubenküken hohl auslösen. (Vom Rückgrat her das Geflügel aufschneiden und komplett auslösen. Das Fleisch muß am Stück sein und darf keine Löcher aufweisen.)

Sauce:
Alle Knochen kleinhacken, mit dem Öl scharf anbraten, Röstgemüse und Gewürze dazugeben und mit anbraten. Tomatenmark hinzufügen und ebenfalls anrösten, mit Rotwein ablöschen und einkochen lassen, mit Portwein ablöschen, Geflügelbrühe aufgießen, aufkochen, abschäumen und entfetten. Kräuter hinzufügen und auf kleiner Flamme 3 Std. köcheln. Passieren und auf 1,5 dl reduzieren. Mit der Butter aufmontieren, mit Salz, Pfeffer und etwas Portwein abschmecken.

Füllung:
Die Poulardenbrust ohne Haut in kleine Würfel schneiden, zusammen mit der Sahne für 1 Std. in den Tiefkühler geben. In der Küchenmaschine zu einer geschmeidigen Masse mixen, mit Salz, Pfeffer und Cognac abschmecken und kühl stellen.
Die Morcheln mehrmals waschen, trockenschleudern. Die Stiele abschneiden. Die Hälfte in feine Streifen schneiden, in heißer Butter anschwenken, salzen und pfeffern, auf ein Sieb abschütten, den Fond auffangen. Zu der Sauce geben.
Die Weißbrotwürfel mit etwas Butter zu Croûtons braten und abschütten. Nun die Stopfleber in 1,5 cm große Würfel schneiden, salzen und pfeffern, in heißer Pfanne ohne Fettzugabe rundum anbraten und abschütten. Den geschälten Apfel in kleine Würfel schneiden, kurz in Butter andünsten, abschütten. Spinat blanchieren, abkühlen, abtrocknen, in 1 cm breite Streifen schneiden. Alle Zutaten unter die Farce heben.
Die beiden Stubenküken ausbreiten (Fleischseite oben), salzen und pfeffern. Die Farce als Kernstück verteilen, Stubenküken zusammenschlagen. Jeweils ins ausgebreitete Schweinenetz rollen, salzen, pfeffern und dann noch für 1/2 Std. kalt stellen.

Leberklößchen:
Die Hälfte der Leber in kleine Würfel schneiden und kühl stellen. Die restliche Leber mit dem Kalbfleisch 1 Std. tiefkühlen.
Alkoholika zusammen auf 0,5 cl einkochen. Das Fleisch-Sahne-Gemisch mit dem Oregano und der Alkoholreduktion in einer Küchenmaschine mixen. Eigelb dazugeben, würzen und nochmals durchmixen. Die rohen Leberwürfel und die gerösteten Pinienkerne unterziehen. Mit einem Kaffeelöffel Klößchen formen und in Geflügelbrühe pochieren.

Spargel:
Den Spargel schälen. Die Enden abschneiden, Spargel bis zum oberen Drittel in 4 mm dicke Scheiben schneiden. Die Spitzen in Wasser mit Salz und 20 g Butter kochen.
Die Schalotten in 30 g Butter anschwitzen, Spargelscheiben dazugeben, salzen, mit Wein ablöschen und einkochen. Crème double zufügen und gar kochen. Kurz vor dem Anrichten in Streifen geschnittene Petersilie und geschlagene Sahne hinzugeben

Stubenküken:
In Butterschmalz rundum anbraten, Knoblauchzehe und Rosmarinzweig zufügen und im Ofen bei 180 °C 25 Min. garen. Dabei mit dem eigenen Saft des öfteren begießen. 10 Min. an einem warmen Ort ruhenlassen.
Die restlichen ganzen Morcheln in Butter kräftig anbraten und würzen.

Anrichten:
Jeweils 4 Spargelspitzen als Krone anrichten, das Spargelgemüse in die Mitte der Teller geben und je 2 Scheiben gefülltes Stubenküken anlegen. Die Leberklößchen und Morcheln rundum verteilen und die Sauce angießen.

Gefüllte Poulardenbrust an Estragonsauce

Andreas Bild
Mövenpick Schönefeld
Berlin

4 ausgelöste Poulardenbrüste, 400 g frische Champignons, 2 Schalotten, 2 EL Öl, 100 g Sahne, 4 EL gehackte Petersilie, Salz und weißer Pfeffer (frisch gemahlen).

Sauce:
4 Schalotten, 80 g Butter und 1 Bd. frischer Estragon, 0,3 l trockener Weißwein, 12 Safranfäden sowie 0,2 l Sahne.

In die Poulardenbrüste der Länge nach eine Tasche schneiden und auseinanderklappen. Mit Salz und Pfeffer würzen.
Die Champignons gründlich putzen und in kleine Würfel schneiden. Die Schalotten schälen und fein hacken. Das Öl erhitzen, die Schalotten darin glasig dünsten, die Pilze zugeben und bei starker Hitze anbraten. Mit der Sahne auffüllen, salzen, pfeffern und so lange kochen lassen, bis die Flüssigkeit verdampft ist. Die gehackte Petersilie daruntermischen und vom Herd nehmen. Die Poulardenbrüste mit der etwas abgekühlten Masse füllen und zusammenklappen.
Etwas Öl in einer Pfanne erhitzen, die Brüste mit der zugeklappten Seite einsetzen. Mit Öl übergießen und im heißen Ofen bei 200 °C in etwa 15 Min. knusprig braten.
Für die Sauce Schalotten schälen, fein hacken und in Butter glasig dünsten. Estragonblätter und den Weißwein zufügen. Einige Estragonblätter für die Garnitur zurückhalten. 3 Min. kochen lassen, durch ein feines Sieb gießen.
In diesen Fond Safranfäden und Sahne geben. Die Hälfte der Butter einrühren und 15 Min. kochen lassen. Kurz vor dem Anrichten die restliche Butter einarbeiten.

Anrichten:
Die Poulardenbrüste mit einem scharfen Messer schräg in Scheiben schneiden, mit der Sauce umlegen und mit den verbliebenen Estragonblättern dekorieren.

Rezept Seite 151: Gelackte Perlhuhnbrust mit gebratenen chinesischen Nudeln
Karl Wannemacher, Alt Luxemburg, Berlin

Frikassee von der Bresse-Poularde nach altem Berliner Rezept

Rolf Schmidt
Restaurant First Floor
Berlin

1 Bresse-Poularde, 12 Havelkrebse von je 80 bis 100 g, 16 frische Morcheln (ersatzweise getrocknete Morcheln), 12 Stangen Spargel, etwa 60 g Butter, Olivenöl, 1 Schalotte, 50 g Möhren, 50 g Staudensellerie, 50 g Porree, je 1 Liebstöckel-, Thymian- und Estragonzweig, Weißwein, Noilly Prat, halbtrockener Sherry, Geflügelfond, Crème double, Salz, Pfeffer, Zucker, Kümmel.

Einen Topf mit Wasser, Salz, Zucker und Butter zum Kochen bringen und den Spargel 10 Min. kochen. Einen zweiten Topf ebenfalls mit Wasser, Salz, Kümmel und der Hälfte des Gemüses zum Kochen bringen. Die Krebse darin etwa 3 Min. kochen und in Eiswasser abschrecken. Nun die Krebse ausbrechen und die Schalen gut säubern und waschen.

Butter und Olivenöl in einen Schmortopf geben, die Brüste und Keulen leicht anbraten, ohne daß sie Farbe nehmen, Schalotten und den Gemüserest zugeben, mit Weißwein und Noilly Prat sowie Sherry ablöschen und mit Geflügelfond und Crème double auffüllen. Die Kräuter zugeben und zugedeckt etwa 15 bis 20 Min. gar ziehen lassen.

Die Poularde herausnehmen und die gewaschenen Krebsschalen zufügen, bis zur gewünschten Konsistenz reduzieren und danach passieren. Die Morcheln in Butter andünsten, mit Sherry ablöschen und zur passierten Sauce geben.

Die Poularde von Haut und Knochen befreien, in gleichmäßig große Stücke und Scheiben schneiden und ebenfalls in die Sauce legen.

Zum Schluß die Krebse und den Spargel dazugeben, der vorher in 4 cm lange Stücke geschnitten wurde, und das Ganze nochmals erwärmen.

Poularde, Morcheln, Spargel und Krebse dekorativ auf 4 Tellern anrichten, die Sauce abschmecken, aufmixen und über die Poularde geben.

Hühnerfrikassee nach Berliner Art

Bild Seite 138

Für 6 Personen

Hans-Jörg Schlenker
Preußischer Hof
Liebenwalde

1 Suppenhuhn von etwa 2 kg bis 2,4 kg, 2 Bd. Suppengrün, 1 große Zwiebel, 1 Lorbeerblatt, Salz, weißer gemahlener Pfeffer, 1 Kalbszunge und Kalbsbries von etwa 250 g (Herzbries oder Nuß), 200 g Champignons, 50 g getrocknete Morcheln, 600 g Spargel, 12 Krebsschwänze, Krebspaste aus der Dose, 100 g Butter, 80 g Mehl (Type 405), 1/4 l trokkener Weißwein, 1 Spritzer Worcestersauce, 3 Eigelb und 150 g flüssige Schlagsahne, 1 EL Kapern sowie 6 Halbmonde aus Blätterteig (ggfls. vom Bäcker).

Das Suppenhuhn waschen, in einen Topf geben und mit warmem Wasser aufgießen, einmal aufkochen lassen. Das Huhn herausnehmen und nochmals waschen. Die Brühe weggießen.

Das Huhn wieder in einen Topf geben, mit kaltem Wasser aufgießen und zum Siedepunkt bringen. Salz, Suppengrün, die gehackten Zwiebel und Lorbeerblatt beigeben und bei mittlerer Hitze köcheln lassen (etwa 2 bis 2 1/2 Std.). Kalbszunge und Kalbsbries mit dem Huhn in der Brühe etwa 30 Min. mitsieden lassen. Danach Kalbszunge und Kalbsbries enthäuten. Die Zunge anschließend in feine Streifen und das Bries in kleine Würfelchen schneiden.

Das Huhn häuten, das Fleisch vom Knochen lösen und in mundgerechte Würfel schneiden.

Mit Butter und Mehl eine weiße Mehlschwitze zubereiten und etwa 10 Min. ruhenlassen; nun den trockenen Weißwein und die Hühnerbrühe sowie einen Spritzer Worcestersauce dazugeben und etwa 10 bis 12 Min. kochen lassen, dann flüssige Sahne hinzugeben, leicht sämig werden lassen.

Frischen Stangenspargel schälen, dann in Wasser mit Salz, Zucker und ein wenig Zitronensaft 5 bis 8 Min. köcheln lassen und noch zirka 30 Min. am Herdrand gar ziehen lassen. Danach in 2 cm lange Stückchen schneiden.

Die Champignons putzen, in Scheibchen schneiden und kurz in Butter anschwitzen, mit wenig Zitronensaft beträufeln, die eingeweichten Morcheln mehrmals waschen, gut abtropfen lassen und auch in Butter kurz andünsten. Die Krebsschwänze vom Panzer befreien und warm stellen. Die Krebspaste in einem kleinen Stieltopf flüssig werden lassen.

Anrichten:
In eine vorgewärmte Porzellanschüssel das Hühnerfleisch geben, dazu die Champignons, Morcheln, Kalbszunge, Brieschen und die Spargelstückchen. Die vorbereitete weiße Sauce gut aufkochen, vom Herd wegziehen und mit den Eigelben und flüssiger Sahne abziehen. Die Sauce darf danach nicht mehr kochen. Die fertige Sauce über die Zutaten geben und leicht vermischen.

Als Garnitur die Krebsschwänze und die Krebsbutter leicht beträufeln sowie die vorgewärmten Blätterteig-Halbmonde obenauf legen.

Tip:
Von geschälten Karotten und Sellerie feines Gemüsestroh schneiden und den geputzten Lauch in Streifen kurz in Salzwasser kochen und noch als erweiterte Garnitur obenauf legen und mit Kapern bestreuen.

Als Beilage eignet sich Butterreis.

Feines Hühnerfrikassee mit Morcheln und Klößchen

Matthias Kersten
Pannonia Hotel Döllnsee
Groß Dölln

1 Suppenhuhn, 75 g Spargel sowie 50 g Champignons, 20 g Morcheln, 25 g Butter, 1/8 l trockener Weißwein, 1 EL Mehl, 1/8 l Sahne, 1 Eigelb, Salz, Pfeffer, 5 g Krebsbutter, Suppengrün, etwas Zitronensaft sowie 8 Krebsschwänze.

Klößchen:
1 Keule vom Suppenhuhn, 0,1 l Sahne, Salz und Pfeffer.

Das Huhn in Salzwasser aufkochen, abschäumen, das geputzte Suppengrün zugeben und 1½ Std. weich kochen.
Herausnehmen, zerkleinern und in etwas Brühe warm stellen. Das Hühnerfleisch von der Keule lösen, von Sehnen und Haut befreien und kalt stellen.
Das kalte Hühnerfleisch mit der Sahne in der Küchenmaschine zu einer Fleischmasse kuttern. Die Masse zu kleinen Klößchen formen und in der Hühnerbrühe 15 Min. gar ziehen lassen. Den geschälten Spargel abkochen und in Stücke schneiden.
Die geputzten Pilze vierteln, mit etwas Zitronensaft in Butter dünsten, die Krebsschwänze in etwas Wein wärmen.
Butter und Krebsbutter zerlassen, eine Mehlschwitze bereiten, mit Hühnerbrühe, etwas Spargelfond und restlichem Wein auffüllen, gut verrühren und durchkochen.
Sahne und Eigelb verquirlen, unter die Sauce ziehen. Mit Salz, Pfeffer und Zitrone abschmecken.
Hühnerfleisch, Krebsschwänze, Spargel, Pilze und Klößchen in einer tiefen Schüssel anrichten; mit Sauce übergießen.
Mit Butterreis servieren.

Gelackte Perlhuhnbrust mit gebratenen chinesischen Nudeln

Bild Seite 148

Karl Wannemacher
Alt Luxemburg
Berlin

4 Perlhuhnbrüste, 400 ml brauner Geflügelfond, 5 g frischer Ingwer, 20 g Tannenhonig, Öl und Butter zum Braten.

Lack (alle Zutaten verrühren):
4 ml dunkles Bier, 20 g Tannenhonig, 20 g Johannisbeergelee, 15 g Tomatenmark und 1 ml Sherry-Essig, Salz, Pfeffer, etwas mildes Paprikapulver.

Gebratene chinesische Nudeln:
250 g chinesische Eiernudeln (Asia-Shop), 3 Frühlingslauch, ½ rote Paprika, 60 g Sojasprossen sowie 100 g Shiitakepilze und 20 g Sesamöl.

Würzfond
(alles zusammen aufkochen):
30 ml Mirin (japanisches Würzmittel), 20 ml Sojasauce, 100 ml Brühe, 5 g Zucker, 1 Korianderzweig und die Stiele der Pilze.

Die Perlhuhnbrüste von den Knochen lösen, die Flügelknochen abhacken. Von den Knochen einen braunen Geflügelfond herstellen.
Die Nudeln in kochendem Wasser 2 Min. kochen, kalt abschrecken und in ein Sieb geben. Die Shiitakepilze in Scheiben schneiden. Die rote Paprika schälen und in feine Streifen schneiden, Lauch in schräge Ringe schneiden.
Die Perlhuhnbrüste in Ölbutter auf der Hautseite rosa braten. Aus dem Bräter nehmen und mit dem vorbereiteten Lack bepinseln. Danach unter den Salamander schieben. Das Fett aus dem Bräter abschütten, mit dem Geflügelfond ablöschen und die feinen Ingwerstreifen dazugeben. Das Ganze reduzieren, mit dem Tannenhonig abschmecken, salzen und pfeffern. Die fertige Sauce durch ein Spitzsieb geben.
Das Gemüse in Sesamöl anbraten, die abgetropften Nudeln zufügen, nochmals kurz braten. Mit dem vorbereiteten Würzfond ablöschen und mit Salz und Pfeffer abschmecken.
Die Nudeln auf den Tellern anrichten, die Sauce daneben angießen und die Perlhuhnbrust auf die Sauce legen.

Perlhuhnfrikassee Berliner Art in Weißweinsamtsauce mit Basmatireis

Bernd Gemmrig
Alter Krug Dahlem
Berlin

Frikassee:
2 Perlhühner von etwa 2 kg, 20 Krebse, 300 g Spargel, 100 g Mor-

cheln (frisch oder getrocknet), 125 ml trockener Weißwein, 20 g Butter, 30 g Mehl, 125 ml Sahne, 0,5 l Geflügelfond (evtl. aus den Karkassen gezogen), 100 g Lauch, 100 g Sellerie, 100 g Zwiebeln, Salz, Muskat, weiße Pfefferkörner und ½ Lorbeerblatt.

Basmatireis:
200 g Basmatireis, 2 EL Olivenöl, 50 g Schalotten, Salz und Muskat.

Frikassee:
Die Brüste und die Keulen auslösen, Haut abziehen und beiseite stellen. Die Parüren (Abschnitte) mit je 50 g Lauch, Sellerie und Zwiebeln, Salz, Pfefferkörnern, 1/2 Lorbeerblatt mit 750 ml Wasser zum Kochen bringen, abschäumen und bei geringer Hitze etwa 40 Min. kochen lassen. Zwischenzeitlich die sehr gründlich gewaschenen Morcheln dünsten, Krebse und Spargel abkochen und beiseite stellen. Den Geflügelfond passieren. Den restlichen Lauch, Sellerie und die Zwiebeln in der Butter anschwitzen, mit Mehl einstäuben und eine Roux (Mehlschwitze) herstellen. Die Roux abkühlen lassen, mit Fond und Weißwein auffüllen, etwa 20 Min. langsam kochen lassen, Brust und Keule dazugeben und gar ziehen lassen.
Das gedünstete Fleisch aus der Sauce nehmen und warm stellen. Sauce mit Sahne, Salz und Muskat fertigstellen und passieren. Die Brüste und Keulen in Scheiben schneiden, mit der Sauce überziehen und mit den Krebsschwänzen, Morcheln und Spargelspitzen garnieren.

Basmatireis:
Schalotten und Reis in Olivenöl anschwitzen, mit Salz und Muskat ablöschen, mit der doppelten Menge Wasser auffüllen, aufkochen und gar ziehen lassen.

Gebratene Perlhuhnbrust, Kirsch-Pfeffer-Rahm, Ananaskraut und Mandelbällchen

Thomas Hildebrandt
Seidler art'otel
Potsdam

4 Perlhuhnbrüste.

Mandelbällchen:
300 g geschälte Kartoffeln und 75 g Mandeln (geröstet), Muskat sowie 75 g Mandeln (gehobelt, roh), 1 Eigelb, 1 EL Butter, Salz.

Ananaskraut:
1 Dose Sauerkraut oder 250 g frisches Sauerkraut, 1 kleine Karotte (fein gewürfelt), 1 EL Butter, feine Würfel von 1 Schalotte, 100 ml Geflügelbrühe, 1 Miniananas sowie 3 EL Ananassaft, Salz.

Sauce:
400 ml Geflügeljus (besser Perlhuhnjus), 100 g frische Sauerkirschen, 20 g grüner Pfeffer in Lake.

Die Kartoffeln gar kochen, abgießen und abdämpfen. Durch eine Presse quetschen, die gerösteten Mandeln im Mörser zerstoßen und in die Kartoffeln geben, zusammen mit dem Eigelb und der Butter zu einer Masse verrühren und mit Salz und Muskat würzen. Bällchen formen, in den rohen Mandelblättchen wälzen und in der Friteuse herausbacken.
Das Sauerkraut wässern. Nun die Schalotten in der Butter anschwitzen, das Kraut darauf geben und mit der Geflügelbrühe aufgießen, 10 Min. köcheln lassen, dann die Karottenwürfel dazugeben und nochmals 10 Min. köcheln lassen. Die in feine Würfel geschnittene Ananas zum Schluß dazugeben und den Ananassaft mit Salz abschmecken.
Die Perlhuhnbrüste anbraten und aus der Pfanne nehmen und bei 180 °C im Ofen in etwa 10 Min. fertigbraten.
Die Jus zusammen mit den Kirschen in die Pfanne geben und um die Hälfte einkochen lassen, erst ganz zum Schluß den grünen Pfeffer dazugeben.

Taubenbrust im Spinatmantel auf Apfel-Rosinen-Sauce

Carsten Pfefferlein
Hotel am Wutzsee
Lindow

4 Taubenbrüste, 500 g Blattspinat, 200 g Äpfel, 100 g Rosinen, Salz, Pfeffer, 20 g Kartoffelmehl, 100 g Tomatenfleischwürfel (ohne Haut und Kerne), 400 ml Geflügelbrühe, 200 ml Weißwein.

Die Taubenbrüste auslösen und kalt stellen. Von den Knochen einen Saucenansatz bereiten. Apfelwürfel und Rosinen beigeben und anrösten. Zur besseren Farbgebung kleine Tomatenfleischwürfel hinzugeben und mit ein wenig Geflügelbrühe ablöschen und etwa 1 Std. leise kochen lassen. Später mit etwas Kartoffelmehl binden und mit Salz und Pfeffer abschmecken.
Die Spinatblätter von den Stielen entfernen und kurz im kochenden Weißwein blanchieren. Danach in kaltem Wasser abschrecken und gut abtropfen lassen. Den Spinat auf einer Klarsichtfolie ausbreiten und nochmals mit etwas Küchenkrepp trocknen. Die gewürzten Taubenbrüste auflegen und mit Spinatblättern belegen. Jetzt zu einer Rolle formen, in die vorbereitete Folie einwickeln und gut ver-

*Rezept Seite 144: Brandenburger Bauernente aus dem Rohr mit Teltower Rübchen und Kartoffelpuffer
Herbert Beltle, Altes Zollhaus, Berlin*

schließen. Im Wasserbad bei etwa 75 °C garen.
Die Taubenbrust in Scheiben schneiden und auf die Apfel-Rosinen-Sauce geben. Mit wenig saurer Sahne verfeinern.
Als Beilage empfehlen sich junge glacierte Karotten und Kartoffelpüree.

Gefülltes Täubchen auf Weintrauben mit grünem Spargel und Herzoginkartoffeln

Andreas Fischer
Hotel Mondial
Berlin

1/2 Gemüsezwiebel, 10 Scheiben magerer, nicht geräucherter Bauchspeck und 200 g Austernpilze, 100 g Pfifferlinge sowie 100 g Steinpilze, 4 Täubchen, 1 Karotte, 1/2 Stange Lauch, 50 g Sellerieknolle, 1 EL gehackte Glattpetersilie, 400 g grüner Stangenspargel, 20 weiße und 20 blaue Weintrauben, 1/2 l Wasser, 1 dl Portwein, 100 g kalte gewürfelte Butter, 4 frische Rosmarinzweige, 2 Eigelb, 200 g gekochte, gepreßte Kartoffeln, 1 dl Sahne, Salz, Pfeffer, Muskatnuß, etwas Mehl.

1/4 Gemüsezwiebel in feine Würfel schneiden und dann glasig anschwitzen. 2 Scheiben Speck ebenfalls würfeln und hinzugeben. Danach die Pilze grob zerkleinern, ebenfalls hinzufügen und alles etwa 5 Min. garen. Die Pilzmasse würzen, mit der gehackten Petersilie vermengen und auskühlen lassen.
Die Täubchen auf den Rücken legen und mit zwei Schnitten die Wirbelsäule entfernen, indem man das Messer von hinten durch den Vogel führt, bis man vorne am Halsansatz die Messerspitze sieht. Den Vogel aufklappen und das Brustbein mit Knorpel entfernen. Nun die restlichen Knochen, außer Flügel und Keulenknochen, entfernen. Von den Knochen und dem grobgehackten Gemüse (restliche Zwiebel, Karotte, Sellerie, Lauch) die Sauce ansetzen. Dabei die Knochen anbraten, bis sie etwas Farbe genommen haben. Das Gemüse hinzugeben und ebenfalls etwas Farbe nehmen lassen. Mit Portwein und Wasser ablöschen und etwa 30 Min. kochen lassen.
Die Täubchen mit Salz und Pfeffer würzen und je mit 1/4 der Pilzmasse füllen. Verschließen (1 bis 2 Zahnstocher) und mit je 2 Scheiben Speck umwickeln. (Wichtig: Die Brüste müssen gut bedeckt sein, damit sie nicht austrocknen.) Die Tauben beidseitig anbraten und im vorgeheizten Ofen bei etwa 150 °C zirka 30 Min. garen. In der Zwischenzeit den Spargel in Salzwasser kochen (etwa 10 Min.). Die Weintrauben abziehen und entkernen. (Dafür aus einer Büroklammer eine kleine Öse biegen und damit die Kerne herausholen.) Für die Herzoginkartoffeln die Sahne erhitzen und unter die heiße Kartoffelmasse geben, die Eigelbe hinzufügen und mit Salz, Pfeffer und der geriebenen Muskatnuß abschmecken. Nun mit einem Spritzbeutel auf ein gebuttertes Blech 12 Rosetten spritzen und im Ofen etwa 5 Min. backen.
Die Sauce passieren und einkochen lassen. Mit Butterstückchen unter ständigem Rühren aufmontieren. (Nicht mehr kochen lassen!) Die Weintrauben hinzugeben und in der Sauce erhitzen.

Anrichten:
Die Trauben auf 4 warmen Tellern anrichten. Die Täubchen auf die „Traubenbetten" geben (mit oder ohne Speck, je nach Wunsch), mit dem Spargel umlegen und die Herzoginkartoffeln hinzufügen. Die Täubchen mit Sauce umgießen und mit je 1 Rosmarinzweig ausgarnieren.

Ragout von der Wildtaube auf bunten Linsen und Trüffeljus

Detlev Hohl

2 gerupfte Wildtauben (mit Leber und Herz), 30 g Butterschmalz, 1 Knoblauchzehe, 500 g Wildtaubenknochen, 2 EL Pflanzenöl, 250 g Röstgemüse (Lauch, Karotte, Sellerie, Schalotten), 2 Wacholderbeeren, 50 g Pilzabschnitte (Champignons, Pfifferlinge, Steinpilze, Austernpilze), 1 TL Tomatenmark, 1 dl Rotwein, je 5 cl roter Portwein und Madeira, 2 l Geflügelbrühe, 1 Rosmarinzweig, je 4 cl Rotwein und Trüffelsaft, je 2 cl Madeira, roter Portwein und Cognac, 100 g Butter, 25 g Wintertrüffel, 1 cl Trüffelsaft, Salz und Pfeffer, je 25 g Linsen (rot, gelb, grün, braun), 50 g feine Gemüsewürfel (Karotte, Kohlrabi, Porree, Steckrübe, Stangensellerie), 20 g Butter und 1/2 Knoblauchzehe, 100 g Sahne, 1 EL Weißwein, 1 EL Noilly Prat, 1 TL gehackte Petersilie und Kerbel, 1 EL geschlagene Sahne, 4 Scheiben Wintertrüffel.

Die Brüste und Keulen von den Tauben herausschneiden und mit den Innereien beiseite legen. Alle Knochen zerkleinern und mit Pflanzenöl kräftig anbraten. Röstgemüse, Wacholderbeeren und Pilzabschnitte dazugeben und mitbraten, tomatisieren und rösten. Mit Rotwein, Portwein und

Madeira ablöschen, einkochen lassen. Mit Geflügelbrühe auffüllen, Rosmarin hinzufügen und 3 Std. leicht köcheln lassen. Des öfteren abschäumen und abfetten.
Diese Jus nun passieren und auf 4 dl reduzieren. Rotwein, Trüffelsaft, Madeira, Portwein und Cognac mischen und auf 4 cl reduzieren. Jus und Alkoholreduktion mischen, auf 2 dl einkochen. Butter und Wintertrüffel mit dem Trüffelsaft in der Küchenmaschine zu einer homogenen Masse mixen (Trüffelbutter) und kalt stellen. Die heiße Jus mit der Trüffelbutter aufmontieren, mit Salz und Pfeffer abschmecken.
Linsensorten separat in gesalzenem Wasser auf leichten Biß kochen und abschütten. Gemüsewürfel in Butter anschwitzen, Knoblauchzehe und Linsen dazugeben, salzen. Mit Wein und Noilly Prat ablöschen, Sahne angießen und gar kochen. Abschmecken mit etwas Senf, Salz und Pfeffer. Kurz vor dem Anrichten Kräuter und geschlagene Sahne beigeben.
Brüste und Keulen würzen, in Butterschmalz anbraten. Knoblauch dazugeben und die Keulen in den 180 °C heißen Ofen schieben. 25 Min. braten, Brüste beigeben und auf der Hautseite 7 Min. braten. Herausnehmen und warm abgedeckt ruhenlassen. Herz und Leber nun in 1 cm große Würfel schneiden, in Butter kurz anbraten und würzen. Die 4 Scheiben Trüffel in der Sauce erwärmen.

Anrichten:
Die Linsen in der Mitte der Suppenteller anrichten. Die Haut der Brust abziehen und diese schräg in 3 Stücke schneiden, mit der Keule auf den Linsen anrichten, Innereien darüberstreuen, die Sauce um die Linsen gießen und die Trüffelscheibe auf das Ragout legen.

Geflügelleber mit gebutterten Apfelspalten und Rosinen

Bernhard Mummert
Imperator Strandhotel
Klausdorf

600 g Geflügelleber, 2 EL Butter, Salz, Pfeffer, 2 große Äpfel sowie 2 EL Rosinen.

Die Geflügelleber waschen und von Haut und Sehnen befreien. Die Butter in einer Pfanne erhitzen und die Leber darin braten. Das Kerngehäuse der Äpfel ausstechen, die Äpfel in Spalten schneiden. In einer zweiten Pfanne die restliche Butter erhitzen, die Apfelspalten leicht bräunen und die Rosinen dazugeben, warm werden lassen.
Die Apfelspalten auf den Tellern aufreihen und die Leber daneben legen. Die Rosinen werden über die Leber gegeben, dazu kann ein Toast gereicht werden.

Strudel von Pute und Rauchfleisch mit Kaffeerahm

Für 10 Personen

Thomas Brunk
Restaurant Goldener Hahn
Finsterwalde

0,7 kg Putenbrust, 140 g Mehl sowie 1 Ei, 350 g Spinat, 80 g Rauchfleisch, 180 g Pfifferlinge, 200 g Steinpilze, 50 g Leinsamen, 30 g Paniermehl, 20 g Buchweizen, 320 g Möhren, 250 g Brokkoli, 3 Blumenkohl, 10 g Fingermais, 300 g weißer Spargel, 200 g grüner Spargel, 80 g Kaiserschoten, 70 g Butter, 5 g Kaffee, 5 cl Sahne.

Das Gemüse und die Pilze putzen, Strudelteig herstellen und ruhenlassen. Die Putenbrust in Scheiben schneiden und plattieren. Aus Pilzen und Rauchfleischwürfeln Duxelles herstellen, die Pute damit füllen und zusammenrollen.
Die Putenrolle mit Paniermehl und geröstetem Leinsamen panieren, kurz anbraten und den Spinat blanchieren. Das Rauchfleisch in Scheiben schneiden, den Strudelteig ziehen, das Rauchfleisch auflegen und die Putenrolle darin einschlagen. Bei 180 °C Umluft backen.
Das Gemüse tournieren und anschließend in Butter anschwenken, die Pilze würzen und braten, Butter, Kaffee und Eigelb aufschlagen, die Sahne unterheben, mit Zucker, Salz und Pfeffer würzen, den Buchweizen rösten und anrichten.

Gemüse und Beilagen

Keine anderen Gerichte können dem Auge wohlgefälliger in ihrem Farbenglanz und in ihren Formen sein als Gemüse.

Otto Nebelthau
Vom heiteren Kochen

„Saure Gurke is ooch Kompott.“ Dieser Altberliner Spruch, der aus der Zeit stammt, als zum Braten noch „Compot“ gereicht wurde, und auf die schlagfertige Antwort des Wirts des einstigen koscheren Restaurants Franck in der Heiligengeiststraße zurückgeht, der damit das erzürnte „Wat denn – keen Kompott?“ eines beschwerdeführenden Gastes parierte, ist seither ein geflügeltes Wort für all jene Situationen, bei denen man sich mit dem Zweitbesten begnügen muß. Dabei ist die saure Gurke noch nicht einmal das Zweitbeste. Sie ist bekanntlich dem Einfallsreichtum der Berliner Hausfrauen zu verdanken. Friedrich Wilhelm I. hatte mit der Schaffung des Salzmonopols den Anstoß hierzu gegeben. Durch das Salzmonopol waren seine Untertanen gezwungen, mehr Salz zu kaufen, als sie für ihren eigenen Bedarf brauchten. Den Berliner und Brandenburger Hausfrauen blieb nichts anderes übrig, als das Salz dazu zu verwenden, Gurken damit einzumachen. So entstand die saure Gurke.

Gurken, ob nun sauer, geschmort oder als Salat – wie bei Aal grün mit Gurkensalat –, gehören jedenfalls zur Berliner Küche wie das Sauerkraut zum Eisbein. Wie Kaiser Tiberius scheinen die Berliner und Brandenburger eine besondere Vorliebe für diese Kürbisfrucht zu haben, weshalb die Gurkenproduktion immer schon beachtlich war. Besonders im Spreewald, wo in Lübben und Lübbenau Gurken in enormen Mengen angebaut und als Salzgurken exportiert wurden.

„Compot“ als Beilage zu Braten zu reichen war im letzten Jahrhundert in ganz Deutschland verbreitet. Besonders aber im Norden, wo man Süß-Saures seit jeher besonders schätzte. Bei einigen Gerichten, wie der Kalbsleber auf Berliner Art oder auch dem mit Äpfeln und Sultaninen oder Pflaumen gefüllten Gänsebraten, sind sie sogar integraler Bestandteil der Rezeptur. Überaus beliebt als Kompott war das süßsaure Kürbiskompott. Kürbis gedeiht im sandigen märkischen Boden besonders gut. – Ein anderes Gewächs der Brandenburger Erde hat es sogar zu einer gewissen Berühmtheit gebracht: die Teltower Rübchen. Dieses wohlschmeckende, unter Feinschmeckern hochgeschätzte Wurzelgemüse, das es im kargen märkischen Boden zwar nur zu einer bescheidenen Größe, aber dafür zu um so größerem Wohlgeschmack bringt, wird von allen Gemüsefreunden den französischen Navettes vorgezogen. Goethe mochte die Teltower Rübchen so sehr, daß er sie sich sogar nach Weimar schicken ließ.

Rüben waren neben dem Kraut bis zum 17. Jahrhundert das einzige Gemüse, das in Brandenburg und Berlin angebaut wurde. Erst mit den Hugenotten kamen die feineren Gemüsesorten wie Erbsen, Blumenkohl, Artischocken, Spargel, Gurken und Salat nach Berlin. Im 18. Jahrhundert begannen die Berliner Bürger, in ihren Vorgärten eigenes Gemüse anzubauen, und es entstanden die ersten Gärtnereien und Baumschulen. Als schließlich dann 1750 Friedrich II. durch die Rathäuser Saatkartoffeln an die Bauern verteilen ließ, hielt auch die Kartoffel Einzug auf den Speisezetteln der Berliner und Brandenburger Bürger.

Theodor Fontane pries in seinen „Wanderungen durch die Mark Brandenburg“, daß sie wegen ihrer Gemüse ein wahres Eldorado für Feinschmecker sei: „Ich verweile nicht bei der mehligen gepflanzten Kartoffel, die in der ganzen Welt nur einmal in ihrer Vollendung vorkommt – das ist auf den Sandbergen der Mark; ich will nicht ein überhebliches Lächeln durch die bloße Nennung eines so trivialen Namens hervorgerufen haben; aber da gibt es viele andere Dinge noch: die Morchel, die Teltower Rübe, die Sellerie . . .“

Völlig außer acht läßt Fontane seltsamerweise ein wahrhaft königliches Gemüse, dessen Anbau besonders von Wilhelm I. gefördert wurde und dessen Qualität heute noch über die Landesgrenzen hinaus gerühmt wird: den Spargel, genauer gesagt den Beelitzer Spargel, der in Geschmack und Feinheit dem berühmten Schwetzinger Spargel im Badischen in nichts nachsteht.

Rezept Seite 160: Spreewälder Gemüse in Buttermilchgelee auf Bärlauchsauce mit Salat von Frühlingszwiebeln
Torsten Wisniewski, Hotel Sophienhof, Hoenckes Altes Wirtshaus, Königs Wusterhausen

Beelitzer Spargelsoufflé

Artur Bukalo
Berlin Excelsior Hotel
Berlin

1 kg Beelitzer Stangenspargel, 50 g Butter, 1 Prise Zucker, 1 Spritzer Zitronensaft, 60 g Mehl, 0,2 l Milch, 5 Eigelb, 5 Eiweiß, Salz, Pfeffer und Muskat.

Den Spargel schälen und die holzigen Enden abschneiden. In Salzwasser mit Butter, der Prise Zukker und etwas Zitronensaft etwa 10 Min. leicht köcheln lassen. Die Spargelspitzen etwa 10 cm lang abschneiden und für die Garnitur beiseite legen. Die Spargelenden kleinschneiden, im Mixer pürieren und durch ein Sieb passieren. Butter im Topf zerlaufen lassen, Mehl dazugeben, anschwitzen, mit der Milch aufgießen und gut verrühren, bis sich der Teig vom Topfboden gut löst.

Den Topf von der Flamme nehmen und nacheinander die Eigelbe in den Teig verrühren. 200 g Spargelpüree unterrühren, abschmekken, langsam das steif geschlagene Eiweiß unterziehen und in ausgebutterte, mit Mehl bestäubte Souffléformen füllen. Dann im vorgeheizten Ofen im Wasserbad bei 180 °C 30 Min. backen.

Vorsichtig stürzen und mit Spargelspitzen garnieren.

Risotto von grünem Spargel mit rosa Pfefferkörnern

Andreas Fischer
Hotel Mondial
Berlin

400 g frischer grüner Spargel, 1,2 l Brühe, 320 g Risottoreis (arborio), 1 dl trockener Weißwein, 200 g frisch geriebener Parmesankäse, 100 g Butterwürfel sowie 1 EL rosa Pfefferkörner.

Den rohen Spargel in Scheiben schneiden, dabei die geschnittenen Spargelspitzen beiseite stellen. Den übrigen Spargel mit etwas Brühe weich kochen und pürieren. Die restliche Brühe erhitzen. Währenddessen den Reis ohne Fettstoff in einem gesonderten Topf erwärmen (handwarm), mit dem Weißwein ablöschen und vollständig einkochen lassen. Jetzt nach und nach Brühe und Spargelpüree hinzugeben und immer wieder einkochen lassen.

Nach 10 Min. (unter ständigem Rühren) die rohen Spargelspitzen hinzugeben und wie oben fortfahren. Nach weiteren 10 Min., wenn der Reis einen leichten Biß hat, den Topf vom Herd nehmen und mit dem Käse und der Butter verrühren, abdecken und etwa 2 bis 3 Min. ruhenlassen (damit Käse und Butter schmelzen können). Nun die Pfefferkörner hinzufügen und mit kräftigen Rührbewegungen das Risotto „aufschlagen". Sofort anrichten und servieren.

Merke: Ein Gast kann auf den Risotto warten, aber der Risotto darf niemals auf den Gast warten.

Beelitzer Spargelgratin mit Morcheln

Jürgen Eschenbach
Hotel Hamburg
Berlin

1,5 kg Beelitzer Spargel, 200 g Morcheln, 1 Zwiebel, 60 g Butter, 80 g Mehl, 0,2 l Sahne, 200 g Emmentaler Käse, Salz, Pfeffer, Muskat, Zukker, Zitronensaft.

Den Spargel schälen und aus den Schalen einen Fond kochen. Die Schalen abschütten, den Fond abpassieren und etwas Butter, Salz, Zucker sowie etwas Zitronensaft dazugeben.

Den Spargel in dem Fond 10 Min. abkochen, herausnehmen und sofort in kaltem Wasser abschrekken. Nun eine helle Mehlschwitze herstellen, mit 1 l Spargelfond aufgießen und mit Sahne verfeinern. Das Ganze 10 Min. köcheln lassen und mit Salz, Pfeffer und Muskat abschmecken.

Die Morcheln gründlich waschen, putzen und mit feinen Zwiebelwürfeln andünsten. Den Spargel in eine ausgebutterte Auflaufform geben und die Morcheln gleichmäßig über den Spargel verteilen.

Mit der Spargelsauce übergießen und mit dem geriebenen Emmentaler Käse bestreuen. Bei 180 °C etwa 25 Min. in den Backofen schieben.

Als Beilage eignen sich gut neue Kartoffeln.

Märkische Spargelravioli auf sautiertem Rucola-Tomaten-Salat

Stephan Niggemann
Forsthaus Paulsborn
Berlin

Ravioliteig:
200 g Mehl, 2 Eiweiß, 50 g Wasser, 1 EL Olivenöl, 3 g Salz.

Füllung:
250 g Spargel (geschält, bißfest gekocht und klein gewürfelt), 50 g Tomatenconcassé, 10 g Basilikum (gehackt), 20 g Butter, 20 g Schalotten (fein gewürfelt) sowie Salz, Pfeffer und etwas Zucker.

Salat:
4 Tomaten, 200 g Rucolasalat, 20 g Schalotten (gewürfelt), 2 EL Olivenöl, 2 EL Balsamico-Essig, Salz und Pfeffer aus der Mühle.

Aus den Zutaten für die Ravioli wie üblich einen Nudelteig zubereiten und etwas ruhenlassen. Dann dünn ausrollen und mit Wasser bestreichen.
Den Spargel, das Tomatenconcassé und das Basilikum in Butter mit den Schalottenwürfeln anschwenken und mit Salz, Pfeffer und einer Prise Zucker abschmecken. Dann auf den Ravioliteig teelöffelgroße Häufchen der Spargelfüllung plazieren und mit einer zweiten Nudelplatte abdecken. Dann die Ravioli ausstechen und in Salzwasser mit einem Spritzer Olivenöl abkochen, vor dem Anrichten in Butter anschwenken.
Für den Rucola-Tomaten-Salat die Tomaten blanchieren, abziehen und entkernen, dann in Streifen schneiden. Die Schalotten in Olivenöl anschwenken, den geputzten Rucola und die Tomatenstreifen zugeben, durchschwenken, mit Balsamico-Essig ablöschen und mit Salz und Pfeffer aus der Mühle abschmecken.
Die angeschwenkten Ravioli am Salat anrichten und mit frischen Gartenkräutern garnieren.

Paprika-Staudensellerie-Gemüse

Andreas Bild
Mövenpick Schönefeld
Berlin

100 g rote Paprikaschoten, 100 g gelbe Paprikaschoten, 200 g Staudensellerie, 150 g Zucchini sowie 50 g Schalotten, 1 Knoblauchzehe, 40 g Butter, 2 EL Olivenöl, 2 Thymianstiele, Salz und weißer Pfeffer.

Den Staudensellerie waschen, putzen, die Sellerieblätter beiseite legen, Sellerie schräg in Scheiben schneiden.
Paprikaschoten und Zucchini waschen, putzen und in Streifen schneiden. Schalotten, gepreßten Knoblauch und Sellerie in der Butter andünsten, salzen, pfeffern. In geschlossenem Topf 5 Min. garen. Paprika- und Zucchinistreifen dazugeben und im offenen Topf nochmals 5 Min. leicht dünsten lassen. Mit Salz und Pfeffer nachwürzen.
Das Gemüse mit den gehackten Sellerieblättern, dem gezupften Thymian sowie dem Olivenöl vollenden.

Gefüllte Kohlrabi in Kerbelsahne

Reinmar Rach
Parkhotel Trebbin
Trebbin

4 zarte Kohlrabi mit Blattgrün, 10 g Butter, 4 cl Wasser, 120 g Frühlingsmöhrchen (in Stäbchen geschnitten) sowie 8 kleine Stangen Frühlingslauch, 20 kleine Pilze (z. B. Pfifferlinge, Mairitterlinge oder Champignons), 1 Prise Puderzucker, 1 Prise Salz und Pfeffer aus der Mühle, 15 g Butter, etwas Wasser.

Die Kohlrabi schälen und quer halbieren. Jede Hälfte an der Schnittstelle mit dem Ausstecher aushöhlen. Die ausgestochenen Kohlrabikugeln zur späteren Füllung verwenden. Die ausgehöhlten Kohlrabihälften und -kugeln salzen, in einen mit Butter ausgestrichenen Topf nebeneinander setzen, den Boden des Topfes mit dem Wasser bedecken und den Topf verschließen. Die Kohlrabi bei ganz kleiner Hitze weich dünsten. Inzwischen die Gemüsefüllung zubereiten: Die Möhrchen mit wenig Wasser, je einer Prise Puderzucker und Salz sowie der Butter im geschlossenen Topf weich dünsten. Die Pilze sorgfältig putzen, mit wenig Butter, Salz und Pfeffer in einer beschichteten Pfanne anschwitzen. Die gegarten, ausgehöhlten Kohlrabihälften mit dem Gemüse füllen und mit der Kerbelsahne überziehen.

Kerbelsahne:
1/4 l Milch, 1/8 l Weißwein und 1/8 l Fleischbrühe, 3 EL Butter, 3 EL Mehl, Salz, Pfeffer aus der Mühle, Zitronensaft, Zucker, 1/8 l Sahne, gezupfte Kerbelblätter.

Für die Kerbelsahne die Milch mit dem Wein und der Brühe mischen. Die Butter bei milder Hitze in einem Topf schmelzen lassen und unter ständigem Rühren das Mehl einstäuben. Das Mehl etwa 2 Min. in der Butter anrösten und dann nach und nach mit der Milch-Wein-Mischung ablöschen. Die Sauce unter Rühren cremig werden lassen, die Sahne und die Kerbelblätter unterziehen, dann mit Salz, Pfeffer, Zitronensaft und ein wenig Zucker abschmecken.

Romanesco-Auflauf in Blätterteig

Gerhard Braun
Französischer Hof
Berlin

400 g fertiger Blätterteig, 1 Eigelb, 1 EL Wasser, 600 g Romanescoröschen, 30 g Butter und 40 g Mehl, 100 ml Sahne.

Den Blätterteig in Quadrate schneiden und die diagonalen Ekken einschneiden. Mit Eigelbstreiche einpinseln, die Ecken anheben und gegenüberliegend festkleben. Bei 180 °C 20 Min. backen.

Die Romanescoröschen mit wenig Wasser, Salz, Pfeffer und Muskat bis zum „Biß" kochen. Butter schaumig schlagen und das Mehl unterziehen. 400 ml heißen Fond mit der Sahne aufkochen und die Mehlbutter einschlagen. Die Romanescoröschen in den Blätterteig stellen und die Sauce vorsichtig darübergeben. Bei 160 °C nochmals 20 Min. backen.

Auf den vorgewärmten Tellern anrichten.

Mangoldstrudel mit Schafskäse auf Tomaten-Kräuter-Sauce

Matthias Kersten
Pannonia Hotel Döllnsee
Groß Dölln

Strudelteig:
200 g Mehl, 1 Ei, Salz, 0,1 l Wasser, 20 ml Öl, 600 g Mangold, 200 g geriebener Schafskäse, Salz, Pfeffer, Muskat.

Strudelteig:
Mehl mit Dotter, Ei, etwas Salz, Öl und lauwarmem Wasser zu einem geschmeidigen Teig verarbeiten. 20 Min. an einem warmen Ort ruhenlassen, anschließend zuerst rechteckig ausrollen und mit dem Handrücken dünn ausziehen. (Am besten auf einem bemehlten Tischtuch.)

Mangold-Schafskäse-Masse:
Die Mangoldstiele schälen, in fingerlange Stücke schneiden und mit den Blättern in leicht gesäuertem Salzwasser garen. Danach abschütten, abtropfen lassen und mit dem geriebenen Schafskäse und Gewürzen mischen.

Die Mangold-Schafskäse-Masse auf den Strudel auftragen und den Strudel einrollen. Mit Butter bestreichen und im Rohr bei 180 °C etwa 15 bis 20. Min. backen.

Spreewälder Gemüse in Buttermilchgelee auf Bärlauchsauce mit Salat von Frühlingszwiebeln

Bild Seite 156

Für 8 Personen

Torsten Wisniewski
Hotel Sophienhof
Hoenckes Altes Wirtshaus
Königs Wusterhausen

Gemüse:
3/4 l Gemüsebrühe, 1/2 l Buttermilch, 200 g Crème double, 8 Kirschtomaten, 80 g Kürbis, 60 g Erbsen, 60 g Rettich, 80 g Möhren, 8 Blatt Gelatine, 1 Stange Porree, 1 Knoblauchzehe, 50 g Leinsamen, Salz, weißer Pfeffer aus der Mühle.

Bärlauchsauce:
1 Bd. Bärlauch, 0,1 l Joghurt, Salz, weißer Pfeffer aus der Mühle.

Salat:
8 Schluppen (Lauchzwiebeln), 3 Radieschen, 1 rote Zwiebel, 6 cl Leinöl, 4 cl Kräuteressig, 40 g Senf, Radieschensprossen, Feldsalat und etwas Gemüsefond.

Gemüse:
Die Kirschtomaten einige Sekunden in kochendes Wasser geben, anschließend in Eiswasser abschrecken (die Haut kann jetzt leicht entfernt werden) und beiseite stellen. Die Möhren, Rettich und den Kürbis schälen und in Balkenform schneiden. Alles bißfest in Gemüsebrühe blanchieren. Die Erbsen, den sauber geputzten, gewaschenen und halbierten Porree ebenfalls blanchieren.

Die Buttermilch, Crème double und 1/4 l Gemüsefond aufkochen und mit Salz, Pfeffer aus der Mühle sowie etwas Knoblauch abschmecken. Die Blattgelatine in kaltem Waser einweichen und in den warmen Buttermilchfond einrühren. Eine Terrinenform (es geht auch dichte Kuchenform, z. B. Rehrückenform) mit dem blanchierten Porree auslegen. Das vorbereitete Gemüse und den Leinsamen schichtweise einsetzen, zwischen den Schichten immer wieder gut kühlen.

Bärlauchsauce:
Den Bärlauch fein schneiden und im Mixer mit Joghurt aufmontieren, mit Salz und Pfeffer aus der Mühle abschmecken.

Salat:
Schluppen 1 cm über der Stelle abschneiden, wo das Grüne anfängt, und mehrmals kreuzweise einschneiden, in Eiswasser legen, so daß ein Wedel entsteht. Das Wurzelende sauber abschneiden. Radieschen in sehr feine Blättchen schneiden. Aus dem Leinöl, Kräuteressig, Senf und Gurkenfond ein Dressing herstellen. Die gehackten Zwiebeln darin marinieren.

Anrichten:
Zwischen 2 Scheiben von dem Spreewälder Gemüse in Buttermilchgelee etwas Feldsalat, die marinierten Zwiebeln, die dünnen Radieschenscheiben und Radieschensprossen als kleines Salatbukett anrichten und etwas vom Leinöldressing darübergeben. Ein wenig Bärlauchsauce neben den Scheiben anrichten.

Blattspinat, gratiniert

Maximilian Dreier
Restaurant Villa Kellermann
Potsdam

1,5 kg frischer Spinat, 2 EL Semmelbrösel, 60 g Butter und 1 Knoblauchzehe, 30 g Parmesan.

Den Spinat putzen, in Salzwasser blanchieren und abtropfen lassen. Butter mit der kleingeschnittenen Knoblauchzehe in eine Pfanne geben, Spinat dazugeben, mit Salz und Pfeffer würzen. Am Schluß mit geriebenem Parmesan bestreuen. 4 Souffléformen einbuttern und mit Semmelbröseln einstreuen. Mit der Spinatmasse auffüllen und 5 Min. in der Backröhre bei 180 °C gratinieren.
Zum Servieren die Souffléform auf die Teller stürzen.

Rote-Bete-Schaum und Spinatnudeln

Rene Tümmel
Hotel Residenz
am Motzener See
Motzen

1 rote Bete (etwa 150 g), 1 Schalotte, 70 g Butter, 150 ml Geflügelfond aus dem Glas, 2 cl Noilly Prat, Salz, Pfeffer und Kümmel.

Die roten Bete schälen und in kleine Würfel von 5 mm Kantenlänge schneiden. Die Schalotten schälen und in feine Würfel schneiden. 20 g von der Butter in einem Topf erhitzen, die Schalottenwürfel glasig schwitzen und die roten Bete dazugeben. Alles kurz anschwitzen, mit dem Geflügelfond ablöschen, den Kümmel zugeben und alles 10 Min. einkochen lassen.
Durchseihen, mit Salz und Pfeffer würzen, Noilly Prat dazugeben und mit der restlichen kalten Butter die nicht mehr kochende Sauce mit einem Schneebesen aufmontieren.

Spinatnudeln:
50 g frischer Blattspinat, 2 EL ÖL, 250 g Mehl, 2 Eier, 1/2 TL Salz, 4 EL Öl für das Kochwasser.

Den Spinat waschen, von den Stielen befreien und anschließend mit dem Öl in einer Küchenmaschine fein pürieren. Das Mehl auf die Arbeitsfläche sieben, in der Mitte eine Mulde bilden und die aufgeschlagenen Eier, das Salz und den pürierten Spinat dazugeben. Nach und nach das Mehl vom Rand her mit den anderen Zutaten vermengen. Den Teig kneten, bis er elastisch ist, danach 30 Min. ruhenlassen. Dadurch entspannt sich der Kleber im Mehl, und der Teig läßt sich leichter ausrollen. Dabei den Teig mit einem Tuch abdecken, um ihn vor dem Austrocknen zu schützen.
Den Teig in 3 Teile teilen, ausrollen und in die gewünschte Form schneiden. Anschließend die Nudeln in einem Topf mit etwa 2 l Salzwasser und 4 EL Öl abkochen. Das Öl verhindert ein Zusammenkleben der Nudeln. Sobald die Nudeln gar sind, diese in einen Durchschlag geben und mit Hilfe einer Fleischgabel aufrollen und anrichten.

Brennesselmousse mit Blattsalaten (vegetarisch)

Thomas Brunk
Restaurant Goldener Hahn
Finsterwalde

200 g Brennesselblätter, 100 g Gemüsebrühe, 100 g Sahne, 10 g Gelatine, 1 Zitrone, Salz, Pfeffer, etwas Weißwein, verschiedene Blattsalate wie Kopfsalat, Lollo Rosso, Eichblattsalat, Feldsalat, Balsamico-Essig, Zucker, Olivenöl.

Die Brennesselblätter in Gemüsebrühe aufkochen und pürieren, anschließend durch ein Sieb passieren. Den Brennesselfond mit eingeweichter und ausgedrückter Gelatine und geschlagener Sahne verrühren, mit Salz und Pfeffer, Weißwein und Zitrone würzen, anschließend in kleine Terrinenformen füllen und kühlen.
Blattsalate waschen und in kleine Blättchen zupfen, aus Balsamico-Essig, Zucker und Olivenöl eine Marinade herstellen und die Salate damit anmachen. Mousse in Scheiben schneiden und mit den Blattsalaten servieren.

Löwenzahn, gebleicht, mit schwarzen Oliven und Knoblauch

Vincenzo Muiolo/
Maximilian Dreier
Restaurant Villa Kellermann
Potsdam

500 g Löwenzahn, etwas Olivenöl, 2 Knoblauchzehen, 10 schwarze Oliven, 1 Glas Weißwein.

Den Löwenzahn waschen und putzen. In der Pfanne Olivenöl (Extra vergine) erhitzen und die Knoblauchzehen dazugeben. Die Oliven entkernen und kleinschneiden, in das Öl mit Knoblauch geben. Zuletzt den Löwenzahn dazugeben.
Kurz anbraten, mit Weißwein ablöschen, etwas einziehen lassen und warm servieren.
Auf Wunsch vor dem Servieren mit Parmesan bestreuen.

Bohnenallerlei

Thomas Brunk
Restaurant Goldener Hahn
Finsterwalde

300 g Keniabohnen, 50 g Wachtelbohnen, 50 g weiße Bohnen, 200 g gelbe Wachsbohnen, 50 g Limabohnen, 1 l Rinderbrühe, Salz, Pfeffer, 30 g Butter, Bohnenkraut und etwas Basilikum.

Die Wachtelbohnen, weißen Bohnen und Limabohnen etwa 2 Std. in Rinderbrühe einweichen und anschließend bißfest garen. Keniabohnen putzen und in Rauten schneiden, Wachsbohnen putzen, in 2 cm lange Stücke schneiden und beides in Salzwasser blanchieren. Die Bohnen in Butter abschmelzen, mit Salz, Pfeffer und Bohnenkraut und gehacktem Basilikum würzen.
Als Beilage zu allen Lammgerichten reichen.

Apfel-Zwiebel-Gemüse

Bernd Krautz
Hotel Branitz
Cottbus

4 große Äpfel, 300 g Zwiebelscheiben, 100 g Butter, 0,1 l Weißwein (herb), Salz und weißer Pfeffer sowie Majoran.

Die Äpfel schälen, das Kerngehäuse entfernen und in Scheiben von 0,5 cm Dicke schneiden. Die Zwiebelscheiben in Butter glasig anschwenken. Nun die Apfelscheiben dazugeben und ebenfalls angehen lassen. Den Weißwein hinzufügen und reduzieren.
Abschmecken mit Salz, weißem Pfeffer und Majoran.

Anmerkung:
Den Zeitpunkt der Zugabe der Apfelscheiben so wählen, daß sie beim Anrichten noch bißfest sind. Eignet sich gut als Beilage für kurzgebratene Fleischgerichte in Verbindung mit Bratkartoffeln.

Grüne Bohnen in Rahm

Bernd Krautz
Hotel Branitz
Cottbus

800 g grüne Bohnen, 0,2 l Fleischbrühe, 0,2 l Sahne und 20 g Butter, 20 g Mehl, Salz, weißer Pfeffer sowie etwas Bohnenkraut.

Geputzte junge Bohnen längs halbieren oder vierteln und etwa 5 Min. in der Fleischbrühe dünsten. Die Sahne zugeben und noch etwa 10 Min. weiterdünsten, bis die Bohnen gar sind. Inzwischen Butter und Mehl zu Mehlbutter verkneten. Die Bohnen aus dem Fond nehmen. Die Garflüssigkeit mit der Mehlbutter binden und etwa 10 Min. auf kleiner Flamme kochen lassen. Mit Salz, weißem Pfeffer und dem Bohnenkraut abschmecken.
Vor dem Anrichten die Bohnen in dem Bohnenrahm nochmals kurz erwärmen.
Bohnengemüse eignet sich als Beilage zu Lamm-, Hammel- und Schweinebraten, zu Gulasch oder Schmorbraten sowie zu gebratenem Fisch.

Teltower Rübchen

Hans-Jörg Schlenker
Preußischer Hof
Liebenwalde

1 kg Teltower Rübchen, 2 EL Zukker, 3 EL Butter, 1/4 l Fleischbrühe (notfalls Würfel), Salz, Pfeffer aus der Mühle.

Die Rübchen schaben, die größeren halbieren. Die Butter in einem Topf schmelzen lassen, den Zukker hinzugeben. Leicht bräunlich werden lassen. Die Rübchen hinzufügen und bei geringer Hitze rühren, bis sie etwas Farbe angenommen haben.
Dann die Fleischbrühe zugießen, umrühren und in geschlossenem Topf knapp 45 Min. schmoren.
Vor dem Servieren abschmecken.
Teltower Rübchen können zu jedem Fleischgericht und Kartoffeln gereicht werden.
Schon Goethe wußte diese Delikatesse zu schätzen und ließ sich die Rübchen nach Weimar schikken. Inzwischen sind sie – die politische Wetterlage war schuld – etwas in Vergessenheit geraten. Wir wollen jedoch an sie erinnern als an einen Teil Berliner Küchentradition.

Pikant gefüllte Teltower Rübchen

Antje Ljunggren
Alte Försterei
Kloster Zinna

Teltower Rübchen:
500 g Teltower Rübchen, 0,5 l Gemüsebrühe, 80 g Wildpreiselbeermarmelade, Salz, Pfeffer, 20 ml Sherry, 2 EL Crème fraîche, 40 g geriebener Gouda.

Die Teltower Rübchen putzen, waschen und mit Gemüsefond weich kochen. Die Köpfe der Rübchen abschneiden und aushöhlen. Das ausgehöhlte Rübchenfleisch und die Rübchenköpfe mit einem Pürierstab zu einer glatten Masse verarbeiten. Crème fraîche, Wildpreiselbeermarmelade, Gewürze und den Sherry der Masse beifügen.

Die ausgehöhlten Rübchen mit dieser Masse füllen. Vor dem Servieren mit geriebenem Käse bestreuen und gratinieren.

Anrichten:
Die Teltower Rübchen passen zu allen Wildgerichten, aber auch als Beilage zu Geflügelgerichten.

Gatower Rübchen

Thomas Hildebrandt
Seidler art'otel
Potsdam

400 g Gatower Rübchen, 1 EL Butter, 1 Prise Salz, 200 g ml Wasser, 3 Estragonzweige.

Die Rübchen waschen, schälen und achteln, kleine Rübchen vierteln. Das Wasser mit Salz und der Butter zum Kochen bringen, die Rübchen hinzugeben und in einem Topf mit geschlossenem Deckel etwa 5 Min. kochen.
Zum Schluß gehacktes Estragon zugeben und servieren.

Kohlrübeneintopf

Thomas Hildebrandt
Seidler art'otel
Potsdam

1½ l Rinderbrühe, 1 große Karotte, 4 mittlere geschälte Kartoffeln, 1 kg Kohlrüben (Steckrüben), in Stifte geschnitten, 500 g geräucherter magerer Schweinebauch sowie 1 Bd. Petersilie.

Die Karotten und Kartoffeln in mittlere Würfel und die Kohlrübe in Stifte schneiden. Dann den Schweinebauch in der Rinderbrühe 45 Min. garen, den Bauch herausnehmen und das Gemüse in dem Fond kochen. Nun den gegarten Schweinebauch in Scheiben schneiden und wieder in den Eintopf geben. Die Petersilie hacken und über den Eintopf geben. Das Ganze mit Bauernbrot und Schmalz servieren. Der Schweinebauch kann auch durch Kasseler Rippen ersetzt werden.

Garnitur:
½ Stange Lauch, in Ringe geschnitten, sowie etwas frischer Thymian.

Grünkohl Lausitzer Art mit Gänsefett

Steffen Müller
Restaurant Goldener Hahn
Finsterwalde

1 kg Grünkohl, 200 g Zwiebeln, 150 g Gänsefett, Salz und Pfeffer, 2 EL Mehl, 4 EL Wasser.

Den vorbereiteten Grünkohl in das siedende, leicht gesalzene Wasser geben und zusammen auf kleiner Flamme zusammenfallen lassen nun den Grünkohl abtropfen lassen und fein zerkleinern.
Die Zwiebeln würfeln, im Gänsefett andünsten und den Grünkohl zugeben. Etwa 350 ml vom Grünkohlwasser zugeben, mit Salz und Pfeffer würzen und etwa 4 Std. in der Röhre schmoren lassen. Dann Wasser und Mehl verrühren und damit den Kohl abbinden.

Märkischer Grünkohl

Achim Fleischmann
Gasthaus am Dachsberg
Bad Saarow

2 kg frischer Grünkohl (oder 800 g Frostware) und 50 g Gänse- oder Schweineschmalz, 50 g Zwiebeln, 100 g Schweinebauch, 100 g Kasseler Fleisch, Pfeffer, Salz, 1 Strich Muskat, 1 Msp. gemahlener Piment, 1 TL Zucker.

Schweinebauch, Kasseler Fleisch und Zwiebeln in Würfel schneiden, mit Schmalz anbraten.
Den grobgehackten Grünkohl dazugeben, alle Gewürze unterrühren und zugedeckt möglichst in der Bratenröhre 3 bis 4 Std. köcheln lassen. Bei Bedarf ab und zu etwas Flüssigkeit zugeben.

Tip:
Aufgewärmt schmeckt der Grünkohl immer besser.
Als Beilage zu Schweine- oder Kasseler Braten, zu Schmorwurst, Enten- oder Gänsebraten sehr gut geeignet.

Grünkohlgemüse in Rahm

Bernd Krautz
Hotel Branitz
Cottbus

2 kg Grünkohl, 40 g Speckwürfel, 80 g Zwiebelwürfel, 20 g Mehl und 20 g Butter, 0,1 l Rinderbrühe sowie 0,1 l Schlagsahne, Zucker, Salz und etwas Muskat.

Den Grünkohl entstrunken, gut waschen und grob hacken. Die Speckwürfel auslassen und die Zwiebelwürfel darin glasig schwitzen. Den grobgehackten Grünkohl darin kurz anschwenken. Die Rinderbrühe und Schlagsahne angießen, dünsten lassen und etwa 15 Min. reduzieren. Mehl und Butter zu Mehlbutter mischen und den Fond damit binden. Mit Zucker, Salz und Muskat nach Bedarf würzen.
Grünkohlgemüse eignet sich besonders gut als Beilage für gekochtes Rind-, Schweine- oder Pökelfleisch, für Hackfleischzubereitungen, gegrillte Steaks oder Bratwürste.

Schmorgurken

Achim Fleischmann
Gasthaus am Dachsberg
Bad Saarow

800 g dicke, gelbliche Landgurken, 100 g Tomaten, 50 g Speck und 50 g Zwiebeln sowie 150 g Hackepeter, 40 g Weizenmehl, 1 EL gehackte Petersilie, Salz, weißer Pfeffer, 60 g saure Sahne.

Die Gurken schälen und halbieren, die Kerne entfernen und in etwa 1 cm dicke Scheiben schneiden. Die Tomaten abziehen, Kerne entfernen und in Würfel schneiden. Speck- und Zwiebelwürfel anbraten, Hackepeter dazugeben und gut durchbraten lassen. Die Gurkenscheiben und Tomatenwürfel dazugeben, mit Salz und Pfeffer würzen, alles gut durchschmoren lassen, bis die Gurkenscheiben nicht zu weich sind. Weizenmehl darüberstreuen, durchkochen lassen. Mit saurer Sahne und gehackter Petersilie vollenden.
Dazu reicht man Salzkartoffeln. Auch als Beilage zu Schmorwurst, Buletten, Kasseler oder Schweinesteak geeignet.

Schmorgurken aus der Mark Brandenburg

Hans-Jörg Schlenker
Preußischer Hof
Liebenwalde

1 kg dicke Gurken, 100 g durchwachsener Speck und 1 EL Butterschmalz, 2 Gemüsezwiebeln, 1 EL Zucker, Salz, Pfeffer aus der Mühle, 2 cl Weinessig, 30 g Feinwürzmittel, 1 EL Speisestärke, 4 EL saure Sahne, 30 g gemahlener Muskat und 1 Bd. frischer Dill.

Die Gurken schälen, der Länge nach halbieren und das Kerngehäuse mit einem Eßlöffel herausschaben. Das Gurkenfleisch in 2 cm dicke Scheiben schneiden.
Die Zwiebeln und den Speck in kleine Würfel schneiden, dann in Butterschmalz anbraten und etwas Farbe nehmen lassen, dann den Zucker beigeben und etwas karamelisieren, mit dem Weinessig ablöschen. Die Gurkenstücke hinzugeben, würzen mit Salz und Pfeffer und bei leichter Hitze etwa 30 Min. schmoren lassen.
Vor dem Servieren das Feinwürzmittel, Muskat, Speisestärke und saure Sahne verquirlen und in die Gurken einrühren. Zum Schluß den gewaschenen, feingeschnittenen Dill dazugeben.
Schmorgurken eignen sich gut als Beilage zu knusprigem Schweinebraten, falschem Hasen, Müritzzanderfilet, in der Eihülle goldgelb gebacken, mit Salz- oder Bratkartoffeln.

Lausitzer Schmorgurken

Steffen Müller
Restaurant Goldener Hahn
Finsterwalde

1,5 kg Salatgurken, 200 g Zwiebeln, 150 g Speck, 2 Knoblauchzehen und 4 Tomaten, 200 g Schmant, Salz, Pfeffer, Essig, Zucker.

Die Gurken schälen und entkernen, in Würfel schneiden, Speck auslassen, Zwiebeln und Knoblauch darin anschwitzen und die Gurken zugeben. Gut durchschmoren lassen, nach 15 Min. die Tomaten (in Würfel geschnitten) zugeben. Das Ganze nach weiteren 30 Min. mit Schmant abbinden und mit Salz, Pfeffer, etwas Essig und Zucker abschmecken.

Spreewälder Senfgurken

Michael Häberer
Hotel Mercure
Potsdam

2 kg reife Spreewälder Gurken und 100 g Salz, 0,5 l Wasser, 0,5 l Weinessig, 200 g Zwiebeln, 4 Pimentkörner, 4 schwarze Pfefferkörner, 2 Lorbeerblätter, 50 g Zucker, 1 TL Senfkörner, 1 Bd. Dill.

Die reifen Gurken schälen, der Länge nach halbieren und mit einem Löffel das Innere ausschaben. Die Gurkenhälften in 2 cm große Stücke schneiden, mit dem Salz bestreuen und 12 Std. ruhenlassen. Die Gurkenstücke kurz abbrausen und gut abtropfen lassen. Die Zwiebeln in Streifen schneiden und mit dem Essig, dem Zukker, den Gewürzen und dem Wasser aufkochen. Die Gurkenstücke in einen Steintopf einschichten, mit dem Fond übergießen und den Dill obenauf legen.
Die Gurkenstücke mit einem kleinen Teller beschweren, so daß sie ständig mit dem Fond bedeckt sind. Den Topf mit Pergament verschließen und für 1 Woche kühl stellen.

Spreewälder Gurkenschiffchen mit gebratenen Speckwürfeln auf Sauerrahmsauce

Bernd Krautz
Hotel Branitz
Cottbus

8 eingelegte Gurken von etwa 6 cm Länge, 160 g Kochschinken, 160 g Spreewälder Bauernschinken sowie 40 g Butter, 40 g Speiseöl, 0,4 l Sauer-

rahm, 0,1 l Schlagsahne, Salz, weißer Pfeffer, Knoblauch.

Die Gurken in der Mitte längs halbieren. Das Kerngehäuse entfernen. Den Schinken in kleine Würfel schneiden. Die halbierten Gurken etwa 8 Min. in erhitzter Butter schmoren. Mit Salz und weißem Pfeffer würzen. Die Speckwürfel in heißem Öl rösch anbraten.
In den Gurkenfond Sauerrahm geben, kurz aufkochen, mit Schlagsahne so weit verlängern, bis die gewünschte Konsistenz der Sauce erreicht ist, und mit Salz, weißem Pfeffer und Knoblauch würzen.
Beim Anrichten einen Saucenspiegel auf die erwärmten Teller geben, darauf die Gurkenhälften mit der Schale nach unten legen. In die Kerngehäusehöhlung die angebratenen Schinkenwürfel geben.
Eignet sich als selbständige Vorspeise, aber auch in Verbindung mit gebratenen und gekochten Fisch- und Fleischgerichten der Region.

Spreewälder Kürbis, süß-sauer eingelegt

Michael Häberer
Hotel Mercure
Potsdam

2,5 kg Kürbis, 1 l Weinessig, 1,2 kg Zucker, 1 Zitrone, 50 g Ingwer und 1 Zimtstange, 5 Nelken, Salz.

Den Kürbis schälen, vierteln und das Kerngehäuse entfernen. Das Fruchtfleisch des Kürbis in 2 cm große Stücke schneiden. Aus dem Essig, dem Zucker, den Gewürzen, dem Saft der Zitrone und der abgeriebenen Zitronenschale mit 1 l Wasser einen Garfond bereiten. Die Kürbiswürfel nun in den kochenden Fond geben und 15 Min. bei schwacher Hitze kochen lassen. Den Kürbis mit dem Fond in einen sauberen Steintopf geben und 24 Std. an einem kühlen Platz ziehen lassen. Hier hält er sich gut 1 Woche.
Der marinierte Kürbis wird als Beilage und als Kompott zu Sülzgerichten und gekochten Rindfleischgerichten gereicht.

Kartoffel-Kohlrabi-Gratin

Für 6 Personen

Michael Mödig
Restaurant Merz
Berlin

1 kg gelbfleischige Kartoffeln (festkochend), 3 Kohlrabi, 1 l Sahne, 100 g frisch geriebener Gruyère, Salz, Pfeffer aus der Mühle, Muskatnuß, 1 Knoblauchzehe, 50 g Butter und eine Gratinform.

Den Ofen auf 180 °C vorheizen. Die Kartoffeln schälen, waschen, in dünne Scheiben schneiden oder hobeln. Die Kohlrabi schälen und in ebenso dünne Scheiben schneiden oder hobeln.
Die Knoblauchzehe schälen und die Gratinform damit ausreiben. Die Kartoffeln und den Kohlrabi abwechselnd einschichten, jede Schicht mit Salz und Pfeffer würzen. Die Sahne mit dem Gruyère vermischen und mit Muskatnuß würzen. Über die Kartoffel-Kohlrabi-Mischung gießen. Etwa 45 bis 60 Min. backen, bis das Gratin weich und cremig ist. Gegen Ende der Garzeit die Ofentemperatur eventuell etwas reduzieren. Falls die Oberfläche zu stark bräunt, mit einer Alufolie abdecken.
In der Form servieren.

Kürbismarmelade

Torsten Wisniewski
Hotel Sophienhof
Hoenckes Altes Wirtshaus
Königs Wusterhausen

200 g Kürbis, 1 kleiner Apfel, 20 g Zucker, 10 g Honig, 1 Zitrone (unbehandelt), 1/4 l Apfelwein sowie 4 Blatt Gelatine (ergibt 1/2 Glas Kürbismarmelade).

Den Kürbis halbieren, das Kerngehäuse entfernen, schälen und in kleine Würfel schneiden. Zucker dazugeben und 24 Std. ziehen lassen. Dabei von Zeit zu Zeit wenden. Den Apfel schälen und das Kerngehäuse entfernen, in kleine Würfel schneiden. Alles mit dem Apfelwein und dem Honig etwa 10 Min. bei schwacher Hitze köcheln lassen.
Mit dem Saft der Zitrone abschmecken. Die Zitronenschale in hauchdünne feine Streifen schneiden und zum Schluß mit zugeben.
Die Blattgelatine in kaltem Wasser einweichen, gut ausdrücken, in die noch warme Marmelade geben und in Gläser abfüllen.

Überbackene Schnittlauch-Sahne-Kartoffeln

Reinmar Rach
Parkhotel Trebbin
Trebbin

800 g geschälte Kartoffeln (halbfest kochend), 1/4 l Milch, 1 kleine Knoblauchzehe, 1 Bd. Schnittlauch, geriebene Muskatnuß, Salz, 1/4 l Sahne.

Die Vorbereitung ist sehr wichtig. Die Kartoffeln dürfen nach dem Schälen nicht mehr mit Wasser in Berührung kommen. Deshalb

werden sie vor dem Schälen mit einer Wurzelbürste gründlich gereinigt und danach mit Küchenkrepp getrocknet. Die so vorbereiteten Kartoffeln werden nach dem Schälen nicht rotbraun, auch wenn sie nicht im Wasser zwischengelagert werden.
Diese Kartoffeln auf einem Gemüsehobel in 2 mm dicke Scheiben schneiden und mit Milch, einer zerdrückten Knoblauchzehe, geriebener Muskatnuß und Salz unter ständigem Rühren mit dem Rührholz etwa 8 Min. kochen. Wenn nicht ständig gerührt wird, brennen die Kartoffeln an! Nach dieser Zeit wird die Milch durch die austretende Stärke dickflüssig bis cremig.
Jetzt die Sahne zugießen, aufkochen lassen, die Hälfte des feingeschnittenen Schnittlauchs zugeben und in eine feuerfeste Form füllen. Auf der mittleren Schiene im auf 200 °C vorgeheizten Backofen fertiggaren lassen. Jetzt sollten die Kartoffeln eine goldbraune Kruste haben.
Mit der anderen Hälfte des Schnittlauchs bestreuen und sofort servieren.

Geröstete Knoblauch-Kartoffel-Kugeln

Matthias Kersten
Pannonia Hotel Döllnsee
Groß Dölln

700 g festkochende Kartoffeln, 20 g Butter, Salz, Pfeffer aus der Mühle, 1 Knoblauchzehe (fein gehackt).

Die Kartoffeln waschen, schälen und mit einem Parisienneausstecher kleine Kugeln ausstechen.
Die Kartoffelkugeln 12 Min. in Salzwasser kochen, danach das Salzwasser abschütten.
In eine Pfanne die Butter hineingeben und eine Messerspitze feingehackten Knoblauch dazugeben.
Die Kartoffelkugeln hinzufügen und so lange in der Knoblauchbutter braten, bis sie eine leicht bräunliche Farbe bekommen.

Kartoffel-Zwiebel-Auflauf an feiner Kressesauce

Matthias Kersten
Pannonia Hotel Döllnsee
Groß Dölln

800 g mehligkochende Kartoffeln, 3 Zwiebeln Salz, Pfeffer, 1 Prise Muskatnuß (frisch gerieben), 250 g Sahne, 80 g Emmentaler (frisch gerieben) und 5 g Fett für die Form.

Die Kartoffeln waschen, schälen und mit der Küchenmaschine oder dem Gemüsehobel in möglichst dünne Streifen raspeln. Nun die Zwiebeln schälen und mit dem Messer in dünne Scheiben schneiden.
Eine feuerfeste Form ausfetten, die Kartoffeln und Zwiebeln mischen, mit Salz, Pfeffer und Muskat würzen und in die Form füllen. Die Sahne mit dem geriebenen Käse verquirlen und die Kartoffeln und Zwiebeln damit übergießen.
Den Auflauf im Backofen bei 180 °C knapp 1¼ Std. backen. Dann die Temperatur auf 200 °C erhöhen und etwa 5 Min. weitergaren, bis sich eine goldbraune Kruste gebildet hat.

Kressesauce:
10 g Butter, 10 g Mehl und 125 ml Milch, 30 ml Sahne, Muskat, Salz, Pfeffer sowie ½ Körbchen Kresse.

Für die Einbrenne die Butter in einem Topf zerlassen. Das Mehl unterrühren und etwa 1 Min. anschwitzen, bis die Mischung schäumt. Den Topf von der Kochstelle nehmen und leicht abkühlen lassen. Die Milch dazugießen, die Sauce dabei ständig mit dem Schneebesen durchschlagen.
Den Topf zurück auf die Kochstelle setzen und die Sauce zum Kochen bringen, sie dabei ständig durchschlagen und die Sahne dazugeben.
Die Sauce 5 Min. köcheln lassen, mit Muskat, Salz und Pfeffer abschmecken und am Schluß die feingehackte Kresse hinzugeben.

Kartoffelsalat mit Speck, warm serviert

Michael Häberer
Hotel Mercure
Potsdam

800 g festkochende Kartoffeln, 1 EL Kümmel, 150 g Zwiebeln und 250 g Speck (mager, geräuchert) sowie 1 EL Weinessig, Zucker, Salz, Pfeffer, 1 Bd. Schnittlauch.

Die Kartoffeln in Salzwasser mit Kümmel nicht zu weich kochen. Den Speck und die Zwiebeln würfeln und in einer Pfanne glasig auslassen. Das austretende Fett abgießen, den Speck mit Essig ablöschen und mit Zucker, Salz und frisch gemahlenem Pfeffer kräftig würzen.
Inzwischen die Pellkartoffeln heiß pellen, in Scheiben schneiden und vorsichtig mit dem Speck und Zwiebeln vermengen. Etwas von dem Fett wieder hinzugeben und 10 Min. ziehen lassen. Den geschnittenen Schnittlauch unter den Kartoffelsalat heben und noch einmal abschmecken.
Gereicht wird dieser warm servierte Kartoffelsalat zu Eierspeisen, gebackenem Fisch oder Sülzgerichten.

Gebratene Kartoffelecken mit Mohn

René Rinneberg
Hotel Sophienhof
Hoenckes Altes Wirtshaus
Königs Wusterhausen

800 g festkochende Kartoffeln und 1 Kopfsalat, 30 g Butterschmalz, 5 g Salz, 5 g gemahlener schwarzer Pfeffer, 5 g Rosenpaprika, 1 Prise Muskat, 30 g Mohn, Salatbukett, 1 Zitrone, 2 EL Tafelöl.

Die Kartoffeln mit Schale etwa 20 bis 25 Min. kochen, abgießen, mit kaltem Wasser abschrecken und pellen. Dann 1 Std. abkühlen lassen, die Kartoffeln je nach Größe sechsteln, achteln oder in mehrere kleine Ecken schneiden und in der Pfanne mit Butterschmalz unter Zugabe von Salz, Pfeffer, Paprika, Muskat und dem Mohn goldgelb braten.
Ein Salatbukett auf den Tellern anrichten, mit Zitronensaft und Öl beträufeln und die Mohnkartoffelecken zugeben.
Auch als Beilage ohne Salat sehr köstlich.

Kartoffelsoufflé

Rico-Jens Hantel
Parkhotel Schloß Wulkow
Wulkow

300 g geschälte und gekochte Kartoffeln, 2 EL Crème fraîche, 2 Eigelb, Salz, Pfeffer und etwas gehackter Majoran, 2 Eiweiß, etwas zerlassene Butter, Weißbrotbrösel, 4 ofenfeste Förmchen in Kaffeetassengröße.

Die heißen Kartoffeln durchpressen, mit Crème fraîche und den Eigelben verrühren. Mit dem Salz, Pfeffer und gehacktem Majoran abschmecken. Zwischenzeitlich die Eiweiße mit einer Prise Salz steif schlagen und vorsichtig unter die Kartoffelmasse heben.
Die Förmchen einfetten und ausbröseln. Die Masse gleichmäßig verteilen und in einem Wasserbad bei 180 °C etwa 15 Min. im Ofen backen.

Kartoffeln, in Teig gebacken

Arno Schmädicke
Ratskeller Zehlendorf
Berlin

800 g Kartoffeln, Salz.

Strudelteig:
250 g Weizenmehl, 2 Eigelb, 1 EL Öl, 2 cl Weinbrand, etwas Wasser, Salz, 2 Eiweiß, Öl zum Ausbacken.

Die Kartoffeln in der Schale mit Salz nicht zu weich kochen, schälen, erkalten lassen und in nicht zu dünne Scheiben schneiden.
Aus den angegebenen Zutaten einen dicklichen Teig herstellen und die steifgeschlagenen Eiweiße unterheben. Die Kartoffelscheiben durch den Teig ziehen und in Öl herausbacken.

Kartoffel-Lauch-Plätzchen

Johannes King
Restaurant Grand Slam
Berlin

250 g mehlige, festkochende Kartoffeln, 1 Ei, 1 Eiweiß, 40 g Milch, 20 g flüssige Butter, Salz, Pfeffer, Muskat, 1 kleine Lauchstange (etwa 90 g).

Die Kartoffeln waschen, schälen und mit etwas Salz sehr weich kochen; das Wasser abgießen und die Kartoffeln kurz ausdämpfen, Butter dazugeben und kräftig rühren, bis die Kartoffelmasse glatt ist. Das Ei und die Milch dazugeben und wieder glattrühren; mit Salz, Pfeffer und Muskat abschmecken. Das Eiweiß schlagen und unter die Masse heben.
Die Lauchstange längs halbieren, waschen, putzen, in feine Ringe schneiden und in Butter weich dünsten. Abkühlen lassen und unter die Kartoffelmasse heben. In einer vorgeheizten Pfanne mit geklärter Butter Plätzchen (in der Größe eines Fünfmarkstücks) von beiden Seiten goldgelb braten.
6 bis 8 Plätzchen pro Portion auf die Teller legen und je nach Bedarf noch etwas Pfeffer-Crème-fraîche dazugeben.

Sesamschupfnudeln

Matthias Kersten
Pannonia Hotel Döllnsee
Groß Dölln

125 g Kartoffeln, 2 Eier, 25 g Grieß, 20 Mehl, 5 g Sesam, Salz, Pfeffer, Muskat, 50 g Butter sowie 50 g Semmelbrösel.

Kartoffeln waschen, mit Wasser bedeckt aufsetzen und gar kochen. Gegarte Kartoffeln abgießen, abdampfen lassen, heiß schälen und pressen. Eier, Grieß, Mehl, Salz und Muskat zu den gepreßten Kartoffeln geben, alles rasch zu einem Teig verarbeiten.
Den Kartoffelteig auf gemehlter Fläche in fingerdicke Walzen formen, diese schräg in 8 cm lange Stücke aufteilen und in kochendes Salzwasser legen. Wasser schnell zum Kochen bringen und die Schupfnudeln gar ziehen lassen. Wenn sie an der Oberfläche schwimmen, mit einem Schaumlöffel herausnehmen und mit der Butter und Semmelbröseln ab-

schmelzen oder die gekochten Schupfnudeln erkalten lassen und bei Bedarf in Butter mit Sesam hellbraun anbraten.

Kartoffel-Schwarzbrot-Klöße nach altem Rezept

Carsten Pfefferlein
Hotel am Wutzsee
Lindow

2 EL Butter, 2 Eier, 150 g Schwarzbrot, 150 g gekochte Kartoffeln, Zitronenschale, Muskat, Salz.

2 EL Butter schaumig rühren. Nun 2 Eigelb, 5 EL geriebenes Schwarzbrot und ebensoviel gekochte und geriebene Kartoffeln, geriebene Zitronenschale, Muskat und Salz allmählich dazugeben und zuletzt den steifgeschlagenen Eierschaum unterziehen. Von dieser Masse kleine Klößchen abstechen und 10 Min. in Salzwasser leicht kochen.
Kleinere Klößchen kann man als Suppeneinlage und größere Klöße als Beilage zu verschiedenen Fleischgerichten reichen.

Kartoffel-Buchweizen-Torte

Peter Friedrich
ARGE der Köche Berlin und Brandenburg im VKD
Berlin

750 g gekochte mehlige Pellkartoffeln, 75 g magerer Speck (in Würfel geschnitten) und 50 g Zwiebelwürfel, 100 g Buchweizenmehl (hell), 150 g Buchweizengrütze (fein) und 2 Eier, 30 g Butterschmalz, Salz, Pfeffer, Muskat, gehackte Petersilie.

Die noch heißen Pellkartoffeln durch eine Presse drücken. Den ausgelassenen Speck, die glasigen Zwiebeln, das Buchweizenmehl, 75 g Buchweizengrütze sowie die 2 Eier zugeben. Mit Salz, Pfeffer, Muskat und Petersilie würzen, daraus einen Teig kneten und 20 Min. ruhenlassen.
Danach den Teig in eine kleine ausgefettete Springform geben. Mit den verquirlten Eiern bestreichen, die restliche Buchweizengrütze darauf streuen und 15 Min. bei 160 °C backen. Die Kartoffel-Buchweizen-Torte nun in Stücke schneiden.
Sie kann zu Wildgerichten, Braten und Geflügel gereicht werden.

Buckower Erdapfelstrudel

Stephan Niggemann
Forsthaus Paulsborn
Berlin

Strudelteig:
125 g Mehl, 15 g Öl, 75 g lauwarmes Wasser, 1 Prise Salz.

Füllung:
200 g Blattspinat, 400 g geschälte Kartoffeln, 4 Eigelb, 60 g Karottenjulienne, 60 g Zucchinijulienne und 60 g Lauchjulienne (jeweils blanchiert) sowei 20 g Gartenkräuter (gehackt), 20 g Butter, Salz und Pfeffer aus der Mühle, etwas Muskat, rosa Pfefferkörner.

Aus den Zutaten für den Strudel einen Teig herstellen, diesen zu einer Kugel formen und auf einen mit Öl bestrichenen Teller legen. Die Teigoberfläche ebenfalls mit Öl bestreichen und dann mit einer warmen Schüssel abdecken und 30 Min. ruhenlassen. Nun den Teig mit einem Rollholz auf einem bemehlten Tuch etwas ausrollen und dann mit dem Handrücken ziehen, bis er gleichmäßig dünn ist.
Auf dem ausgezogenen Teig zuerst den Spinat ausbreiten, dann aus den gekochten Kartoffeln, 3 Eigelben, den Kräutern, Salz und Muskat eine Kartoffelmasse herstellen, diese über den Spinat streichen, darüber wieder eine Lage Spinat und dann die Karotten-, Zucchini- und die Lauchjulienne schichten, mit Salz, Pfeffer aus der Mühle und rosa Pfefferkörnern würzen, den Strudel mit Hilfe des gemehlten Tuchs zusammenrollen und die Ränder zusammendrükken. Den Strudel mit Eigelb bestreichen und im Ofen bei 190 °C 35 Min. backen, danach sofort mit flüssiger Butter bestreichen und zum Anrichten in 2 bis 3 cm große Stücke teilen.
Der Erdapfelstrudel eignet sich hervorragend als Beilage zu Wildgerichten.

Gemüsestrudel

Rico-Jens Hantel
Parkhotel Schloß Wulkow
Wulkow

Strudelteig:
300 g Mehl, 80 ml lauwarmes Wasser, 1 Prise Salz und etwas Öl.

Füllung:
100 g Kartoffeln, 2 Karotten sowie 1 Mangoldstaude und 1 Brokkolikopf, 1 Blumenkohl, 80 g geröstete Weißbrotwürfel, etwas Thymian und Rosmarin (gehackt), Salz, Pfeffer, Muskat, 2 Eigelb und Sahne.

Die Zutaten des Strudelteiges mit den Knethaken des Handrührgerätes zu einem glatten Teig vermischen. Den Teig in eine Klarsichtfolie verpacken und dann 1 Std. ruhenlassen.

Die Kartoffeln abkochen. In der Zwischenzeit die Karotten waschen und vierteln, die Mangoldstaude entstielen, die Blätter waschen, Brokkoli und Blumenkohl in kleine Röschen zerteilen. Alles der Reihenfolge nach im Salzwasser abbrühen. Anschließend mit Eiswasser abschrecken.
Ein Tuch gleichmäßig mit Mehl bestäuben, den Teig so dünn wie möglich darauf ausrollen. Die Mangoldblätter auf dem Strudelteig ausbreiten. Alle übrigen Zutaten in einer Schüssel mit den noch heißen durchgepreßten Kartoffeln vermengen. Die Masse gleichmäßig auf dem Teig verteilen.
Mit Hilfe des Tuches den Strudel zusammenrollen und mit flüssiger Butter bestreichen, auf einem mit Backpapier ausgelegten Blech bei 180 °C etwa 20 Min. backen.

Buchweizenkerne mit Gemüsewürfeln und Kräutern

Peter Friedrich
ARGE der Köche Berlin
und Brandenburg im VKD
Berlin

300 g Buchweizenkerne, 30 g Zwiebeln, 120 g Gemüsewürfel (Möhren, Sellerie, Porree) und 20 g Butterschmalz, 1/4 Bd. gemischte Kräuter (Kerbel, Schnittlauch, und Petersilie), 0,6 l Gemüsefond oder Hühnerbrühe, Salz, Muskat.

Die Buchweizenkerne waschen, gut abtropfen lassen. Die Zwiebeln und Gemüsewürfel in Butterschmalz anschwitzen, Buchweizenkerne zugeben, noch einmal kurz anschwitzen, mit dem Gemüsefond (Hühnerbrühe) auffüllen, aufkochen und am Herdrand 18 bis 20 Min. leicht köcheln lassen. Abschmecken, salzen, Muskat und Kräuter zugeben.
Die Buchweizenkerne können zu allen Gerichten gereicht werden, zu denen man auch Reis reicht.

Gefüllter Sesampfannkuchen

Gerhard Braun
Französischer Hof
Berlin

4 Eier, 150 g Mehl, 1/8 l Milch, 50 g Sesam, 200 g frischer Spinat, 200 g Sojabohnenkeimlinge, 20 g Butter, 50 g Sonnenblumenkerne, Salz und Pfeffer, Muskat, Knoblauch.

Aus den Eiern, Mehl, Milch und Sesam einen glatten Teig anrühren. Davon 4 Pfannkuchen bakken und warm stellen. Spinat waschen, von dicken Stielen befreien und kurz dämpfen. Die Sojabohnen waschen, gut abtropfen lassen und mit der Butter anschwitzen. Den Spinat und die Sonnenblumenkerne dazugeben und mit Salz, Pfeffer, Muskat und Knoblauch kräftig würzen. Noch heiß auf die Pfannkuchen verteilen und zusammenklappen.
Auf angewärmten Tellern mit Tomatensauce anrichten.

Gemüsequiche

Ewald Weiss
Restaurant Am Fasanenplatz
Berlin

Teig:
120 g Mehl, 60 g Butter, 2 EL Wasser und Salz.

Belag:
150 g Karotten, 150 g Sellerie, 150 g Zucchini, 150 g Lauch, Salz, Pfeffer, Muskat, 50 g Butter, 50 g Milch, 50 g Sahne, 3 Eier.

Den Teig aus den angegebenen Zutaten bereiten und mindestens 1 Std. abgedeckt im Kühlschrank ruhenlassen.
Karotten und Sellerie schälen, Zucchini waschen und die Enden abschneiden, den Lauch der Länge nach halbieren, waschen und in Streifen schneiden. Die anderen Gemüse grob auf der Küchenreibe raspeln. Im Topf mit der Butter alle Gemüse andünsten, abschmekken und auf einem Sieb erkalten lassen.
Den Teig ausrollen und damit eine gefettete und mehlierte Pizzaform auslegen. Das abgekühlte Gemüse darauf verteilen und mit einer aus den je 50 g Milch und Sahne sowie den 3 Eiern bereiteten Royale (Milch-Sahne-Eier-Gemisch) übergießen. Nun im Ofen bei 180 °C 35 Min. backen.

Serviettenknödel

Matthias Kersten
Pannonia Hotel Döllnsee
Groß Dölln

6 altbackene Brötchen und etwa 100 ml lauwarme Milch, 1 Schalotte, 50 g durchwachsener Räucherspeck, 30 g Butter, 1 Bd. Petersilie (feingehackt), 3 Eier, Salz, frisch gemahlener Pfeffer etwas Butter zum Braten.

Die Brötchen in feine Würfel schneiden, mit der Milch übergießen. Die Schalotte schälen und wie den Speck in kleine Würfel schneiden.
Die Butter erhitzen, die feingewürfelte Schalotte dazugeben und kurz anbraten. Alles unter die Brötchen mischen. Petersilie und Eier hinzufügen, salzen, pfeffern und die Masse gründlich durchkneten, die Masse auf Frischhaltefolie geben und eine Rolle von 4 cm Durchmesser formen. Das jeweilige Ende der Rolle mit

einem Bindfaden verknoten. Die Rolle mit der Brötchenmasse nun auf ein Stofftuch geben und in das Tuch einrollen, die Enden wieder verknoten und etwa 20 Min. in siedendem Wasser garen.
Danach die Serviettenknödelrolle aus dem Wasser nehmen und auskühlen lassen. Ist die Serviettenknödelrolle kalt, das Tuch und die Folie entfernen und die Rolle in 1 cm dicke Scheiben schneiden.
Nun die Serviettenknödelscheiben mit etwas Butter in einer Pfanne von beiden Seiten leicht anbraten.
Man reicht Serviettenknödel zu Fleisch- und Wildgerichten.

Graupenrisotto

Thomas Hildebrandt
Seidler art'otel
Potsdam

50 g Butter, 1 Schalotte (fein gewürfelt) und 50 g feine Gemüsewürfel, 150 g Perlgraupen, 250 g Hühnerbrühe, 2 EL Parmesan, 2 EL Sahne, Salz und Pfeffer.

Die Schalotten in Butter anschwitzen, die Graupen hinzugeben und mit der Hühnerbrühe aufgießen, und das Ganze etwa 10 Min. sieden lassen, dann den Parmesan, die Gemüsewürfel und die Sahne zugeben und etwa 5 bis 10 Min. weiterköcheln lassen. Zum Schluß mit Salz und Pfeffer abschmecken.

Gebackene Buchweizenplätzchen

Achim Fleischmann
Gasthaus am Dachsberg
Bad Saarow

300 g Buchweizen, 2 Eier, 100 g Semmelmehl, 50 g Bauchspeck und 50 g Zwiebeln, Salz, Pfeffer, 1 EL gehackte Kräuter, 100 g Speiseöl.

Buchweizen mit Salz und Pfeffer etwa 30 Min. in Wasser kochen. Nochmals 30 Min. quellen lassen und das restliche Wasser abgießen. Bauchspeck und Zwiebeln würfeln, anbraten und zu dem Buchweizen geben. Buchweizen etwas auskühlen lassen. Eier, Semmelmehl und gehackte Kräuter untermengen, mit Salz und Pfeffer würzen. Plätzchen formen und diese in heißem Öl braten.
Als Beilage zu Braten mit einer kräftigen Sauce reichen.

Biesdorfer Rahmchampignons und Schrippensoufflé

Manfred Heissig
Restaurant Quadriga
im Hotel Brandenburger Hof
Berlin

Rahmchampignons:
3 rote Zwiebeln, 50 g Karottenwürfel, 50 g Selleriewürfel, 800 g Champignons, 0,1 l Weißwein, 0,3 l Geflügelfond, 0,3 l Sahne, 6 Stangen Spargel und 1 Bd. Petersilie, 1 Msp. Kreuzkümmel (gemahlen), Salz, Pfeffer aus der Mühle, 100 g Butter.

Schrippensoufflé:
4 Weißbrötchen und 30 g Butter, 125 ml Milch, 2 Eigelb, 1 EL Liebstöckel (gehackt), 2 Eiweiß, 5 g Kartoffelstärke, Salz und Muskat sowie 30 g Semmelbrösel.

Rahmchampignons:
Die Zwiebeln, Karotten und den Sellerie in feine Würfel schneiden, in der Butter glasig anschwitzen und mit dem Weißwein ablöschen. Nun die gewaschenen und geputzten Champignons zugeben und etwa 10 Min. mitdünsten, mit dem Geflügelfond aufgießen, einmal aufkochen lassen, die Champignons abschütten und den Fond in einem zweiten Topf auffangen. Die Sahne zugeben und die gesamte Flüssigkeit auf die Hälfte einkochen lassen. Währenddessen den Spargel schälen, in 3 cm große Stücke schneiden und dem reduzierenden Fond beigeben, bis er gar ist. Anschließend die Gewürze, die Petersilie und die Champignons zugeben.

Schrippensoufflé:
Die Brötchen in Würfel schneiden. Die Milch mit der Butter und den Gewürzen aufkochen lassen und die Brötchen damit übergießen und ziehen lassen. Sobald die Masse etwas abgekühlt hat, die Eigelbe und den Liebstöckel untermengen. Nebenbei die Soufflé-förmchen ausbuttern und mit den Semmelbröseln mehlieren. Währenddessen die Eiweiße steif schlagen und nochmals mit der Stärke nachschlagen.
Nun das Eiweiß unter die Brötchenmasse heben, in die Förmchen abfüllen und im Wasserbad etwa 10 Min. bei 200 °C im Ofen ausbacken.

Anrichten:
Den heißen Eintopf in vorgewärmte tiefe Teller geben und darauf das Soufflé stürzen. Mit den Spargelspitzen und Petersilienblättern garnieren.

Gefüllter Markknochen

Johannes King
Restaurant Grand Slam
Berlin

4 Markknochen (etwa 4 cm Innendurchmesser und 5 cm hoch) sowie 1 Schalotte, 2 Scheiben entrindetes Toastbrot, 40 g Butter, 1 Estragonzweig, 1 Kerbelzweig, 1 Blattpetersi-

liezweig, Salz, Pfeffer, Muskat und Piment.

Die Markknochen wässern, bis sie schön weiß sind, danach vorsichtig auslösen, damit die Markstükke ganz bleiben. Die Markstücke an den Enden etwas abschneiden, so daß ein 2,5 cm großes Stück übrigbleibt. Die Schalotte schälen, kleinschneiden, mit Butter anschwitzen. Die Markabschnitte und die feingehackten Kräuter dazugeben, dann vom Herd nehmen. Das Toastbrot in feine Würfel schneiden und in Butter leicht bräunen, zu der Mark-Kräuter-Mischung geben und alles kräftig vermengen, würzen und dann kalt stellen.
Die Markknochen in ein gebuttertes gußeisernes Gefäß legen, 1½ cm hoch Weißbrot-Kräuter-Masse hineingeben, das Markstück darauf legen, mit der restlichen Masse bedecken. Im vorgeheizten Ofen bei 180 °C etwa 10 Min. backen.
Paßt sehr gut zu Kalbskotelett oder zu Hochrippe mit Rotweinsauce.

Kräuterauflauf mit Steinpilzen

Franz Raneburger
Bamberger Reiter
Berlin

1 Gewürzsträußchen (2 Lorbeerblätter, etwas Salbei, 1 Rosmarinstengel, 2 Petersilienstengel), ¾ l frische Sahne, ¼ l Milch, 1 großer Löffel grobgeriebene Gewürze (bestehend aus Salbei, Rosmarin, Zwiebel, Petersilie, 2 Lorbeeblättern und 1 Knoblauchzehe) sowie 1 nußgroßes Stück Butter, 50 g Parmesankäse, 6 Eigelb, 6 Eiweiß, Salz, Pfeffer, Muskat, 200 g Steinpilze, etwas Butter zum Sautieren.

Das Gewürzsträußchen in Sahne und Milch 30 Min. kochen lassen, herausnehmen. Die zerriebenen Gewürze in Butter anbraten und in die Milch-Sahne-Mischung geben. Den geriebenen Parmesan und die Eigelbe einrühren. Die Eiweiße steif schlagen und unterheben. Mit Salz, Pfeffer und einer Prise Muskat würzen. Alles gut verrühren, in eine Backform füllen und im vorgeheizten Ofen 25 bis 30 Min. im Wasserbad garen. Die Steinpilze in Stücke schneiden, in Butter sautieren, salzen und pfeffern.
Mit gehackter Petersilie bestreuen und auf dem Auflauf anrichten.

Pfifferlingsbuchteln

Johannes King
Restaurant Grand Slam
Berlin

Teig:
125 g Mehl und 1 Ei, 20 g Milch, 10 g Hefe, 5 g Zucker, 5 g Salz, 50 g weiche Butter.

Füllung:
100 g Pfifferlinge, 2 Schalotten und 2 Stengel Blattpetersilie sowie etwas Salz und Pfeffer.

Aus dem Mehl, Ei, der Milch, Hefe, dem Zucker und Salz einen Vorteig herstellen (etwa 3 Min. rühren), dann erst die Butter dazugeben und nochmals 3 Min. rühren. Dann 1 Std. kalt stellen.
Zwischenzeitlich die Pfifferlinge mit Schalotten, Petersilie, Salz und Pfeffer anschwitzen und auskühlen lassen.
Mokkatassen leicht buttern und mehlieren. Den Teig in 5 cm große Stücke ausrollen, etwa ½ cm dick, jeweils 1 EL Pfifferlinge daraufsetzen, zusammenschlagen und in die Mokkatassen einsetzen. Mit Eistreiche bepinseln und etwa 30 Min. gehen lassen. Bei 180 °C etwa 10 Min. backen.
Eignet sich besonders als Beilage zu Wildgerichten.

Champignonköpfe in einer Nußpanade

Antje Ljunggren
Alte Försterei
Kloster Zinna

Champignonköpfe:
400 g mittelgroße Champignons, 2 Eier, Mineralwasser, Salz, Pfeffer, 100 g gemahlene Haselnüsse sowie 6 EL Öl.

Die Champignons von den Stielansätzen befreien. Die gewaschenen Champignonköpfe vor dem Braten panieren (Panade: Eier, Mineralwasser, Salz, Pfeffer). Anschließend die panierten Champignons in heißem Öl, mit den gemahlenen Haselnüssen vermengt, goldgelb braten. Die gebratenen Champignonköpfe können mit abblanchierten Brokkoliröschen gefüllt werden.

Anrichten:
Die Champignonköpfe können als Gemüsebeilage oder als eigenständiges Gericht in einer Kombination mit Kräuterhollandaise und Reis serviert werden.

Desserts

Mit der Zurückhaltung ist es wie mit der Mäßigkeit;
man möchte gern mehr essen, fürchtet sich aber vor den üblen Folgen.
De La Rochefoucauld
Maximes

Nirgendwo im Bereich der Gourmandise ist die Verführung, mehr zu essen, als man eigentlich sollte, stärker als bei den Desserts, nirgendwo die Gefahr, sich dabei den Magen zu verderben, größer als bei Süßigkeiten. Die alten Römer sahen die Desserts sogar als echte Bedrohung für die Leber an, was möglicherweise mit ihrer Neigung des Überwürzens zusammenhängen mochte.

Die elegantesten und ungewöhnlichsten Desserts der Berliner Küche zu Beginn dieses Jahrhunderts kamen von den Damen der damaligen Gesellschaft. So ein „Parfait von Kaffee", das die Frau des Berliner Malers Max Liebermann kreiert hatte, ein „Halbgefrorenes von Sellerie" nach einem Rezept von Barbara von Treskow, Grete Ullsteins „Gala-Pudding" oder die „Berliner Speise" von Frau Robert von Siemens. Durchaus fantasievolle und modern anmutende Kreationen.

Die Liste der Traditionsdesserts der Berliner Küche ist nicht allzulang. Es sind zumeist magenfüllende Sattmacher wie Mohnpielen, Flutschkeilchen, ebenfalls mit Mohn, Sahneproll, Arme Ritter und dergleichen mehr. Selbst der Flammeri, der nach Altberliner Art mit zerbröseltem Schwarzbrot zubereitet wird, ist deftiger als anderswo. Viele Desserts kamen auch, so wie die Mohnpielen, die besonders zu Weihnachten und Neujahr gerne gegessen wurden und aus Schlesien stammen, von anderswo her. Die eleganteren Desserts, wie die Berliner Luft und wie die eingangs beschriebenen, sind erst im letzten und zu Anfang dieses Jahrhunderts dazugekommen. In den vorausgegangenen Jahrhunderten wurden Desserts im Bürgertum ohnehin meist nur bei Festtafeln aufgetragen. Meist waren es dann Torten oder Kuchen. Hier allerdings haben Brandenburg und Berlin einiges zu bieten. Von Berliner Napfkuchen über den Apfelkuchen, Pflaumenkuchen oder Streuselkuchen bis hin zum Baumkuchen und zur Prinz-Eitel-Friedrich-Torte.

Die einschlägigen Kochbücher befaßten sich eingehend mit „Tarten", darunter auch Gemüse- und Kräutertarten, und es wurden meist nicht nur Kuchen, sondern auch „Knötel" sowie „Hippelein", Striezel, Pfannkuchen, Waffeln, Puffer, Spritzkuchen, Krapfen und Küchlein, Zuckerstrauben, Krollkuchen und Bienenkörbe eingehend beschrieben.

Konfekt fand sich als aufwendig hergestellte „hohlgegossene Zuckerbilder und Früchte" oder als „ein Schinken von Marzipanteig" und „Cervelatwurst von Marzipan" nebst anderen raffinierten Kreationen hauptsächlich auf den Tischen des wohlhabenden Großbürgertums und des Adels. Selbst Sorbets wurden hier bei entsprechenden Anlässen gereicht, wenn auch nicht unbedingt als Dessert, sondern als geeiste püreeartige Erfrischungsgetränke.

Bei all diesen Rezepten wird Zucker als essentielle Zutat aufgeführt. Bis über das Mittelalter hinaus wurde in Berlin und Brandenburg mit Honig gesüßt, weshalb Honig ein fester Bestandteil jeder Vorratskammer war. Honig war, wie später der Zucker, so kostbar, daß, wie von den Herren von Waldow, Honigpachten sogar verpfändet wurden. Später, als dann das aus dem Zuckerrohr gewonnene Süßmittel „Zucker" die kulinarische Bühne betrat, wurden die Süßspeisen nochmals vielfältiger und aufwendiger, wie den Rezepturen des Brandenburgischen Kochbuchs von 1723 zu entnehmen ist.

Vergleichsweise bescheiden nehmen sich hierzu die Desserts des Hoftraiteurs Jagor vom 8. Mai 1830 aus. Neben einer nicht näher definierten „Mehlspeise à La Saxonne" und einem „Omelette au Confiture" sind es eine „Creme von Chocolade" sowie „Beignets" von Äpfeln oder Apfelsinen, „Schlagrahm mit Biskuit" und „Gelee von Rheinwein", die sich darauf finden. Immerhin war Jagor das damals luxuriöseste Restaurant in Berlin. Aus heutiger Sicht eine relativ mager anmutende Auswahl. Die Dessertkarten der jetzigen Berliner und Brandenburger Köche sind da um einiges reichhaltiger und vor allem auch origineller. Die Bandbreite reicht dabei von gesundheitsfördernden Schöpfungen über abgewandelte Traditionsdesserts bis hin zu solch wagemutigen Kreationen wie „Kartoffeleis mit Erdbeercoulis", die direkt an Frau von Treskows „Halbgefrorenes von Sellerie" seligen Angedenkens anzuknüpfen scheinen. Variatio delectat. Es lebe die Abwechslung!

Rezept Seite 185: Altberliner Mohnpielen, Marcel J. Yanic, Berlin Hilton, Berlin

Savarin, gefüllt mit Birnencreme, auf Preiselbeerschaum

Bild Seite 176

Matthias Kersten
Pannonia Hotel Döllnsee
Groß Dölln

4 Savarin-Ringförmchen und 250 g Mehl, 20 g Hefe, 50 g Zucker, 60 g Butter, 0,1 cl Milch, 1 Ei, 1 Msp. Salz, 0,1 l Wasser, abgeriebene Schale von ½ ungespritzten Zitrone, 1 EL Rum, 0,1 l Weißwein (trocken), Butter und Mehl für die Förmchen.

Die Ringförmchen mit Butter ausstreichen und mit etwas Mehl bestäuben. Das übrige Mehl in eine Schüssel schütten, in die Mitte eine Mulde drücken, die Hefe hineinbröckeln und diese mit 1 TL Zucker und der Milch verrühren. Den Vorteig zugedeckt 20 bis 30 Min. bei Raumtemperatur gehen lassen. Nun die Eier mit 10 g Zucker und dem Salz schaumig rühren. Die Butter schmelzen und wieder etwas abkühlen lassen, unter die Eimasse rühren und diese mit dem Vorteig und dem gesamten Mehl zu einem zähflüssigen Teig schlagen und weitere 30 Min. gehen lassen.
Die Förmchen zur Hälfte mit dem Hefeteig füllen. Den Teig zugedeckt nochmals 20 Min. gehen lassen. Den Backofen auf 200 °C vorheizen. Die Savarins auf der mittleren Schiene etwa 20 Min. backen, dann abkühlen lassen und aus den Förmchen stürzen.
Das Wasser mit der Zitronenschale und dem übrigen Zucker erhitzen. Den Topf vom Herd nehmen, den Rum und den Wein untermischen. Die Savarins mit der runden Seite nach oben in die Fettpfanne des Backofens legen und mit dem Weinsirup tränken.

Birnencreme:
4 Blätter Gelatine, ⅛ l Wasser und 1 Vanillestange, ⅛ l Milch, 3 Eigelb, 50 g Zucker, ⅛ l Sahne, 1 Birne.

Pochiersud für die Birne:
20 g Zucker, 2 cl Weißwein sowie ½ l Wasser, 1 kleine Zimtstange.

Die Birne waschen, schälen, halbieren und das Kernhaus entfernen. Den Zucker mit dem Wein und dem Wasser zum Kochen bringen. Die Birne darin zugedeckt in 10 Min. weich dünsten und danach im Mixer pürieren.
Die Gelatine in dem kalten Wasser einweichen. Die Vanillestange längs aufschneiden und das Mark herausschaben. Die leeren Stangenhälften mit der Milch erhitzen, dann wieder abkühlen lassen. Die Eigelbe mit dem Vanillemark und dem Zucker im heißen Wasserbad mit dem elektrischen Quirl dickschaumig schlagen. Die Stangenhälften aus der Milch nehmen, die Milch unter die Eigelbcreme rühren und so lange im heißen Wasserbad weiterschlagen, bis die Creme heiß und fest ist.
Die Gelatine ausdrücken, in einem kleinen Topf im heißen Wasserbad unter Rühren auflösen und unter die Vanillecreme ziehen.
Das Birnenpüree hinzugeben und in den Kühlschrank stellen. Die Sahne steif schlagen und unter die gelierende Creme mischen. Die Creme in eine Schüssel füllen und 4 Std. im Kühlschrank fest werden lassen.

Preiselbeerschaum:
125 ml Milch, 1 Eigelb, 20 g Zucker, 50 g Sahne, 20 g Preiselbeeren.

Die Milch aufkochen. Eigelb und Zucker aufschlagen, bis die Masse dick und schaumig ist, dann die heiße Milch einrühren. Die Eiercreme zurück in den Topf füllen und unter ständigem Rühren mit einem Holzlöffel behutsam erhitzen, bis sie dick wird. Wenn man mit dem Finger über den Löffel fährt, muß eine deutliche Spur zurückbleiben.
Die Sauce nicht übergaren oder zum Kochen bringen, da sie sonst gerinnt. Die Sauce ins Kühlhaus stellen. Die Sahne steif schlagen und mit den Preiselbeeren unter die kalte Sauce rühren. Den Savarin in die Mitte der Teller legen, die Birnencreme mit einem Spritzbeutel in die Mitte des Savarins füllen und die Preiselbeerschaumsauce um den Birnensavarin geben.

Cottbuser Baumkuchen, gefüllt mit Birnenmus, auf Holundersauce

Steffen Müller
Restaurant Goldener Hahn
Finsterwalde

10 Eigelb, 250 g Zucker, 200 g Mehl, 50 g Weizenpuder, 250 g Butter, 75 ml Rum, 10 Eiweiß, 50 g gehobelte Mandeln, 50 g Krokant.

Die Eigelbe und ⅔ Zucker schaumig rühren. Mehl, Weizenpuder, Butter und Rum glattrühren, die beiden Massen zusammenrühren, zum Schluß die Eiweiße steif schlagen, ⅓ Zucker, die Mandeln und Krokant zugeben. Jetzt diese Masse unter die Eigelbmasse heben. Eine rechteckige Kuchenform fetten und die Masse etwa 1 mm dick ausstreichen und abbacken. Diesen Vorgang so lange wiederholen, bis der Teig aufgebraucht ist. Den Baumkuchen auskühlen lassen, in etwa 5 mm dicke Scheiben schneiden, runde Förmchen auslegen und mit dem Birnenmus füllen.

Birnenmus:
125 g Zucker, 5 Eigelb, 200 g Birnenmark sowie 2 cl Birnenschnaps, 6 Blatt Gelatine und 1 l Schlagsahne.

Zucker und Eigelbe im Wasserbad aufschlagen, Birnenmark und Birnenschnaps zugeben und zur Rose aufschlagen, eingeweichte Gelatine zugeben und in Eiswasser kalt aufschlagen, kurz vor dem Erstarren geschlagene Sahne unterheben und in die mit Baumkuchen ausgelegten Förmchen abfüllen. Kühl stellen und vor dem Servieren stürzen.

Mascarpone-Charlotte mit Beerenfrüchten und Joghurtschaum

Rolf Schmidt
Restaurant First Floor
Berlin

Roulade:
1 Eigelb, 60 g Zucker, 4 Eiweiß, 50 g Mehl, 5 g Kakaopulver, 1 Prise Salz, 10 g Zucker.

Creme:
200 g Mascarpone (zum Ausschlagen), 2 EL Puderzucker, 1/2 Schale und Saft 1 Orange, 2 EL Grand Marnier, 1 Blatt Gelatine sowie 50 g Sahne.

Füllung:
3 Eigelb, 30 g Puderzucker sowie 2 Eiweiß, 50 g Zucker, 1/2 Tasse Espressokaffee, je 1 TL Vanille, Rum, Zitronensaft, 100 g Mascarpone, 50 g Sahne, 4 Scheiben Biskuit im Durchmesser der Charlotteform.

Roulade:
Das Eigelb und 20 g Zucker schaumig rühren, die Eiweiße und den restlichen Zucker zu Schnee schlagen, Eigelbmasse mit Salz, Mehl und Kakao vermengen und zum Schluß den Eischnee unterheben. Die Masse hauchdünn auf ein Blech mit Backpapier streichen und etwa 5 Min. bei 180 °C bakken. Dann den Biskuit auf ein mit Zucker bestreutes Tuch stürzen und das Backpapier abziehen.

Creme:
Bis auf die Sahne alles miteinander verrühren und dann die geschlagene Sahne unterziehen. Die Creme hauchdünn auf den Biskuit streichen, zu einer Roulade rollen und abgedeckt in den Kühlschrank stellen. Die Roulade dann in dünne Scheiben schneiden und eine Halbkugel (10 cm Durchmesser) auskleiden.

Füllung:
Die Eigelbe und den Puderzucker schaumig schlagen. Die Eiweiße und den Zucker zu Schnee schlagen. Etwas Espresso, Vanille, Rum und Zitronensaft unter die Eigelbmasse mit Mascarpone rühren, Eischnee und zuletzt 50 g geschlagene Sahne unterheben.
Den Biskuit mit dem restlichen Espresso tränken. Die Creme in die Form füllen und in Abständen den getränkten Biskuit einlegen. 1/2 Tag im Kühlschrank kühlen.
Je nach Jahreszeit frische Beeren, wie Waldbeeren, Himbeeren oder Erdbeeren, auf 4 Teller verteilen, die Charlotte ebenfalls vierteln und auf die Teller geben. 1 Becher Joghurt mit etwas Zucker und Vanille mit einem Zauberstab aufschäumen und nach Belieben über die Beeren geben.

Hollercharlotte

Thomas Brunk
Restaurant Goldener Hahn
Finsterwalde

2 Eier, 50 g Mehl, 150 g Zucker, 100 g Holunderkonfitüre, 300 g Holunderbeeren und 20 g Gelatine, 200 g Sahne.

Aus Eigelb, Mehl und Zucker eine Masse rühren und geschlagenes Eiweiß dazugeben. Auf Backpapier dünn ausstreichen und 5 Min. bei 180 °C backen.
Die Holunderkonfitüre erwärmen, den Biskuitboden damit bestreichen und aufrollen. Nun die Biskuitroulade kühlen und dann in Scheiben schneiden. Kleine Förmchen mit Biskuitröllchen auslegen. Aus Holunderbeeren und Zucker ein Püree herstellen, dieses mit aufgelöster Gelatine und geschlagener Sahne verrühren und in die Förmchen füllen. Anschließend kühlen und stürzen.
Mit frischem Obst servieren.

Walnußsoufflé mit Akazienhonigeis an Ragout von Schattenmorellen

Markus Semmler
Schloßhotel Cecilienhof
Potsdam

Soufflé:
100 g Butter, 140 g Zucker, 4 Eigelb, 80 g Kuvertüre, 60 g gehackte Walnüsse, 150 g süße Biskuitbrösel, 5 Eiweiß.

Eis:
500 g Sahne, 1 Vanillestange, 3 Eier, 3 Eigelb, 270 g Akazienhonig.

Ragout:
12 g Puddingpulver, 20 g Kirschwasser, 10 g Mandellikör, 350 g Kirschsaft, 0,2 l Orangensaft, Schale von 1/2 Orange und 1/2 Zitrone (in Julienne schneiden), 160 g Honig, 1 Vanillestange und 300 g Sauerkirschen.

Soufflé:
Butter, 100 g Zucker und Eigelbe schaumig aufschlagen, Kuvertüre,

Walnüsse und die Biskuitbrösel unterheben. Die Eiweiße mit 40 g Zucker aufschlagen und ebenfalls unterheben.

Eis:
Die Sahne mit der Vanillestange aufkochen, Eier und Eigelbe mit dem Honig vermengen, die Sahne zugeben und bei 78 °C zur Rose abziehen, erkalten lassen und in die Eismaschine geben.

Ragout:
Das Puddingpulver mit dem Kirschwasser und dem Mandellikör anrühren. Die Säfte mit den Fruchtschalen, dem Honig und der Vanillestange zusammen aufkochen, mit dem angerührten Puddingpulver abbinden und die Kirschen hinzugeben.

Mascarpone-Soufflé mit Zimtkirschen

Andreas Bild
Mövenpick Schönefeld
Berlin

20 g Magerquark, 80 g Mascarpone, 2 Eigelb, 1 EL flüssiger Honig und 1 unbehandelte Zitrone, 3 Eiweiß, etwas Butter für die Förmchen, 200 g Sauerkirschen, 100 ml Kirschsaft, 2 cl Kirschwasser, 2 EL Zucker, 1 EL Speisestärke, 1 Zimtstange, Puderzucker zum Bestäuben.

Den Quark durch ein Haarsieb streichen und mit dem Mascarpone verrühren. Eigelbe, Honig, abgeriebene Zitronenschale und den Saft der Zitrone dazugeben und zu einer glatten Creme verrühren. Die Eiweiße steif schlagen und den fertigen Schnee unter die Creme heben.
4 Timbaleförmchen ausbuttern, ersatzweise ofenfeste Tassen, und zu 2/3 mit der Creme füllen. Im Backofen in ein heißes Wasserbad setzen und bei 140 °C etwa 20 bis 25 Min. gar ziehen lassen. Kirschsaft, Kirschwasser, Zucker und Zimtstange langsam zum Kochen bringen und 5 Min. ziehen lassen. Die Sauerkirschen dazugeben, einmal aufkochen lassen und mit der angerührten Speisestärke leicht binden. Vor dem Anrichten die Zimtstange entfernen.
Das Soufflé in die Mitte der Teller stürzen und mit den Sauerkirschen umlegen. Das Ganze mit etwas Puderzucker bestäuben.

Warmer Quark-Maronen-Auflauf an Marzipansauce

Bild Seite 188

Matthias Kersten
Pannonia Hotel Döllnsee
Groß Dölln

Mürbteig:
100 g Mehl, 25 g Butter, 50 g Zukker, 20 g Vanillezucker, 1 Ei.

Quark-Maronen-Auflauf:
1 Eigelb, 50 g Zucker, 125 g Speisequark, 50 g Maronenpüree, 10 g Maisstärke, 1 Zitrone, 1 Eiweiß.

Marzipansauce:
1/4 l Milch, 30 g Marzipan, 2 Eigelb, 40 g Zucker.

Mürbteig:
Das Mehl auf eine Arbeitsfläche sieben und in die Mitte eine Vertiefung drücken. Die Butter mit der Faust kurz durchkneten, damit sie etwas weicher wird, und mit den anderen Zutaten in die Mulde geben, mit den Fingerspitzen mischen.
Nach und nach das Mehl zur Mitte schieben und unterarbeiten, bis eine grobkrümelige Masse entsteht. Den Teig leicht zu einer Kugel zusammendrücken. Falls er klebt, noch 2 bis 3 EL Mehl unterarbeiten. Die grobvermischten Zutaten zu einem glatten Teig kneten, diesen in Klarsichtfolie wickeln und mindestens 30 Min. kühlen.

Quark-Maronen-Auflauf:
Das Eigelb in einer Schüssel aufschlagen. Den Zucker langsam einstreuen und die Eigelbmasse schaumig rühren. Den Quark und das Maronenpüree zugeben und glattrühren. Maisstärke und Schale von abgeriebener Zitrone unterrühren. Das Eiweiß zu steifem Schnee schlagen und vorsichtig unter die Quark-Maronen-Masse heben.
Kleine Formen einfetten, mit Teig auskleiden und kühl stellen. Den Backofen auf 200 °C vorheizen. Die Quark-Maronen-Masse in die mit Teig ausgekleideten Förmchen füllen, sie sollte bis an den oberen Teigrand reichen. Nun den Quark-Maronen-Auflauf etwa 45 Min. backen, bis die Oberseite leicht gebräunt und die Quarkmasse gestockt ist.

Hinweis:
Beim Backen geht die Füllung etwas auf, sinkt aber beim Abkühlen wieder leicht ein und wird dann fest. Bei zu rascher Bräunung die Oberseite mit Alufolie abdecken. Den fertigen Quark-Maronen-Auflauf in der Form etwas abkühlen lassen, dann aus der Form herausnehmen und auf einem Teller anrichten. Die Marzipansauce um den Quark-Maronen-Auflauf herumgeben.

Marzipansauce:
Die Milch mit dem Marzipan aufkochen. Eigelbe und Zucker aufschlagen, bis die Masse dick und schaumig ist, dann die heiße Milch einrühren.
Die Eiercreme zurück in den Topf füllen und unter ständigem Rühren mit einem Holzlöffel behutsam erhitzen, bis sie dick wird.

Rezept Seite 174: Savarin, gefüllt mit Birnencreme, auf Preiselbeerschaum
Matthias Kersten, Pannonia Hotel Döllnsee, Groß Dölln

Wenn man mit dem Finger über den Löffel fährt, muß eine deutliche Spur zurückbleiben.

Hinweis:
Die Sauce nicht übergaren oder zum Kochen bringen, da sie sonst gerinnt.

Die gekochte Sahne unter ständigem Rühren in die Eimasse laufen lassen und alles bis zur Rose abziehen. Die Eisgrundmasse durch ein feines Sieb laufen und abkühlen lassen. Jetzt kann die Eismasse gefroren werden.
1 Tag vorher die zerstoßenen Kaffeebohnen in die Sahne einlegen.

Himbeergeist pürieren und durch ein Sieb streichen.

Anrichten:
Mit dem Himbeercoulis jeweils einen Spiegel gießen und darauf 2 bis 3 Schokomoussekugeln anrichten und mit Minze und Sahne vollenden.

Mandelauflauf mit weißem Kaffeerahmeis

Holger Schröder
Schloßhotel Cecilienhof
Potsdam

Mandelauflauf:
50 g Butter, 25 g Rohmarzipan, 2 cl Amaretto, 3 Eigelb, 50 g Mandelgrieß, 25 g Kuchenbrösel, 25 g grobgeraspelte weiße Schokolade sowie 3 Eiweiß und 50 g Zucker.

Die Butter schaumig rühren und mit Rohmarzipan und Amaretto glattrühren. Nach und nach die Eigelbe zugeben. Den Mandelgrieß, die Kuchenbrösel und Schokolade unter die Masse arbeiten.
Die Eiweiße mit dem Zucker steif schlagen, 1/3 davon mit der Auflaufmasse glattrühren, das restliche Eiweiß vorsichtig unterheben.
Die Auflaufmasse in gebutterte und gezuckerte Formen füllen, am Rand der Formen etwa 1/2 cm frei lassen, da die Masse stark aufgeht. Dann im Wasserbad bei 210 °C etwa 25 bis 30 Min. gar ziehen lassen.

Weißes Kaffeerahmeis:
500 g Sahne, 1 Vanillestange sowie 125 g Zucker, 4 Eigelb, 2 Eier und 100 g Kaffeebohnen (zerstoßen).

Die Sahne mit der aufgeschnittenen Vanillestange aufkochen und den Zucker mit den Eigelben und ganzen Eiern verrühren.

Schokoladenmousse mit Ingwerstückchen auf Himbeercoulis

Andreas Fischer
Hotel Mondial
Berlin

1 ganzes Ei, 2 Eigelb, 40 g Zucker, 2 Eiweiß, 1 Msp. Salz sowie 30 g Kuvertüre, 2 cl Kakaolikör und 100 g feingehackter eingelegter Ingwer, 1/8 l geschlagene Sahne.

Himbeercoulis:
300 g Himbeeren (evtl. Tiefkühlware), 100 g Puderzucker, 2 cl Himbeergeist, 4 Minzblätter.

Das ganze Ei mit den Eigelben und 30 g Zucker im Wasserbad erst warm aufschlagen und dann kalt rühren. Den restlichen Zukker mit dem Eiweißen und der Msp. Salz zu festem Schnee schlagen. Die aufgelöste Kuvertüre mit dem Kakaolikör (Wasserbad!) in nicht zu warmem Zustand unter die Eigelbmasse rühren, den Ingwer hinzugeben und gut verrühren. Dann vorsichtig den Eischnee und die geschlagene Sahne unterheben. (Wichtig: Gut vermengen, damit keine weißen Stellen im Mousse bleiben!)
Das Schokoladenmousse in ein fettfreies Gefäß füllen und gut abgedeckt etwa 12 Std. kühl stellen.
Für das Himbeercoulis die Himbeeren mit dem Puderzucker und

Orangenmousse mit Erdbeeren im Zartbittertürmchen, Pralinenschaum

Bild Seite 180
Für 8 Personen

Markus Semmler
Schloßhotel Cecilienhof
Potsdam

Orangenmousse:
500 g Kuvertüre, 20 Würfelzucker, 5 Orangen, 2 Eigelb, 2 Eier, 125 g Sahne, 5 Blatt Gelatine, 30 g Crème de Cacao (weiß).

Pralinenschaum:
20 g Kuvertüre und 100 g Nugat, 1 Ei, 1 Eiweiß, 0,1 l Sahne, Schalen von 10 Orangen, 1 cl Rum sowie 1 cl Grand Marnier.

Zartbitterblättchen:
100 g Bitterkuvertüre.

Orangenmousse:
Die Kuvertüre auf Körpertemperatur erwärmen. Würfelzucker mit dem Saft der Orangen aufkochen (vorher mit dem Würfelzukker die Orangen abreiben), zu den aufgeschlagenen Eigelben und Eiern geben und die erwärmte Kuvertüre zugeben. Sahne unterheben. Die aufgelöste Gelatine in warmen Likör geben, zur Masse gießen, durchrühren und dann das Ganze in eine Schüssel abfüllen.

Pralinenschaum:
Kuvertüre und Nugat auflösen und unter das aufgeschlagene Eigelb ziehen. Geschlagenes Eiweiß und Sahne unterheben, geriebene Orangenschale, Rum und Grand Marnier zugeben.

Zartbitterblättchen:
Die Bitterkuvertüre temperieren, auf Pergament ausstreichen, etwa 8 cm große Kreise ausstechen.

Anrichten:
Die Orangenmousse in einen Spritzsack mit Sterntülle füllen und dann in 3 Schichten auf Zartbitterblättchen geben (turmartig übereinandersetzen), mit der Pralinensauce, den Orangenfilets und Erdbeeren garnieren.

Lindenblütenmousse mit Beeren

Arno Schmädicke
Ratskeller Zehlendorf
Berlin

100 g weiße Schokoladenkuvertüre, 100 g Mascarpone und 80 g Magerquark, 100 g Lindenblütenhonig, 3 Blatt Gelatine, 250 g geschlagene Sahne.

Beeren:
Je nach Saison. Zum Beispiel Himbeeren, Brombeeren, Erdbeeren, Johannisbeeren oder Heidelbeeren.
Die Schokoladenkuvertüre im Wasserbad schmelzen. Den Mascarpone, Magerquark und Lindenblütenhonig vermischen und zur Kuvertüre geben. Die eingeweichten Gelatineblätter im Wasserbad auflösen und zur Masse geben. Kurz bevor die Masse zu stocken beginnt, die geschlagene Sahne unterheben und das Lindenblütenmousse kalt stellen.
Vor dem Servieren mit beliebigen Beeren anrichten.

Quarkmousse mit marinierten Erdbeeren

Für 6 Personen

Michael Mödig
Restaurant Merz
Berlin

4 Blatt Gelatine, 400 g Schlagsahne, 400 g Quark, 4 Eigelb, 4 Eiweiß, 100 g Zucker, abgeriebene Zitrone und Orange (ungespritzte Früchte), 500 g Erdbeeren, 2 cl Cointreau, Saft von ½ Zitrone, 50 g Puderzucker, 50 g Pistazien (fein gemahlen).

Die Gelatine in kaltem Wasser einweichen. Sahne schlagen und kalt stellen, den Quark glattrühren. Die Eigelbe mit der abgeriebenen Zitrone und Orange sowie mit der Hälfte des Zuckers über dem warmen Wasserbad schaumig schlagen. Die gut ausgedrückte Gelatine dazugeben und kaltschlagen. Die Eiweiße mit dem restlichen Zucker aufschlagen. Den Quark mit der Eigelbmasse verrühren, erst die Sahne und zum Schluß den Eischnee unterheben. In Förmchen füllen, kalt stellen.
Die Erdbeeren waschen und putzen, in dünne Scheiben schneiden, mit dem Puderzucker bestäuben, den Saft der ½ Zitrone sowie den Cointreau dazugeben und einmal durchschwenken.
Die Erdbeerscheiben spiralförmig auf Teller verteilen und in die Mitte die Quarkmousse stürzen. Mit geriebenen Pistazien bestreuen.

Gebrannte Creme von Passionsfrüchten

Detlev Hohl

2 Blatt Gelatine, 500 g frische Passionsfrüchte, 4 Eigelb, 1 dl Weißwein, 2 dl Fruchtsaft, 100 g Zucker sowie 3 dl Schlagsahne und 120 g Zucker, 50 ml Läuterzucker, 4 EL frische Waldbeeren.

Gelatine in Eiswasser einweichen, Früchte halbieren, komplett auslöffeln und das Fruchtfleisch mixen (2 Min.). Durch ein Haarsieb sehr gut ausdrücken. Eigelbe, Wein, 2 dl Fruchtsaft, 100 g Zukker zusammen auf siedendem Wasserbad aufschlagen, bis eine dicke, sämige Masse entsteht.
Die ausgedrückte Gelatine hinzugeben, durchrühren, durch ein Haarsieb passieren und (auf mit Eiswürfeln gefüllter Schüssel) kalt schlagen. Nun vorsichtig die Schlagsahne unterheben.
Die Creme in Suppenteller halbvoll einfüllen und 3 Std. kalt stellen. Mit Zucker dick bestreuen und unter dem Grill (noch besser ist ein Bunsenbrenner) karamelisieren. 30 Min. kalt stellen.
0,5 dl Fruchtsaft mit Läuterzukker (Zucker und Wasser zu gleichen Teilen aufgekocht) süßen, um die Creme gießen und mit den frischen Waldbeeren garnieren.

Gebrannte Kaffeecreme mit Kardamom-Eis

Johannes King
Restaurant Grand Slam
Berlin

Creme:
⅛ l Milch, ⅛ l Sahne, 1 Vanillestange, 2 EL löslicher Kaffee, 1 Ei sowie 1 Eigelb, 1 EL Crème fraîche, 60 g Zucker, 40 g brauner Rohrzucker zum Abbrennen.

Eis:
⅛ l Milch, ⅛ l Sahne, 1 EL Kardamom, 3 Eigelb, 60 g Zucker.

Creme:
Milch und Sahne erhitzen, nicht kochen, dazu die ausgeschabte Vanille und den löslichen Kaffee geben, 20 Min. ziehen lassen. Ei, Eigelb, Crème fraîche und Zucker miteinander vermengen und zur Vanillesahne geben (nicht schlagen). In kleine Tassen abfüllen und bei 140 °C Ofentemperatur etwa 30 Min. pochieren. Über Nacht kalt stellen.

Eis:
Die Milch und Sahne aufkochen, Kardamom dazugeben und dann 10 Min. ziehen lassen. Anschließend passieren. Die Eigelbe und den Zucker schaumig rühren und dazugeben, bis zur Rose abziehen und ebenfalls passieren. Danach in der Eismaschine frieren.

Anrichten:
Die kalte Creme mit Rohrzucker bestreuen und mit dem Gasbrenner oder unter dem Grill abbrennen. Kurz abkühlen lassen und zum Anrichten 1 Kugel Kardamom-Eis dazugeben.

Grießflammeri mit Erdbeersauce

Carmen Krüger
C + W Gourmet
Eichwalde

1/4 l Milch, 2 Vanillestangen, 100 g gemahlene Mandeln, 50 g Zucker, 40 g Grieß, 1 1/2 Blatt weiße Gelatine, 200 ml geschlagene Sahne, 500 g Erdbeeren, 30 g Zucker und 1 EL Crème fraîche, 1 EL gehackte Pistazien sowie Zitronenmelisse.

Die Milch, das ausgekratzte Mark der beiden Vanillestangen, die Mandeln und den Zucker in einen Topf geben und langsam aufkochen. Den Grieß in die kochende Milch einrühren und unter Rühren etwa 3 Min. kochen. In eine Metallschüssel umfüllen und die eingeweichte, gut ausgedrückte Gelatine zugeben. In ein Eiswasserbad stellen, fast kalt schlagen und die geschlagene Sahne unterheben. Kalt stellen.
Die Erdbeeren mit Zucker pürieren und auf Teller verteilen. Vom Flammeri mit einem in heißes Wasser getauchten Löffel Nocken abstechen und auf der Erdbeersauce anrichten. Mit Crème fraîche, gehackten Pistazien und Zitronenmelisse garnieren.

Grießflammeri nach Fürst-Pückler-Art mit Rumkirschen

Bernd Krautz
Hotel Branitz
Cottbus

1/4 l Vollmilch, 1/2 Vanillestange, 30 g Grieß, 200 ml Schlagsahne und 3 Eigelb, 60 g Zucker, 2 bis 3 Blatt Gelatine, 50 ml Erdbeersauce, 15 g Kakaopulver, 1/2 Glas Sauerkirschen, Rum und Zucker (nach Bedarf), Stärkepulver, Zitronenmelisse.

Die Milch mit der 1/2 Vanillestange aufkochen, Grieß einstreuen, nochmals aufkochen, auskühlen lassen und gelegentlich umrühren. Die Sahne aufschlagen und kühl stellen. Die 3 Eigelbe mit Zucker aufschlagen, bis eine cremige Masse entsteht. Nun die Gelatine einweichen und noch etwa 5 Min. quellen lassen.
Dann die Sahne unter die Grießmasse heben, desgleichen die Eigelbmasse und zum Schluß die aufgelöste, ausgedrückte Gelatine. Nun 4 Kaffeetassen oder ähnliche Förmchen kühl stellen.
Die hergestellte Masse dritteln. Ein Drittel in die Formen füllen und kalt stellen. Das zweite Drittel mit Erdbeersauce abschmekken und als zweite Schicht auftragen. Das letzte Drittel mit dem Kakaopulver abschmecken und auf die zweite Schicht verteilen. Etwa 2 bis 3 Std. kühl stellen. Zum Stürzen die Förmchen kurz in lauwarmes Wasserbad halten. Nun die Kirschen erwärmen, mit Stärke binden und Rum nach Geschmack dazugeben.

Anrichten:
Den Grießflammeri in die Mitte der Teller setzen und dann mit den Rumkirschen umlegen.

Preußisches Marzipanflammeri auf Rhabarberschaum mit Backpflaumen

Torsten Wisniewski
Hotel Sophienhof
Hoenckes Altes Wirtshaus
Königs Wusterhausen

Marzipanflammeri:
1/2 l Milch, 80 g Zucker, 1 Stangenzimt, 60 g Grieß, 4 Eigelb, 2 Eiweiß, 50 g Rohmarzipan.

Rhabarberschaum:
100 g Rhabarber, 60 g Zucker sowie 2 Eigelb.

Backpflaumen:
16 Backpflaumen, 1/4 l Rotwein, 5 Korianderkörner und 16 geröstete Mandeln und Zimt.

Marzipanflammeri:
Milch, Zucker und Stangenzimt aufkochen, etwa 8 Min. köcheln lassen, den Stangenzimt herausnehmen. Den Grieß zugeben, anschließend die Eigelbe unterrühren, das Marzipan zugeben und glattrühren. Das steifgeschlagene Eiweiß unter die Masse heben und in kleine Förmchen abfüllen.

Rezept Seite 178: Orangenmousse mit Erdbeeren im Zartbittertürmchen, Pralinenschaum
Markus Semmler, Schloßhotel Cecilienhof, Potsdam

Rhabarberschaum:
Rhabarber schälen, in kleine Stükke schneiden, Zucker zugeben und 12 Std. kühl stellen. Etwas Wasser zugeben und weich kochen, durch ein Sieb passieren und kalt stellen. Die Eigelbe und den Rhabarberfond im Wasserbad erst warm, dann kalt aufschlagen.

Backpflaumen:
Die Backpflaumen mit Rotwein, Korianderkörnern und Zimt aufkochen, erkalten lassen und mit gerösteten Mandeln füllen.

Anrichten:
Den Flammeri auf dem Rhabarberschaum anrichten, von dem eingekochten Fond der Backpflaumen einen Spiegel ziehen. Zum Schluß mit den Backpflaumen sternförmig ausgarnieren.

Apfelpudding mit Zimteis

Bild Seite 184

Ewald Weiss
Restaurant Am Fasanenplatz
Berlin

Pudding:
100 g Biskuitbrösel, 4 EL Milch, 200 g Apfelpüree und 40 g Butter, 25 g Puderzucker, 2 Eigelb sowie 100 g Apfelkompott (abgetropft), 2 Eiweiß, 15 g Zucker.

Zimteis:
0,15 l Milch, 0,15 l Sahne und 80 g Zucker, 3 Eier sowie 2 TL gemahlener Zimt.

Pudding:
Biskuitbrösel in Milch und Apfelpüree einweichen. Butter mit Puderzucker schaumig schlagen und die Eigelbe unterrühren. Die Eiweiße mit Zucker steif schlagen. Alle Zutaten vermischen und zum Schluß vorsichtig das geschlagene Eiweiß unterheben. Den Teig in gebutterte und gezuckerte Förmchen knapp unter den Rand füllen und im Wasserbad bei 180 °C 50 Min. garen.

Zimteis:
Milch und Sahne mit Zucker aufkochen und unter Rühren auf die mit dem Schneebesen aufgeschlagenen Eier passieren. Den Zimt dazugeben und im Wasserbad so lange aufschlagen, bis eine Bindung entsteht. Erkalten lassen und in der Eismaschine abfrieren. Den Pudding stürzen und mit Puderzucker bestreuen.

Tarte, Charlotte und Eis von der Birne

Karl Wannemacher
Alt Luxemburg
Berlin

6 Williams Christbirnen und 100 ml Weißwein, 1 Vanillestange, 1 Zitrone, 50 g Zucker sowie etwas Williamsgeist.

Charlotte:
4 Ringe, ∅ 5,5 cm.

Löffelbiskuit:
2 Eigelb, 2 Eiweiß, 40 g Mehl, 40 g Läuterzucker, Puderzucker zum Bestäuben, Backtrennpapier (8 mal 30 cm), etwas Williamsgeist, 60 g gehobelte Vollmilchkuvertüre.

Creme:
60 ml Milch, 1 Eigelb, 25 g Zucker, 3/4 Blatt Gelatine, 60 g Schlagsahne, etwas Williamsgeist.

Tarte/Mürbteig:
250 g Mehl und 125 g Butter sowie 100 g Zucker, 1 Ei.

Tarte/Mandelmasse:
50 g Mandelgrieß, 50 g Butter und 50 g Zucker, 1 Ei sowie etwas Aprikosenmarmelade.

Garnitur:
Vanillesauce und Himbeercoulis, Birnenwürfel sowie Weintrauben, Minzblatt.

5 Williams Christbirnen schälen, halbieren und das Kerngehäuse ausstechen. Nun in Zitronensaft wälzen, damit die Birnen nicht dunkel werden. Mit Zucker, Weißwein, Vanillestange und Wasser bedecken, nicht zu weich kochen und im Fond auskühlen lassen.
Für die Charlotte zuerst den Löffelbiskuit backen: Eigelbe mit 15 g Zucker schaumig schlagen. Die Eiweiße mit 25 g Zucker zu Schnee schlagen. Eiweiß unter das Eigelb heben sowie das gesiebte Mehl. In einen Spritzbeutel mit kleiner Lochtülle füllen und auf das Backtrennpapier dicht nebeneinander spritzen. Mit Puderzucker bestäuben und bei 150 °C Umluft hellbraun backen und auskühlen lassen.
Die Creme wird wie Bayerische Creme hergestellt: Die Milch aufkochen, das Eigelb mit Zucker verrühren und die heiße Milch dazugeben. Die Masse in den Topf zurückgeben und zur Rose abrühren. Sofort durch ein Sieb geben und die eingeweichte Gelatine hinzufügen. Wenn die Masse anzieht, kleine Würfel von den gekochten Birnen zufügen, die Schlagsahne unterheben und mit Williamsgeist abschmecken.
Den ausgekühlten Löffelbiskuit längs halbieren und mit Läuterzucker und Williamsgeist tränken. Die Ringe mit dem Biskuit auskleiden, die Creme einfüllen und wieder kalt stellen. Zum Schluß mit gehobelter Vollmilchkuvertüre bestreuen.
Eis:
Die restlichen gekochten Birnen mit etwas Saft im Mixer pürieren, durch ein Sieb streichen und mit Zucker und Williamsgeist abschmecken. Anschließend in der Eismaschine abdrehen.

Tarte:
Den Mürbteig ausrollen und kleine Birnenformen ausstechen und mit der Mandelmasse bestreichen. Die verbliebene rohe, geschälte Birne in Scheiben schneiden und damit belegen. Im Ofen bei 150 °C Umluft backen, dann mit warmer Aprikosenkonfitüre bepinseln.
Zum Anrichten Tarte und Charlotte auf die Teller geben, das Eis auf etwas Mandelgrieß setzen, damit es nicht wegrutscht, und alles mit Vanillesauce, Himbeercoulis, Weintrauben, Birnenwürfeln und Minze dekorieren.

Rhabarberravioli auf Sauerkirschsauce

Heiko Ludwig/
Stephan Niggemann
Forsthaus Paulsborn
Berlin

Ravioli:
300 g Rhabarber, 1/4 l Weißwein, 70 g Zucker, 1 EL Zitronensaft, 1 Ei, 250 g Mehl, 4 g Salz, 4 EL Milch, 2 EL Öl, 60 g Butter, 1 Eiweiß, 1 Prise Vanillezucker.

Sauerkirschsauce:
300 g Schattenmorellen, 1/8 l Rotwein, 80 g Zucker, 1 Zitrone und 3 cl Kirschwasser, 1 TL Zimt.

Rhabarber schälen und fein würfeln. In Weißwein zusammen mit dem Zucker und dem Zitronensaft blanchieren, dann abkühlen lassen.
Aus dem Ei, dem Mehl, dem Salz, der Milch und dem Öl einen Strudelteig kneten und 30 Min. abgedeckt ruhenlassen. Den Strudelteig auf einem bemehlten Tuch dünn ausrollen und über die Handkanten weiter ausziehen.
Den Teig in 2 cm große Quadrate teilen, dann mit Eiweiß einpinseln. Auf jedes dieser Quadrate 1 TL der blanchierten Rhabarberwürfel setzen. Die Teigquadrate dann jeweils über Eck zusammenklappen und die Ränder fest andrücken. Die so entstandenen Ravioli in Salzwasser abkochen, in zerlassener Butter anschwenken und in Zucker mit einer Prise Vanillezucker wälzen.
Für die Sauce die entsteinten Kirschen zusammen mit Wein, Zukker, Zimt und dem Saft von 1 Zitrone weich kochen. Dann pürieren und passieren; erst zum Schluß das Kirschwasser unterziehen und die warmen Ravioli auf der heißen Kirschsauce anrichten. Ausgarnieren mit Pistazien, frischer Minze und Kirschen.

Ribbecker Havelland-Birne mit Holunderbeersauce

Arno Schmädicke
Ratskeller Zehlendorf
Berlin

Rotweinbirne:
4 Birnen, 600 g kräftiger Rotwein, 50 g Zucker, 1 Zimtstange, 4 cl Birnengeist.

Birnenmousse:
4 Birnen, 50 g Zucker, 70 bis 100 g Wasser, 4 cl Birnengeist, 5 Blatt Gelatine, 150 g geschlagene Sahne.

Walnußcreme:
4 Eigelb, 100 g Zucker, 100 g Milch, 5 Blatt Gelatine, 100 g geriebene Walnüsse, 2 cl Amaretto sowie 150 g geschlagene Sahne.

Holunderbeersauce:
250 g Holunderbeeren, 50 g Zucker, 4 cl Holunderblütenlikör und 1 EL Stärke.

Rotweinbirne:
Die Birnen schälen, halbieren und vorsichtig das Kerngehäuse entfernen. Die Rundungen der halben Birnen glattschneiden, damit die Birnen geradeliegen. Nun den Rotwein, den Zucker, Zimtstange und Birnengeist in einen Topf geben, die Birnen dazulegen und langsam pochieren. Die Birnen sollten noch Biß haben. Die Birnen aus dem Fond nehmen, abtropfen und erkalten lassen.

Birnenmousse:
Die Birnen schälen, vom Kerngehäuse befreien und in kleine Würfel schneiden. Zusammen mit dem Zucker, dem Wasser und dem Birnengeist zu Mus kochen. Danach die eingeweichte und ausgedrückte Gelatine unter die noch heiße Masse rühren, kalt stellen. Beginnt die Masse zu gelieren, die geschlagene Sahne unterheben, in 4 Savarinförmchen verteilen und kalt stellen.

Walnußcreme:
Die Eigelbe mit Zucker und Milch zur „Rose" kochen, vom Herd nehmen. Die eingeweichte, ausgedrückte Gelatine sowie die geriebenen Walnüsse unterrühren. Kalt stellen! Beginnt die Creme fest zu werden, den Amaretto und die geschlagene Sahne vorsichtig unterheben. Die Creme mit einem Spritzbeutel auf die halben Rotweinbirnen dressieren.

Holunderbeersauce:
Die Holunderbeeren, den Zucker und Likör aufkochen und mit der angerührten Stärke binden. Erkalten lassen!

Anrichten:
Je Teller 2 halbe Rotweinbirnen mit der aufdressierten Walnußcreme legen, den Birnen-Mousse-Savarin stürzen und dazulegen. In die Mitte und über eine Randfläche des Savarins die erkaltete Holundersauce gießen.

Altberliner Mohnpielen

Bild Seite 172

Marcel J. Yanic
Berlin Hilton
Berlin

4 alte Brötchen, 500 ml Milch, 250 g Zucker, 400 g gemahlener Mohn, 60 g Rosinen, 60 g gehobelte Mandeln, 400 ml Sahne.

Die Brötchen in daumendicke Scheiben schneiden. Die Brötchenscheiben in einer Schüssel mit Milch durchweichen lassen und mit 30 g Zucker bestreuen. Den Mohn mit dem restlichen Zucker, den Rosinen und der Sahne etwa 15 Min. langsam kochen. In eine Glasschüssel die leicht ausgedrückten Brötchenscheiben mit dem gekochten Mohn schichtweise einfüllen und mit Mandeln bestreuen. Kalt stellen.

Tip:
Sind etwa 5 bis 6 cm hohe Metall- oder Plastikringe vorhanden, so können die Pielen auch gleich dort portionsweise eingefüllt werden, und zum Anrichten werden sie bloß noch nach unten rausgedrückt.

Garnitur:
Je nach Saison kann man die Pielen mit Beeren, Dörrobst usw. servieren.

Mohnpielen mit Cassisparfait

Reinold Kegel
Restaurant Grand Cru
Berlin

400 ml Milch, ½ Vanillestange und 1 cl brauner Rum, 20 g Honig, 1 bis 2 Milchbrötchen (Kuchenbrötchen), etwa 80 g, 2 Scheiben Zwieback, 120 g Backmohn, 30 g Rosinen, 40 g Zucker, 1 Eigelb, ½ TL Weizenstärke, 2 Blatt Gelatine, 1 Prise Salz, 200 ml Sahne, 60 g gehobelte Mandeln und etwas Butter.

Für das Parfait:
1 Ei und 3 Eigelb, 120 g Zucker, 60 g Cassispüree, 0,5 l geschlagene Sahne.

Die Milch mit der ½ Vanillestange, dem Rum und dem Honig kurz erwärmen und passieren. Milchbrötchen und den Zwieback grob zerteilen und darin einweichen, dann auf einem Tuch abtropfen lassen und vorsichtig ausdrücken. Die Milch mit dem Backmohn, den eingeweichten Rosinen, Zucker, Eigelb, Weizenstärke und der Prise Salz unterrühren. Kurz aufwallen lassen, vom Herd nehmen und die eingeweichte Gelatine unterziehen.
Danach erkalten lassen und die geschlagene Sahne unterheben. Die gehobelten Mandeln rösten und in eine leicht gebutterte Form (z. B. Kaffeetasse, Timbaleform) auslegen. Dann die Mohn- und Brötchenmasse abwechselnd einschichten. Alles etwa 12 Std. im Kühlschrank durchziehen lassen.
Für das Parfait zuerst das Ei und die Eigelbe mit dem Zucker warm aufschlagen (Wasserbad), dann das Cassispüree hinzugeben und alles zusammen kalt rühren. Als letztes die geschlagene Sahne unterheben und die Masse in eine Rinnen- bzw. kleine Kastenform einfüllen, die über Nacht im Tiefkühler gefrostet wird.
Zum Anrichten die Mohnpielen kurz in warmes Wasser tauchen und auf die Teller stürzen. Das Parfait ebenfalls stürzen und 3 kleine Scheiben um die Mohnpielen legen.
Als Garnitur können etwas Vanillesauce, ein paar schwarze Johannisbeeren und etwas Minze oder Zitronenmelisse dienen.

Quarkkeulchen auf Himbeermark

Bild Seite 196

Bernd Krautz
Hotel Branitz
Cottbus

Quarkkeulchen:
250 g gekochte Kartoffeln sowie 125 g Quark, 60 g Mehl, 25 g Zukker, 1 Eigelb, 25 g Rosinen, Zitrone, Salz, etwas Öl, Zimtzucker.

Himbeermark:
100 g Himbeeren und 25 g Zucker.

Die noch warmen gekochten Kartoffeln durch eine Kartoffelpresse drücken. Die restlichen Zutaten dazugeben und zu einem Teig verkneten. Flache Keulchen formen und in Öl in der Pfanne goldbraun backen, abschließend in Zimtzucker wälzen.
Für das Himbeermark die Himbeeren zerdrücken und mit dem Zucker verrühren.

Anrichten:
Die Teller mit Puderzucker absieben, einen Himbeermarkspiegel darauf geben. Die Quarkkeulchen mit Minze und einigen Himbeeren ausgarnieren.

Brandenburger Quarkkeulchen

Hans-Jörg Schlenker
Preußischer Hof
Liebenwalde

2 Eier, 100 g Zucker, ½ TL Backpulver, 250 g Quark sowie 75 bis 100 g Mehl (je nach Feuchtigkeit des Quarks), Bratfett.

Eier mit Zucker verrühren, gesiebtes Mehl und Backpulver darunterziehen, anschließend mit dem Quark mischen und zu ei-

Rezept Seite 182: Apfelpudding mit Zimteis, Ewald Weiss, Restaurant Am Fasanenplatz, Berlin

nem glatten Teig verarbeiten. Den fertigen Teig 20 Min. ruhenlassen. Dann mit einem feuchten Eßlöffel Nocken abstechen und in heißem Fett goldbraun backen, herausnehmen und in Zucker wälzen.
Auf heißer Schokoladensauce mit frischen Früchten und Beeren anrichten.

Hefeplinse mit Waldbeeren

Bernd Krautz
Hotel Branitz
Cottbus

1/4 l Milch, 30 g Zucker, 100 g Mehl, 1 Ei, 20 g Hefe, Öl zum Braten, 200 g Waldbeeren, 50 g Zucker und Stärke zum Binden, Puderzucker, Minzblätter.

Die lauwarme Milch mit den übrigen Zutaten verrühren und etwa 1/4 Std. gehen lassen. In heißem Öl Plinse backen, die Waldbeeren kurz aufkochen. Fond mit Stärke binden, evtl. mit Zucker abschmecken, dann die fertige Plinse damit füllen.
Je 2 Plinse auf den Tellern anrichten, mit Puderzucker besieben, mit Waldfrüchten und Minzblättern garnieren.

Quark-Rosinen-Nocken an Himbeer-Minz-Sauce

Jürgen Eschenbach
Hotel Hamburg
Berlin

500 g Quark und 100 g Rosinen (etwa 30 Min. eingeweicht), 2 Eigelb, 90 g Zucker, 10 g Vanillezucker, 1/8 l Sahne, 2 Eiweiß, 500 g Himbeeren, 30 g Zucker, 1 Bd. Minze.

Den Quark gut ausdrücken. Dann die eingeweichten Rosinen, Eigelbe, Zucker und Vanillezucker mit dem Quark vermengen. Die geschlagene Sahne mit den Eiweißen unterheben und für 1 Std. kühl stellen.

Sauce:
Die Himbeeren mit dem Zucker vermischen. Mit einem Mixstab zerkleinern und durch ein Sieb streichen. Etwas kleingeschnittene Minze hinzufügen.

Anrichten:
Auf den Tellern die Himbeer-Minz-Sauce verteilen. Die Quark-Rosinen-Masse nun mit Eßlöffeln ausstechen und auf den Tellern anrichten.
Mit Minzblättern garnieren.

Mandeltulpe mit Blaubeeren und Zimtsahne

Gerhard Braun
Französischer Hof
Berlin

50 g Eiweiß, 50 g Mehl, 50 g Zukker, 50 g Mandeln (gehobelt), 400 g Blaubeeren, 150 g geschlagene Sahne, 2 EL Stärkemehl, 1 Prise Zimt, Vanilleeis.

Flüssiges Eiweiß mit Mehl, Zukker und den Mandeln verrühren. Ein Backblech mit Trenn-Wax besprühen oder mit einer Backfolie auslegen und 1/4 der Masse mit einem Küchenpinsel rund aufstreichen. Bei 220 °C im Ofen hellbraun backen. Mit einem Spachtel schnell lösen und in eine Suppentasse drücken. Beim Erkalten der Masse wird sie steif und brüchig. Die Blaubeeren abgießen, den Fond aufkochen und mit der angerührten Stärke binden. Sahne aufschlagen und den Zimt (nach Geschmack) unterziehen.
Auf gut gekühlten Tellern anrichten. Das Vanilleeis in die knusprigen Tulpen geben. Blaubeeren mit Fond darübergeben und mit der Zimtsahne garnieren.

Arme Ritter mit Honig und Nüssen in Apfelweinsauce

Torsten Wisniewski
Hotel Sophienhof
Hoenckes Altes Wirtshaus
Königs Wusterhausen

Arme Ritter:
2 Eier, 100 g Honig, 1/4 l Vollmilch, 80 g gehackte Walnüsse, 2 Brötchen, 50 g Butter und etwas Öl.

Apfelweinsauce:
2 Eigelb und 50 g Zucker sowie 1/4 l Apfelwein.

Garnitur:
Apfelspalten, 4 Walnüsse (im ganzen ausgebrochen), 4 Minzblätter.

Arme Ritter:
Die Eier, Honig und Milch schaumig schlagen, die gerösteten und feingehackten Walnüsse dazugeben. Die Brötchen längs in etwa 1 cm dicke Scheiben schneiden und in der Eier-Honig-Milch-Masse 5 Min einweichen. In Butter und Öl bei geringer Hitze goldgelb ausbacken.

Apfelweinsauce:
Die Eigelbe mit dem Zucker cremig rühren, im Wasserbad mit dem Apfelwein schaumig schlagen, anschließend in Eiswasser kaltschlagen.

Anrichten:
2 gebratene Brötchenscheiben an die schaumige Sauce legen, dann mit 2 Apfelspalten, 1 Walnuß sowie 1 Minzblatt garnieren und warm servieren.

Blaubeerpfannkuchen

Steffen Müller
Restaurant Goldener Hahn
Finsterwalde

4 Eier, 100 g Zucker, 4 EL Milch, 80 g Mehl, 1 Prise Salz, 200 g Blaubeeren.

Die Eigelbe und den Zucker schaumig rühren, die Milch zugeben und das Mehl unterheben.
4 kleine Auflaufformen fetten und den Backofen auf 180 °C vorheizen. Die Blaubeeren einzuckern, die Eiweiße mit der Prise Salz zu einem steifem Schnee schlagen, die Eigelbmasse einlaufen lassen und dann alles vorsichtig untereinander heben.
Die Masse in die Auflaufformen geben. Etwa 15 Min. backen und lauwarm mit Puderzucker bestreut oder mit Sahne oder Vanilleeis servieren.

Kirschenmichel auf Vanilleschaum mit Amarettoeis

Für 8 Personen

Johannes Schubert
Kempinski Hotel Bristol Berlin
Berlin

6 Semmeln, 1/4 l Milch, 100 g Butter, 50 g Puderzucker sowie Zimt, gemahlene Nelken, 3 Eigelb, Zitronenschale, 2 cl Kirschwasser, 1/8 l Sauerrahm, 3 Eiweiß, 50 g Kristallzucker, 300 g Kirschen (entsteint), Butter zum Ausstreichen, Semmelbrösel zum Ausstreuen, gehackte Walnüsse, Puderzucker zum Bestreuen und 1/2 l Vanillesauce sowie 8 Kugeln Mandel-Amaretto-Eis.

Die Semmeln entrinden und würfelig schneiden und mit Milch befeuchten. Die Butter schaumig rühren, Puderzucker, etwas Zimt und Nelkenpulver beigeben, die Eigelbe nach und nach einrühren. Zitronenschale, das Kirschwasser, Sauerrahm und die Semmelwürfel unter die schaumig gerührte Butter mischen.
Die Eiweiße mit dem Kristallzukker zu steifem Schnee schlagen und vorsichtig unter die Semmelmasse heben und die entsteinten Kirschen unterziehen. Nun in mit Butter ausgestrichene und mit Bröseln ausgestreute Auflaufförmchen etwas gehackte Walnüsse streuen, die Masse einfüllen und backen.
Mit Vanillesauce und dem Amarettoeis servieren.

Eierkuchen mit Backpflaumen-Zitronen-Quark

Steffen Müller
Restaurant Goldener Hahn
Finsterwalde

Eierkuchen:
4 Eier, 1/4 l Milch, 100 g Mehl und 1 Prise Zucker, 1 Prise Salz.

Quark:
150 g Quark, Milch, etwas Zucker, Saft von 1/2 Zitrone und 100 g entsteinte Backpflaumen.

Für den Eierkuchen alle Zutaten zu einem glatten Teig rühren. Teig etwas ruhenlassen. Den Quark mit etwas Milch und Zitronensaft cremig rühren, Zucker zugeben, dann die entsteinten Backpflaumen unterheben.
Jetzt etwas Fett in einen Tiegel geben und die Eierkuchen von beiden Seiten goldgelb backen. Den Quark auf die Eierkuchen geben und diese zu einer Tasche zusammenlegen. Mit Puderzucker bestreut servieren.

Rum-Zimt-Pflaumen im Eierpfannkuchen

Michael Häberer
Hotel Mercure
Potsdam

100 g Mehl, 125 ml Vollmilch, 2 Eier, Zucker, Salz, 125 g Butter, 40 ml Rum, 300 ml Apfelsaft, 100 g Backpflaumen, 1 TL Zimt, Zucker, 50 g Speisestärke, frische Beeren zum Ausgarnieren.

Das gesiebte Mehl mit der Milch glattrühren. Die Eier, Zucker, eine Prise Salz und 25 g flüssige Butter zugeben, unterrühren und die Masse 1 Std. im Kühlschrank ruhenlassen. Den Zimt mit dem Rum und dem Apfelsaft vermischen, die Trockenpflaumen darin einweichen und für 12 Std. kühl stellen.
In einer beschichteten Pfanne Butter auslassen und den Eierkuchenteig hineingeben und leicht bakken lassen. Die Pflaumen aus dem Rum nehmen, abtropfen lassen und halbieren. Die Pflaumenhälften auf den Eierkuchen verteilen. Den Eierpfannkuchen in einem Salamander bei Oberhitze goldbraun fertigbacken, ohne ihn zu wenden.
Nun das Rum-Apfelsaft-Gemisch durch ein Sieb gießen und aufkochen, wenn nötig nachsüßen und dann mit aufgelöster Stärke leicht binden.
Die Eierpfannkuchen sechsteln und auf warmen Tellern fächerförmig anrichten. Danach die warme Rum-Apfelsaft-Sauce angießen und die Eierkuchen mit Staubzucker bepudern.
Ausgarnieren mit einem kleinen Sortiment frischer Beeren.

Grießknödel auf Rhabarbergrütze mit Joghurtsauce

Markus Semmler
Schloßhotel Cecilienhof
Potsdam

Grießknödel:
500 g Milch, ½ Zitronenschale, 80 g Zucker, 125 g Grieß, 2 Eier.

Rhabarbergrütze:
500 g Rhabarber, 1 Zimtstange, 1 Vanillestange, 300 g Zucker, 150 g Weißwein, 8 EL Apollinaris, Zitronensaft, 12 g Puddingpulver.

Joghurtsauce:
½ Becher Joghurt, Milch und Puderzucker.

Die Milch, Zitronenschale und den Zucker kochen und den Grieß einrühren. Die ganze Masse gut abbrennen, in die noch heiße Masse die Eier nach und nach einrühren, kleine Knödel abdrehen, in Salzwasser gar kochen und mit Butterbröseln bestreuen.

Rhabarbergrütze:
Den Rhabarber schälen und in 2 bis 3 cm große Stücke schneiden, ordentlich in eine kleine Pfanne legen, dann die Zimtstange und die aufgeschnittene Vanillestange dazugeben.
Zucker und Wasser etwa 4 Min. kochen lassen. Den eingekochten Zucker über den Rhabarber gießen und die Pfanne mit Alufolie abdecken. Das Ganze für etwa 15 Min. bei 200 °C in den Backofen schieben. Den Rhabarber aus dem Sud nehmen und abtropfen lassen. Weißwein, Apollinaris und Zitronensaft in den Sud geben, alles aufkochen lassen und mit dem Puddingpulver abbinden.
Die Rhabarberstücke in Suppentellern oder Schalen anrichten, einige Erdbeeren oder Himbeeren zugeben und den abgebundenen Saft darübergeben, 1 bis 2 Std. kalt stellen.

Joghurtsauce:
Den Joghurt mit etwas Milch und Puderzucker aufmixen und auf der Rhabarbergrütze verteilen.
Diese Grütze kann aber auch mit einem Eis oder Sorbet serviert werden.

Topfenknödel mit Quittenragout

Franz Raneburger
Bamberger Reiter
Berlin

80 g Butter, 80 g Staubzucker, 3 Eigelb, 3 ganze Eier, Vanillezucker, Zitronenschale, Salz, 250 g entrindete Weißbrotwürfel sowie 800 g ausgedrückter Topfen (Quark).

Butterbrösel:
80 g Butter, 100 g Semmelbrösel.

Quittenragout:
1 kg Quitten, Saft von 1 Zitrone und von 2 Orangen, 400 g Zucker, 125 ml Weißwein, 40 ml gesiebter Zitronensaft, 2 Nelken, 1 Sternanis, ½ Zimtstange, etwas Orangenschale und Limonenschale.

Butter und Zucker schaumig schlagen und die Aromaten zugeben. Danach abwechselnd Eigelbe, Topfen und die ganzen Eier beimengen, zum Schluß die Weißbrotwürfel unterheben und 1 Std. ruhenlassen.
Knödel formen und in Salzwasser etwa 10 Min. ziehen lassen. Die Knödel gut abtropfen lassen und in Butterbröseln (geschmolzene Butter mit den Bröseln vermengt) wälzen.
Nun die Quitten schneiden und mit Zitronen-Orangen-Saft marinieren. Zucker karamelisieren und mit Weißwein ablöschen. Sämtliche übrigen Zutaten zugeben und, bis die Quitten bißfest sind, köcheln lassen.
In tiefen Tellern anrichten, jeweils 2 Knödel einsetzen und mit einem Minzblatt garnieren.

Topfen-Pistazien-Knödel mit Erdbeeren

Harald Höllrigl
Restaurant Borchardt
Berlin

Topfen-Pistazien-Knödel:
400 g Topfen (Quark), 50 g Butter, 50 g Zucker, 2 Eigelb, 1 Ei und 80 g Weißbrot (trockenes), Zitronenschale, Salz, 30 g Pistazienkerne.

Marinierte Erdbeeren:
350 g Erdbeeren, etwas Staubzucker, Zitronensaft.

Brösel zum Wälzen:
150 g Weißbrotbrösel, 50 g Butter.

Den Quark mit Butter, Zucker, Zitronenschale und den kleingehackten Pistazien zusammenkneten. Das würfelig geschnittene Weißbrot unter die Masse kneten, 15 Min. ruhenlassen. Die fertigen Knödel in kochendes Wasser geben, aufkochen lassen und weitere 12 Min. ziehen lassen.
Die mit etwas Zitronensaft marinierten Erdbeeren halbieren, ⅓ davon mit dem Stabmixer und Staubzucker pürieren, durch ein Haarsieb streichen. Die halben Erdbeeren mit dem Fruchtmark vermengen. In der Mitte der Teller anrichten.
Die Topfenknödel aus dem Wasser nehmen, in mit Butter angerösteten Weißbrotbröseln wenden, mit Staubzucker bestreuen und auf den marinierten Erdbeeren einsetzen.

*Rezept Seite 177: Warmer Quark-Maronen-Auflauf an Marzipansauce
Matthias Kersten, Pannonia Hotel Döllnsee, Groß Dölln*

Milchrahmstrudel

Franz Raneburger
Bamberger Reiter
Berlin

Strudelteig:
450 g Mehl, 230 ml Wasser, 50 bis 60 ml Öl, Salz.

Füllung:
250 g Butter, 250 g Zucker, 50 g Vanillezucker, 1 Prise Salz, Schale von 2 Zitronen, 10 Eigelb, 825 g Topfen (Quark), 625 g Sauerrahm, 10 Eiweiß, 100 g Mehl, etwas Butter zum Beträufeln und Bestreichen.

Royale (Ei-Milch-Masse):
1/2 l Milch, 4 Eier, 60 g Zucker.

Vanillesauce:
2 Vanillestangen, 1 l Milch, 12 Eigelb, 200 Zucker.

Aus den Strudelteigzutaten einen Teig kneten und ruhenlassen.

Füllung:
Die 250 g Butter und 1/3 Zucker schaumig rühren und die Eigelbe nach und nach zugeben. In diese Masse den Topfen und den Sauerrahm einrühren. Die Eiweiße zu Schnee schlagen und mit dem restlichen Zucker unter die Masse heben. Zum Schluß das Mehl und die Aromaten beigeben.
Den Strudelteig ausziehen und in 2 Teile teilen. Auf beide Teighälften jeweils im unteren Drittel die Füllung verteilen. Die restlichen Teighälften mit Butter beträufeln. Mit Hilfe eines Tuches die Teighälften einrollen.
Den Strudel in ein mit Butter bestrichenes Backgeschirr legen und bei 180 °C 1/4 Std. backen. Nach 15 Min. mit der Royale übergießen. Danach weitere 50 Min. im Ofen weiterbacken. Zwischendurch öfter mit flüssiger Butter bestreichen.

Vanillesauce:
Für die Vanillesauce das Mark der Vanillestange auskratzen und mit der Milch aufkochen. Die Eigelbe mit dem Zucker schaumig rühren und die abgekühlte Vanillemilch unterrühren. Im Wasserbad nochmals aufschlagen.

Topfengratin mit Sauerkirschen und weißem Schokoladeneis

Markus Semmler
Schloßhotel Cecilienhof
Potsdam

500 g Quark (40 % Fett) sowie 80 g Staubzucker und 50 g Weizenstärke, 5 cl Ziegler-Wildkirsch, 4 Eigelb, 4 Eiweiß, 100 g Kristallzucker, 200 g entsteinte Sauerkirschen sowie Puderzucker.

Schokoladeneis:
1/4 l Milch, 1/4 l Sahne, 60 g Zucker, 6 Eigelb, 125 g weiße Schokolade, 4 cl Crème de Cacao.

Den Quark, Zucker, die Stärke, den Obstbrand und die Eigelbe gut verrühren. Die Eiweiße steif schlagen, den Kristallzucker hinzugeben und nochmals etwa 2 bis 3 Min. schlagen, den Eischnee vorsichtig unter die Quarkmasse heben.
4 tiefe Teller gut ausbuttern und die Masse darauf verteilen, die Kirschen auflegen, im Ofen (oberste Schiene) bei 260 °C goldbraun backen. 1 Kugel Eis aufsetzen, mit Puderzucker abstäuben und sofort servieren.
Für das Eis die Milch, Sahne und den Zucker aufkochen, mit den Eigelben zur Rose abziehen und in der heißen Masse die Schokolade auflösen, passieren und schnell abkühlen lassen. Mit Crème de Cacao abschmecken und in der Eismaschine gefrieren.

Gebackene Vanillecreme mit Himbeeren

Michael Häberer
Hotel Mercure
Potsdam

0,5 l Sahne, 100 g Zucker, 1/2 Vanillestange, 10 Eigelb, 100 g frische Himbeeren und 50 g brauner Rohrzucker.

Die Sahne in einem ausgespülten Topf mit dem Zucker und dem Mark der 1/2 Vanillestange aufkochen. Inzwischen die Eigelbe trennen und mit 2 EL der heißen Sahne vermengen.
Die Sahne vom Herd nehmen und vorsichtig mit den Eigelben vermischen. Nun die gewaschenen Himbeeren in 4 feuerfeste, flache Portionsschalen geben, mit der Gratiniermasse auffüllen und im Ofen bei 130 °C trockener Hitze in 20 Min. backen. Die Vanillecreme mit dem braunen Rohrzucker oder Raffinade bestreuen und im Grill bis zum Schmelzen des Zuckers nochmals überbacken.

Tiramisu von Erdbeeren

Rene Tümmel
Hotel Residenz
am Motzener See
Motzen

Biskuitboden:
Fett zum Bestreichen, 90 g Mehl, 1 Prise Salz, 1 Vanillestange, 1 unbehandelte Zitroner sowie 3 Eier und 90 g Zucker.

Das Backblech einfetten und mit Mehl bestreuen. Den Backofen auf 160 °C vorheizen. Das Mehl zusammen mit dem Salz sieben. Das Mark aus der Vanillestange

kratzen, die Zitrone waschen und die Schale abreiben. Die Eier und den Zucker zu einer sehr lockeren schaumigen Masse schlagen, die bandartig vom Schneebesen fließt. Das Vanillemark und die Zitronenschale dazugeben und weiterschlagen. Das Mehl auf die Eischaummasse geben und vorsichtig unterheben. Den Teig auf das vorbereitete Blech geben und sofort backen. Die Garzeit beträgt etwa 12 bis 15 Min. Den Gargrad des Biskuits bestimmt man durch leichten Fingerdruck auf die Mitte des Kuchens, federt er zurück, ist er durchgebacken.
Nach dem Backen den Teig vorsichtig stürzen, mit einem Tuch bedecken und erkalten lassen. Dann den Biskuit in 2 Teile teilen und diese jeweils auf Größe einer Kastenform zurechtschneiden.

Tiramisu:
2 Eigelb, 50 g Zucker, 300 g Mascarpone, 50 g Crème fraîche, 8 cl Erdbeerlikör, 250 g Erdbeeren, etwas Puderzucker.

Eigelbe und Zucker in einen Schlagkessel geben. Anschließend mit dem Schneebesen über dem Wasserbad so lange unter ständigem Schlagen erhitzen, bis beim Herausnehmen des Schneebesens die Spitze der Eimasse stehen bleibt. Dann sofort den Schlagkessel in eine Schüssel mit Eiswasser halten und die Masse kalt schlagen. Den Mascarpone und die Crème fraîche unter die Eimasse rühren. Die zurechtgeschnittenen Biskuitstücke mit dem Erdbeerlikör tränken. 1 Biskuit in die Form legen, die Erdbeeren vom Strunk befreien, waschen, halbieren und gleichmäßig auf dem Biskuit verteilen. 4/5 der Creme über die Erdbeeren geben und mit einem Teigschaber glattstreichen. Das andere Biskuit darauf geben und mit dem restlichen 1/5 der Creme bestreichen. Nun 2 Std. kalt stellen. Mit etwas Puderzucker bestreuen, in 4 Teile schneiden und auf den Tellern anrichten. Mit einem Minzblatt ausgarnieren.

Erdbeeren auf Mascarponespiegel

Maximilian Dreier
Restaurant Villa Kellermann
Potsdam

250 g Mascarpone, 50 g Zucker, 150 g Sahne, 100 g Erdbeerpüree, 100 g Kiwipüree, 500 g frische Erdbeeren.

Mascarpone mit Zucker und Sahne verrühren und als Spiegel auf den Tellern verstreichen. Einen inneren Kreis mit Erdbeerpüree und einen äußeren mit Kiwipüree ziehen. Die Fruchtpürees mit einem Holzspieß nach außen verziehen. In die Mitte jeweils 1 ganze große Erdbeere setzen. Die anderen Erdbeeren in dünne Scheiben schneiden und kreisförmig auf den Spiegel legen.

Werderscher Apfelkrapfen auf Zimtschaum

Herbert Beltle
Altes Zollhaus
Berlin

2 Äpfel, 1 Ei, 175 g gesiebtes Mehl, 1/4 l Milch, 10 g Hefe, 20 g Zucker, 1 Msp. Salz, 20 g Rosinen, 20 g Calvados, 25 g gehackte Nüsse, Fett zum Ausbacken, Zimt und Zucker zum Bestreuen.

Zimtschaum:
0,1 l Weißwein, 0,1 g Apfelsaft und 1 TL Zitronensaft, 50 g Zucker sowie 3 Eigelb, 1 TL Zimt.

Aus Mehl, Milch Ei, Zucker, Salz und Hefe einen Hefeteig herstellen und für etwa 20 Min. gehen lassen. Die Rosinen in Calvados einweichen. Die Nüsse in einer Pfanne trocken anrösten. Nun die Rosinen, Nüsse und die in Würfel geschnittenen Äpfel mit dem Hefeteig vermengen und nochmals 20 Min. gehen lassen. Den Teig mit einem nassen Löffel in 180 °C heißes Fritierfett abstechen und goldgelb backen. Herausnehmen, abtropfen lassen und dann in Zimtzucker wälzen.
Für den Zimtschaum alle Zutaten in einem Kessel über einem kochenden Wasserbad aufschlagen, bis es eine cremige Konsistenz hat.

Gebackene Holunderblüten mit Vanillesauce

Carmen Krüger
C + W Gourmet
Eichwalde

180 g Mehl, 1/4 l Milch, 1 TL Zucker, 1 Prise Salz, 1 Ei, 4 Holunderblüten, Butterschmalz zum Ausbacken, Puderzucker.

Vanillesauce:
1 Vanillestange, 1/8 l Sahne sowie 1/8 l Milch, 75 g Zucker, 2 Eier und 2 Eigelb.

Die Zutaten für den Backteig – Mehl, Milch, Zucker, Salz und das Ei – mit dem Mixstab verquirlen und etwa 30 Min. ruhenlassen. Die geputzten Holunderblüten in den Teig tauchen und dann in 180 °C heißem Butterschmalz goldgelb ausbacken.
Für die Sauce die Vanillestange halbieren, das Mark auskratzen und mit der Sahne und der Milch aufkochen. Die Hälfte des Zuk-

kers zugeben und unter Rühren auflösen. Eier und Eigelbe mit dem restlichen Zucker schaumig rühren, auf ein Wasserbad stellen, die Vanillemilch zugeben und bis zur Bindung aufschlagen. Abkühlen lassen und durch ein feines Sieb passieren.
Die gebackenen Holunderblüten auf einem Vanillesaucen-„Spiegel" anrichten und mit Puderzucker bestreuen.

Gebackene Erdbeeren auf Fruchtmark und Grand-Marnier-Parfait

Jürgen Eschenbach
Hotel Hamburg
Berlin

Parfait:
4 Eigelb, 50 g Zucker, 1 abgeriebene Orange, 4 cl Grand Marnier sowie 0,2 l Sahne.

Fruchtmark:
400 g Waldbeeren, 50 g Zucker.

Backteig:
250 g Mehl, 50 g Zucker, 1 Prise Salz, 1/4 l Weißwein, 3 EL Milch, 2 Eigelb, 2 EL Öl, 4 Eiweiß, 16 Erdbeeren (gleich große), Puderzucker.

Die Eigelbe mit Zucker, der abgeriebenen Orange und dem Grand Marnier über Wasserdampf aufschlagen. Im kalten Zustand die geschlagene Sahne unterheben. In kleine Förmchen füllen und sofort einfrieren (etwa 6 bis 8 Std).
Die Waldbeeren mit dem Zucker vermengen und mit einem Mixstab zerkleinern. Das Ganze durch ein feines Sieb streichen.
Mehl, Zucker, Salz, Weißwein, Milch, Eigelbe und Öl zu einem festen Teig verrühren und 20 Min. stehenlassen. Kurz vor dem Ausbacken die steifgeschlagenen Eiweiße unterheben. Die Erdbeeren durch den Backteig ziehen und sofort in der Friteuse bei 180 °C 2 bis 3 Min. goldgelb ausbacken.

Anrichten:
Das Fruchtmark auf den Tellern verteilen und das Grand-Marnier-Parfait in der Mitte der Teller anrichten. Um das Parfait die gebakkenen Erdbeeren anlegen und die gesamten Teller mit Puderzucker bestreuen.

Klemkuchen, mit Waldmeistercreme gefüllt

Antje Ljunggren
Alte Försterei
Kloster Zinna

Klemkuchen (etwa 35 Stück):
250 g Mehl, 1 Ei, 40 g Zucker, 150 g Butter, 125 ml Milch, 180 ml Malzbier sowie 180 ml Weißbier, 20 g Vanillezucker und 1 Prise Salz, 10 ml Kaffeesahne.

Alle Zutaten auf Zimmertemperatur erwärmen. Ei, Zucker, Vanillezucker, Butter und die Prise Salz zu einer hellgelben cremigen Masse aufschlagen. Die restlichen Zutaten untermengen, so daß ein geschmeidiger Teig entsteht. Den Teig etwa 1 Std. ausquellen lassen. In einem vorgeheizten Klemkucheneisen aus dem Teig etwa 35 Teigplatten ausbacken und noch im warmen Zustand zu einer Tüte rollen.

Waldmeistercreme:
5 Eigelb, 125 g Zucker, 10 g Vanillezucker, 0,4 l Waldmeistersirup und 15 g Gelatine, 0,2 l Sahne.

Die Eigelbe, den Zucker und Vanillezucker im Wasserbad schaumig aufschlagen. Den erhitzten Waldmeistersirup unter ständigem Rühren zugießen und die eingeweichte und ausgequollene Gelatine darin auflösen. Die Creme abkühlen lassen. Beginnt diese zu stocken, die steifgeschlagene Sahne vorsichtig unterheben. Nun die Waldmeistercreme im Kühlschrank völlig erkalten lassen.

Anrichten:
Die Klemkuchen werden mit der Waldmeistercreme gefüllt und mit einem der Saison entsprechendem Früchtearrangement angeboten.

Eberswalder Spritzkuchen

Achim Fleischmann
Gasthaus am Dachsberg
Bad Saarow

50 g Butter, 200 g Weizenmehl, 6 Eier, 1 Pck. Vanillezucker, 1 Prise Salz, 150 g Puderzucker, 1 EL Zitronensaft sowie 1 l Speiseöl zum Fritieren.

1/4 l Wasser mit einer Prise Salz und Butter aufkochen, Weizenmehl dazugeben, auf kleiner Flamme mit einem Holzlöffel rühren, bis sich ein Kloß bildet. Abkühlen lassen bis zur Handwärme, Eier nacheinander unter den Teig rühren und den Vanillezucker dazugeben.
Den Teig in einen Spritzbeutel füllen und auf gefettete Pergamentpapierstücke Kringel spritzen. Nun in heißem Speiseöl etwa 4 Min. auf beiden Seiten goldgelb backen, auf Küchenkrepp abtropfen und abkühlen lassen.
Aus Puderzucker und Zitronensaft eine Glasur herstellen und dann den Spritzkuchen damit bestreichen.

Rezept Seite 197: Geeiste Berliner Weiße mit Schuß, Herbert Beltle, Altes Zollhaus, Berlin

Hausgebackenes Mandelbrot

Antje Ljunggren
Alte Försterei
Kloster Zinna

Mandelbrot:
50 g Butter, 50 g Mehl, 50 g geriebene Mandeln, 2 Eiweiß, 1 Prise Salz, 125 g Zucker.

In die schaumig geschlagene Butter das Mehl und die Mandeln unterrühren. Die Eiweiße mit dem Salz zu einem steifen Schnee schlagen, danach den Zucker vorsichtig darunterziehen. Die Eischneemasse portionsweise unter die Buttermischung heben. Den Teig in die mit Backpapier ausgelegte Auflaufform füllen, glattstreichen und etwa ½ Std. bei 190 °C backen. Der Teig sollte oben und unten eine harte Kruste haben und innen noch weich sein. Das Mandelbrot aus der Form stürzen, abkühlen lassen und in verschiedene Formen (z. B. Streifen) schneiden.
Das Gebäck kann mit verschiedenen Schaumsaucen, Fruchtcremes oder Früchten je nach Saison gereicht werden.

Hagebuttenparfait auf Holundermark

Meinrad Günter
Sorat Hotel Humboldt-Mühle
Berlin

2 Eiweiß, 4 Eigelb, 50 g Zucker, 100 g Hagebuttenmark, etwas Hagebuttenlikör, 300 ml Sahne, 500 g Holunderbeeren und 0,1 l Rotwein, 1 Vanillestange sowie etwas Zucker und Speisestärke.

Parfait:
Die Eiweiße steif schlagen. Die Eigelbe und den Zucker schaumig schlagen und nach und nach unter den Eischaum heben. Jetzt das Hagebuttenmark vorsichtig unterziehen; evtl. mit etwas Hagebuttenlikör verfeinern. Die steifgeschlagene Schlagsahne zum Schluß unterheben, die Masse in Kasten- oder Terrinenform füllen und für etwa 6 Std. tiefgefrieren.

Sauce:
Holunderbeeren und Rotwein mit aufgeschnittener Vanillestange und etwas Zucker aufkochen, mit aufgelöster Speisestärke andicken, durch ein Spitzsieb passieren und auskühlen lassen.

Zimtparfait auf Punschsabayon

Antje Ljunggren
Alte Försterei
Kloster Zinna

Zimtparfait:
2 Eigelb, 50 g Zucker, 1 TL Zimt, 200 ml süße Sahne.

Garnitur:
4 Früchtearrangements.

Die Eigelbe, den Zucker und Zimt unter ständigem Rühren mit dem Schneebesen im Wasserbad bis 90 °C erhitzen. Danach unter ständigem Schlagen runterkühlen lassen. Das Gemisch mit der geschlagenen Sahne vermengen, in eine Form füllen und in der Tiefkühlung gefrieren lassen.

Punschsabayon:
2 Eigelb und 1 Ei, 40 ml Rotwein, 20 ml Rum, 25 g Zucker.

Alle Zutaten vermischen und unter ständigem Schlagen zu einer warmen Schaumsauce montieren. Den warmen Punschsabayon auf Teller geben. Zimtparfaitscheiben in die warme Schaumsauce setzen und mit dem Früchtearrangement komplettieren.

Beelitzer Spargelparfait mit Kirschgrütze

Manfred Heissig
Restaurant Quadriga
im Hotel Brandenburger Hof
Berlin

Spargelparfait:
250 g Milch, ½ Vanillestange, 80 g Zucker, 4 Spargelstangen (etwa 15 mm), 4 Eigelb, 1 Ei, 4 cl Riesling (Auslese), 1 Blatt Gelatine, 250 g geschlagene Sahne.

Kirschgrütze:
100 g Zucker und 30 g Butter, 8 cl Kirschlikör, 500 g entsteinte Süßkirschen, 0,2 l Burgunder, 0,2 l Kirschsaft, 2 EL Sago, 1 Zimtstange.

Spargelparfait:
Die Milch mit der ausgekratzten Vanillestange, 40 g Zucker und dem geschälten, in Scheiben geschnittenen Spargel aufkochen und etwa 10 Min. ziehen lassen. Anschließend durch ein Sieb passieren. Nebenbei die Eigelbe, das Ei, den restlichen Zucker und den Wein in einem Schneekessel im heißen Wasserbad schaumig schlagen, die eingeweichte und ausgedrückte Gelatine zugeben und so lange weiterschlagen, bis sich die Gelatine aufgelöst hat. Nun die Spargelmilch zugeben und die Masse auf Eiswasser kalt rühren. Bei Lippentemperatur die geschlagene Sahne unterheben, in vorbereitete Förmchen abfüllen und einfrieren.

Kirschgrütze:
Den Zucker mit der Butter in einem Topf karamelisieren, mit Kirschlikör ablöschen, die Kirschen, den Burgunder und den Kirschsaft zugeben und einmal aufkochen lassen. Anschließend die Kirschen entnehmen und den verbleibenden Fond mit Sago versetzen, etwa 30 Min. köcheln las-

sen und in den letzten 10 Min. die Zimtstange mitkochen und wieder herausnehmen. Im warmen Zustand die Kirschen beigeben und erkalten lassen.

Anrichten:
Die Förmchen in tiefe Teller stürzen, die Kirschgrütze um das Parfait setzen und evtl. mit gebackenen Kirschblüten garnieren.

Kartoffeleis auf Erdbeercoulis

Helfried Reichel
Parkhotel Dallgow
Dallgow-Döberitz

200 g durchgepreßte Kartoffeln (vorwiegend festkochend), 200 g Quark (20 %), 200 g Vollmilchjoghurt, Schale von 1 ungespritzten Zitrone, 1 Zitrone, ½ Vanillestange, 2 EL Zucker und 125 g süße Sahne.

Sauce:
400 g Erdbeeren und 1 EL Zucker, 2 cl Cointreau, 8 Minzspitzen.

Kartoffeln waschen und mit der Schale nicht zu weich kochen, abgeschreckt pellen und noch heiß durchpressen. Die Kartoffelmasse in den Küchenmixer geben und nacheinander den Speisequark, Joghurt, feingeriebene Zitronenschale, Saft von 1 Zitrone, Mark von ½ Vanillestange sowie die 2 EL Zucker hinzufügen und gut verrühren. Zum Schluß die steifgeschlagene Sahne unterheben. In einer Eismaschine ausfrieren oder in eine Schüssel geben und ins Gefrierfach stellen, dabei des öfteren umrühren.

Sauce:
Für Erdbeercoulis die Erdbeeren, Zucker und Cointreau in den Mixer geben, pürieren und durch ein Sieb streichen.

Anrichten:
Auf 4 vorgekühlten Tellern die Sauce verteilen. Das Eis mit einem Eisausstecher abformen und jeweils 2 Kugeln auf die Teller geben, mit den Minzspitzen dekorieren. Zum Abschluß die Teller mit Puderzucker bestäuben.

Geeister Knusper-Apfel

Johannes King
Restaurant Grand Slam
Berlin

½ l Wasser, 250 g Zucker, ½ Zitrone, 16 große grüne Äpfel (Granny Smith), 0,1 l Cidre, 0,1 l Riesling-Sekt, ¼ Vanillestange und 4 kleine Minzblüten.

Das Wasser und den Zucker mit etwas Zitronenschale aufkochen. 8 Äpfel mit Schale halbieren, entkernen (Apfelstiele aufbewahren) und mit einem dünnen Messer in hauchdünne Spalten schneiden. Diese 15 Min. in das Zuckerwasser legen, auf einem Sieb kurz abtropfen lassen. Jede Scheibe auf Backpapier legen und bei 60 °C etwa 12 Std. trocknen lassen.
6 Äpfel mit Schale entkernen, zerkleinern und in den Entsafter geben. Dann Cidre, Sekt und 5 EL Zuckerwasser zum Saft geben und in der Eismaschine zu einem Sorbet frieren.
Von 2 Äpfeln mit etwas Zitrone, Vanille und Zuckerwasser ein feingewürfeltes Kompott herstellen, hierbei ¼ davon zu einer Sauce pürieren.
Das Apfelkompott in die Mitte der Teller geben, 1 große Kugel Apfelsorbet darauf setzen, die getrockneten Apfelspalten vom Backpapier lösen und ringsherum so in das Sorbet stecken, daß der Apfel optisch wieder hergestellt wird. In die Mitte den Apfelstiel stecken.
Die Apfelsauce ringsherum verteilen und mit Minze garnieren.

Holundersorbet

Bernd Krautz
Hotel Branitz
Cottbus

¼ l Holundersaft, ⅛ l Weißwein (halbtrocken), 1/16 l Holunderlikör, Saft von 1 Limette 2 TL Honig, 1 Eiweiß, 75 g Zucker, 8 cl Wasser sowie Wein, Sekt oder Champagner zum Auffüllen.

Den Holundersaft mit Weißwein, Holunderlikör, Limettensaft und Honig kurz aufkochen, passieren und abkühlen lassen. Das Eiweiß mit Zucker und Wasser zu Schnee schlagen und in den noch lauwarmen Holundersaft unterrühren. Alles in ein frostfestes Gefäß geben und bei mehrmaligem Umrühren kristallisieren lassen, bis es eine dem Fruchteis ähnliche Konsistenz hat.
Mit einem Eisportionierer eine Kugel abstechen, in ein vorgekühltes Sektglas geben und dann mit Wein, Sekt oder Champagner auffüllen.

Sorbet von Berliner Weiße

Artur Bukalo
Berlin Excelsior Hotel
Berlin

0,6 l Berliner Weiße, 0,2 l Läuterzucker, Orangensaft von ½ Orange und 1 Eiweiß.

Die Berliner Weiße mit dem Läuterzucker und Orangensaft gut

verrühren. Das Eiweiß zu Schnee schlagen und mit dem Schneebesen unterrühren. Dann in eine Sorbetmaschine geben und frieren lassen.
Als Entree das Sorbet in geeiste Gläser einfüllen und servieren.
Als Dessert das Sorbet (etwas mehr Läuterzucker und Orangensaft nehmen) mit Himbeersirup oder Waldmeistersirup garnieren.

Sorbet von Berliner Weiße, mit Waldmeister und Himbeeren

Heiko Ludwig/
Stephan Niggemann
Forsthaus Paulsborn
Berlin

150 g Zucker, 1/4 l Wasser, 400 g Himbeeren (tiefgekühlt), 1/4 l Rotwein, 1/4 l Schaumwein und Saft von 1 Zitrone sowie 4 cl Himbeergeist, 1 Bd. Waldmeister, 6 cl Waldmeistersirup, 0,4 l Berliner Weiße, 200 g Himbeeren (frisch).

Den Zucker mit dem Wasser aufkochen und dann erkalten lassen, die tiefgekühlten Himbeeren zufügen, pürieren und durch ein Sieb passieren. Unter dieses Himbeerpüree Rotwein, Schaumwein, Zitronensaft, Himbeergeist und den feingehackten Waldmeister mischen. Die Mischung dann in einer Sorbet- oder Eismaschine frieren, bis sie spritzfähig ist.
Das fertige Sorbet mit einem Spritzbeutel und einer Sterntülle in vorgekühlte Berliner-Weiße-Gläser spritzen.
Den Waldmeistersirup und die Berliner Weiße mischen und das Sorbet damit angießen. Ausgarnieren mit einem Waldmeisterblatt und den frischen Himbeeren und sofort servieren.

Geeiste Berliner Weiße mit Schuß

Bild Seite 192

Herbert Beltle
Altes Zollhaus
Berlin

0,5 l Berliner Weiße, 0,1 bis 0,2 l Himbeersirup, 1 TL Zitronensaft, 2 Eiweiß.

Alle Zutaten zusammen verrühren und in einer Sorbetmaschine gefrieren lassen. Die Menge des Sirups kann je nach Geschmack variiert werden. Um dem Sorbet eine sämige Konsistenz zu geben, kann man am Schluß geschlagenes Eiweiß unterrühren.

Berliner Luft mit gezuckerten Himbeeren

Reinmar Rach
Parkhotel Trebbin
Trebbin

6 Eier, 80 g Puderzucker, 1 Pck. weiße Gelatine, 1 unbehandelte Zitrone, Zimt, Salz, 600 g frische Himbeeren, 2 EL Zucker.

Die Eigelbe mit dem gesiebten Puderzucker schaumig schlagen. Die Gelatine nach Herstellerangabe einweichen, ausdrücken und dann mit dem Eischaum vermischen. Den Saft der ausgepreßten Zitrone sowie etwas geriebene Zitronenschale und eine Prise Salz unterrühren. Die Eiweiße schnittfest schlagen und vorsichtig unter die Eigelbmasse heben. Eine Schüssel mit kaltem Wasser ausspülen und die Eimasse einfüllen. Im Kühlschrank fest werden lassen. Vor dem Servieren die Schüssel kurz in heißes Wasser stellen, es löst sich dann der Rand, und die Speise kann gestürzt werden. Mit den gezuckerten Himbeeren servieren.

Bierkaltschale

Jürgen Zastrow
Zum Fliegenden Holländer
Potsdam

2 Scheiben sehr fein geriebenes Schwarzbrot sowie 100 g Zucker, 1 l Weißbier, etwas gemahlener Zimt, 3 Zitronenscheiben, 100 g eingeweichte Korinthen und etwas Zitronensaft.

Das geriebene Schwarzbrot im Ofen trocken anrösten, mit dem Zucker vermischen (etwas zum Abschmecken übriglassen) und in eine Schüssel geben. Das Bier erhitzen (nicht kochen), den Zimt, die Zitronenscheiben und die Korinthen dazugeben und abkühlen lassen, mit Zucker und Zitronensaft abschmecken und über die Brotbrösel geben.

Havelländer Apfelgrütze mit Eierlikör-Zimt-Sauce

Arno Schmädicke
Ratskeller Zehlendorf
Berlin

700 g Äpfel, Saft einer 1/2 Zitrone, 250 g Weißwein, 30 g Rosinen und 250 g Apfelsaft, 80 g Zucker sowie 40 g Stärke, 4 cl Apfellikör.

Eierlikör-Zimt-Sauce:
200 g Sahne, 40 g Zucker, 1 Msp. Zimt, 10 g Stärke, 5 cl Eierlikör.

Äpfel schälen, entkernen, in Würfel schneiden und mit dem Zitro-

Rezept Seite 185: Quarkkeulchen auf Himbeermark, Bernd Krautz, Hotel Branitz, Cottbus

nensaft beträufeln. Mit dem Weißwein, den Rosinen, Zucker und dem Apfelsaft aufkochen. (Apfelwürfel dürfen nicht zerfallen, sondern sollen noch Biß haben.)
Mit der angerührten Stärke binden und mit dem Apfellikör abschmecken. Dann die Grütze in Schalen füllen und kalt stellen.

Eierlikör-Zimt-Sauce:
Sahne, Zucker, Zimt und Stärke verrühren und langsam aufkochen lassen. Zum Schluß den Eierlikör unterrühren und kalt stellen.
Gut gekühlt zur Grütze reichen.

Grüne Grütze mit Buttermilchsauce

Bernd Gemmrig
Alter Krug Dahlem
Berlin

Grüne Grütze:
125 ml Wein, 125 ml Wasser und 1 Zitrone (Saft und Schale), 1 Zimtstange sowie 1 Msp. Ingwerpulver, 150 g Zucker, 50 g Sago, 200 g Äpfel, 200 g Rhabarber und 200 g Stachelbeeren.

Wein, Wasser, Zitronensaft und Zitronenschale, Zimstange, Ingwerpulver und Zucker aufkochen, den eingeweichten Sago einrühren und klar kochen lassen. Die Äpfel und den Rhabarber in Würfel schneiden und mit den Stachelbeeren etwa 10 Min. kochen lassen, danach kalt stellen.

Sauce:
125 ml Vollmilch, 1/2 Vanillestange, 8 Eigelb, 120 g Zucker sowie 125 ml Buttermilch.

Die Vollmilch mit der 1/2 Vanillestange aufkochen lassen. Eigelbe und Zucker schaumig rühren, heiße Vollmilch dazugeben und im Wasserbad zur Rose abziehen. (Hitze im Wasserbad gering halten, da sonst das Eigelb gerinnen kann.) Danach auf Eis unter Rühren abkühlen und langsam die Buttermilch dazugeben.

Fahrländer Apfelgrütze mit Zimtschaumsauce

Carsten Pfefferlein
Hotel am Wutzsee
Lindow

800 g Äpfel, Saft von 1 Zitrone, 0,2 cl Apfellikör, 0,25 l Apfelwein, 100 g Zucker, 6 Blatt Gelatine, 250 g Sahne, 1 TL Zimt (gemahlen).

Die Äpfel schälen, entkernen und halbieren. Die Hälfte davon mit Zitronensaft, Likör, Apfelwein und Zucker in einen Topf geben und aufkochen. Die restlichen Äpfel vierteln. Die Gelatine in Wasser einweichen. Die gekochten Äpfel mit Flüssigkeit pürieren. Die eingeweichte, gut ausgedrückte Gelatine unter Rühren in dem heißen Apfelpüree auflösen und die Apfelviertel untermischen. Die Grütze auf 4 Teller verteilen und kühl stellen.
Die Sahne steif schlagen, dabei nach und nach Zimt und Fruchtzucker hinzufügen. Die Grütze beim Anrichten damit garnieren.

Rhabarbergelee mit Vanillesauce

Carmen Krüger
C + W Gourmet
Eichwalde

750 g Rhabarber, 150 g Zucker, 1/4 l Rotwein, 3 cm Zimtstange, 3 Nelken, 4 Blatt rote Gelatine, Vanillesauce (Rezept siehe Holunderblüten), Minze für die Garnitur.

Den Rhabarber schälen, in 2-cm-Stücke schneiden, mit Zucker bestreuen und für etwa 12 Std. kühl stellen. Den Rotwein mit Zimt, Nelken und dem ausgetretenen Rhabarbersaft aufkochen, dann die Rhabarberstücke hineingeben und gar ziehen lassen. Die Stücke und die Gewürze herausnehmen, den Sud auf 1/4 l einkochen und evtl. etwas nachsüßen. Nun die eingeweichte, gut ausgedrückte Gelatine in dem Sud auflösen.
Die Rhabarberstücke in eine Terrinenform schichten, mit dem Sud aufgießen und für ein paar Stunden kalt stellen. Das Gelee stürzen und mit einem Elektromesser aufschneiden.
Die Scheiben auf Tellern anrichten, mit der Vanillesauce umgießen und mit Minze garnieren.

Sauerkirsch-Rotwein-Gelee mit Vanillesauce und exotischen Früchten

Steffen Hau
Restaurant Goldener Hahn
Finsterwalde

1 l Rotwein, 1/2 Zimtstange, 1 Nelke, 200 g Zucker, 12 Blatt Gelatine, 200 g entsteinte Schattenmorellen, 1 Vanillestange, 300 ml Milch, 2 Eigelb sowie exotische Früchte je nach Angebot (Kiwi, Mango, Physalis, Papaya).

Den Rotwein mit der Zimtstange, der Nelke und 150 g Zucker aufkochen. Die Blattgelatine in kaltem Wasser einweichen, ausdrükken und in den passierten, nicht zu heißen Rotwein geben. Mit kaltem Wasser ausgespülte Förmchen mit diesem Gelee füllen,

kurz ankühlen lassen, bis eine dünne Schicht Gelee am Förmchen haften bleibt. Die Schattenmorellen gleichmäßig in den Förmchen verteilen und mit dem Rest Gelee auffüllen.
Das Gelee 2 bis 4 Std. (je nach Formgröße) in den Kühlschrank stellen. Die längs aufgeschnittene Vanillestange in der Milch aufkochen. Die Eigelbe mit 50 g Zucker über heißem Wasserbad schaumig schlagen und mit nicht mehr kochender, passierter Milch aufgießen, bis eine cremige Konsistenz entsteht.
Die Sauce ebenfalls auskühlen lassen. Die Förmchen mit dem Weingelee kurz in heißes Wasser halten, um sie leichter stürzen zu können. Nun auf gekühlten Tellern das Weingelee mit der Vanillesauce anrichten. Die Früchte in Scheiben, Fächer und Hälften schneiden.
Je nach Geschmack phantasievoll garnieren.

Aprikosenkaltschale mit Joghurtmousse

Rene Tümmel
Hotel Residenz
am Motzener See
Motzen

Mousse:
300 g Joghurt, 75 g Zucker, 1 Spritzer Zitronensaft, 3 Blatt Gelatine, 200 ml geschlagene Sahne.

Den Joghurt, Zucker und den Spritzer Zitronensaft miteinander verrühren. Die Blattgelatine in einem Topf in kaltem Wasser etwa 4 Min. einweichen lassen. Die Gelatine ausdrücken, das Wasser aus dem Topf gießen und die Gelatine im Tropfwasser bei geringer Hitzezufuhr unter ständigem Rühren langsam auflösen.
Nun die aufgelöste Gelatine unter den Joghurt rühren und die geschlagene Sahne mit einem Holzlöffel vorsichtig unter die Masse heben. Nachdem das Mousse 2 Std. zugedeckt im Kühlschrank gestanden hat und fest geworden ist, mit einem Eßlöffel Nocken ausstechen und diese auf der Aprikosenkaltschale anrichten.

Kaltschale:
120 g Zucker, 400 ml Orangensaft, 300 g Aprikosen, 3 Nelken, 1 Prise Zimt, 100 ml Sekt.

Den Zucker in einen Topf geben und diesen auf die heiße Herdplatte setzen. Sobald der Zucker beginnt, am Rand flüssig zu werden, mit einem Holzlöffel rühren, und zwar so lange, bis der Zucker vollständig flüssig ist und eine leicht bräunliche Färbung aufweist. Dann den Orangensaft dazugeben und die Hitzezufuhr verringern, so daß das Ganze leicht vor sich hinköchelt.
Die gewaschenen und entkernten Aprikosen und die Gewürze dazugeben und alles 10 Min. leicht köcheln lassen. Danach mit einem Stabmixer die Aprikosen pürieren, die Suppe durchseihen und für etwa 2 Std. kalt stellen. Vor dem Servieren den kalten Sekt dazugeben. Die Kaltschale auf 4 Teller verteilen, jeweils 2 Nocken vom Joghurtmousse dazugeben und mit den gehackten Pistazien garnieren.

Rhabarberkaltschale mit Schnee-Eiern

Manfred Heissig
Restaurant Quadriga
im Hotel Brandenburger Hof
Berlin

Rhabarberkaltschale:
500 g Rhabarber, 0,25 l Weißwein, 0,25 l Traubensaft, 0,25 l Apfelsaft, 200 g Zucker, 4 cl Crème de Cassis und 2 Blatt Gelatine.

Schnee-Eier:
1/2 l Milch, 1/2 Zitronenschale (gerieben), 120 g Zucker, 100 g Holunderblüten, 6 Eiweiß sowie Mark von 1 Vanillestange.

Rhabarberkaltschale:
Den Rhabarber gut schälen und aus den Schalen, Weißwein, Traubensaft, Apfelsaft, Crème de Cassis und der Hälfte des Zuckers einen Fond kochen. Die gezuckerten und in Scheiben geschnittenen Rhabarberstücke andünsten, mit dem passierten Fond und der ausgedrückten Gelatine versetzen. Kalt stellen.

Schnee-Eier:
Die Milch mit der Zitronenschale, 20 g Zucker und den Holunderblüten aufkochen, durch ein Sieb passieren und wieder auf den Herd stellen. Nebenan die Eiweiße mit der Vanille und dem restlichen Zucker zu steifem Schnee schlagen. Aus der Masse 12 kleine Nocken abstechen und in der Milch 4 bis 6 Min. sieden, wenden und noch 4 bis 6 Min. ziehen lassen. Danach die Schnee-Eier herausnehmen und abtropfen lassen.

Anrichten:
Die Kaltschale in tiefen Tellern anrichten und die Schnee-Eier darauf setzen. Mit gebackenen Holunderblüten garnieren.

Buchweizenkonfekt mit Honig

Michael Häberer
Hotel Mercure
Potsdam

100 g Lindenhonig, 150 g Buchweizengrütze, 150 g Butter, 150 g Ko-

kosflocken, 1 TL Kakaopulver sowie 2 cl Nußlikör.

Den Honig mit der Buchweizengrütze in einem Topf bei schwacher Hitze auflösen und wieder abkühlen lassen. Die Butter, 50 g Kokosflocken, den Kakao und den Likör zugeben und gut vermengen. Aus der erkalteten Pralinenmasse mit den Händen kleine Kugeln formen und in den restlichen Kokosflocken wälzen.
Die Pralinen werden eisgekühlt in Papiermanschetten serviert.

Waldmeister-Frischkäse-Creme in Hirsekrokant mit Erdbeeren

Markus Semmler
Schloßhotel Cecilienhof
Potsdam

400 g Quark, 150 g Puderzucker, Saft 1 Limette, 50 g Waldmeister, 2 cl Waldmeistersirup.

Hirsekrokant:
75 g Eiweiß, 100 g Puderzucker, 50 g Nußbutter (zu gleichen Teilen verknetete Butter und gemahlene Haselnüsse) und 1 Prise Salz, 1 EL Milch, 50 g Mehl, 50 g Hirse, 50 g Krokant (gebröselt).

Den Quark zum Abtropfen im Tuch aufhängen und für 2 Tage in den Kühlschrank stellen. Quark mit Puderzucker, Limettensaft, feingehacktem Waldmeister und Sirup abschmecken und zur weiteren Verwendung in eine Schüssel geben.
Für das Hirsekrokant das Eiweiß steif schlagen, Puderzucker, Nußbutter, eine Prise Salz, Milch, Mehl, abgekochte Hirse und Krokant unterziehen. Auf einem heißen Blech ausstreichen, zu runden Torteletts formen und bei 200 °C im Ofen backen.
Das Hirsekrokant mit Frischkäsecreme schichten und mit Erdbeeren garnieren.

Ziegenkäse-Strudel auf Apfel-Birnen-Chutney

Bild nebenstehend

Thomas Hildebrandt
Seidler art'otel
Potsdam

Ziegenkäsestrudel:
1 kleine Karotte, etwas Sellerie, 2 Frühlingslauch, 50 g Sojasprossen, ½ TL Sesam, Butter, etwas frischer Koriander, 1 EL Sojasauce sowie 200 g Ziegenkäserolle und 2 Strudelteigblätter.

Die Karotte und den Sellerie in feine Streifen schneiden. Den Frühlingslauch waschen und in Ringe schneiden. Das Gemüse zusammen mit den Sojasprossen und dem Sesam in etwas Butter anschwenken und mit der Sojasauce ablöschen, zum Schluß den frischen Koriander fein geschnitten dazugeben und alles vom Herd nehmen. Die Ziegenkäserolle in 4 Scheiben schneiden.
Die Strudelblätter halbieren und an den Kanten mit Eigelb bestreichen, die Ziegenkäsescheiben auflegen und etwas von dem Gemüse auf den Ziegenkäse geben und in Teig einschlagen. Bei 180 °C etwa 7 bis 8 Min. backen.

Chutney:
1 Apfel, 1 Birne, ¼ rote Chilischote, 2 Thymianzweige, ½ TL Zucker, 3 EL Apfelsaft und 1 EL Apfelkonfitüre, ½ TL Ingwersaft (aus dem Glas), Salz und Pfeffer.

Den Apfel und die Birne schälen und in Würfel schneiden, die Chilischote in feine Würfel schneiden, den Thymian zugeben. Alles zusammen mit dem Zucker anschwitzen und leicht karamelisieren lassen, mit dem Apfelsaft ablöschen, dann die Apfelkonfitüre und den Ingwersaft zugeben und mit Salz und Pfeffer abschmekken. Das Chutney 3 Std. kalt stellen.

Anrichten:
Je 1 EL Chutney auf die Teller geben und den gebackenen Ziegenkäsestrudel darauf anrichten, evtl. mit Kerbel dekorieren.

Weißkäseklößchen mit Heidelbeeren

Achim Fleischmann
Gasthaus am Dachsberg
Bad Saarow

400 g Weißkäse (Quark), 25 g Butter, 2 Eier, 60 g Semmelmehl, 60 g Zucker, 1 TL Zitronensaft sowie 1 Pck. Vanillezucker, 1 Prise Salz, 200 g Heidelbeeren.

20 g Zucker, Vanillezucker, Butter und Eigelb mit dem Zitronensaft schaumig rühren. Weißkäse dazugeben und leicht verkneten. Semmelmehl darüberstreuen und nochmals gut verrühren. Einige Minuten ruhenlassen. Eiweiß mit der Prise Salz zu Eischnee schlagen und unter die Masse heben.
Mit einem Eßlöffel Klöße abstechen und in reichlich kochendem, leicht gesalzenem Wasser etwa 8 Min. gar ziehen lassen.
Die Heidelbeeren mit dem Rest Zucker kurz aufkochen und über die Klöße geben.

Rezept siehe oben: Ziegenkäse-Strudel auf Apfel-Birnen-Chutney, Thomas Hildebrandt, Seidler art'otel, Potsdam

Vom selben Autor sind im Matthaes Verlag erschienen:

Die baden-württembergische Meisterküche

407 Rezepte von 120 badischen und schwäbischen Küchenmeistern
mit 44 Farbaufnahmen von Edith Gerlach
Format 21,5 × 27,5 cm
216 Seiten

Die bayerische Meisterküche

457 Rezepte von 100 der besten Köche Bayerns
mit 45 Farbaufnahmen von Edith Gerlach
Format 21,5 × 27,5 cm
224 Seiten

Die nordrhein-westfälische Meisterküche

467 Rezepte von 67 der besten Köche Nordrhein-Westfalens
mit 46 Farbaufnahmen von Edith Gerlach
Format 21,5 × 27,5 cm
224 Seiten

Die schleswig-holsteinische und Hamburger Meisterküche

460 Rezepte von 54 Köchen aus Schleswig-Holstein und Hamburg
mit 46 Farbaufnahmen von Harry Bischof
Format 21,5 × 27,5 cm
224 Seiten

Die niedersächsische und die Bremer Meisterküche

442 Rezepte von 70 Köchen aus Niedersachsen und Bremen
mit 46 Farbaufnahmen von Harry Bischof
Format 21,5 × 27,5 cm
224 Seiten

Die hessische Meisterküche

502 Rezepte von 82 Köchen aus Hessen
mit 45 Farbaufnahmen von Harry Bischof
Format 21,5 × 27,5 cm
240 Seiten

Die rheinland-pfälzische und die saarländische Meisterküche

516 Rezepte von 78 Köchen aus Rheinland-Pfalz und dem Saarland
mit 45 Farbaufnahmen von Harry Bischof
Format 21,5 × 27,5 cm
248 Seiten

Schwäbisches Vesperbrevier

285 Rezepte in 8 Kapiteln mit Radierungen
von Simon Dittrich
Format 10,5 × 23,5 cm
312 Seiten

Vincent Klink Schwäbisch Gmünd

Ein Kochbuch und Küchenportrait mit Landschaftsbeschreibung
109 Farbbilder, 123 Rezepte
Format 24 × 30 cm
234 Seiten

Historischer Krug Oeversee

Ein Kochbuch und Küchenportrait
58 Farbbilder, 413 Rezepte
Format 23,5 × 30 cm
224 Seiten

Hunsingers Fischküche

Ein Kochbuch und Küchenportrait
146 Farbbilder, 80 Rezepte
Format 23,5 × 30 cm
216 Seiten

Ethnic Food New Age Cuisine

Küchenportraits aus Südostasien
266 Farbbilder, 120 Rezepte
Format 24 × 32 cm
286 Seiten

Restaurants der Köche

15526 Bad Saarow
Gasthaus am Dachsberg
Achim Fleischmann
Silberberger Chaussee 18
Tel. (03 36 31) 21 95, Fax (03 36 31) 34 36
Küchenchef: Ronald Kaporse
Plätze: 18/60/Terrasse 42
Ruhetage: –
Ferien: –
Geöffnet: täglich ab 11.00
Warme Küche: 11.00–21.30

10961 Berlin
Restaurant Altes Zollhaus
Herbert Beltle
Carl-Herz-Ufer 30
Tel. (0 30) 6 92 33 00
Küchenchef: Herbert Beltle
Andreas Klitsch
Plätze: 60/90
Ruhetage: Sonntag und Montag
Ferien: 2 Wochen im Januar
2 Wochen im Juli
Geöffnet: 18.00–1.00
Warme Küche: 18.00–23.00

12521 Berlin
Mövenpick Restaurant
Direktor Thomas Prange
Airport Berlin-Schönefeld
Tel. (0 30) 60 91 52 50
Fax (0 30) 60 91 52 51
Küchenchef: John Scott
Souschef: Andreas Bild
Plätze: 200 (120/50/30)
Ruhetage: –
Ferien: –
Geöffnet: Montag–Freitag 7.30–22.00
Samstag, Sonntag 6.00–22.00
Warme Küche: 11.00–21.30

10117 Berlin
Französischer Hof
Paradies-Gaststätten-GmbH
Jägerstraße 56
Tel. (0 30) 2 29 39 69, Fax (0 30) 2 29 31 52
Küchenchef: Gerhard Braun
Plätze: 120/60/40/25/14
Ruhetage: –
Ferien: –
Geöffnet: von 10.00–ca. 24.00–1.00
Warme Küche: von 10.00–ca. 24.00

10623 Berlin
Restaurant Peacock
Sylva Franke
Hardenbergstraße 14
Tel. (0 30) 31 55-10 25
Fax (0 30) 31 55-10 02
Küchenchef: Artur Bukalo
Plätze: 90
Ruhetage: Sonntag und
Montag
Ferien: 1. Juli bis 5. August
Geöffnet: 18.00–23.00
Warme Küche: 18.00–22.30

14193 Berlin
Rockendorf's im Grunewald
Siegfried Rockendorf
Hagenstraße 18
Tel. (0 30) 8 25 45 71, Fax (0 30) 8 25 22 13
Küchenchef: Alexander Bulla
Plätze: 12/45
Ruhetag: Dienstag
Ferien: –
Geöffnet: 18.00–23.30
Warme Küche: 18.00–23.30

10787 Berlin
Hotel Hamburg „Alsterpavillon"
Hotel Hamburg GmbH + Co. KG
Landgrafenstraße 4
Tel. (0 30) 2 64 77-0, Fax (0 30) 2 62 93 94
Küchenchef: Jürgen Eschenbach
Plätze: 100/80/54/25
Ruhetage: –
Ferien: –
Geöffnet: 12.00–23.00
Warme Küche: 12.00–23.00

10707 Berlin
Restaurant Kräutergarten
Hotel Mondial Berlin
Reichsbund
Kurfürstendamm 47
Tel. (0 30) 88 41 10, Fax (0 30) 88 41 11 50
Küchenchef: Andreas Christoph Fischer
Plätze: 75
Ruhetag: im Winter Sonntagabend
Ferien: –
Geöffnet: 12.00–23.00
Warme Küche: 12.00–22.30

14195 Berlin
Alter Krug Dahlem
Hans-F. Eckert
Königin-Luise-Straße 52
Tel. (0 30) 8 32 50 89, Fax (0 30) 8 32 77 49
Küchenchef: Bernd Gemmrig
Plätze: 20/30/70
Ruhetage: Sonntagabend/Montag
Ferien: –
Geöffnet: Dienstag bis Samstag
13.00–24.00
Sonntag 12.00–17.00
Warme Küche: 13.00–22.00/12.00–16.00

13507 Berlin/Tegel
Restaurant „Seaside"
Sorat Hotel Humboldt-Mühle
An der Mühle 5 – 9
Tel. (0 30) 43 90 40, Fax (0 30) 43 90 44 44
Küchenchef: Meinrad Günter
Plätze: 70/38 Terrasse
Ruhetage: –
Ferien: –
Geöffnet: Montag bis Samstag
11.00–24.00
Sonntag 11.00–18.00
Warme Küche: Montag bis Samstag
11.30–22.30
Sonntag 11.00–18.00

10789 Berlin
Gourmetrestaurant „Die Quadriga"
Restaurant „Der Wintergarten"
Dipl.-Ing. Richard Sauter
Eislebener Straße 14
Tel. (0 30) 2 14 05-0, Fax (0 30) 2 14 05-100
Küchenchef: Manfred Heissig
Plätze: „Die Quadriga" 30 Plätze
„Der Wintergarten" 60 Plätze
Ruhetage: „Die Quadriga" Samstag und
Sonntag
Ferien: 2 Wochen Anfang Januar
4 Wochen während der
Berliner Sommerferien
Geöffnet: „Die Quadriga" Montag bis
Freitag ab 19.00
„Der Wintergarten" täglich
Frühstück: 6.30–11.00,
Lunch/
Dinner: 12.00–24.00
Teestunde: 14.30-18.00
Warme Küche: während der Öffnungszeiten:
„Die Quadriga" bis 23.00
„Der Wintergarten"
12.00–23.00

10117 Berlin
Restaurant Borchardt
Frau Richter, Herr Mary
Französische Straße 47
Tel. (0 30) 20 39 71 10
Küchenchef: Harald Höllrigl
Plätze: 150 (Terrasse im Sommer 80)
Ruhetage: –
Ferien: –
Geöffnet: 11.30–24.00
Warme Küche: 11.30–24.00

10719 Berlin
Restaurant Grand Cru
Herr Unger
Meinekestraße 9
Tel. (0 30) 88 44 30, Fax (0 30) 8 82 47 26
Küchenchef: Reinhold Kegel
Plätze: 35/10
Ruhetage: –
Ferien: –
Geöffnet: 12.00–16.00, 18.00–01.00
Warme Küche: 12.00–16.00, 18.00–23.30

14193 Berlin
Restaurant Grand Slam
Johannes King
Gottfried-von-Cramm-Weg 47–55
Tel. (0 30) 8 25 38 10, Fax (0 30) 8 26 63 00
Küchenchef: Johannes King
Plätze: 50
Ruhetage: Sonntag und Montag
3 Wo. in den Sommerferien
Dienstag bis Samstag ab 18.30
Warme Küche: ab 18.30

10785 Berlin
Restaurant „Merz“
Marion Drews, Michael Mödig
Schöneberger Ufer 65
Tel. (0 30) 2 61 38 82
Küchenchef: Michael Mödig
Plätze: 48
Ruhetag: Montag
Ferien: 23. 12. 96–6. 1. 97
Geöffnet: 18.00–24.00
Warme Küche: 18.00–23.30

14193 Berlin
Forsthaus Paulsborn
Bernd Peter Heide
Hüttenweg 90/Am Grunewaldsee
Tel. (0 30) 8 13 80 10, Fax (0 30) 8 14 11 56
Küchenchef: Stephan Niggemann
Plätze: 120/60/40/16/8
Ruhetag: Montag
Ferien: –
Geöffnet: 11.00–22.00
Warme Küche: 11.00–21.00

10777 Berlin
Bamberger Reiter
Franz und Dorothea Raneburger
Regensburger Straße 7
Tel. (0 30) 2 18 42 82
Küchenchef: Franz Raneburger
Plätze: ca. 45
Ruhetage: Montag und Sonntag
Ferien: 1. bis 14. Januar und 1. bis 14. August
Geöffnet: 18.00–01.00
Warme Küche: 18.00–23.00

12559 Berlin-Köpenick
Hotel Müggelsee
Konsumgenossenschaft Berlin und Umgebung e. G.
Am Großen Müggelsee
Tel. (0 30) 65 88 20, Fax (0 30) 65 88 22 63
Küchenchef: Oskar Richter
Plätze: 16/43/48/60/120/1500
Ruhetage: –
Ferien: –
Geöffnet: 11.00–22.00
Warme Küche: 11.00–22.00

12559 Berlin-Köpenick
Gasthaus „Rübezahl“
Konsumgenossenschaft Berlin und Umgebung e. G.
Am Großen Müggelsee
Tel. (0 30) 65 88 20, Fax (0 30) 65 88 22 63
Küchenchef: Hans-Jürgen Kanthack
Plätze: 40/60/80/120/200
Ruhetage: –
Ferien: –
Geöffnet: 11.00–22.00
Warme Küche: 11.00–22.00

14163 Berlin
Ratskeller Zehlendorf
Thomas Schilling
Martin-Buber-Straße 6
Tel. (0 30) 80 90 25 43
Fax (0 30) 80 90 25 44
Küchenchef: Arno Schmädicke
Plätze: 30/40/50/150 und 100 Terrasse
Ruhetage: –
Ferien: –
Geöffnet: Montag bis Freitag 9.00–24.00 Samstag und Sonntag 11.30–24.00
Warme Küche: Montag bis Freitag 12.00–22.30, Samstag und Sonntag 12.00–21.00

10789 Berlin
Restaurant „First Floor“
Hotel im Europa-Center
Verwaltungsges. mbH & Co. KG
Im Europa-Center
Tel. (0 30) 25 02-10 20, Fax (0 30) 26 26-577
Küchenchef: Rolf Schmidt
Plätze: 45
Ruhetage: Samstagmittag, Sonntag
Ferien: 8. Juli bis 12. August 1996
Geöffnet: 12.00 – 15.00, 18.00 – 24.00
Warme Küche: 12.00 – 15.00, 18.00 – 22.30

10719 Berlin-Charlottenburg
Bristol-Kempinski
Kempinski AG
Kurfürstendamm 27
Tel. (0 30) 88 43 40, Fax (0 30) 8 83 60 75
Küchenchef: Johannes Schubert
Plätze: 70/100
Ruhetag: Montag
Ferien: 1. Juli bis 31. Juli
Geöffnet: 12.00 – 15.00, 18.00 – 24.00
Warme Küche: 12.00 – 14.30, 18.00 – 23.30

10559 Berlin
Alte Meierei
Helmut Penz
Alt Moabit 99
Tel. (0 30) 3 99 20
Küchenchef: Rainer Strobel
Plätze: 110
Ruhetage: –
Ferien: –
Geöffnet: 12.00 – 24.00
Warme Küche: 12.00 – 23.00

10627 Berlin-Charlottenburg
Restaurant „Alt Luxemburg“
Karl Wannemacher
Windscheidstraße 31
Tel. (0 30) 3 23 87 30, Fax (0 30) 3 27 40 03
Küchenchef: Karl Wannemacher
Plätze: 32 + Nebenraum max. 12 Personen
Ruhetag: Sonntag
Ferien: unterschiedlich
Geöffnet: ab 19.00
Warme Küche: ab 19.00

10117 Berlin
Restaurant „Mark Brandenburg“
Generaldirektor Christian Schücking
Mohrenstraße 30
Küchenchef: Marcel J. Yanic
Plätze: 140
Ruhetage: –
Ferien: –
Geöffnet: 12.00 – 24.00
Warme Küche: 12.00 – 24.00

10718 Berlin
Restaurant Am Fasanenplatz
Ewald Weiss
Fasanenstraße 42
Tel. (0 30) 8 83 97 23, Fax (0 30) 8 81 66 37
Küchenchef: Ewald Weiss
Plätze: ca. 34
Ruhetage: Montag, Dienstag
Ferien: –
Geöffnet: Mittwoch bis Freitag 12.00 – 14.00 und 18.30 – 23.30 Samstag 12.00 – 23.30 Sonntag 17.30 – 23.30
Warme Küche: Mittwoch bis Freitag 12.00 – 14.00 und 18.30 – 23.30 Samstag 12.00 – 23.30 Sonntag 17.30 – 23.30

14778 Brielow/Seehof
Park Hotel Seehof – Restaurant „Theodor Fontane“
Thomas Badstübner
14778 Brielow/Seehof
Tel. (0 33 81) 750-0, Fax (0 33 81) 70 29 10
Küchenchef: Hans-Werner Kabelitz
Plätze: 90/30/30
Ruhetage: –
Ferien: –
Geöffnet: 12.00 – 23.00
Warme Küche: bis 22.30

15377 Buckow
Restaurant Bergschlösschen
Gabriele Skerka
Königstraße 38 – 41
Tel. (03 34 33) 5 73 12
Fax (03 34 33) 5 74 12
Küchenchef: Lutz Göhlich
Plätze: Gastraum: 50 / Terrasse: 50
Ruhetage: –
Ferien: –
Geöffnet: täglich
Warme Küche: 12.00 – 22.00

03042 Cottbus
Hotel Branitz
Peter Unger
Heinrich-Zille-Straße
Tel. (03 55) 7 51 00, Fax (03 55) 71 31 72
Küchenchef: Bernd Krautz
Plätze: 40/150
Ruhetage: –
Ferien:
Geöffnet: 12.00 – 24.00
Warme Küche: 12.00 – 22.00

14624 Dallgow-Döberitz
Restaurant „Am Park"
im Parkhotel Dallgow
Parkhotel Dallgow GmbH
Joh.-Seb.-Bach-Straße 7
Tel. (0 33 22) 2 78-9, Fax (0 33 22) 2 78-8 00
Küchenchef: Helfried Reichel
Plätze: 20/70/120
Ruhetage: —
Ferien: —
Geöffnet: 11.00 – 24.00 Uhr
Warme Küche: 11.00 – 23.00

15732 Eichwalde
C + W Gourmet
C + W Restaurant-Betriebs-GmbH
Bahnhofstraße 9
Tel. (0 30) 6 75 84 23
Küchenchefin: Carmen Krüger
Plätze: 22
Ruhetage: Montag und Dienstag
Ferien: 14 Tage im Januar, 14 Tage im August
Geöffnet: Ab 19.00, Sonntag Mai bis September ab 18.00, Sonntag Oktober bis April 12.00 – 18.00
Warme Küche: 12.00 – 15.00 bzw. 19.00 – 21.30

03238 Finsterwalde
„Familienrestaurant & Hotel
Zum Goldenen Hahn"
Dieter und Sabine Schreiber
Bahnhofstraße 3
Tel. (0 35 31) 22 14, Fax (0 35 31) 85 35
Küchenchef: Dieter Schreiber
Plätze: 60
Ruhetage Sonntag, an Feiertagen aber geöffnet
Ferien: —
Geöffnet: Montag bis Freitag ab 11.30 Samstag ab 18.00
Warme Küche: Frühstück ab 7.00 für Hotelgäste durchgehend warme Küche

17268 Groß Dölln
Hotel Döllnsee
Pannonia Hotel Döllnsee GmbH
Döllnkrug 2
Tel. (0 33 37) 6 30, Fax (0 33 37) 6 34 02
Küchenchef: Matthias Kersten
Plätze: 30/60/95
Ruhetage: —
Ferien: —
Geöffnet: 12.00 – 15.00, 18.00 – 24.00
Warme Küche: 12.00 – 14.00, 18.00 – 22.00

15838 Klausdorf
Strandrestaurant „IMPERATOR"
Bernhard Mummert
Zossener Straße 76
Tel. (03 37 03) 9 90, Fax (03 37 03) 9 91 17
Küchenchef: Harry Demuth
Plätze: 60/90/350
Ruhetage: —
Ferien: —
Geöffnet: durchgehend
Warme Küche: 6.00 – 24.00

14913 Kloster Zinna
Romantik Hotel „Alte Försterei"
Restaurant „Friedrichs Stuben"
Roland Frankfurth
Markt 7
Tel. (0 33 72) 4 65-0
Küchenchefin: Antje Ljunggren
Plätze: 20/12/10/11
Ruhetage: —
Ferien: —
Geöffnet: 12.00 – 23.00
Warme Küche: 12.00 – 22.00

14913 Kloster Zinna
Romantik Hotel „Alte Försterei"
Schankstube „12 Mönche"
Roland Frankfurth
Markt 7
Tel. (0 33 72) 4 65-0
Küchenchefin: Antje Ljunggren
Plätze: 44
Ruhetage: —
Ferien: —
Geöffnet: 12.00 – 23.00
Warme Küche: 12.00 – 22.00

15711 Königs Wusterhausen
Hotel Sophienhof
Hoenckes Altes Wirtshaus
Direktion Klaus und
Andrea Kathrin Groth
Kirchplatz 3 – 4
Tel. (0 33 75) 29 05 00
Fax (0 33 75) 20 06 99
Küchenchef: Torsten Wisniewski
Plätze: 84/36
Ruhetage: —
Ferien: —
Geöffnet: 6.30 – 24.00 durchgehend
Warme Küche: 11.30 – 22.30 durchgehend

16559 Liebenwalde
Preußischer Hof
Suzann Gronowsky, Angela Marzentowicz
Bischofswerder Weg 12
Tel. (03 30 54) 8 70, Fax (03 30 54) 8 71 87
Küchenchef: Hans-Jörg Schlenker
Plätze: 80/200
Ruhetage: —
Ferien: —
Geöffnet: 11.00 – 24.00
Warme Küche: 11.30 – 22.00

16835 Lindow
Hotel am Wutzsee GmbH
Rohde/Pfefferlein GmbH
Straße des Friedens 33
Tel. (03 39 33) 7 02 20
Küchenchef: Carsten Pfefferlein
Plätze: 30/70/100
Ruhetage: —
Ferien: —
Geöffnet: 8.00 – 22.00
Warme Küche: 11.00 – 22.00

15741 Motzen
„Märkische Stuben" im Hotel Residenz
am Motzener See
Töpchiner Straße 4
Tel. (03 37 69) 8 50, Fax (03 37 69) 8 51 00
Küchenchef: Rene Tümmel
Plätze: 25/60/100*/90 *im Sommer Restaurant mit Terrasse
Ruhetage: —
Ferien: —
Geöffnet: 12.00 – 24.00
Warme Küche: 12.00 – 23.00

14467 Potsdam
Restaurant „Le sanssouci"
Mercure Hotel Deutschland
Lange Brücke
Tel. (03 31) 27 22, Fax (03 31) 29 34 96
Küchenchef: Michael Häberer
Plätze: 160/40
Ruhetage: —
Ferien: —
Geöffnet: 06.00 – 01.00
Warme Küche: 12.00 – 14.30, 18.00 – 22.30

14471 Potsdam
Factory im Seidler art'otel
Kurt F. Seidler
Zeppelinstraße 136
Tel. (03 31) 9 81 50
Küchenchef: Thomas Hildebrandt
Plätze: 60
Ruhetage: —
Ferien: —
Geöffnet: 12.00 – 24.00
Warme Küche: 12.00 – 23.00

14467 Potsdam
Villa Kellermann
Maximilian Dreier
Mangerstraße 34 – 36
Tel. (03 31) 29 15 72
Küchenchef: Vincenzo Muiolo
Plätze: 80
Ruhetag: Montag
Ferien: —
Geöffnet: 12.00 – 24.00
Warme Küche: 12.00 – 23.30

14469 Potsdam
Hotel Schloss Cecilienhof
Hotel Schloss Cecilienhof GmbH
Neuer Garten
Tel. (03 31) 3 70 50, Fax (03 31) 29 24 98
Küchenchef: Markus Semmler
Plätze: 6/8/16/30/80/90
Ruhetage: —
Ferien: —
Geöffnet: 11.30 – 22.30
Warme Küche: 11.30 – 22.30

14467 Potsdam
Zum Fliegenden Holländer
Gast-Work Management &
Consult GmbH
Benkertstraße 5

Küchenchef:	Jürgen Zastrow
Plätze:	124
Ruhetage:	–
Ferien:	–
Geöffnet:	10.00 – 24.00
Warme Küche:	12.00 – 24.00

14959 Trebbin
Hans-Clauert-Stube
Familie Keck
Parkstraße 5
Tel. (03 37 31) 7 10, Fax (03 37 31) 7 11 11

Küchenchef:	Reinmar Rach
Plätze:	60
Ruhetage:	–
Ferien:	–
Geöffnet:	11.30 – 13.30, 17.30 – 22.00
Warme Küche:	11.30 – 13.30, 17.30 – 22.00

15320 Wulkow (Schloß Wulkow)
Parkhotel Wulkow
Familie Hesselhaus
Schloß Wulkow
Tel. (03 34 76) 5 80, Fax (03 34 76) 5 84 44

Küchenchef:	Rico-Jens Hantel
Plätze:	10/15/25/30/60/110
Ruhetage:	–
Ferien:	–
Geöffnet:	12.00 – 14.00, 18.00 – 22.00
Warme Küche:	12.00 – 14.00, 18.00 – 22.00

Sonstige mitwirkende Köche

Peter Friedrich
Arbeitsgemeinschaft der Köche
Berlin und Brandenburg im VKD
Seestraße 5
14542 Werder – OT Petzow

Detlev Hohl
Hauptstraße 6
56291 Badenhard

Register

F

G

H

I

J

K

L

M

N

O

P

Q

R

S

T

U

V

W

Z